长春统计年鉴

2019

长春市统计局
国家统计局长春调查队 编

中国统计出版社
China Statistics Press

图书在版编目（CIP）数据

长春统计年鉴．2019 / 长春市统计局，国家统计局长春调查队编．-- 北京：中国统计出版社，2019.11
ISBN 978-7-5037-9076-8

Ⅰ．①长… Ⅱ．①长… ②国… Ⅲ．①统计资料－长春－2019－年鉴 Ⅳ．①C832.341-54

中国版本图书馆 CIP 数据核字 (2019) 第 273692 号

长春统计年鉴-2019

作　　者/长春市统计局　国家统计局长春调查队
责任编辑/钟　钰　王化武
装帧设计/吉林省科普印刷有限公司
出版发行/中国统计出版社有限公司
地　　址/北京市丰台区西三环南路甲6号
邮政编码/100073
电　　话/邮购(010)63376909书店(010)68783171
网　　址/http://www.zgtjcbs.com
印　　刷/吉林省科普印刷有限公司
经　　销/新华书店本
开　　本/890mm x 1240mm 1/16
字　　数/450千字
印　　张/23.25
版　　别/2019年11月第1版
版　　次/2019年11月第1次印刷
定　　价/300.00元

ISBN 978-7-5037-9076-8

如有印装差错，由本社发行部调换。

CHANGCHUN
STATISTICAL YEARBOOK

长春统计年鉴

编委会

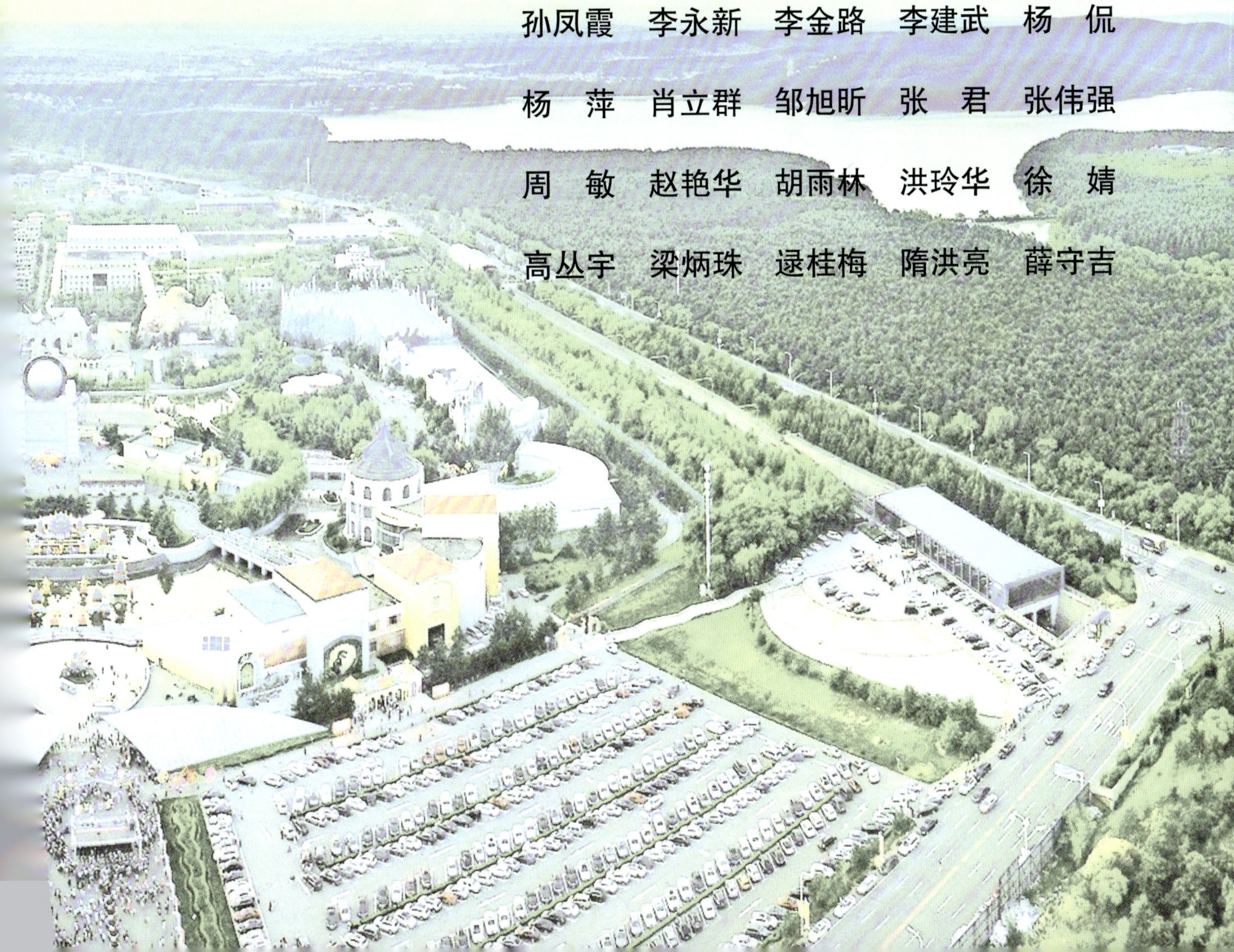

CHANGCHUN
STATISTICAL YEARBOOK

长春统计年鉴

编辑部

主　　编：王化武

编　　辑：于　冰　申星浩

责任编辑：钟　钰　王化武

资料提供（按姓氏笔划排序）

万宝军　马　晨　王　丹　王　红　王砚军

刘丽红　刘春梅　齐　激　闫　宇　孙小会

孙百会　孙洪刚　孙　赫　芮　娜　李　敏

杨　迪　杨永强　吴丽伟　宋佖佳　张　朔

张　翼　张有力　张凯胜　张春平　张　楠

周振海　周淑玲　宗　剑　徐春艳　高　毓

郭晓明　黄　华　黄思念　梁　宇　隋　杨

随婧婧　彭　菁　彭　爽　董海洋　韩　刚

樊东辉　鞠秋野　鹭　琳

CHANGCHUN
STATISTICAL YEARBOOK
长春统计年鉴

编 者 说 明

一、《长春统计年鉴——2019》是一部全面反映长春市2018年经济和社会发展情况的资料性刊物。本书收录了2018年长春市经济和社会各方面大量的统计数据，以及重要年份的主要统计数据，是认识和研究长春市经济社会发展，指导经济工作和进行决策的经济类工具书。

二、全书共包括四部分。（一）特载，（二）县（市）区开发区经济，（三）统计资料，（四）主要统计指标解释。统计资料按其内容分为18个篇目，即（1）综合；（2）人口；（3）就业与工资；（4）固定资产投资；（5）能源消费与库存；（6）财政；（7）物价；（8）人民生活；（9）城市建设；（10）农业；（11）工业；（12）交通运输、邮电通信业；（13）建筑业；（14）批发零售贸易和住宿餐饮业；（15）对外经济贸易和旅游业；（16）金融保险业；（17）教育、科技及文化事业；（18）体育、卫生及其他事业。

三、本书资料大部分来自于各专业年报资料，部分资料取自抽样调查。

四、本书中文字资料主要是统计部门人员撰写。

五、本书中所使用的价值量指标及构成，除已注明外，均按当年价计算，发展速度按可比价格计算。

六、本书采用国际统一标准计量单位。

七、书中符号使用说明：“#”表示其中的主要项，“空格”表示该项指标数据不详或无该数据。

CHANGCHUN
STATISTICAL YEARBOOK

长春统计年鉴

PREFACE

Ⅰ .Changchun statistical yearbook—2019 is an annual statistical publication,which comprehensively reflects the conditions of economic and social development of changchun in 2018. We select various aspects of statistical data on economic and social development in 2018 and main statistical data in important years of changchun. It is an economic reference book for recognizing and researching on economic and social development of changchun guiding economic work and making decisions.

Ⅱ .This book covers the following four parts 1.Special reports. 2.Economy of counties (cities) and districts and developing area; 3.Statistical data; 4.Explanatory notes on main statistical indicators. Statistical data contains 18 lists of articles. That is (1)General survey (2) Population,(3)Empioyment & Salary,(4)Investment in fixed assets,(5)Energy consumption and inventory,(6)Government finance,(7)Commodity price,(8) People's livehood,(9)City construction, (10)Agriculture,(11)Industry,(12) Transportation , post and telecommunications services,(13)Construction,(14) Wholesale , retail trade and hotels catering,(15)Foreign trade and tourism,(16)Finance and insurance,(17)Education,science and technology, culture (18)Sports , health care and others.

Ⅲ .The major data sources of this publication are obtained from annual statistical reports , and some from sample survey.

Ⅳ .Special reports and special topics are obtained from statistical departments and relative departments.

Ⅴ .The quantity of value indicators and composition used in this book are at current price except notes have made , growth rate is calculated by constant price.

Ⅵ .The units of measurement used in this book are internationally standard measurement units.

目　录

特　载

SPECIAL REPORT

政府工作报告…………………………………………………………………………………………3
REPORT ON THE WORK OF THE GOVERNMENT
2018 年长春市国民经济和社会发展统计公报 …………………………………………………………8
STATISTICAL COMMUNIQUE ON SOCIAL-ECONOMIC DEVELOPMENT OF CHANGCHUN IN 2017

县（市）区开发区经济

ECONOMY OF COUNTY(CITY) AND DISTRICT AND DEVELOPING AREA

农安县…………………………………………………………………………………………… 17
NONG'AN
九台市…………………………………………………………………………………………… 19
JIUTAI
榆树市…………………………………………………………………………………………… 20
YUSHU
德惠市…………………………………………………………………………………………… 22
DEHUI
南关区…………………………………………………………………………………………… 26
NANGUAN
宽城区…………………………………………………………………………………………… 27
KUANCHENG
朝阳区…………………………………………………………………………………………… 28
CHAOYANG

二道区…… 29

ERDAO

绿园区…… 29

LUYUAN

双阳区…… 30

SHUANGYANG

经开区…… 32

ECONOMIC AND TECHNICAL DEVELOPING AREA

净月高新技术产业开发区…… 34

JINGYUEDEVELOPING AREA

长春新区…… 35

CHANGCHUN NEW DISTRICT

汽车经济技术开发区…… 35

MOTOR VEHICLE DEVELOPMENT ZONE

长春莲花山生态旅游度假区…… 37

LIAN HUA MAITAIN DEVELOPING AREA

统 计 资 料

STATISTICS

第一篇 综 合

1. GENERAL SURVEY

1-1 行 政 区 划 …… 43

DIVISIONS OF ADMINISTRATIVE

1-2 自 然 概 况 …… 43

NATURAL CONDITIONS

1-3 1999-2018 年长春市社会经济主要指标…… 44

MAIN INDICATORS OF SOCIETY AND ECONOMIC(1999-2018)

1-4 1999-2018 年长春市平均水平主要指标 …… 48

PER CAPITA MAIN INDICATORS(1999-2018)

1-5 长春市国民经济主要指标占全省比重 …… 49
PROPORTION OF CHANGCHUN′ S NATIONAL ECONOMIC INDICATORS TO JILIN PROVINCE
1-6 按当年价格计算的地区生产总值 …… 49
GROSS DOMESTIC PRODUCT(AT CURRENT PRICE)
1-7 2017-2018 年长春市地区生产总值 …… 50
GROSS DOMESTIC PRODUCT(2017-2018) …… 50

第二篇　人　口

2. POPULATION

2-1 1997-2018 年全市户数与人口 …… 55
POPULATION AND HOUSEHOLDS（1997-2018）
2-2 2018 年县（市）区户数与人口 …… 55
POPULATION AND HOUSEHOLDS BY REGION IN 2018
2-3 1997-2018 年全市人口增减变动 …… 56
BASIC STATISTICS ON POPULATION CHANGING（1997-2018）
2-4 2018 年县（市）区人口增减变动 …… 56
BASIC STATISTICS ON POPULATION CHANGING BY REGION IN 2018
2-5 2018 年城镇人口增减人数 …… 57
BASIC STATISTICS ON NON-AGRICULTURAL POPULATION CHANGING IN 2018
2-6 1997-2018 年全市人口出生率、死亡率、自然增长率 …… 58
BIRTH RATE,DEATH RATE AND NATURAL GROWTH RATE（1997-2018）
2-7 2018 年县（市）区人口出生率、死亡率、自然增长率 …… 58
BIRTH RATE，DEATH RATE AND NATURAL GROWTH RATE BY REGION IN 2018

第三篇　就业与工资

3.EMPIOYMENT & SAIARY

3-1 1998-2018 年全市城镇非私营单位在岗职工工资总额 …… 63
TOTAL WAGES OF STAFF AND WORKERS IN NON-PRIVATE UNITS（1998-2018）
3-2 1998-2018 全市城镇非私营单位在岗职工平均工资 …… 63
AVERGE WAGE OF STAFF AND WORKERS IN NON-PRIVATE UNITS（1998-2018）

3-3 全市城镇非私营单位就业人员数 …… 64

NUMBER OF EMPLOYED PERSONS IN NON-PRIVATE UNITS

3-4 全市城镇非私营单位就业人员工资总额 …… 70

TOTAL WAGES OF EMPLOYED PERSONS IN NON-PRIVATE UNITS

3-5 全市城镇非私营单位就业人员平均工资 …… 76

AVERAGE WAGE OF EMPLOYED PERSONS IN NON-PRIVATE UNITS

3-6 全市城镇非私营单位在岗职工人数 …… 78

NUMBER OF STAFF AND WORKERS IN NON-PRIVATE UNITS

3-7 全市城镇非私营单位在岗职工工资总额 …… 84

TOTAL WAGES OF STAFF AND WORKERS IN NON-PRIVATE UNITS

3-8 全市城镇非私营单位在岗职工平均工资 …… 90

AVERAGE WAGE OF STAFF AND WORKERS IN NON-PRIVATE UNITS

第四篇　固定资产投资

4. INVESTMENT IN FIXED ASSETS

4-2 2018 年长春市房地产开发投资完成情况 …… 96

COMPLETION CONDITIONS ON THE INVESTMENT OF REAL ESTATE DEVELOPMENT OF CHANGCHUN IN 2018

4-3 2018 年长春市房地产面积综合表 …… 98

COMPREHENSIVE SHEET ON THE AREA OF CHANGCHUN REAL ESTATE IN 2018

固定资产投资（不含农户）主要指标情况（2018 年） ……100

第五篇　能源消费与库存

5. GONSUMPTION AND STORAGE OF ENERGY

5-1 工业企业能源购进、消费及库存情况 (2018)……102

ENERGY PURCHASE CONSUMPTION AND INVENORY OF INDUSTRIAL ENTERPRISES IN 2018

5-2 工业企业能源加工转换与回收利用 ……104

INDUSTRIAL ENTERPRISES PROCESSING TRANSFORMATION AND RECYCLED INTO ENERGY

第六篇 财 政

6. GOVERNMENT FINANCE

6-1 2018 年全市一般预算全口径财政收入 ……………………………………………………………111

GOVERNMENT REVENUE BY REGION

6-2 2018 年全市地方级财政收入及一般预算财政支出 ……………………………………………………112

THE CITY'S LOCAL FINANCIAL REVENUE AND GENERAL BUDGETARY FINANCIAL EXPENDITURE IN 2018

第七篇 物 价

7. PRICE

7-1 2018 年长春市居民消费价格分类指数 ……………………………………………………………119

CONSUMER PRICE INDICES BY CATEGORY IN 2018

7-2 2018 年长春市商品零售价格分类指数 ……………………………………………………………120

RETAIL PRICE INDICES BY CATEGORY IN 2018

7-3 2018 年长春市零售价格类指数 …………………………………………………………………121

RETAIL PRICE INDICES BY CATEGORY IN 2018

第八篇 人民生活

8. PEOPLE'S LIVELIHOOD

8-1 城 市 住 户 基 本 情 况 ……………………………………………………………………………127

BASIC STATISTICS ON URBAN HOUSEHOLDS

8-2 城市住房和耐用消费品拥有情况 …………………………………………………………………129

URBAN HOUSING AND DURABLE CONSUMER GOODS

第九篇 城市建设

9. GENERAL SURVEY OF CITY

9-1 长春市城区用气情况 ……………………………………………………………………………135

BASIC STATISTICS ON SUPPLY OF GAS IN CITY

9-2 长春市政设施情况 ………………………………………………………………………………136

BASIC STATISTICS ON PUBLIC UTILITIES

9-3 长春市园林绿化情况 ……………………………………………………………………………………136
BASIC STATISTICS ON PARKS，GARDENS AND GREEN AREAS

9-4 长春市城区集中供热情况 ………………………………………………………………………………136
BASIC STATISTICS ON HEATING IN CITY

9-5 长春市城区自来水供应情况（公共供水）…………………………………………………………137
BASIC STATISTICS ON TAP WATER SUPPLY IN CITY(WATER SUPPLY PUBLICLY)

9-6 长春市公共交通情况 ……………………………………………………………………………………137
BASIC STATISTICS ON PUBLIC TRANSPORTATION

9-7 长春市主要年份市区房屋情况 ………………………………………………………………………138
BASIC STATISTICS ON BUILDING CONSTRUCTION AND HOUSING

9-8 长春市主要年份全市供电情况 ………………………………………………………………………138
BASIC STATISTICS ON ELECTRICITY SUPPLY IN CITY

第十篇 农 业

10. AGRICULTURE

10-1 1998-2018 年农林牧渔业总产值（现价）………………………………………………………143
GROSS OUTPUT VALUE OF AGRICULTURE(at current price)(1998-2018)

10-2 1998-2018 年农作物播种面积 ………………………………………………………………………143
TOTAL SOWN AREAS OF FARM CROPS (1998-2018)

10-3 农 作 物 总 播 种 面 积 ………………………………………………………………………………144
TOTAL SOWN AREAS OF FARM CROPS

10-4 农作物总产量 ……………………………………………………………………………………………146
YIELD OF MAJOR FARM CROPS

10-5 农村基本情况及农业生产条件 ………………………………………………………………………148
BASIC CONDITIONS OF RURAL GRASSROOTS UNITS

10-6 林业生产情况 ……………………………………………………………………………………………152
BASIC STATISTICS ON FORESTRY PRODUCTION

10-7 畜牧业主要产品生产及存栏情况 ……………………………………………………………………154
BASIC STATISTICS ON ANIMAL HUSBANDRY

10-8 农作物每公顷产量 ……158

YIELD OF MAJOR FARM CROPS FOR UNIT AREA

10-9 水果生产情况 ……160

BASIC STATISTICS ON FRUITS

10-10 渔业生产情况 ……161

BASIC STATISTICS ON FISHERY

10-11 农林牧渔业总产值（现价） ……161

GROSS OUTPUT VALUE OF FFAF(at current price)

10-12 农林牧渔业增加值（现价） ……162

ADDED VALUE OF FFAF(at current price)

第十一篇　工　业

11. INDUSTRY

11-1 2018年长春市主要工业产品产量 ……167

MAIN INDUSTRIAL PRODUCTS’ OUTCOME OF CHANGCHUN IN 2018

11-2 规模以上工业企业主要经济指标(大行业)(2018) ……168

11-3 规模以上工业企业主要经济指标(总表)(2018) ……177

Main economic indicators of industrial enterprises above designated size (general table)(2018)

第十二篇　交通运输、邮电通信业

12. TRANSPORTATION,POST AND TELECOMMUNICATION

12-1 2018年长春市机动车辆保有量 ……185

NUMBER OF CIVIL MOTOR VEHICLE OWNED (2018)

第十三篇　建筑业

13. CONSTRUCTION

13-1 2018年长春市建筑业企业生产经营情况 ……191

MAIN FINANCIAL CONDITIONS OFCONSTRUCTION ENTERPRISES IN 2018

13-2 2018年长春市建筑业企业财务状况 ……200

MAIN FINANCIAL CONDITIONS OFCONSTRUCTION ENTERPRISES IN 2018

第十四篇　批发零售贸易和住宿餐饮业

14. WHOLESALE RETAIL TRADES AND HOTELS CATERING

14-1 社会消费品零售总额（2018）…………217

TOTAL RETAIL SALES OF CONSUMER GOODS（2018）

第十五篇　对外经济贸易和旅游业

15. FOREIGA TRADE AND TOURISM

15-1 对外经济贸易指标（2018 年）…………223

FOREIGN TRADE AND ECONOMIC COOPERATION

15-2 2006-2018 长春市旅游经济情况…………224

DEVELOPMENT OF TOURISM（2006-2018）

15-3 主要出口商品情况 (2018 年)…………226

MAIN EXPORT GOODS IN 2018

15-4 主要进口商品情况（2018 年）…………227

MAIN EXPORT GOODS IN 2018

15-5 外贸进出口总值分国别 (地区) 出口情况 (2018)…………228

BASIC CONDITIONS OF FOREIGN TRADE BY COUNTRY IN 2018

15-6 外贸进出口总值分国别 (地区) 进口情况 (2018)…………229

BASIC CONDITIONS OF IMPORT IN FOREIGN TRADE BY COUNTRY IN 2018

15-7 新批外商项目 (企业) 分类表（2018 年）…………230

NEW REGISTERED FOREIGN PROJECTS (ENTERPRISES) BY CATEGORY IN 2018

第十六篇　金融保险业

16. BANKING AND INSURANCE

16-1 主要年份住户储蓄存款余额（人民币）…………235

DEPOSITS OF URBAN AND RURAL RESIDENTS(RMB)

16-2 1998-2018 年保险费收入和赔款支出…………235

PREMIUM AND CLAIM OF INSURANCE(1998-2018)

16-3 2018 年全市金融机构信贷收支（人民币）……236

CREDIT FUNDS BALANCE SHEET OF FINANCIAL INSTITUTIONS (RMB) IN 2018

16-4 2018 年全市金融机构年末储蓄存款余额（人民币）……238

DEPOSITS BALANCE SHEET OF FINANCE INSTITUTIONS IN 2018(RMB)

16-5 2018 年全市保险业务状况……238

BASIC STATISTICS ON INSURANCE IN 2018

第十七篇　教育、科技及文化事业

17. EDUCATION AND TECHNOLOGY CULTURE

17-1 长春市各级各类教育基本情况……243

BASIC STATISTICS ON EDUCATION

17-2 中学概况……244

BASIC STATISTICS ON SECONDARY SCHOOLS

17-3 小学概况……245

BASIC STATISTICS ON PRIMARY SCHOOLS

17-4 幼儿园……246

BASIC STATISTICS ON KINDERGARTENS

17-5 文化事业基本情况……247

BASIC STATISTICS ON CULTURAL INSTITUTIONS

17-6 文化事业机构、人数……248

INSTITUTIONS AND PERSONNEL INCULTURE AND ART

2018 年 规上工业法人单位研发情况（一）……249

Research and Development Situations of Industrial Legal Entities Above Designated Scale for the Year 2018 (VI)

2018 年 规上工业法人单位研发情况（二）……253

Research and Development Situations of Industrial Legal Entities Above Designated Scale for the Year 2018 (VI)

2018 年 规上工业法人单位研发情况（三）……257

Research and Development Situations of Industrial Legal Entities Above Designated Scale for the Year 2018 (VI)

2018 年 规上工业法人单位研发情况（四）……261

Research and Development Situations of Industrial Legal Entities Above Designated Scale for the Year 2018 (VI)

2018 年 规上工业法人单位研发情况（五）……265

Research and Development Situations of Industrial Legal Entities Above Designated Scale for the Year 2018 (VI)

2018 年 规上工业法人单位研发情况（六）……269

Research and Development Situations of Industrial Legal Entities Above Designated Scale for the Year 2018 (VI)

2018 年 规上工业法人单位研发情况（七）……273

Research and Development Situations of Industrial Legal Entities Above Designated Scale for the Year 2018 (VI)

第十八篇 体育、卫生及其他事业

18. SPORTS,PUBLIC HEALTH AND OTHERS

18-1 公共体育场 (2018 年)……281

STADIUMS AND GYMNASIUMS IN 2018

18-2 卫生机构床位、人员数（2018 年）……281

BEDS AND PERSONNEL IN HEALTH INSTITUTIONS IN 2018

18-3 计划生育情况（2018 年）……282

BASIC STATISTICS ON BIRTH CONTROL IN 2018

18-4 节育情况（2018 年）……283

BASIC CONDITION OF CONTRACEPTION IN 2018

18-5 火灾基本情况（2018 年）……283

BASIC STATISTICS ON FIRES IN 2018

18-6 交通事故情况（2018 年）……284

BASIC STATISTICS ON TRAFFIC ACCIDENTS IN 2018

18-7 刑事案件情况（2018 年）……284

BASIC STATISTICS ON PUBLIC ORDER IN 2018

主要统计指标解释

EXPLANATORY NOTES ON MAIN STATISTICAL INDICATORS

主要统计指标解释……287

特载

SPECLAL REPORT

2019

长春统计年鉴

CHANGCHUN STATISTICAL YEARBOOK

政府工作报告

——2019年1月14日在长春市第十五届人民代表大会第三次会议上

代市长　刘　忻

各位代表：

现在，我代表市政府，向大会报告工作，请予审议，并请市政协委员提出意见。

一、2018年工作回顾

2018年是全面贯彻党的十九大精神的开局之年，也是长春振兴发展进程中极不平凡的一年。一年来，在省委、省政府和市委正确领导下，在市人大、市政协监督支持下，我们深入学习贯彻习近平新时代中国特色社会主义思想和党的十九大精神，统筹推进“五位一体”总体布局，协调推进“四个全面”战略布局，全面践行新发展理念，按照“打先锋、站排头”要求，解放思想、抢抓机遇，迎难而上、扎实工作，较好完成了全年各项目标任务。

（一）落实高质量发展要求，经济整体素质稳步提高。全市经济继续保持平稳较快增长态势。预计地区生产总值增长7%以上，总量迈上7000亿元台阶，占全省经济比重达到45%，比上年提高2.3个百分点。地方级财政收入完成478亿元，增长6.2%。规模以上工业增加值增长8%以上。实施亿元以上项目1206个，固定资产投资增长7%。社会消费品零售总额完成3028亿元，增长7%。城乡居民收入与经济增长基本同步。

积极推动汽车、轨道客车、农产品加工三大支柱产业优化升级，奥迪Q工厂、中粮聚乳酸等11个投资超10亿元工业项目竣工投产。加快培育先进装备制造、光电信息、生物及医药健康、新能源汽车、新材料、大数据六大战略性新兴产业，战略性新兴产业产值增长15.9%。启动数字长春建设，积极培育共享经济、数字经济、平台经济，促进互联网、大数据、人工智能与制造业深度融合，华为云计算、浪潮大数据等重点项目顺利推进。

成功举办汽博会、农博会、电影节等重要展会，会展业交易额增长11%。全年接待游客8900万人次，增长15%。龙嘉机场旅客吞吐量增长11.2%。欧亚汇集等4个商业综合体建成开业。5家域外金融机构落户长春。

出台实施乡村振兴战略规划。新建高标准农田73.2万亩，推广保护性耕作381万亩。高效特色农业、园艺设施农业、精品畜牧业稳步发展。

（二）深化改革开放，振兴发展动能持续释放。深化“放管服”改革，企业开办时间压减到3个工作日，工业项目审批时间压减到15个工作日，97%的行政审批和公共服务事项实现“最多跑一次”。启动“标准地+承诺制”改革试点，“多证合一”“证照分离”改革全面推开，“双随机、一公开”监管方式实现全覆盖。

国资国企、产权制度、投融资、农业农村、教育卫生等领域改革持续推进，探索形成了产业扶贫创新、盘活集体土地等长春特色的改革经验。完善落实民营经济支持措施，全年新登记民营企业3.6万户，总量达到19.7万户，民营经济占GDP比重达到51%。

深入实施创新驱动发展战略，新增国家高新技术企业315户、科技型“小巨人”企业283户。完成技术合同交易额323.5亿元，增长52%。以长春新区为核心的长吉图开发开放先导区获批国家级科技成果转移转化示范区。落实“人才新政”20条，7.8万名高校毕业生留长创业就业，增长23.8%。

主动融入“一带一路”建设，纽伦堡枢纽及海外仓正式启用，长春获批设立汽车整车进口口岸和跨境电子商务综合试验区。加快拓展多元化市场，进出口总额增长10.4%。新引进央企和国内500强企业14户，实际利用内资、直接利用外资分别增长16%和9%。

全面落实全省“一主、六双”产业空间布局，稳步实施长吉一体化、长春公主岭同城化。持续推进哈长城市群建设，积极推动与天津、杭州对口合作。成功开展“外国使节团走进长春”等对外交往活动，城市影响力、知名度稳步提升。

（三）完善功能品质，城市现代化建设水平全面提升。强化规划引领作用，城市设计、城市总体规划、“多规合一”空间规划三项国家试点取得阶段性成果。

历时三年的旧城改造提升工程顺利完成，三环以内166平方公里城区旧貌换新颜。伊通河中段“五岛十园”景观、22座驿站、33公里绿道建成开放。水文化生态园、道台衙门博物馆、奥林匹克公园投入使用，侵华日军“第一〇〇部队”遗址园完成抢救加固并对外开放。新植街路58条，新建大宗绿地58块，植树造林4972公顷。

地铁2号线、轻轨北湖线载客运营，轨道交通三期规划正式获批。龙嘉机场T2航站楼、综合交通枢纽一期北区及火车站南广场综合交通换乘中心投入使用。提升改造维修路桥68条（座），“两横三纵”快速路部分续建工程竣工通车，长春经济圈环线高速公路启动建设。深入开展“走遍长春”专项行动，城市精细化管理水平稳步提升。

（四）加快绿色发展，生态环境质量持续改善。坚决贯彻习近平生态文明思想，全面推动中央和省环保督察反馈问题整改，严守生态、耕地保护、城市开发边界三条红线，努力构建生态环保长效机制。

深入落实河（湖）长制，提标改造9座污水处理厂，禁养区内规模养殖场全部关闭搬迁，伊通河、饮马河水质改善向好。建成区75处黑臭水体基本消除黑臭，长春获评“2018年城市黑臭水体治理示范城市”。石头口门、新立城两大水源地一级保护区实现全封闭管理。“全国水生态文明试点城市”通过国家验收。

淘汰20吨以下燃煤锅炉2435台，430所农村学校完成火炉取暖替代改造，坚决禁止禁烧区秸秆露天焚烧。从严整治工业烟粉尘、建筑工地扬尘、汽车尾气，空气质量优良天数比上年增加46天。扎实推进林地清收、矿山修复和退耕还草还湿。城市垃圾分类试点范围稳步扩大。

（五）办好民生实事，群众幸福指数日益提高。努力增加民生投入，幸福长春行动计划确定的98件实事全部兑现。

扎实精准推进脱贫攻坚战。启动实施产业扶贫项目155个，新建改造农村安全饮水工程101处，改造贫困户危房2934户，贫困村光纤、4G网络基本实现全覆盖。15个贫困村出列、1535户贫困户脱贫。

实施更加积极的就业政策，城镇新增就业11.4万人。继续实施城乡居民增收“暖流计划”，受益群众人均增收524元。城镇职工、城乡居民基本养老金分别提高6%和18%，失业保险金提高20.5%，工伤待遇标准提高5%。

上调低保对象基本医疗住院救助比例。为5.1万名残疾人提供精准康复服务，“三无一靠”成年重度残疾人补贴标准提高1.5倍。为9752名特殊和困难老人购买居家养老服务。城区居民基本殡葬费用全部免除。

改造棚户区住宅1.02万套，安置超期回迁居民2202户，完成“无籍房”确权登记12.9万户、1137万平方米。115个老旧小区物业建立长效管理机制。

深入创建“公交都市”，新增更新公交车辆400台。新建农村公路420公里。农村人居环境整治扎实推进，20个村获评省级“美丽乡村”。

新增义务教育学校6所、普惠性幼儿园18所。小学生课后免费托管服务“蓓蕾计划”被中央改革办作为改革经验向全国推广。成功举办第二届长春国际马拉松赛。

（六）创新社会治理，社会保持和谐稳定。自觉接受市人大及其常委会法律监督、市政协民主监督，主动接受社会和舆论监督，认真听取各民主党派、工商联以及无党派人士意见建议。

加强群众信访工作。提高局长接待日、市长公开电话工作水平。积极开展“电视问政”，聚焦旧城改造提升、农村水利、河（湖）长制、文明城创建，又解决了138件关乎民生发展的突出问题。深入开展“肃行风、转作风、提能力”行动，全面强化政府监管和行业自律，着力解决医疗卫生、出租车管理等领域损害群众利益的突出问题。拆除违建“大棚房”670处、9.2万平方米。严控政府隐性债务，全力防范金融风险。

建设“平安长春”。扎实开展扫黑除恶专项斗争，命案破案率100%，重大有影响案件全部告破，在全国358个地级以上城市群众安全感排名前移至第16位。公共安全视频监控联网应用“雪亮工程”如期竣工。深入推进安全生产专项整治，安全生产事故起数、遇难人数连续66个月“双下降”。

积极培育践行社会主义核心价值观，扎实推进全国文明城市创建。推动军民融合深度发展。驻长部队全面停止有偿服务任务基本完成。民族团结、宗教和睦良好局面进一步巩固。

过去一年，“两学一做”学习教育常态化制度化扎实推进。对照习近平总书记对德惠“6•3”特大火灾事故、侵华日军“第一〇〇部队”遗址、长生问题疫苗案件重要指示批示开展“回头看”，确保总书记重要指示批示全面落实。坚持从严治政，全面彻底肃清孙政才、苏荣、王珉流毒影响。认真落实中央八项规定精神。深入开展干部作风大整顿。开展解放思想推动长春高质量发展大讨论。严格依法行政。加强审计监督。驰而不息推进党风廉政建设。

工业稳增长和转型升级、老工业基地调整改造、深化商事制度改革落实事中事后监管、公立医院综合改革、“审批不见面、办事不求人”政务服务新模式以及九台区秸秆综合利用新样板等方面工作受到国务院通报表扬。国家安全、统计、供销、气象、地震、档案、人防、公积金、地方志、红十字等领域工作也取得了新进展。各位代表，过去一年长春经济社会发展取得的成绩，是深入贯彻落实习近平新时代中国特色社会主义思想和党的十九大精神的结果，是省委、省政府和市委正确领导的结果，是市人大、市政协监督支持的结果，是全市广大干部群众团结奋斗的结果。在此，我代表市政府，向全市人民、人大代表、政协委员，向各民主党派、工商联、人民团体，向驻长中省直单位、人民解放军和武警官兵，向所有关心、支持长春发展的各界人士和国际友人，致以崇高的敬意和衷心的感谢！

肯定成绩的同时也要清醒看到，我们的工作还存在体制机制、经济结构、开放合作、思想观念四大短板，突出表现在思想解放力度还不够大，市场意识、法治意识、创新意识、担当意识、责任意识仍需增强；改革还不够深入，制约长春全面振兴、全方位振兴的体制机制矛盾依然存在；市场化程度还不高，民营经济发展遇到一些困难；战略性新兴产业和现代服务业规模较小，新产业、新业态培育不够快；对外开放水平不高，区域发展不够协调，县域经济增长趋缓；民生改善与人民群众的期盼还有差距，社会文明程度需要进一步提高；政府职能转变还不到位，廉政建设和作风建设仍需加强。对此，我们将直面矛盾、正视问题，采取有效措施，切实加以解决，不负人民重托！

二、2019 年重点工作

今年是新中国成立 70 周年，是贯彻落实习近平总书记在深入推进东北振兴座谈会上的重要讲话和视察东北时的重要指示精神，推动长春全面振兴、全方位振兴的关键一年。我们必须始终坚持以“立足吉林、放眼全国、走向世界”的战略眼光，奋力谱写振兴发展的新篇章。2019 年政府工作的总体思路是：高举习近平新时代中国特色社会主义思想伟大旗帜，全面贯彻党的十九大、习近平总书记在深入推进东北振兴座谈会上的重要讲话和视察东北时的重要指示精神，按照中央、全省经济工作会议和市委十三届六次全会部署，统筹推进“五位一体”总体布局，协调推进“四个全面”战略布局，坚持稳中求进工作总基调，坚持新发展理念，坚持推动高质量发展，坚持以供给侧结构性改革为主线，坚持深化市场化改革、扩大高水平开放，全力打好“三大攻坚战”，坚决落实“六稳”要求，统筹推进稳增长、促改革、调结构、惠民生、防风险工作，不断强化“打先锋、站排头”意识，认真落实省委“三个五”发展战略，加快建设东北亚区域性中心城市，为实现长春全面振兴、全方位振兴奠定坚实基础，以优异成绩迎接中华人民共和国成立 70 周年。

今年全市经济发展主要预期目标是：地区生产总值增速保持在 7% 以上，规模以上工业增加值增长 8% 以上，固定资产投资增长 8% 以上，地方级财政收入突破 500 亿元、增长 5% 以上，城乡居民收入与经济增长基本同步。

重点做好八个方面工作：

（一）坚持稳中求进，推动经济平稳健康增长。争取和整合政策激活力，招引和建设项目增实力，壮大和提升产业添能力，培育和扶持企业挖潜力，夯实基础、提质增效、行稳致远。

牢牢把握国家战略机遇。积极参与国家和省各种政策制定，争取重大战略、重大政策、重大项目、重大平台、重人工程。积极申建自贸区、中韩国际合作示范区，争创国家自主创新示范区。

牢牢抓住重大项目。全面提高项目策划、推介、洽谈、签约、开工、投产的国际化、现代化、组织化、专业化、平台化水平。深入实施“项目建设年”活动，确保全年落实亿元以上项目 1200 个以上。集中精力抓好红旗升级改造、一汽丰越扩能改造和金赛药业、百克疫苗等百个投资超 10 亿元产业项目，力争早建成、早投产、早见效。

牢牢强化招商引资。围绕产业链、产业群、产业生态的功能取向，供应链、制造链、服务链的价值取向，城乡品位、品质、品牌、时尚的需求取向，人文底蕴、资源禀赋、产业基础、科教医体旅养的潜力取向，进一步完善招商引资的项目生成机制和政策体系、组织体系、服务体系，重点引进世界 500 强企业、央企、民营上市公司、独角兽企业、高新技术企业，推动招商引资规模、结构、质量、效益稳步提升。全年实际利用内资、直接利用外资均增长 10% 以上，产业项目占比明显提高。

激发各类市场主体活力。建立全方位的企业服务体系，实施“百强民营企业”、百户“专精特新”中小企业培育工程。深化民营经济发展改革示范城市建设，尽快出台促进民营经济高质量发展的相关政策。全年新登记民营企业 2 万户以上，民营经济主营业务收入增长 8.5% 以上。

（二）突出质量效益，做大做强做优实体经济。坚定不移把振兴发展的着力点放在壮大实体经济上，积极改造提升传统产业，大力培植新兴产业，加快建立现代经济体系。

加快产业高质量发展。着力打造汽车、轨道客车、农产品加工三大支柱产业集群。认真落实千亿级新兴产业培育计划，六大战略性新兴产业产值增长 15% 以上。深化“十三五”国家服务业综合改革试点，推进“互联网 + 医疗、养老、教育、文化、体育、旅游”等生活性服务业，大力发展产业链金融、现代物流、工业设计、研发孵化、工业地产等生产性服务业。充分挖掘长春人文积淀、影视底蕴、高校资源，大力发展网络文学、影视制播、新闻出版、直播平台、动漫游戏、电子竞技等文化创意产业，文创产业增加值增长 10% 以上。高品质打造南部新城、长春西站、北人民大街等现代服务业集群。开展“千企促销专项行动”和“放心消费在长春”创建活动，积极释放内需潜力。

突出龙头企业带动引领。全力支持一汽集团及其合资企业发展。以一汽为全方位开发开放合作平台，积极推动一汽扩大与世界 500 强企业、央企、民企、高校、科研院所合作，促进汽车产业与战略性新兴产业深度融合。大力发展汽车后市场服务，围绕售车、修车、改车、饰车、赛车、二手车、再制造构建产业体系，通过客户群、专业俱乐部、国际汽车赛事，全面提升“汽车城”影响力。以欧亚、长客、皓月、亚泰、大陆汽车电子等各行业龙头企业为价值平台，深度整合产业链金融、信息、科技、人才等要素服务体系，向上下游延伸产业链，扩大相关生产性服务业比重。

增强科技创新驱动力。扎实推进国家创新型城市和吉林中部创新转型核心区建设，滚动实施重大科技攻关和重大科技成果转化“双十工程”，国家高新技术企业、科技型“小巨人”企业各新增200户以上。依托在长企业、高校和科研院所，加强与国内外知名高校、科研机构、孵化器、投资机构的深度融合，提高“政产学研用金介”协同创新平台的实用性、实效性，努力营造国内一流的科技创新生态环境。完善科技大市场、科技金融创新中心功能，加快建设创新创业服务支撑体系，技术合同交易额力争增长20%以上。建设国家级“双创”示范基地，新建省级以上双创基地5个，在孵企业总数达到1.65万户。长春新区国家知识产权运营公共服务平台北方平台投入运营。深入实施质量强市战略，全面开展质量提升行动。加快完善人才激励机制，在创新创业、安家落户、子女教育、医疗养老等方面，加大对长春发展有突出贡献人才的服务力度。持续推进“高校毕业生留长创业就业”工程，当年落户人数力争突破8万人，增长5%以上。弘扬工匠精神，培养高素质劳动者和技术技能人才。

（三）深化改革开放，激发经济社会发展活力。全面贯彻习近平总书记在庆祝改革开放40周年大会上的重要讲话精神，以改革破除一切制约振兴发展的思想羁绊和体制障碍，以创新引领社会活力竞相迸发。

打造一流营商环境。对照国家营商环境评价体系的23类124项指标，顶层设计、全面统筹、系统提升，力争把营商环境质量提升到全国一流水平。进一步优化政务环境，深化“审批不见面、办事不求人”的改革实践，新开办企业工商注册审批用时减到30分钟以内，一般性工业项目审批用时减到5个工作日以内。进一步优化市场环境，充分发挥市场决定性作用，在资源配置、公共服务中注重公平、公正、公开，强化信用监管促进企业诚信守法经营。进一步优化法治环境，启动实施“互联网+监管”改革，推动市场监管等重点领域综合执法，综合运用法律、经济、行政、文化等各种有效手段提高监管效能，实现德治与法治的有机统一。进一步优化经营环境，全面落实国家减税降费措施，尽快实现涉企收费统一收缴、清单之外无收费，力推水电气热通讯等公共服务降价降费，管线接入时间压缩一半以上。进一步优化政策环境，围绕重点产业、招商引资、创新驱动、公共服务、城市管理、生态保护等重点领域深化政策创新，打造东北最优的政策体系。进一步优化社会环境，构建“亲”“清”新型政商关系，在全社会营造尊商、亲商、富商、安商的浓厚氛围，让企业家和创业者经济上得实惠、社会上有地位。

推进重点领域改革。按照“巩固、增强、提升、畅通”八字方针扎实推进供给侧结构性改革，巩固“三去一降一补”成果，增强微观主体活力，提升产业链水平，畅通经济循环。深入推进国资国企改革，以管资本为主强化国资监管，加快建立现代国有企业制度，确保国有投资精准有效、国有资产保值增值。下力气解决厂办大集体改革等历史遗留问题。完成市级政府机构改革，形成职责明确、依法行政的政府治理体系，增强政府公信力和执行力。统筹推进文化、教育、医疗、养老服务、安全生产、食品安全等领域改革。

提高对外开放水平。加快空港经济开发区建设，启动建设跨境电子商务综合试验区，增强兴隆综合保税区聚集外资能力，提升国际货运包机、货运班列运营质量，增开国际客运航线。稳步提高机电、高新技术、农产品等优势产品出口份额，全年进出口总额增长6%以上。深化与德日韩全方位合作，在产业以及文化、教育、医疗、体育、养老服务、城市管理等方面加大交流合作力度。积极开展与欧美、俄罗斯、朝鲜、蒙古合作交流，加强同“一带一路”沿线国家地区联系沟通，巩固提高与国际友城、友好合作城市交流合作的实效性。

（四）坚持问题导向，打好“三大攻坚战”。统筹推进、持续用力、真抓实干，打好打赢“三大攻坚战”。

打好防范化解重大风险攻坚战。加强政府性债务管控，严控增量。整顿不规范融资担保，严控政府隐性债务。按照国务院要求，一律按不低于5%的幅度压减一般性财政支出。加强金融风险源头管控，严厉打击违法违规金融活动，妥善处置应对P2P网络借贷等风险。

打好精准脱贫攻坚战。严格执行“两不愁三保障”标准，进一步强化教育、就业、健康、保障脱贫。启动实施产业扶贫项目142个，新建改造农村安全饮水工程29处，确保7个贫困村出列、1538户贫困户脱贫。加强脱贫攻坚与乡村振兴统筹衔接，切实防止返贫和产生新的贫困，确保脱贫成果经得起历史和实践检验。

打好污染防治攻坚战。牢固树立“绿水青山就是金山银山”理念，坚决打赢蓝天、碧水、黑土地、青山、湿地“五大保卫战”，让长春的天更蓝、山更绿、水更清。坚决禁止禁烧区秸秆露天焚烧。从严整治柴油货车污染。597台20吨以下燃煤锅炉全部淘汰。深入落实河（湖）长制，饮马河、伊通河基本消除劣五类水体。石头口门、新立城两大水源地一级保护区1.9万亩耕地退耕还草还湿。80%的公共机构、260个居民小区开展垃圾分类试点。秸秆综合利用率、畜禽粪污综合利用率分别达到87%和75%。修复三北防护林，营造林4500公顷。统筹产业生态化、生态产业化，加快发展低碳经济、循环经济、绿色经济。

（五）注重科学统筹，推动区域协调发展。落实全省全方位对口合作、多层次战略合作、紧密型专业合作、前瞻性共建合作、开放性国际合作要求，构建长春振兴发展新优势。

促进市域板块竞相发展。新区、开发区要牢牢坚持项目立区、产业兴区、科技强区，提高投资强度、科技贡献率和全要素生产率，在深化改革开放、优化营商环境、聚集新兴产业、激发创新创业等方面争创一流。城区要充分依托人文底蕴、校所资源、产业基础、生态本色，大力发展特色街区、双创基地、现代服务业，不断提升产业层次、宜居水平、生态层级。县域要以乡村振兴战略为总抓手，加大招商引资力度，在产业园区、主导产业、富民项目、特色经济、生态功能区建设上求突破。

推动区域协同发展。发挥省会城市核心辐射带动作用，落实东中西“三大板块”战略和“一主、六双”产业空间布局。积极推动长吉一体化，共建“长吉大都市区”。推进长春公主岭同城化，加快基础设施互联互通。

积极开展对口合作。全面对接京津冀协同发展、长江经济带发展、粤港澳大湾区建设等国家战略，力争引进落位一批合作项目。深化与天津、杭州对口合作，加快建设津长产业合作园、吉浙产业园等共建园区，力争引进大型企业20户以上。落实哈长城市群发展规划，加快建设哈长一体化发展示范区。

（六）推动乡村振兴，提升“三农”工作水平。全面落实乡村振兴战略规划，按照产业兴旺、生态宜居、乡风文明、治理有效、生活富裕总要求，推动农业全面升级、农村全面进步、农民全面发展。

发展优质特色绿色农业。开展率先实现农业现代化攻坚行动，持续深化农业供给侧结构性改革，优化现代农业产业、生产、经营三大体系。积极调整种植结构，大力发展“菌药花菜瓜果”优质高效农业，打造特色农产品品牌，经济作物达到160万亩。深入创建“全国绿色有机农业示范市”，新建绿色有机示范园区20个，新增绿色有机面积95万亩。建设40个无抗养殖基地。新建高标准农田70万亩。稳步提高农业经营主体的集中度和整体实力。综合农机化率达到90%。发展农村电商、乡村旅游、田园综合体，促进农村各产业融合发展。

推动农村全面发展进步。探索培育产业特色鲜明、人文气息浓厚、生态环境优美的特色小镇5个以上。深入实施农村人居环境整治三年行动计划，因地制宜解决好生活垃圾、污水等问题。落实全省“百村引领、千村示范、万村整治”工程，打造15个高标准宜居样板村。推进农村“厕所革命”，改厕3万户。建设“四好农村路”150公里。解决3.9万农村居民饮水安全问题。开展平安乡村建设，完善农村社会矛盾纠纷化解机制，健全乡村治理体系。开展新型职业农民培育工程，全年培训6000人次。

（七）突出文化引领，建设宜居宜业城市。坚持以强烈的文化意识为引领，高水平规划、高质量建设、高标准管理，加快打造“让本地人自豪、外地人向往”的现代化城市。

突出“一张蓝图”，塑造城市特色。深入开展城市设计、城市总体规划、“多规合一”空间规划国家试点，高水平编制新一轮城市总体规划。完善伊通河城区段绿带，拆除三环以内零散棚户区30万平方米，新建续建4座公园，着力提高城区道路、单位庭院、居民小区园林绿化水平。扩大乔灌木种植面积，新增绿地210公顷。

坚持“双核带动”，提升城市能级。全面推进长春新区、南部新城、长春西站等重点区域开发建设。保护修缮历史建筑，改造提升红旗绿色智能小镇、长影步行街、长拖老厂区等文化特色街区。加快实施地铁2号线东西延线、轻轨3号线东延工程，全面开展第三轮轨道交通建设。完善“两横三纵”快速路，续建吉林大路快速路、长春经济圈环线高速公路，加快抚长高速人民大街出口改移。推进第六净水厂建设。新建改造地下管网240公里，新增供热面积300万平方米。

强化“四化治理”，提高管理水平。对标国内外发达城市管理标准体系，推动城市管理人性化、科学化、精细化、现代化。加快建立集卫星、无人机、视频监控、执法巡逻、群众举报于一体的城市、环境、自然资源监管体系，加强道路交通、建筑工地、违法建筑、市场秩序、市容环境、牌匾广告等领域专项整治，让城市更整洁、更有序、更亮丽、更文明。

（八）坚持以人为本，更好保障改善民生。牢固树立以人民为中心的发展思想，着力解决好人民群众反映强烈的突出问题，使人民群众有更多、更直接、更实在的获得感、幸福感、安全感。

努力改善民生状况。落实幸福长春行动计划，办好100件民生实事。实施“暖流计划”，促进城乡居民持续稳定增收。着力扩大就业，新增城镇就业9万人，农村剩余劳动力转移就业100万人次。加大对残疾人、城镇困难人员就业援助力度。开展农民工工资“精准支付”行动。落实全民参保计划，推动社保扩面征缴。进一步提高医疗、养老、失业、工伤保险待遇水平。开展全国居家和社区养老服务改革试点。完善社会救助体系，保障城乡生活困难人员基本生活。完成“无籍房”确权登记850万平方米以上，力争用两年时间基本消除“无籍房”。改造棚户区5300户，安置超期回迁居民3000户。新建改建城市公厕200座以上。加快“公交都市”创建，新增更新公交车辆400台，提标改造三环以内主要街路候车亭。积极推动政务服务“一网通办”“全程代办”。为民服务探索免交证明，便民服务走进“刷脸时代”。

大力发展社会事业。优先发展教育事业，新建4所义务教育学校，新增15所普惠性幼儿园。加强与东北师大等高校合作，推动教育内涵式发展。全面整顿规范无资质幼儿园、民办教育机构。推进健康长春建设，积极实施为民惠民医改，增加医保低自付、慢性病门诊治疗病种，推动分级诊疗、跨省异地就医结算。深入实施“文化兴市”战略，不断提升公共文化服务均等化水平。认真做好央视春晚长春分会场服务保障。广泛开展全民健身。办好第三届长春国际马拉松赛。具备条件的中小学校定时向社会开放体育设施。高标准承办举办东博会、汽博会、农博会、消夏节、冰雪节等百场节庆会展活动。积极践行社会主义核心价值观，高标准、常态化创建全国文明城市。

切实加强社会治理。学习推广新时代“枫桥经验”，积极推进基层社会治理现代化。创建“国家安全发展示范城市”，健全突发事件监测预警体系和应急响应机制，坚决预防重特大事故。创建“国家食品安全示范城市”，全面强化食品药品监管，确保人民群众饮食用药安全。加强社会治安综合治理，严厉打击各类违法犯罪活动，深入推进扫黑除恶专项斗争。创新信访工作方式，发挥局长接待日、市长公开电话作用，依法及时有效解决群众合理诉求。深入开展“肃行风、转作风、提能力”行动，从严整治损害群众利益的突出问题。全面推进依法治市。完善公共法律服务体系。落实普法责任制。加强民族宗教工作。全力支持军队和国防建设，推进军民融合深度发展，争创全国双拥模范城“九连冠”。

三、加强政府自身建设

新的一年，政府工作要有新气象、新担当、新作为！我们一定牢固树立“四个意识”，坚定“四个自信”，坚决做到“两个维护”，落实全面从严治党要求，切实加强政府自身建设，深入推进政府职能转变，全面提升履职水平，为人民提供优质高效服务。

坚持科学民主依法全面履职。深入贯彻全面依法治国要求，严格遵守宪法，尊崇法治、敬畏法律、依法行政。自觉接受市人大及其常委会法律监督、市政协民主监督，主动接受社会和舆论监督。坚持科学、民主、依法决策，凡涉及公众利益的重大事项，都要认真听取各方意见。作为人民政府，所有工作都要体现人民意愿、维护人民利益、接受人民监督。

全面提高本领。大兴学习和调研之风，密切跟踪市场热点趋向、政策重点导向、科技前沿方向、资本焦点投向、人才价值取向，切实增强学习本领、政治领导本领、改革创新本领、科学发展本领、依法执政本领、群众工作本领、狠抓落实本领、驾驭风险本领，全面提升国际化、现代化、专业化水平，做到既政治过硬又本领高强。

勤勉干事创业。各级政府及其工作人员要以敢闯敢试、勇于改革、争创一流的拼搏精神，雷厉风行、马上就办、一抓到底的工作作风，科学理性、崇德尚法、求真务实的专业水准，干字当头、担当实干、埋头苦干，干出长春新面貌，干出人民群众好口碑。

保持廉洁本色。推进“两学一做”学习教育常态化制度化，认真开展“不忘初心、牢记使命”主题教育。坚决贯彻落实中央八项规定和习近平总书记在十九届中央纪委三次全会上的重要讲话精神。始终牢记习近平总书记对德惠“6·3”特大火灾事故、侵华日军“第一〇〇部队”遗址、长生问题疫苗案件作出的重要指示批示，汲取教训，举一反三，进一步提高改进作风的自觉性。持续深入、全面彻底肃清孙政才、苏荣、王珉流毒影响。巩固发展反腐败斗争压倒性胜利，坚决惩治各类腐败行为。政府工作人员要持廉守正，干干净净为人民做事，决不辜负人民公仆的称号。

各位代表！习近平总书记在深入推进东北振兴座谈会上的重要讲话和视察东北时的重要指示精神为我们指引了前进的方向，高质量发展的宏伟目标激励我们更加奋发有为。让我们更加紧密地团结在以习近平同志为核心的党中央周围，高举习近平新时代中国特色社会主义思想伟大旗帜，在省委、省政府和市委的坚强领导下，解放思想、团结一心，真抓实干、开拓进取，为实现长春全面振兴、全方位振兴作出新的更大贡献，以优异成绩迎接中华人民共和国成立70周年！

2018年长春市国民经济和社会发展统计公报

长春市统计局

2018年是全面贯彻党的十九大精神的开局之年。一年来，在市委、市政府的正确领导下，全市上下深入学习贯彻习近平新时代中国特色社会主义思想和党的十九大精神，统筹推进“五位一体”总体布局，协调推进“四个全面”战略布局，全面践行新发展理念，坚持稳中求进的工作总基调和“打先锋、站排头”的总体要求，解放思想、抢抓机遇，迎难而上、扎实工作，经济运行稳中有进，质量效益逐步提升，各项社会事业全面发展，民生福祉持续改善。

一、综合

初步核算，全年实现地区生产总值7175.7亿元，按不变价格计算，比上年增长7.2%。其中，第一产业增加值比上年增长1.7%；第二产业增加值增长7.3%；第三产业增加值增长7.8%。三次产业结构为4.2：48.9：46.9。对经济增长的贡献率分别为：1.3%、50.3%、48.4%。人均生产总值达到95663元（按户籍年平均人口数计算），比上年增长7.4%，折合13914美元。

地区生产总值（亿元、现价）

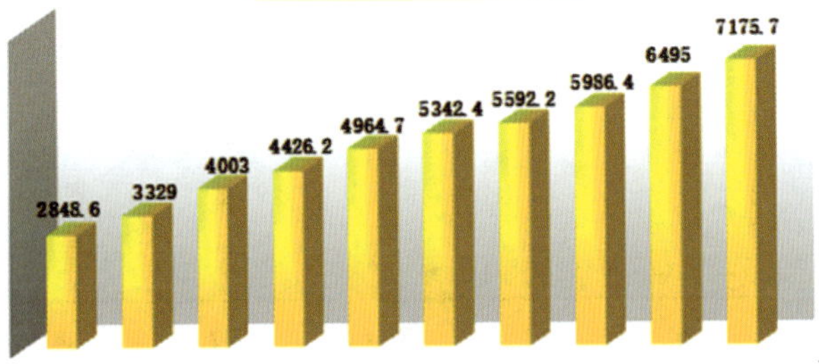

全市一般预算全口径财政收入1210亿元，增长0.1%。全市地方财政收入478亿元，增长6.2%，其中，税收收入370.1亿元，增长8.8%。地方财政支出894.3亿元，增长2.1%，其中，社会保障和就业支出122.9亿元，增长13.7%；教育支出127.3亿元，增长6.3%；医疗卫生与计划生育支出72.6亿元，增长5.7%；交通运输支出33.4亿元，下降32.1%；农林水支出97.5亿元，下降3.9%；住房保障支出19.5亿元，下降35.6%。

全年居民消费价格总水平同比上涨2.0%，涨幅比上年扩大0.7个百分点。从各类商品及服务价格变动情况看，衣着价格上涨4.0%，生活用品及服务价格上涨3.4%，医疗保健价格上涨3.2%，居住价格上涨2.4%，食品烟酒价格上涨1.7%，教育文化和娱乐价格上涨1.1%，其他用品和服务价格上涨0.6%，交通和通信价格下降0.1%。

居民消费价格总指数

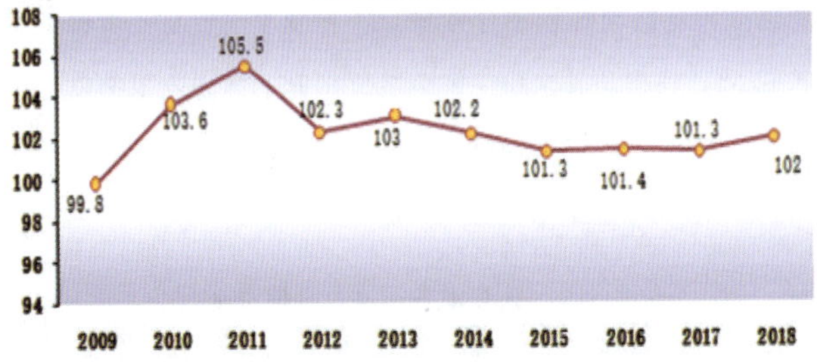

工业生产者出厂价格同比上涨1.47%，涨幅比上年扩大1.08个百分点。其中，生产资料价格上涨2.02%，生活资料价格上涨1.04%；轻工业产品价格上涨4.08%，重工业产品价格上涨0.99%。工业生产者购进价格同比上涨0.74%，涨幅比上年缩小0.08个百分点。

二、农业

全年完成农林牧渔业增加值313亿元，比上年增长1.7%。其中，种植业增加值126.9亿元，增长2.1%；林业增加值2.96亿元，下降1.1%；牧业增加值168.8亿元，增长2.5%；渔业增加值3.3亿元，下降9.6%；农林牧渔服务业增加值11.1亿元，增长1.9%。

全年农作物总播种面积132.6万公顷，比上年增长0.6%。粮食总产量达到864.6万吨，比上年下降17.7%。其中，玉米产量697.4万吨，下降19.7%；水稻产量142.1万吨，下降4.5%。猪出栏 459.4万头，下降5%；牛出栏87.1万头，增长10.3%；羊出栏40.6万只，下降0.9%；家禽出栏2.4亿只，增长2.7%。肉类产量达到98.2万吨，增长3.5%；禽蛋产量达到40.8万吨，下降17.3%；牛奶产量达到6万吨，增长318.1%。

主要农副产品产量

指　　标	单位	2018年	同比增减%
粮食总产量	万吨	864.6	-17.7
蔬菜总产量	万吨	89.6	15.4
肉类总产量	万吨	98.2	3.5
禽蛋总产量	万吨	40.8	-17.3
牛奶总产量	万吨	6.0	318.1
出栏生猪	万头	459.4	-5.0
出栏家禽	亿只	2.4	2.7

全市农业机械总动力为753万千瓦，比上年增长6.2%；全市蔬菜耕地面积为7.8万公顷，增长1%；蔬菜总产值112亿元，增长6.9%。全市有效使用绿色食品标识产品190个，有机食品130个，无公害农产品166个，认定无公害产品基地20个，面积27.1万亩。

农业支持保护补贴共54.3亿元，玉米、大豆生产者补贴3.4亿元，农机购置补贴3.5亿元。全市高标准建设省级新农村建设重点村65个，落实新农村建设项目五大类74项，获得省新农村建设项目补助资金2705万元；获评吉林省美丽乡村共计20个。

新建续建农产品加工业产加销一体化项目52个，完成投资17.9亿元。省级以上和市级龙头企业数量分别发展到105户和216户。

三、工业　建筑业

全年规模以上工业增加值比上年增长8.5%。其中，轻工业增加值增长9.3%；重工业增加值增长8.4%。分经济类型看，国有企业增加值增长6.8%；集体企业增加值下降99%；股份制企业增加值下降8.8%；外商及港澳台商投资企业增加值增长11.4%；其他经济类型企业增加值下降1%。

七大重点行业中，汽车制造业增加值增长8.2%；农副食品加工业增加值增长15%；生物与医药工业增加值增长4.2%；光电子信息工业增加值增长23.4%；建材工业增加值下降7.6%；能源工业增加值增长13%；装备制造业增加值增长8.2%。产值前30户重点工业企业占规模以上工业的比重达到77.3%。

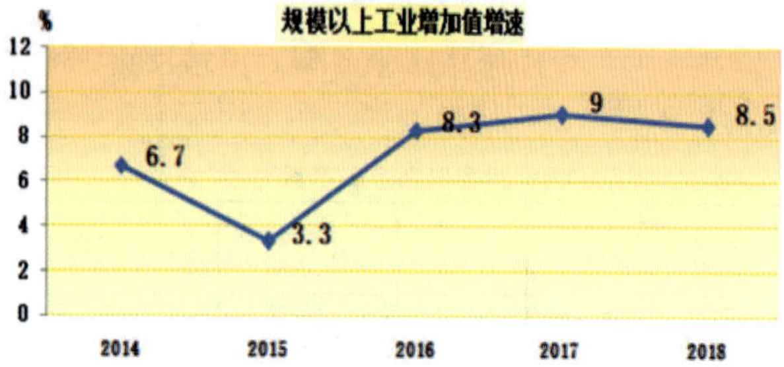

2018年主要工业产品产量

产品	单位	产量	同比增减%
汽车	万辆	276.8	持平
#轿车	万辆	181.3	-2.6
#公路客车	辆	3045	18.5
#载货汽车	万辆	32.4	-4.2
铁路客车	辆	260	17.1
动车组	辆	816	27.5
变压器	万千伏安	779.6	17.5
橡胶轮胎外胎	万条	317	-14.3
工业自动调节仪表与控制系统	万台	2.3	-42.5
发电量	亿千瓦时	261.1	11.7
水泥	万吨	373.6	-13.8
原煤	万吨	323.8	4.5
钢材	万吨	18.6	8.0
卷烟	亿支	156.5	5.7
啤酒	万千升	16	-31.7
中成药	吨	10733.2	22.3
饲料	万吨	201	-3.1
精炼食用植物油	万吨	19.3	73.0
塑料制品	万吨	12.4	-11.3
服装	万件	814	-29.8

全年实现主营业务收入比上年增长4.2%；利税总额比上年下降6.2%；盈亏相抵后利润总额比上年下降4.6%。

全年资质以上建筑业完成总产值1338.9亿元，比上年增长5.7%。

四、固定资产投资

全年固定资产投资增长6.7%。其中，房地产开发投资增长35.7%。固定资产交付使用率为38.3%，比上年上升2.5个百分点。房屋面积竣工率为15.1%，比上年上升1.6个百分点。

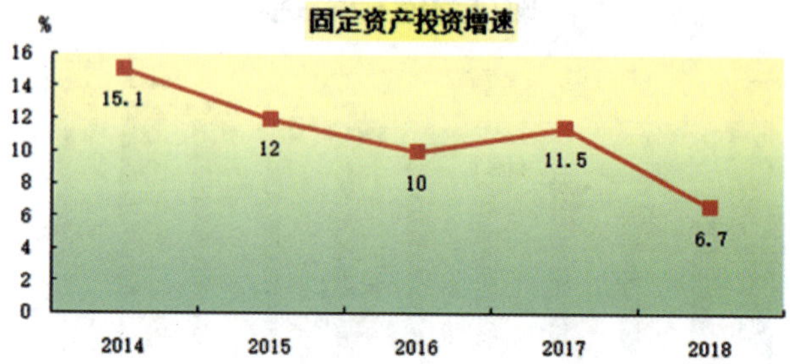

从各产业完成投资情况看，第一产业投资增长179%；第二产业投资下降18.2%；第三产业投资增长17.0%。从投资主体看，国有经济投资下降0.3%；非国有经济投资增长11.6%，占固定资产投资的比重为61.5%。民间投资增长9.1%。全市工业投资下降18.3%。

全市商品房施工面积7216.3万平方米，比上年增长7.9%。商品房竣工面积1087.5万平方米，增长20.1%。商品房销售面积1288.4万平方米，增长12.3%。商品房销售额1062.3亿元，增长32%。

全市二手房交易9.7万套，交易面积840.2万平方米，比上年增长16.2%。其中：住宅交易9.3万套，交易面积786.6万平方米，增长16.9%。

五、国内贸易

全年社会消费品零售总额比上年增长6.2%。分行业看，批发零售贸易业零售额增长5.8%。其中，限额以上批发零售贸易业零售额增长2.6%；限额以下批发零售贸易业零售额增长6.3%。住宿和餐饮业零售额增长8.7%。其中，限额以上住宿餐饮业零售额下降3.7%；限额以下住宿餐饮业零售额增长9.6%。

全市限额以上批发和零售企业汽车类零售额下降5.8%；粮油、食品类零售额增长3.4%；服装鞋帽针纺织品类零售额增长6.4%；金银珠宝类零售额增长6.7%；家用电器和音像器材类零售额增长3%；石油及制品零售额增长4.8%。

六、对外经济 旅游 会展

全年实现进出口总额1054.6亿元，比上年增长10.7%。其中，进口902.1亿元，增长9.6%；出口152.5亿元，增长17.5%。在出口企业中，一般贸易企业出口99.7亿元，增长3.5%；加工贸易企业出口49.8亿元，增长51.7%。

全年新批外资项目（企业）40个，直接利用外资3.3亿美元。

全年来长旅游人数达到8988.5万人次，比上年增长14.8%。其中，接待入境游客45.6万人次，比上年下降1.9%；接待国内旅游者8942.8万人次，增长14.9%。全年旅游总收入1903.5亿元，增长17.6%。旅游外汇收入30061.2万美元，增长15.6%。

全市共举办规模以上会展活动163项，展览面积330万平方米，同比分别增长11%和12%。展会直接收入75亿元，增长12%，带动其他相关产业收入660亿元，增长12%。

七、交通邮电业

全年公路货物周转量318.1亿吨公里，增长3.2%；旅客周转量为40.2亿人公里，下降5.7%。民航货邮吞吐量8.3万吨，下降6.5%；旅客吞吐量1297万人，增长11.2%。2018年末全市民用汽车保有量172万辆，增长8%。其中，私人汽车保有量154.6万辆，增长7.9%。

全年完成邮电业务总量185.8亿元，增长74.3%。其中，邮政业务总量32.5亿元，增长35.6%；特快专递51万件，下降56%；集邮1197万件，下降4.4%；邮政储蓄平均余额3783.8亿元，增长5.4%。电信业务总量153.3亿元，增长85.6%。市话期末到达户数113万户，增长0.1%；农话期末到达户数22万户，下降0.4%；移动电话期末到达户数1516万户，增长24.3%。互联网接入用户606万户，增长5.1%。

八、金融 证券 保险

年末全市拥有银行信社类金融机构42家，保险公司38家，证券公司2家，证券公司分公司21家，证券营业部72家，上市企业24家。

全市金融机构本外币各项存款余额11551.2亿元，比年初增长0.1%。住户存款余额5051.1亿元，比年初增长9.2%。金融机构本外币各项贷款余额11488.3亿元，比年初增长10.7%。

金融机构本外币存贷款

单位：亿元

指　　标	2018年	比年初增减%
各项存款余额	11551.2	0.1
其中：1. 住户存款	5051.1	9.2
2. 非金融企业存款	4017.7	-3.5
3. 广义政府存款	2228.3	6.1
各项贷款余额	11488.3	10.7
其中：住户短期贷款	423.2	23.4
中长期贷款	2790.2	21.9

全市股民账户数达到236.7万户，比上年增长4.8%。有价证券成交总额13881亿元，比上年下降21.3%。其中，股票交易成交额5403.3亿元，下降28.3%；国债成交额6882亿元，下降10%；基金成交额1278亿元，下降37.5%。

全年保费收入256.5亿元，比上年增长6.5%。其中，财产险保费收入92.4亿元，增长11.9%；人身险保费收入164亿元，增长3.7%。全年赔付总金额86.3亿元，增长16%。其中，财产险赔付金额47.7亿元，增长9.7%；人身险赔付金额38.6亿元，增长25%。

九、城建

全市完成道路新建和扩建长度103.9公里，全市道路总面积达到7479万平方米，道路长度达到3721.6公里。

全市水厂日综合生产能力为128.1万立方米/日，城区使用自来水人数达427.7万人。全市天然气供气总量达到69986.1万立方米；液化石油气供气总量达到4.6万吨。城区使用天然气、石油液化气户数达到208.3万户。城区集中供热面积达到25256.1万平方米。全市公园绿地面积达到20093公顷，建成区绿化覆盖面积达到21746公顷，建成区绿化覆盖率达到41.5%。

十、科技 质量技术监督 教育

全年专利申请量19900件，授权量10268件，分别比上年增长32.7%和25.4%。其中，发明专利申请量8411件，增长34.5%；发明专利授权量2416件，下降7.3%。全年登记的科技成果18项。

全市技术合同成交额达332.7亿元。市科技管理部门共投入科技经费2.2亿元。全市新认定高新技术企业385户。

全市有法定产品质量检验机构1家，法定计量技术机构11家。全年实施市级产品质量监督抽查1013批次，计量校准设备45101台/件，检验各类器具241888台/件。

长春市各类教育学校1558所（不含幼儿园，以下同），其中，普通高校40所，成人高校8所，中等职业学校94所，普通高中71所，初中学校271所，小学1063所，特殊教育学校10所，工读学校1所。

全市各类教育学校当年招生36.2万人。其中，普通本专科生12.5万人，成人本专科生2.6万人，研究生2万人，中等职业1.4万人，普通高中3.7万人，初中阶段6.9万人，小学7.1万人，特殊教育321人，工读26人。

全市各类教育学校在校学生132.1万人，其中，普通本专科生44.7万人，成人本专科生5.6万人，研究生5.8万人，中等职业教育4.4万人，普通高中11.8万人，初中20.1万人，小学39.7万人，特殊教育0.1万人，工读41人。

全市各类教育专任教师9.1万人，其中，担任小学教育教学的专任教师3.1万人，初中1.9万人，高中0.9万人，中等职业学校0.4万人，普通高校2.8万人，成人高校0.09万人，特殊教育0.04万人，工读31人。

全市学前教育机构1026个，其中，独立设立置幼儿园754所。当年入园儿童4.6万人，在园儿童11.1万人，其中，普惠性幼儿园105所，在园幼儿1.7万人。全市幼儿园教职工1.8万人，其中，专任教师1万人，学前专业教师占专任教师比例为74.1%。

全市职业技术培训的非学历教育学校（机构）485个，当年注册学生3.5万人，结业生2.1万人，教职工0.3万人，其中，专任教师0.2万人。

十一、文化　卫生　体育

全市共有文化（文物）事业机构237家，其中，艺术表演团体7家，艺术表演场馆5家，公共图书馆12家，艺术馆、文化馆12家，文化站163家，文化艺术科研、科技机构1家，文物保护研究机构1家，文物保护管理机构 4家，其他文化事业3家，博物馆23家，文化市场管理机构6家。公共图书馆总藏量549万册，其中，少儿图书馆藏量84.9万册。

全市有各类文化经营场所1444家，其中，互联网上网服务营业场所746家，文化娱乐场所294家，演出场所42家，音像制品营业场所94家，古玩（美术品）经营店268家。市区（含开发区）文化经营场所1027家，其中，互联网上网服务营业场所528家，文化娱乐场所207家，演出场所26家，古玩（美术品）经营店266家。

全市有广播电台6座，节目11套，中波发射台和转播台2座，转播台23座，广播人口覆盖率为100%，电视台5座，节目10套，电视人口覆盖率为100%。

全市共有卫生医疗机构5167个，比上年增长18.0%。其中，医院、卫生院320所，比上年增长8.1%。拥有医疗床位5.3万张，比上年增长6.6%。卫生技术人员为5.7万人，比上年增长14.0%。每千人拥有执业医师和执业助理医师3.3人。

市辖区建成社区卫生服务中心96家，城区人口覆盖率达到100%。339.8万农民参加了新型合作医疗，常住人口参合率达到98.3%，共筹集资金24.6亿元，已有210万参合农民受益，支付补偿金24.6亿元，占筹资总额的99.8%。

全年成功承办了瓦萨国际越野滑雪赛等国际国内大型体育赛事50余项次。大力开展全民健身活动，完善健身场地设施，改善健身条件，开展各级各类健身活动1280余项次，近百万人次参与活动。

在第23届冬季奥林匹克运动会上，我市共10名运动员代表国家参赛，共夺得1银、2个第五名、1个第六名、2个第七名、2个第八名的好成绩。其中：短道速滑男子5000米接力夺得银牌。

全年销售体育彩票15.9亿元，占全省销售的比例为35.2%。

十二、环境保护　安全生产

初步核算，全年全市能源消费总量2009.5万吨标准煤，比上年增长2%。全社会用电量243.1亿千瓦时，增长8.2%。全市万元地区生产总值能耗下降4.9%。万元规模以上工业增加值能耗下降8.9%。

全年长春市区域环境噪声昼间等效声级平均值55.7dB(A)，夜间等效声级平均值为48.7dB(A)。昼间道路交通噪声平均等效声级为69.6dB(A)，夜间道路交通噪声平均等效声级为65.6dB(A)。

全年城区空气环境质量优良级天数322天，占总天数的90.4%，其中，优级天数122天，占34.3%；良级天数200天，占56.2%；空气首要污染物细颗粒物PM2.5年日均值每立方米33微克，比上年下降13微克；二氧化硫年日均值每立方米16微克，比上年下降10微克；二氧化氮年日均值每立方米35微克，比上年下降5微克；饮用水源水质达标率100%。

全市发生各类生产安全事故739起、死亡270人；全市亿元GDP死亡率0.039；工矿企业就业人员10万人死亡率1.14；煤矿百万吨死亡率0.9。

十三、人口　人民生活　社会保障

年末全市户籍总人口为751.3万人。其中，市区人口441.5万人，三县（市）人口309.8万人。全市人口出生率为7.5‰，死亡率4.74‰，自然增长率2.76‰。

全年全市城镇常住居民人均可支配收入达到35332元，比上年增长6.5%。农村常住居民人均可支配收入14237元，比上年增长6%。

年末全市城镇企业职工基本养老保险参保人数达到

221.5万人，比上年增长1.8%。其中，在职职工154.6万人，增长0.1%；城镇失业保险参保人数达到99.5万人，增长2.9%。全年征缴养老保险基金155亿元，增长9.4%；征缴失业保险基金7.1亿元。全年共为63.3万名离退休人员发放养老金193亿元，增长10.3%；为1.6万名失业人员发放失业金1.4亿元。城镇医疗保险参保人数达到407.5万人，工伤和生育保险参保人数分别达到143.4万人和116.4万人。

全市共开发就业岗位13.8万个，实现城镇新增就业11.5万人，安置下岗失业人员实现再就业5.5万人，其中就业困难人员再就业1.3万人。年末全市公益性岗位在岗人数1.7万人，当年援助477户零就业家庭实现就业。累计实现农村劳动力转移就业120.5万人。年末城镇登记失业率为3.42%。

全市改造棚户区住宅10252套，回迁安置居民9220户。

年末全市城市居民72638人享受最低生活保障；农村居民84546人享受最低生活保障。累计全年发放城乡低保资金7.1亿元。

全市各类养老服务机构共有384家，总床位数40368张。其中：国家办养老机构5家，社会力量投资兴办的养老机构292家。农村社会福利服务中心87所。全年销售社会福利彩票16亿元。募集善款1899.3万元，总支出慈善募捐款1851.1万元，受助群众达2万人次。

注：1、本公报各项统计数据为初步统计数。

2、本公报长春市地区生产总值、各产业增加值绝对数按现价计算，增长速度按可比价格计算。

3、农业历史数据根据第三次全国农业普查进行了修订，2018年相关数据同比增速以修订后数据为计算依据。

4、资料来源：本公报中财政数据来自市财政局；价格指数、城乡居民收入数据来自国家统计局长春调查队；农业机械总动力、农业补贴、农产品加工企业产值等数据来自市农业农村局；二手房交易、改造棚户区住宅数据来自市住房保障和房屋管理局；货物进出口总额等数据来自长春海关；实际利用外资数据来自市商务局；会展业数据来自市贸促会；公路货物周转量、旅客周转量数据来自市地方道路运输管理局；民航运输数据来自吉林省民航机场集团公司；民用汽车保有量数据来自省公安厅；邮政业务总量、电信业务总量、移动电话期末户数、互联网接入用户数据来自中国邮政集团公司长春市分公司、中国电信股份有限公司吉林分公司、中国移动通信集团吉林有限公司长春分公司、中国联合网络通信有限公司长春分公司；货币金融类数据来自中国人民银行长春中心支行；上市公司数据来自证监会吉林监管局；保险业数据来自保监会吉林监管局；道路新建和扩建、道路面积和长度、水厂日综合生产能力、使用自来水人数、天然气、供热面积等数据来自市城乡建设委员会；公园绿地面积、绿化覆盖率等数据来自市林业和园林局；专利申请量、科技成果、技术合同等数据来自市科学技术局；质量检验机构等数据来自市市场监督管理局；教育数据来自市教育局；文化事业机构、艺术表演团体、博物馆、公共图书馆、文化馆、经营场所、广播电台和旅游数据来自市文化广播电视和旅游局；卫生数据来自市卫生健康委员会；体育数据来自市体育局；环境保护数据来自市生态环境局；安全生产数据来自市应急管理局；人口数据来市公安局；企业职工养老保险参保人等数据来自市社会保险局；医疗保险数据来自市医疗保障局；城镇新增就业、登记失业率等数据来自市就业服务局；城乡低保、养老服务机构等数据来自市民政局；其他数据均来自市统计局。

县（市）区开发区经济

STATISTICS

2019

长春统计年鉴

CHANGCHUN STATISTICAL YEARBOOK

【农安县】2018年农安县政府坚持以习近平新时代中国特色社会主义思想为统领，认真贯彻习近平总书记考察东北重要讲话和指示精神，积极落实国家和省市各项决策部署，在县委的坚强领导下，在县人大、县政协的监督支持下，领导全县广大干部群众，有效应对风险挑战，统筹做好稳增长、促改革、调结构、惠民生、防风险各项工作，较好完成年度目标，经济社会保持稳中有进、稳中向好态势。

一、综合

经济综合实力显著增强，经济总量和质量不断提高。全年实现地区生产总值498.9亿元，比上年增长4.0%。分产业看，第一产业增加值90.9亿元，同比增长1.8%；第二产业增加值143.8亿元，同比增长5.3%；第三产业增加值264.1亿元，同比增长4.3%。

2014年-2018年地区生产总值完成情况

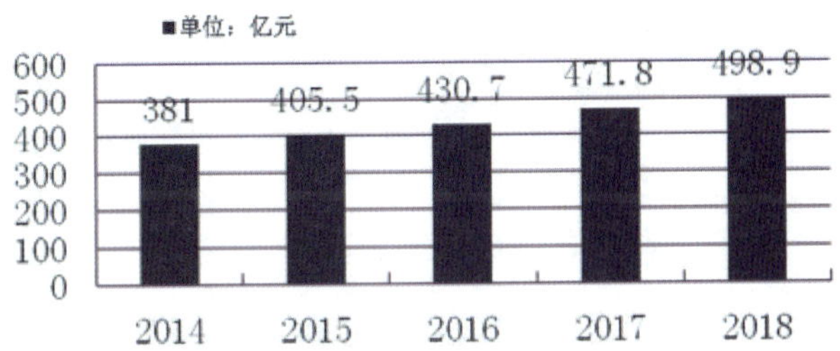

三次产业结构之比为18.2：28.8：52.9。按常住人口计算，全县人均地区生产总值达到44261元，同比增长6.7%。

三次产业占地区生产总值比重

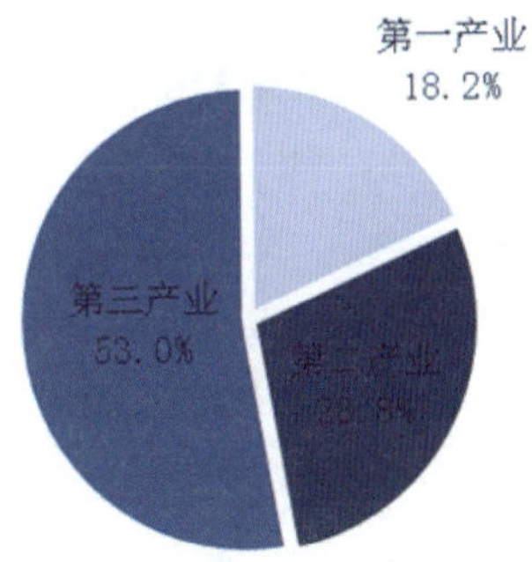

二、农业

现代农业生产体系进一步完善，产业结构更加合理，由“大而弱”向“优而精”转变。

主要农作物产量。农安县全年粮食产量257.4万吨，其中：玉米产量234.9万吨；大豆产量2.0万吨；水稻产量10.6万吨；马铃薯产量29.9万吨。

现代农业体系不断完善。集聚各级力量和优势资源，打造高标准农田18.3万亩；投资2.2亿元加强水利设施建设，累计提水、放水1200万立方米，抗旱、防汛工作取得全面胜利；主要粮食作物综合机械化水平达到94%、农机总动力达到203万千瓦、拖拉机保有量达到10.8万台。

扩大适度规模经营，实现土地托管面积4.55万公顷、流转面积22.5万公顷。充分发挥“互联网+现代农业”优势，培育春江堰家庭农场，顺利通过国家首批农村产业融合发展示范园评审。创立全市首个区域公用品牌“农安赞”。创立地理品牌，“哈拉海珠葱”、“华家甜瓜”喜获全国农产品地理标志殊荣。

三、工业和建筑业

2018年实现规模以上工业总产值179.4亿元，同比增长4.8%。其中，农副食品加工业总产值63.0亿元，比上年同期增长13.5%；医药制造业总产值27587.2万元，比上年同期增长7.5%；汽车制造业总产值45340.0万元，比上年同期增长6.1%；食品制造业总产值41226.2万元，比上年同期增长17.6%；纺织服装、服饰业34516.4万元，比上年同期增长7.8%；石油煤炭及其他燃料加工业326433.1万元，比上年同期增长22.4%；电力热力生产和供应业143665.1万元，比上年同期增长23.9%。

全年新增7户规模以上工业企业，至年末全县规模以上工业企业共有144户。

2018年主要工业产品产量

产品名称	计量单位	产量	增长%
饲料	万吨	26.2	7.8
其中：配合饲料	万吨	12.3	15.0
混合饲料	万吨	3.0	130.8
鲜、冷藏肉	万吨	19.9	-13.5
冻肉	万吨	2.7	440.0
熟肉制品	吨	280.0	-40.7
冷冻蔬菜	吨	6151.0	78.8
饲料添加剂	万吨	0.2	100.0
饮料酒	万千升	7.9	-49.4
啤酒	万千升	7.9	-43.2
服装	万件	102.7	-24.9
梭织服装	万件	102.7	-24.9
合成橡胶	万吨	0.9	-30.8
塑料制品	万吨	0.5	-54.5
商品混凝土	万立方米	1.5	-40.0
预应力混凝土桩	万米	0.2	-83.3
工业锅炉	蒸发量吨	33.0	26.9
泵	万台	0.3	50.0
机械化农业及园艺机具	台	3351.0	37.6
其中：土壤耕整机械	台	471.0	38.5
种植施肥机械	台	384.0	36.7
收获后处理机械	台	2496.0	37.6

2018 年末全县共有资质以上建筑业企业 19 家，较去年增加 2 家，全年实现建筑业总产值 8.8 亿元，同比下降 53.6%。

四、固定资产投资和房地产开发

全年全社会固定资产投资完成 61.5 亿元，同比下降 43.4% 。其中：工业投资 22.3 亿元，占全社会固定资产投资额的 36.3%。500-5000 万元以下投资完成 4.5 亿元，比上年增长 10.8%；5000 万元以上投资完成 57.0 亿元，同比下降 45.6%。

2018 年年末全县共有房地产企业 34 家，全年完成房地产开发投资 14.3 亿元，比上年下降 25.1%。销售面积 62.1 万平方米，同比增长 16.2%；销售额 19.2 亿元，同比增长 5.9%。

五、贸易和服务业

贸易与服务业发展势头强劲。全县依托现有商贸产业，重点发展以物流为主的生产性服务业，城乡商贸流通体系不断健全，现代物流业、城市商业网点向农村延伸。全年实现社会消费品零售总额 165.5 亿元，同比增长 6.4%。

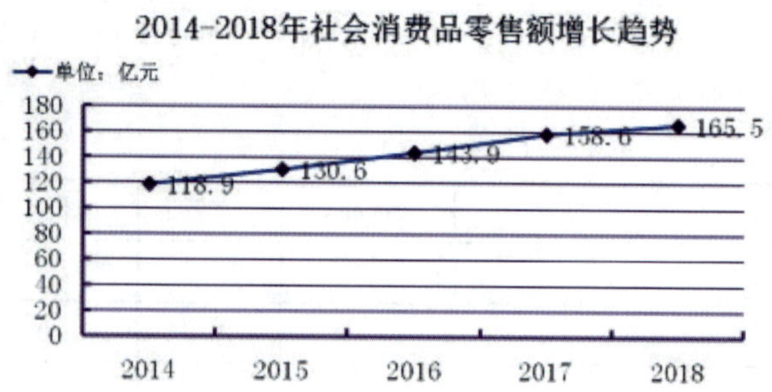

六、财政和金融业

全年预算执行情况良好，圆满完成本年任务。

财政：2018 年，地方级财政收入完成 88,537 万元，比上年同期减收 32,193 万元，同比下降 26.7%，完成年度调整预算的 100%。一般预算全口径财政收入完成 203,314 万元，比上年同期减收 42,181 万元，同比下降 17.2%，完成年度调整预算的 100%。

分部门看：国税部门完成 121,674 万元，比上年同期减收 7,194 万元， 同比下降 5.6%；地税部门完成 65,095 万元，比上年同期减收 26,300 万元，同比下降 28.8%；财政部门完成 16,545 万元，比上年同期减收 8,687 万元， 同比下降 34.4%。

从主要税种收入完成情况看：增值税（100% 部分）完成 72,085 万元，比上年同期增收 4,435 万元，同比增长 6.6%。消费税完成 24,915 万元，比上年同期减收 9,707 万元，同比下降 28.0%。企业所得税（100% 部分）完成 21,758 万元，比上年同期减收 7,321 万元，同比下降 25.2%。个人所得税（100% 部分）完成 9,032 万元，比上年同期增收 2,358 万元，同比增长 35.3%。

2018 年，全县公共财政预算支出总计完成 754,845 万元，比上年同期减少 39,522 万元，同比下降 5.0%，完成年度预算的 154.6%。

金融：全县年末金融机构人民币各项存款余额 368.1 亿元，同比增长 5.9%；金融机构各项贷款余额 275.9 亿元，同比下降 20.3%。

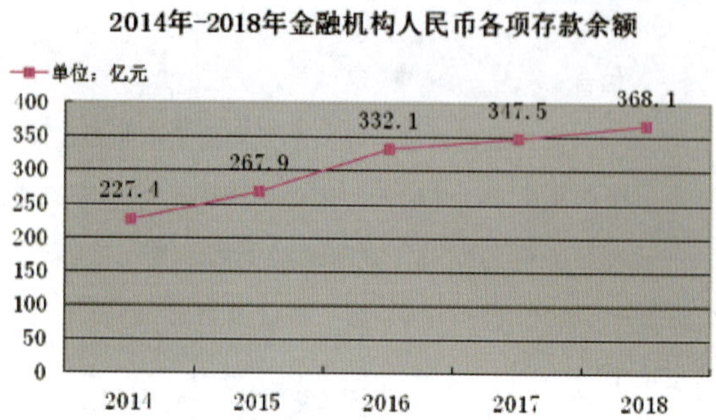

七、民政优抚

精准脱贫扎实开展。全县投资 5271 万元，落实项目 43 个，实现非贫困村全覆盖，产业项目成为贫困户长期增收的有效支撑。全面落实兜底政策，贫困户新农合参合率达到 100%，医疗商业保险报销比例提高到 95%，农村“三无”人员全部安排就业，6868 户贫困户纳入五保、低保，占贫困户的 74%。改造农村危房 737 户，其中贫困户 320 户。实现脱贫 707 人、贫困村出列 4 个。

社会服务能力全面增强。全面落实就业优惠政策，新增城镇就业 6518 人；推进养老事业健康发展，新增民办养老机构 6 家、床位 348 张。发放社会救助、抚恤和补助资金 1.3 亿元。全市首家国标特困人员供养中心建成投入使用。新建农村文化小广场 38 个，升级改造广播电视户户通 2600 户，县图书馆晋升为国家一级馆，“书香农安”被评为国家终身学习品牌项目。深入开展“扫黑除恶”专项斗争，取缔非法宗教场所 8 处，社会环境进一步净化。

八、教育和卫生

教育：2018 年末全县共有 6 所高级中学、36 所初级中学、4 所完全中学、283 所小学、70 所幼儿园和 1 所特殊教育学校。教职工人数共 11690 人。全县所有在校学生 104907 人，其中高级中学 15932 人，初级中学 20680 人，完全中学 7088 人，小学 51531 人，幼儿园 9440 人，特殊教育 226 人。

卫生：全县共有卫生机构（医院 + 乡村卫生所）635 处，其中医院 54 处，乡镇卫生所（站）581 处。全县卫生从业人员共有 6153 人，其中卫生技术人员 5594 人，拥有高级职称 328 人，全县每万人（常住人口）拥有卫生技术人员 49 人。全县共有床位 3536 张，每千人（常住人口）拥有床位 3.1 张。

九、人口与人民生活

2018 年末，全县户籍总人口达到 1126472 人，同比下降 0.1%。其中，城镇人口 217907 人，非城镇人口 908565 人。

全县年末在岗职工 29036 人，在岗职工年平均工资 57323 元，同比增长 11.8%。

城镇居民人均可支配收入为 26907 元，同比增长 7.2%；农村常驻居民人均可支配收入为 14228 元，同比增长 5.9%。

2014年-2018年城镇居民人均可支配收入

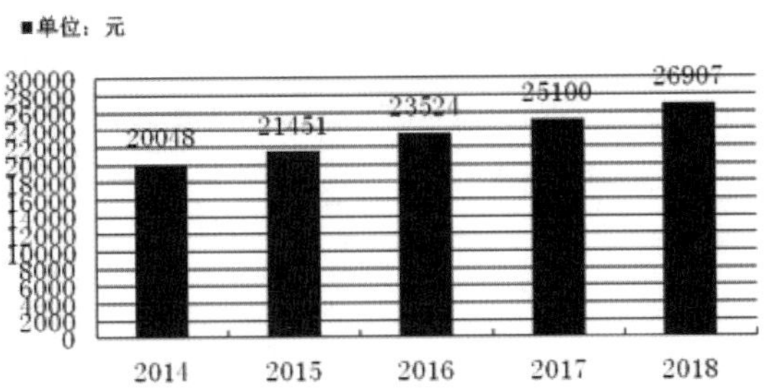

2014年-2018年农村常住居民人均可支配收入

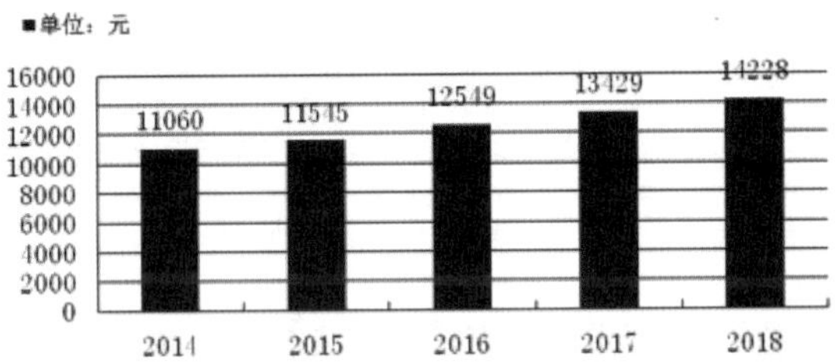

【九台区】2018 年，在以习近平同志为核心的党中央坚强领导下，全区上下高举习近平新时代中国特色社会主义思想伟大旗帜，认真贯彻党的十九大会议精神，坚持稳中求进总基调，抢抓新机遇，践行新理念，推动新发展，全面构建“五大功能区”，加快打造“五个九台”，经济运行稳中有进，社会事业稳步发展，全区综合实力显著增强。

一、综合

初步核算，全区实现地区生产总值 511.6 亿元，按可比价格计算，比上年增长 4.7%。其中，第一产业增加值 39.4 亿元，同比增长 1.1%；第二产业增加值 246.8 亿元，同比增长 5.0%；第三产业增加值 225.4 亿元，同比增长 5.3%。三次产业结构调整为 7.7:48.2:44.1。

全年实现全口径财政收入 24.5 亿元，比上年下降 9.3%；地方级财政收入 7.9 亿元，比上年下降 11.1%。地方级税收收入 5.0 亿元，比上年增长 4.6%。全年一般预算财政支出 65.1 亿元，比上年下降 1.8%。

全区金融机构各项存款余额 272.1 亿元，比上年增长 11.0%。其中居民储蓄存款余额 212.6 亿元，比上年增长 6.3%；各项贷款余额 268.1 亿元，比上年增长 6.1%。

二、农林牧渔业

全年农林牧渔业完成总产值 77.7 亿元，按可比价格计算，比上年增长 1.1%。其中，农业产值 24.5 亿元，增长 7.0%；林业产值 0.4 亿元，下降 42%；畜牧业产值 49.7 亿元，下降 0.7%；渔业产值 1.2 亿元，下降 7.5%。农林牧渔服务业产值 1.9 亿元，增长 1.9%

全年农林牧渔业实现增加值 40.5 亿元，按可比价格计算，比上年增长 1.1%。其中，农业增加值 15.1 亿元，增长 7.0%；林业增加值 0.2 亿元，下降 33.2%；牧业增加值 23.4 亿元，下降 1.3%；渔业增加值 0.7 亿元，下降 14.9%。农林牧渔服务业增加值 1.1 亿元，增长 1.9%。

全区农作物播种面积达到 19.9 万公顷。粮食产量达到 113.4 万吨，比上年增长 2.4%。其中，玉米产量 90.9 万吨，比上年增长 1.5%，水稻产量 15.6 万吨，比上年下降 29%。

全年生猪出栏 58.1 万头，牛出栏 17.2 万头，羊出栏 2.4 万只，禽类出栏 316.2 万只。肉类总产量 14.1 万吨，其中猪肉产量 4.7 万吨，牛肉产量 2.9 万吨，羊肉产量 0.018 万吨，禽肉产量 6.4 万吨；禽蛋产量 3.9 万吨，其中鸡蛋产量 3.0 万吨；奶类产量 0.7 万吨。

三、工业和建筑业

2018 年末，全区共有规模以上工业企业 209 户，经数据瘦身后全年规模以上工业实现总产值 150.4 亿元，与上年持平；实现工业增加值 170.4 亿元，按可比价格计算，比上年增长 5.4%，其中规上工业实现增加值 130.1 亿元，比上年增长 5.5%。

全区有资质建筑业企业 36 户，全年建筑业实现增加值 76.4 亿元，比上年增长 3.9%。

四、固定资产投资

2018 年全社会固定资产投资拉动经济增长动力明显，全区投资 5000 万元以上的新建、续建项目 78 个，其中亿元以上项目 47 个。

五、国内贸易、对外经济和旅游

全年实现社会消费品零售总额 161.9 亿元，比上年增长 7.2%。实现出口总额 2213 万美元，比上年增长 5.1%，引进外资 860 万美元。全年接待游客突破 345 万人次，旅游综合收入实现 20 亿元，同比增长 10%。

六、交通、通讯与能源

到 2018 年末，全区公路总里程达 3813 千米，当年新建公路 22.4 千米。年末公交车路数 18 路，实有公共汽车营运车辆 144 辆，年末实有出租汽车数 1567 辆。

年末全区固定电话用户 191905，移动电话用户 703909 户，互联网宽带接入用户 79915 户。

年末全社会用电量 132365 万千瓦时，同比增长 11.8%，其中工业用电量 79498 万千瓦时，同比增长 16.1%，居民生活用电量 35862 万千瓦时，同比增长 4.0%。

七、教育、科技、文化与卫生

全区现有各级各类学校159所，其中幼儿园37所（教育部门办26所，民办11所），小学86所（含村小72所，独立小学14所），普通初中27所（含九年一贯制学校21所，独立初中6所），普通高中6所（含独立高中4所，一贯制高中部1所，完全中学高中1所），职业中学1所，特殊教育1所，教师进修学校1所。在校学生总数67564人，教职工总数7996人，其中专任教师6188人。

全年专利授权数157件，同比增长8.9%。

九台图书馆藏书总量16.8万册，九台境内国有可移动文物有49件套。其中二级文物1件、三级文物7件。年末拥有影院3个，体育场馆4个。

2018年九台区共有各级各类医疗卫生机构1031家，其中区级卫生单位7家，医疗机构1024家。医疗机构中有区直二级医院3家；省级医院1家；乡镇卫生院9家，街道社区卫生服务中心17家；城区内民营医院10家；驻区外系统医院4家；门诊部28家；个体诊所128家；驻区卫生所9家；村级卫生室及村诊所共812家。全区共有开放病床2876张，其中区直医院1891张，基层医疗机构985张。全区各级各类医疗机构共有卫生技术人员2706人。

八、人口、居民收入和社会保障

2018年末全区户籍总人口为79.1万人。其中，城镇人口20.7万人，占总人口的26.2%；乡村人口58.3万人，占总人口的73.8%。2018年全区城镇非私营单位从业人员平均工资为58720元，比上年增长9.4%；全区城镇常住居民人均可支配收入为24668元，比上年增长7.5%；农村常住居民人均可支配收入为14236元，比上年增长6%。

2018年末全区城镇基本医疗保险参保人数150263人，城镇基本养老保险参保人数45406人。工伤保险参保人数50718人，生育保险参保人数48341人。 新型农村合作医疗参保人数454872人，新型农村社会养老保险参保人数306327人。

2018年末全区共有社会福利收养单位18个，拥有床位数3700张。全区城乡居民最低生活保障人数19917人，其中城镇居民最低生活保障人数9238人，农村居民最低生活保障人数10679人。

九、环境保护

2018年，全区空气质量优良率为87.3%。 环境空气质量达到国家二级标准

工业废水排放量63.4万吨，工业废水中化学需氧量排放量为55.5吨，氨氮排放量6.3吨。工业废气总二氧化硫排放量1428吨，氮氧化物排放量2549吨，烟（粉）尘排放量159.6吨。一般工业固体产生量79.6万吨，综合利用量56.9万吨，处置量22.7万吨。区域环境噪声、功能区噪声、道路交通噪声均符合相关标准要求，声环境质量总体较好。

【榆树市】2018年，全市人民在市委、市政府的坚强领导下，全面贯彻党的十九大和十九届二中、三中全会精神，统筹推进“五位一体”总体布局，协调推进“四个全面”战略布局，以供给侧结构性改革为主线，统筹抓好稳增长、促改革、调结构、惠民生、防风险各项工作。解放思想，迎难而上，合力攻坚。生态建设成效显著，民生福祉不断增进，经济社会实现平稳健康发展。

一、综合

2018年，全市生产总值实现4563436万元，按不变价格计算，比上年增长4.0%。其中：第一产业增加值实现790075万元，按不变价格计算，比上年增长1.5%；第二产业增加值实现1276019万元，按不变价格计算，比上年增长4.2%，其中：工业增加值实现842169万元，按不变价格计算，比上年增长5.9%，其中：规模以上工业增加值实现367231万元，按不变价格计算，比上年增长7.1%；建筑业增加值实现434213万元，按不变价格计算，比上年增长0.5%；第三产业增加值实现2497342万元，按不变价格计算，比上年增长4.9%。第一、二、三产业增加值占全市生产总值的比重发展到17.3：28.0：54.7，与2015年相比，第一产业下降了8.6个百分点，第二产业上升了1.6个百分点，第三产业上升了7个百分点。对经济增长的贡献率分别为12.1%、27.9%和60%。

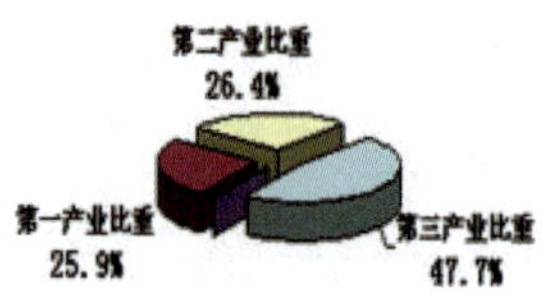

2015年三次产业比重

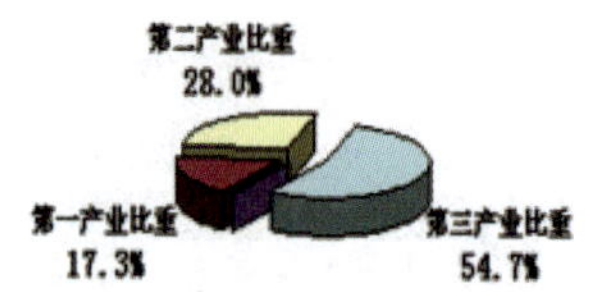

2018年三次产业比重

我市连续十五年荣获全国粮食生产先进县市。“榆树大米”被评为全省唯一的全国十大区域公用品牌。都市休闲家庭农场被评为吉林省休闲农业与乡村旅游五星级示范企业。榆树市被评为“2018中国幸福百县”。

二、农业

2018年，全市总播种面积390715公顷，其中：粮豆薯播种面积385321公顷。玉米播种面积291366公顷，水稻播种面积76767公顷，高粱播种面积2003公顷，谷子播种面积257公顷，小麦播种面积4公顷，豆类播种面积9709公顷，其中：大豆播种面积9593公顷，薯类播种面积5214公顷，蔬菜播种面积2418公顷，瓜果类播种面积304公顷，烤烟播种面积433公顷。粮食总产量达到2852994吨，其中：玉米2117849吨，水稻656389吨，高粱12714吨，谷子1070吨，小麦16吨，豆类

23730吨，其中大豆23563吨，其他谷物2吨，薯类41224吨。

农业总产值实现1505634万元，比上年下降3.7%，其中：种植业产值659191万元，林业产值10961万元，牧业产值772780万元，渔业产值10782万元，农林牧渔服务业产值51920万元。

2018年，我市积极推进种养结合整县推进一体化项目，全力推进畜禽养殖粪污资源化利用整县推进项目。

2018年末，全市生猪存栏719057头，牛存栏116551头，羊存栏44208只，禽存栏1921万只。奶类总产量8212吨，禽蛋总产量97276吨，肉类总产量317230吨。

三、工业和建筑业

2018年，全口径工业增加值实现842169万元，按不变价格计算，比上年增长5.9%。其中：规模以上工业企业发展到155户，总产值实现1126667万元，比上年下降28%，增加值实现367231万元，按不变价格计算，比上年增长7.1%。规模以下工业增加值实现474938万元，按不变价格计算，同比增长5%。实现利润10661万元，比上年下降76.2%。

2018年，全市建筑业增加值实现434213万元，按不变价格计算，比上年增长0.5%。全市资质建筑企业14户，总产值实现29319.7万元。

四、民营经济

2018年，全市民营经济发展到43220户，从业人员达到33.41万人。民营经济总产值实现12811397万元，比上年增长0.5%，利润总额实现1187265万元，比上年增长0.2%。民营经济增加实现3117126万元，按不变价格计算，比上年增长4.3%。

五、固定资产投资

2018年，全市共引进内资57.6亿元，引进外资3000万美元。全社会固定资产投资完成额705184万元，比上年增长13.4%，其中：工业固定资产投资完成额230481万元。房地产开发投资完成额90544万元，比上年增长104.4%。

2018年，市委、市政府认真贯彻落实棚户区改造政策，依法推进房屋征收。城市棚户区改造8个区段，征收房屋18.08万平方米，货币化补偿安置1850套。分配公租房147套，发放租赁补贴2840户。

六、交通运输及邮电业

交通运输坚持把保民生、保安全、保畅通放在突出位置，大力提升旅客出行服务质量，全力保障公路安全畅通。完成陶榆铁路一期改造工程榆树段40公里，完成24处平面交叉改造工程。续建榆松高速公路建设项目，完成路面基层及桥涵构造物工程总量20.5%。启动修复舒陶公路（S301）新立至舒兰段22.73公里项目工程。完成农村公路建设100公里，完成危桥改造15座。更新候车亭100个，站点牌50个。购置新能源公交车32台，已投放到公交线路使用。养护农村公路6250公里，养护国省干线公路226.3公里。

七、国内贸易

2018年，全市社会消费品零售额实现1687508万元，比上年增长5.4%。其中：批发、零售贸易业零售额实现1309894万元，比上年增长5.2%，住宿、餐饮业零售额实现377614万元，比上年增长5.8%。

八、财政、金融

2018年，全市一般公共预算财政收入总计855218万元，其中：一般公共预算全口径财政收入124339万元，比上年下降11.3%，市本级一般预算财政收入67492万元，比上年下降25.4%。一般公共预算财政支出合计776387万元，比上年下降13.1%。

2018年，金融机构各项存款余额2886336万元，比上年增长5.3%，其中：城乡居民储蓄存款余额2340077万元，比上年增长8.2%；金融机构各项贷款余额2553123万元，比上年下降17.4%。

九、文化体育事业

公共文化服务体系建设日益完善。全市新建农村文化小广场51个、基层综合文化服务中心40个、农家书屋样板72个。建设图书馆分馆10个、文化馆分馆5个，成立“书香榆树”讲书堂。围绕农民文化节、市民文化节等主题，举办了“元宵灯谜”竞猜活动、“唱响十九大、走进新时代”书画展和“沃土情深”第五届农民书画作品展等大型文化活动。积极推进乡村旅游与休闲农业融合发展，都市休闲家庭农场被评为吉林省休闲农业与乡村旅游五星级示范企业。

大力推进体育事业发展。成功举办“健康生活·悦动吉林”2018年榆树市“全民健身日”健身展示大会、长春农博会农民趣味运动会、市足协杯2018年首届5人制足球赛等。举办了“2018年榆树市中小学生排球比赛”，市风筝协会举办了“二月二龙抬头”庆祝活动。榆树体校被授予青少年女足训练基地称号。

十、教育和卫生

教育以坚持立德树人为根本，深入发展素质教育。投资1100万元，改善高中现代化教学手段。深入实施“城乡联盟”、“学科联盟”合作发展模式，整体提升了高中教学质量。2018年高考，我市1名同学夺取全省第八名、荣膺长春市外五县（市）区理科状元，2名同学荣膺长春外五县（市）区文科状元。制定《职业技术教育中心与长榆高中资源整合方案》，将职教中心和长榆高中进行整合。利用搬迁后的职教中心资源，改建成立第三实验小学。投资1200万元，在西部新区新建第四实验幼儿园。投资200万元，建立特殊教育学校资源中心。通过“特岗计划”“硕师计划”“强师计划”“省免费师范生计划”等渠道，补充教师

131人。解决教师职称评聘历史遗留问题，评审通过高级职称教师3079人、一级职称教师1895人。扎实开展“校园剧展演”“诗书礼乐”“书香文化”进校园活动。中高考实现了考生“零违纪”、考务“零差错”、投诉“零举报”、安全“零事故”的目标。全面加强中小学校音、体、美学科教学。

医疗卫生事业服务能力明显增强。市妇幼保健院综合楼于10月21日投入使用。对25家乡（镇）卫生院进行防寒保暖维修。积极推进国家卫生乡（镇）创建工作，五棵树镇已申报创建国家级卫生乡（镇）。设立了榆树疾控微信公众平台。我市荣获省级环境卫生先进单位荣誉称号。制定了“民营医院、门诊部、个体诊所”年度考核标准。举办了“听见未来，从预防开始”为主题的“爱耳日”宣传活动。积极开展“护蕾计划”，开展健康教育专家进校园等“健康教育大讲堂”活动。在国际护士节，全市卫计系统有6人受到长春市卫计委表彰；在首届“中国医师节”，全市卫计系统在长春市组织的活动中荣获先进集体1个、先进个人5名。

十一、人口和人民生活

2018年末，全市总人口达到1229647人。其中，乡村人口1010378人。全市总户数436801户，其中：乡村户数306602户。人口自然增长率为负1.38‰。

2018年，城镇居民人均可支配收入实现24578元，比上年增长7.7%；农村居民人均可支配收入实现14301元，比上年增长5.9%。城镇非私营单位在岗职工年平均工资58233元，比上年增长12.5%。

十二、劳动就业和社会保障

2018年，市委、市政府以促进就业创业，增加城乡居民收入为重点，积极开展就业创业服务。全年开发城镇就业岗位7707个，新增城镇就业6712人，失业人员再就业3517人，困难人员再就业527人。推介创业项目113个，引导扶持成功创业650人，带动就业2780人。保障体系日益完善，城乡居民基本养老保险金由80元提高到103元。医疗救助4.2万人次，发放救助金1883万元。为1.6万名困难残疾人发放补贴1227万元。新建乡（镇）社会福利服务中心2个，提升了养老服务能力。实现农村劳动力转移就业39.05万人，实现劳务经济收入39.58亿元。

参加基本养老保险职工45600人，失业保险职工44253人，城镇居民最低生活保障10775人，农村居民最低生活保障21938人，农村合作医疗保险871043人，城乡居民养老保险431554人。职工医疗保险58153人，城镇居民医疗保险75580人。

十三、生态环境保护

积极落实《大气污染防治行动计划》，加大对空气污染源监管力度，空气环境质量稳定达到国家环境空气质量二级标准。制定并实施《榆树市落实水污染防治行动计划工作方案》，成立了“水十条”工作领导小组，全面落实“河长制”，水污染防治稳步推进。成立榆树市环保督察整改办公室，积极落实《榆树市贯彻落实中央环境保护督察反馈意见整改方案》。加强对禁养区监管力度，完成畜禽禁养区畜禽养殖场（小区）关闭或搬迁431家。持续打造“安静工程”，加强对建筑工地夜间施工扰民的监管力度，噪声扰民现象得到有效遏制。持续开展中高考“绿色护考”行动，为广大考生营造安静舒适的生活、学习和应试环境。着力推进城乡一体化生态环境建设。完善土桥镇土桥村、太安乡丰产村等11个村省级生态村规划编制工作。申报18个长春市级生态村，储备省级、市级生态村25家，4家省级生态村完成验收。

【德惠市】2018年，面对复杂严峻的国际环境和艰巨繁重的改革发展稳定任务，在以习近平同志为核心的党中央坚强领导下，各地区各部门以习近平新时代中国特色社会主义思想为指导，全面贯彻党的十九大和十九届二中、三中全会精神，按照党中央、国务院决策部署，统筹推进“五位一体”总体布局，协调推进“四个全面”战略布局，坚持稳中求进工作总基调，深入贯彻新发展理念，落实高质量发展要求，以供给侧结构性改革为主线，着力深化改革扩大开放，坚决打好防范化解重大风险、精准脱贫、污染防治三大攻坚战，有效应对外部环境深刻变化，统筹稳增长、促改革、调结构、惠民生、防风险，做好稳就业、稳金融、稳外贸、稳外资、稳投资、稳预期工作，经济运行总体平稳、稳中有进，质量效益稳步提升，人民生活持续改善，保持了经济持续健康发展和社会大局稳定，朝着实现全面建成小康社会的目标迈出了新的步伐。

一、综合

经过核算，全年实现地区生产总值512.3亿元，按不变价格计算比上年增长7.0%。其中，第一产业增加值65.23亿元，增长1.8%；第二产业增加值195.8亿元，增长8.0%；第三产业增加值251.27亿元，增长8.1%。第一产业增加值占国内生产总值的比重为12.7%，第二产业增加值比重为38.2%，第三产业增加值比重为49.1%。

德惠市2014-2018年地区生产总值完成情况

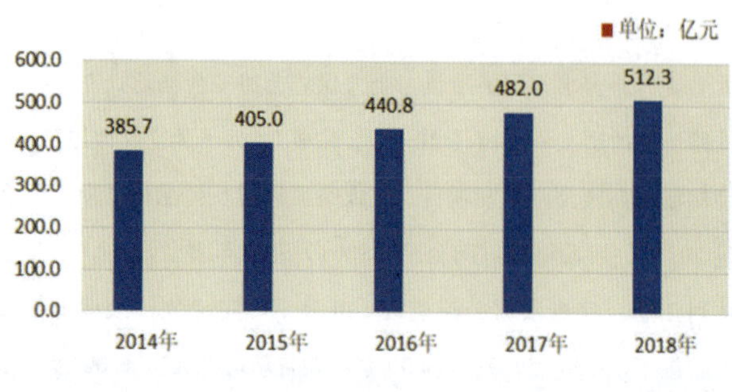

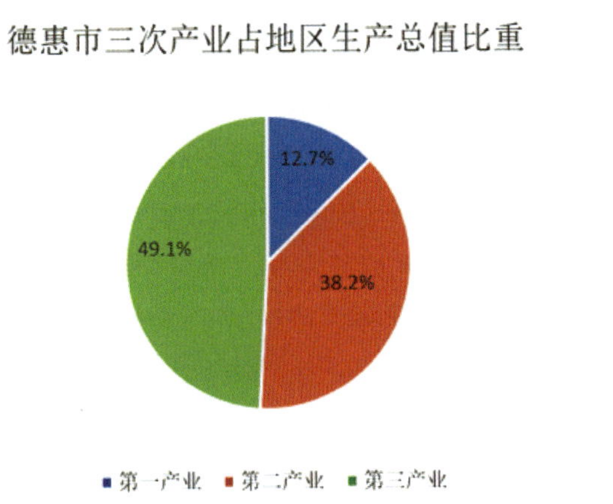

二、农业

全年粮食播种面积217541公顷，同比增长0.8%。其中，水稻播种面积48600公顷，同比增长10.0%；玉米播种面积159470公顷，同比增长5.3%；大豆播种面积339公顷，同比下降35.9%。

全年粮食产量189.81万吨，比上年减少25.19万吨，同比减少11.72%。其中，水稻产量46.2万吨，比上年增加2.7万吨，同比增长6.2 %；玉米产量139.86万吨，比上年减少28.04万吨，同比减少16.7%，大豆产量0.11万吨，与去年持平；全年油料总产量0.64万吨，比上年增长156%；蔬菜产量18.46万吨，比上年减少146.86%；瓜果产量1.0万吨，比上年减少76.19%。

现代农业稳步发展。紧紧抓住实施乡村振兴战略机遇，深化农业供给侧结构性改革，助推农业农村全面发展。产业结构调整优化。有效克服严重春旱，粮食总产达到40.5亿斤，继续保持稳产高产。园艺特产业发展到27.8万亩，打造规模化棚膜经济园区3个，农产品加工业销售收入546亿元。落实惠农政策补贴资金6.7亿元。整合投入“三农”资金14.4亿元，增长7.4%。品牌优势日益彰显。“德惠小町”米产业带建设全面提档升级，“德惠市水稻现代农业产业园”成功获评省级、长春市级现代农业产业园。“德惠小町”米现已站稳闽、浙、沪等南方城市中高端市场，“中国优质小町米之乡”优势和潜能加快释放。德大、吉星、德翔、佳龙、阔源、佰顺等6户国家级重点龙头企业通过农业农村部第八次监测，占全省上榜企业的1/7。基础设施逐步完善。新农村建设稳步推进，完成4条66千伏农网改造升级，建设高标准农田10.3万亩。新建农村公路125公里，岔路口镇河北、马家店跨江大桥投入使用。万宝拦河闸、松沐灌区续建配套与节水改造工程全面完工。农机总动力发展到143万千瓦，综合机械化水平达到88%。实施水稻病虫害飞防作业22.3万亩。在岔路口镇打造了全省首个乡镇级GS1溯源平台，新认证“三品一标”16个。布海镇“全国推进农村一二三产业融合发展、开展产业兴村强县示范行动”项目获国家批复。现代牧业稳步发展。“德惠市肉鸡产业园”被评为长春市级现代农业产业园，肉鸡产业园培训中心建设完成。新建养殖小区10个，创建省级畜禽标准化示范场15个，病死畜禽无害化处理场投入使用，兽医实验室建成运营，非洲猪瘟防控形势稳定，畜牧业产值实现73亿元。农业农村改革提速。农民专业合作社和家庭农场分别发展到3900户、600个，流转土地114.7万亩。粮食生产功能区、重要农产品生产保护区划定有序推进，农村土地承包经营权确权登记基本完成，农村产权制度改革稳步实施，国有林场改革通过省级验收。

三、工业和建筑业

全市规模以上企业203户，全年实现工业总产值175.7亿元，同比增长14.5%。

民营经济企业个数6566户，同比增长28.9%；实现产值1650亿元，同比增长13.8%，营业收入实现1600亿元，同比增长10.3%；增加值实现439亿元，同比增长7.9%。

德惠市2018年工业企业主要产品产量

指标	单位	产量	比上年增长（%）
饲料	万吨	62.2	-31
鲜、冷藏肉	万吨	7.2	-16.3
水泥	万吨	21.2	-8.6
人造板	万立方米	0.7	16.7
家具	万件	2.6	-93.7
大米	万吨	59.3	14.7

全市共有建筑业企业21家，比去年减少一家。全年实现建筑业总产值25.27亿元，同比增长6.62% 。

四、固定资产投资和房地产开发

全力以赴抓项目、扩投资、强后劲，积蓄发展动能。全市固定资产投资实现116.4亿元，同比下降60.3%，其中工业投资68.9亿元，同比下降68.7%，占全社会固定资产投资的59.2%；城镇固定资产投资完成116.4亿元，同比下降62.4%。

达利短保食品、回头客休闲食品等项目投产达效，吉林工程技术师范学院新校区（一期）投入使用，才府玻璃包装容器（一期）、丰驰木业等项目试产运营，鼎庆管业、金鸟保健品等重点项目顺利推进，发展质效明显提升。

五、贸易

市场经济繁荣发展，个体工商户 47899 家。社会消费品零售总额实现 169.1 亿元，同比增长 7.1%。其中城镇消费增长 10.6%，乡村消费增长 13.8%。居民消费价格总水平同比增长 2.5%。

六、财政和金融

一般预算全口径财政收入完成 153279 万元，同比下降 5.2%，可比口径下降 13.9%。地方级财政收入完成 77381 万元，同比下降 28.3%；全市公共财政预算支出 591219 万元，比上年下降 9.1%。在支出上，优先保障了工资和各项民生事业等支出。

分部门看，国税部门完成 85279 万元，比上年增加 5481 万元，同比增长 6.9%，完成年度预算的 84.2%；地税部门完成 47144 万元，比上年减少 14315 万元，同比下降 23.3%，完成年度预算的 125.6%；财政部门完成 20856 万元，比上年增加 458 万元，同比增长 2.2%，完成年度预算的 124.1%。

（全口径财政收入）

分部门看，国税部门完成 19224 万元，比上年减少 15194 万元，同比下降 44.1%，完成年度预算的 81.8%；地税部门完成 37533 万元，比上年减少 15616 万元，同比下降 29.4%，完成年度预算的 105.1%；财政部门完成 20624 万元，比上年增加 226 万元，同比增长 1.1%，完成年度预算的 122.8 %。（地方级财政收入）

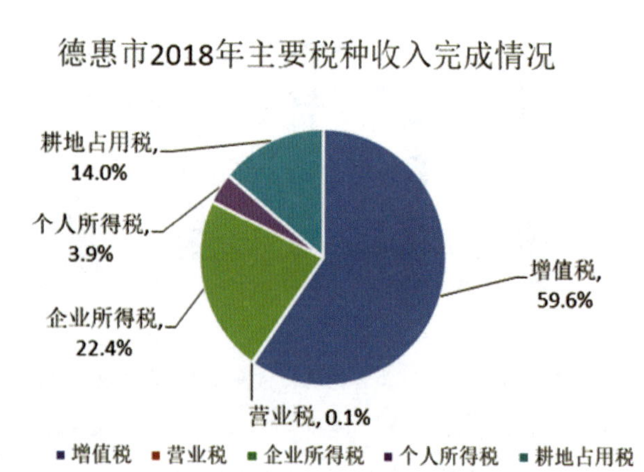

从主要税种收入完成情况看，增值税（ 100 % 部分）完成 1.5268 亿元，同比下降 44.3%；营业税完成（100% 部分）0.0025 亿元，同比下降 96.1%；企业所得税（100% 部分）完成 0.5745 亿元，同比下降 45.4%；个人所得税（100% 部分）完成 0.1007 亿元，同比下降 19.8%；耕地占用税完成 0.3581 亿元，同比下降 80.7 %。

银行类金融机构 10 家，小额贷款公司 11 家，保险机构 20 家。各项存款余额 302.7 亿元，同比增长 6.7%；各项贷款余额 141.0 亿元，同比下降 35.32%。

七教育、卫生、民政

全市现有各级各类学校 300 所。其中，小学 159 所，初中 35 所，高中 5 所，职业中学 5 所，幼儿园 93 所，特殊教育学校、朝鲜族小学、教师进修学校各 1 所。教职工 9770 名。其中，小学教师 4079 名，初中教师 2370 名，高中教师 1325 名，职业学校教师 359 名，教师进修学校教师 97 名，教辅单位职工 138 名，特殊教育学校教师 35 名，幼儿园教师 1464 名，中等专业学校教师 41 名。在校学生 90536 名。其中，小学学生 40748 名，初中学生 23747 名，高中学生 13312 名，职业学校学生 1265 名，特殊教育学校学生 139 名，在园幼儿 11325 名。

坚持在发展中保障和改善民生，兜牢“底线民生”，保障“基本民生”，提升“质量民生”，全力实施幸福德惠行动计划，“十件惠民实事”稳步推进。脱贫攻坚步伐坚实。把精准扶贫、精准脱贫作为第一民生、头等大事，投入最大精力、选派最强干部、集中更多财力，脱贫攻坚工作取得阶段性成果，4 个贫困村顺利退出，287 户、644 人成功脱贫，脱贫比例累计达 95% 以上。加大产业扶贫力度，整合各级各类资金 5407 万元，实施了种养殖、光伏发电等产业扶贫项目 35 个，32 个贫困村全部实现“一村一品”，3725 户贫困户实现了产业项目全覆盖。新建饮水安全工程 12 处，解决了 1.98 万人安全饮水问题。改造农村危房 687 户。义务教育阶段控辍率达 100%。落实贫困户大病救助兜底政策，为贫困人口缴纳新农合等四项保险费用 375 万元，基本实现健康扶贫“四个百分之百”目标。社会保障更加有力。深入实施城乡居民增收“暖流计划”，新开发就业岗位 7200 个，农村劳动力转移就业 22.46 万人次，报销城乡居民医疗费 6 亿多元，发放低保金 4614 万元、医疗救助金 2607 万元。社会事业全面发展。市医院医疗综合楼启动建设，全力打造市医院卒中中心、胸痛中心、中医院康复中心，医疗能力不断提升。家庭医生签约服务工作扎实开展，重点人群签约服务率达到65%以上。国家中医药先进县复检顺利通过。投资9800万元打造“温馨村小”20所，130所村小电取暖改造全部完成，连续5年实现平安高考目标，职业教育位居全省县级前列。文体事业全面发展，竞技体育保持全省县（市）领先水平。

八、人口与人民生活

全市户籍总人口881987人，同比下降0.1%。其中，乡村人口727556人，城镇人口154431人。

全市人口出生率3.28‰，人口死亡率6.4‰，人口自然增长率-2.21‰。

全市城镇非私营单位年末在岗职工平均人数34640人，在岗职工年平均工资52869元，同比增长15.8%；城镇居民人均可支配收入26600元，同比增长6.9%；农民人均可支配收入14320元，同比增长5.8%。

全社会用电量11.76亿千瓦时，同比增长3.31%。

以中央环保督察“回头看”和省级环保督察为契机，坚持科学治污、精准治污、铁腕治污，切实保护和改善我们赖以生存的生态环境。空气质量大为改善。投资2亿元，加快推进大气污染综合治理，淘汰20吨以下燃煤锅炉243台（套），提标改造20吨以上燃煤锅炉39台（套），并全部纳入在线监测系统。严格开展扬尘治理，黄标车全部淘汰。立足疏堵结合，从严管控，露天焚烧秸秆行为得到有效遏制。全年空气质量优良天数342天，优良率达到93.7%，是近几年空气质量最好的一年。

九、城市建设

统筹推进城乡建设，城乡一体化步伐明显加快。城乡规划有序衔接。新一轮城市总体规划修编报批，“三区三线”规划完成，消防、燃气、海绵城市专项规划和56个村庄规划扎实推进，城市空间和生产力布局更趋优化。城乡建设稳步推进。全年楼房开发44万平方米，棚户区改造2150套。完成60个老旧散小区巷路改造工程。省道其太公路（102至大房身高台子段）顺利通车，是我市农村公路标准最高、质量最好的示范工程。德环路（东风路至德惠路段）建成通车，城市内环框架逐步形成。智慧水务等15项供水改造工程全部竣工。引入社会资本，首批城市基础设施PPP项目正式签约。城市管理精细高效。巩固“征收打违百日会战”成果，完成房屋土地征收拆迁60万平方米，拆除违章建筑1.24万平方米。全年供地154万平方米，新增114万平方米。持续整治露天烧烤、占道经营等违法行为，昌盛街口、商贸大厦门前、红旗胡同占道经营乱象得以清除。开展了交通安全大整治、车辆超载超限专项整治行动，严打各类交通违法行为，交通环境和运输市场秩序得到净化。人居环境不断改善。扎实推进惠民公园、文化公园、高铁站前广场景观提升工程，公共休闲空间优化拓展。着力提升城区美化、净化、亮化水平，顺利通过省级卫生城复审。全面启动“农村人居环境整治三年行动”，投资2000余万元，购置配备压缩式垃圾运输车19台，启动建设乡镇正规垃圾中转站11个，“户分拣、村收集、镇转运、市处理”乡村垃圾清运处理模式初步构建。布海镇长山村成功入选全国“一村一品”示范村镇。

水系治理全面发力。累计投资4亿多元，全力打好水污染防治攻坚战，全面落实“河长制”“河湖警长制”，巡河治河体制机制不断健全。科学编制“一江四河”治理规划，全面启动“九项工程”，深入开展清河等“五大专项行动”，清理沐石河非法围堤73公里，清理河道内小围堤56.9公里，清理土方80.7万立方米。关闭非法采砂场10家。建成水质自动监测站2座，河道面貌明显改观。畜禽粪污资源化利用整县推进项目全面启动，建成粪污收集池442个、粪便处理中心1处。太兴垃圾场封场工程竣工验收，东风污水处理厂稳定运行，朱城子污水处理厂主体完工，三道沟应急污水截流工程建成启用，污水防控能力稳步提升。土壤防治扎实推进。科学划定生态保护红线，强化土壤保护。克服各种困难阻力，关闭搬迁禁养区畜禽养殖场302户，取缔“散乱污”企业35家，关闭黏土砖厂14家，农厕改造9000户。推广玉米保护性耕作23万亩，推进农药化肥减量化，加大农药废弃包装物回收处理，农业面源污染防治有效加强。全年农防林更新改造200公顷，清收林地造林715公顷，商品林迹地更新81.5公顷，生态屏障不断筑实。

【南关区】2018年，在区委、区政府的正确领导下，全区上下认真学习贯彻党的十九大精神，深入实施“一区四带八大板块”发展战略，坚奋进之志、谋革新之策、聚赶超之力，高质量完成了区十八届人大二次会议确定的目标任务，各项工作迈上了新台阶。

一、综合

初步核算，全年完成地区生产总值351.2亿元，比上年增长7%，其中，第一产业完成增加值0亿元，比上年下降69.9%，第二产业完成增加值45.6亿元，比上年增长8.5%，第三产业完成增加值305.6亿元，比上年增长6.8%。二、三次产业结构比例关系为13:87，按常住人口计算人均生产总值77435元。

2014-2018年地区生产总值及其增长速度

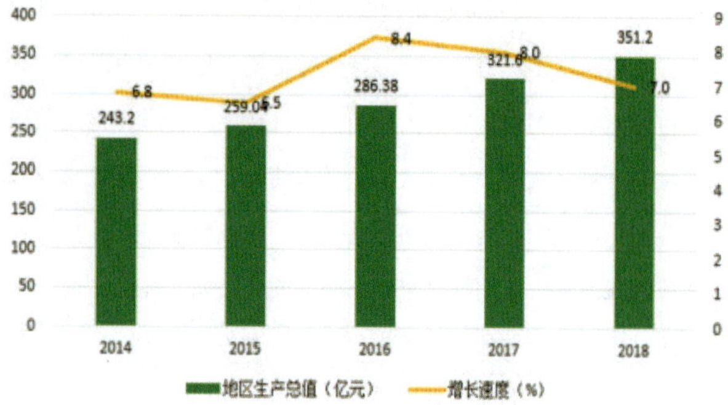

2018年，完成区本级财政收入11.1亿元，减少0.8亿元，降低6.9%。全区财政支出26.8亿元，比上年增加3.2亿元，增长13.4%。

二、农业

全区农作物种植面积128公顷，其中，玉米种植面积70公顷，大豆种植面积58公顷。粮食总产量93吨，其中，玉米产量65吨，大豆产量28吨，全年实现农林牧渔业总产值0.03亿元，比上年减少0.05亿元，其中农业产值较少，忽略不计，农林牧渔服务业总产值0.02亿元，林业、牧业、渔业产值均为0。

三、工业与建筑业

全区规模以上工业企业共七家，共实现工业总产值23.4亿元，同比增长11.4%。

2018年南关区建筑业实现稳中向好的态势。全年三级以上资质建筑业企业175户，比上年减少3户，实现建筑业总产值140.36亿元，按可比口径计算，增长7.93%。实现营业收入144.37亿元，同比增长11%。

四、固定资产投资

2018年，固定资产投资完成139.9亿元，其中房地产开发投资115.07亿元，华润置地公馆等12个新建项目，钜城华億中心等33个续建项目全面开工建设。房屋竣工面积220.55万平方米，其中住宅竣工面积176.18万平方米，办公楼竣工面积2.16万平方米，商业营业用房竣工面积5.71万平方米。

五、商贸和服务业

2018年，全区全口径社会消费品零售总额实现178.4亿元，同比增长6.5%，比上一年度增长率下降了3.7个百分点，其中限额以上社会消费品零售额实现57.3亿元，同比增长6.3%，比上一年度增长率下降了16.5个百分点，限额以下社会消费品零售额实现121.0亿元，同比增长15.3%，比上一年度增长率增长了19.9个百分点。全口径和限额以上都保持了持续增长，但是都有所放缓。2018年南关区服务业实现稳步增长。规模以上服务业249户，同比增长14.7%，其中重点服务业137户，同比增长26.9%。规模以上服务业实现营业收入77.1亿元，同比增长17.1%，其中重点服务业实现营业收入30.9亿元，增长13.2%。信息传输、软件和信息技术服务业，租赁和商务服务业等现代服务业对经济增长的引领作用不断增强。服务业发展稳中向好，盈利水平提升，随着供给侧结构性改革深入推进，服务业结构持续优化，服务业新动能不断孕育，新产业新经济蓬勃兴起，活力和实力不断增强，2018年南关区服务业实现持续增长。对经济增长的拉动作用进一步增强。

六、民营经济

2018年，修订完善民营经济和服务业发展扶持政策，实有市场主体突破6.5万户，从业人员达14万人，民营经济主营业务收入实现735亿元，同比增长8%。私营企业户数27457户，同比增加306户，增长12.6%，个体工商户41172户，同比减少1033户，减少2.4%。

七、民生发展

2018年，坚持民生投入优先保障，民生支出突破20亿元大关，占财政支出的80%以上。开发就业岗位1.5万个，新增城镇就业1.35万人，分别超年计划的5%和17%。帮扶“精准”，落实到位。累计发放低保救助资金5626万元；投入230万元帮扶特困群众272户；妥善解决1836户困难群众的住房问题；投入112万元为691名残疾人提供居家照料服务。养老“普惠”惠及民生，为80岁以上高龄老人发放补助755万元。推广“一中心一网络”社会化养老服务模式，全市首家养老服务指导中心投入使用，养老机构数量及规模位居全市前列，群众幸福指数不断攀升。

八、市容环境

生态环境更加宜居，投入近1000万元，完成村屯环境综合治理。完善“河长制”“湖长制”等长效管理机制，重大生态保护和修复工程进展顺利，“两河两库四渠八沟”全部消除黑臭，133个河道排口全部实现达标排放。新增绿化面积9.63万平方米，绿化覆盖率持续提高。率先完成燃煤锅炉取缔、散乱污企业治理、秸秆禁烧等专项行动，环境状况得到持续改善。对群众反映的311个环境问题进行全面排查、集中治理，餐饮油烟、交通噪声、工地扬尘等问题得到妥善解决，生态文明建设取得显著成效。

九、教育、卫生和文化

2018年末，全区现有普通中学11所，在校学生6597人。普通小学25所，在校学生18729人。特殊教育学校1所，在校学生101人。中等职业学校1所，在校学生234人。

2018年末，区属卫生医疗机构共有560所。其中公立医院13所，卫生院1所，拥有医疗床位 1097张。卫生技术人员为2857人，执业医师和执业助理医师 1922人。

十、人口与居民生活

2018年末，全区户籍人口为484151人，全年人口出生率为6.95‰，全年人口死亡率为3.69‰，计划生育率为100%，自然增长率为3.26‰。

全年城镇居民最低生活保障人数为5840人，农村居民最低生活保障人数为123人。

【宽城区】宽城区位于长春市北部，辖宽城经济开发区、长春装备制造产业开发区、兰家镇和十个街道办事处，行政区域面积166.95平方公里。

2018年宽城区在区委、区政府的正确领导下，积极推进铁南提升改造、铁北开发建设和开发区创新发展，努力做好项目拉动、城乡统筹、民生改善和社会治理四项工作，全面加快经济、政治、文化、社会、生态五大建设，促进经济社会持续、快速、健康发展，实现“十三五”良好发展。

一、综合

综合实力进一步增强。经初步核算，全年实现地区生产总值333亿元，按可比价格计算，比上年增长7.5%。其中第一产业增加值按可比价格计算，比上年增长18.9%；第二产业增加值按可比价格计算，比上年增长11.3%；第三产业增加值按可比价格计算，比上年增长5.8%。产业结构得到进一步优化，三次产业比重分别为0.4%：29.3%：70.3%。

全口径财政收入完成53.12亿元，比上年增长19.1%。地方级收入完成11.5亿元，比上年增长10.4%。其中税收收入完成8.73亿元，比上年增长21.9%，增值税完成2.63亿元，比上年增长24.8%；营业税完成0.02亿元，比上年减少25.4%；企业所得税完成1.41亿元，比上年增长17.2%。

地方财政支出26.79亿元，比上年增长14.2%。其中教育事业费支出6.94亿元，比上年增长6.2%；社会保障和就业支出2.36亿元，比上年增长23.0%；医疗卫生支出2.29亿元，比上年增长3.0%；节能环保支出0.44亿元，比上年增长23.5%；一般公共服务支出6.29亿元，比上年增长28.5%；城乡社区支出5.51亿元，比上年减少4.6%。

二、农业

2018年末耕地面积4046公顷，全年农作物播种面积3961公顷，其中粮食作物播种面积3021公顷，经济作物播种面积940公顷，分占总播种面积的76.3%和23.7%。粮食作物总产量2.16万吨，经济作物产量2.23万吨。

三、工业

2018年全区规模以上工业企业61户，规模以上工业增加值比上年增长18.5%。

四、固定资产投资

2018年全社会固定资产投资比上年下降25.7%。

五、国内贸易业

2018年全区限额以上批发零售住宿餐饮业企业243户，限额以上零售额比上年增长0.9%，全口径社会消费品零售额比上年增长5.6%。

六、国内服务业

全年第三产业增加值增长5.8%，其中：批发零售业增长2.6%，住宿餐饮业增长2.3%，交通运输、仓储及邮政业增长6.3%，房地产业增长6.1%，非营利性服务业增长7.3%，营利性服务业增长10.7%。

七、招商引资

2018年宽城区不断创新招商引资工作思路，全面优化营商环境，全年实际利用外资1061.7万美元；引进内资企业96户，引进内资总额28亿元。其中，投资亿元以上项目13个；在引进内资企业中，工业项目17个。

八、城市建设

2018年全区城市基础建设改造步伐加快，改造效果显著。市、区两级政府投入资金8750万元，完成大、中修道路11条，新建道路面积2.4万平方米，并为社区铺设方砖步道总面积4.1万平方米。2018年末，全区道路总面积达290.2万平方米，道路总长度达176.4公里，道路完好率达95%。

城市绿化水平不断提高。绿化面积达1119.8公顷，其中公共绿地面积335.6公顷。绿地覆盖面积1266.7公顷，其中公共绿地覆盖面积379.6公顷。2018年全区城区植树1.42万株，全区绿化覆盖率已达43.1%。

九、科技与教育

2018年，全区列入市级各类科技发展计划项目1项；共有高新技术企业21户，比上年增长90.9%；企业中通过ISO系列标准认证的有51户；全年专利申请量205项，全年专利授权数205件；全年科学技术支出6884万元。

教育工作稳步推进，教育事业健康有序发展。全区共有初中14所（含职业初中），在校学生0.89万人；小学25所，在校学生2.75万人；职业高中1所，在校学生0.12万人。义务教育发展指标持续巩固，小学适龄儿童入学率达100.0%，毕业率达到100.0%；小学毕业升入初中比例为100.0%，毕业率达到100.0%。教师队伍素质保持在较高水平，在专任教师中，普通中学专任教师具有本科及以上学历者占初中专任教师总人数的97.8%；小学专任教师具有专科及以上学历者占99.2%。

十、文化卫生和体育

2018年图书馆藏书18.3万册，全年接待读者13.7万人次。

2018年末，全区共有区属卫生医疗机构405家，可开放床位数2268张，其中医院拥有病床数2134张，病床使用率达到66.95%。全区卫生技术人员2476人，其中注册执业医师1271人。全年诊疗人次数为1604千人次。

体育事业蓬勃发展。2018年，全区体育场所拥有量21个，社区体育设施拥有量达到198套，举办群众性体育活动60次，参加群众性体育活动人数达3万人次。

十一、环境保护

2018年全区环境保护事业持续发展，建设项目环境影响评价执行率100%，全年空气质量好于二级以上天数比例88.2%。全区清扫面积1729.28万平方米，全年清运垃圾30.06万吨。

十二、人口与人民生活

2018年末，全区总户数17.3万户，户籍总人口为38.94万人，其中男性为19.16万人，女性为19.78万人，乡村户籍人口3.95万人。全区人口出生率7.89‰，死亡率2.51‰，自然增长率5.38‰。

2018年，全区开发各类用工岗位1.39万个，新增1.2万人员就业，其中安置下岗失业人员实现再就业0.60万人，城镇登记失业率控制在4.5%。全区企业退休职工5.53万人，企业退休人员社会化管理率100%。

截至2018年末，全区共有社会福利机构27家，床位6345张。全区共有8.5万人次得到最低生活保障补助，全年共发放保障金6706.86万元。全区重点优抚对象1332人，发放抚恤款812万元。全年抚恤和社会福利救济支出2212万元。

注：本文涉及的统计数据为年度快报数或初步统计数，行业数据为有关部门（行业）提供，地区生产总值，各产业增加值绝对数按现价计算，增长速度按可比价格计算。

【朝阳区】

一、综合

2018年，朝阳区实现生产总值582.9亿元，按可比价格计算，同比增长7.2%。其中，第一产业增加值完成1.4亿元，同比增长12.7%；第二产业增加值完成140.8亿元，同比增长6.2%；第三产业增加值完成440.6亿元，同比增长7.5%。

从三次产业结构看，三次产业增加值比重为0.4 ：25.2 ：74.4。从三次产业对经济增长的贡献看，第一产业对经济增长的贡献为0.6；第二产业对经济增长的贡献为21.8%，拉动GDP上涨1.6个百分点；第三产业对经济增长的贡献为77.6%，拉动GDP上涨5.6个百分点。

二、工业

工业经济运行稳定，全区56户规模以上工业企业共实现总产值541.8亿元，比上年同期增长3.26%。在五城区比中，经济总量居第一位，增幅居第五位。综合能源消费总量为629973吨标准煤，同比增长5.2%。

三、建筑业

建筑业发展总体放缓。2018年，朝阳区总产值实现177.5亿元，同比下降20.2%。从建筑业总产值构成上看，建筑工程产值主导地位不变，但是产值总量明显下降。2018年，朝阳区建筑工程产值完成比例为81.94%；安装工程产值完成34.4亿元，同比增长6.7%；其它产值完成7.37亿元，同比下降17.86%。

四、商贸服务业

2018年，朝阳区社会消费品限上零售额实现610.亿元，同比增长5.6%，在五城区中社会消费品零售额长期稳居第一位。全区共有限上商贸企业174户，其中，批发零售企业社会消费品零售额中所占的比重一直在80%以上，在我区的商业经济发展中占据主导地位，是拉动全区商业经济增长的主要动力。2018年，全区法人限额以上批发零售贸易业实现销售额691.3亿元，同比增长7.1%；全区限额以上住宿餐饮企业实现营业收入72.9亿元；全区社会消费品零售总额实现838亿元，同比增长6.4%。

2018年，我区110户规模以上服务业企业累计完成营业收入152.65亿元，同比增长0.5%。其中，纳入GDP核算重点企业完成营业收入28.9亿元，同比增长6.3%。

五、固定资产投资

固定资产投资平稳上升，大项目储备不足。全区累计完成固定资产投资104.6亿元（含房地产投资35.6亿元），完成区全年计划的100.6%。全区5000万元以上社会固定资产投资完成48.8亿元。其中，工业投资完成12.3亿元，完成区全年计划的118.2%。5000万元以上项目完成情况比较顺利。

六、其他

2018年全区加大力度挖掘“四上”企业存量，“四上”企业数量大幅增加，共新增“四上”企业51户，其中，建筑业房地产28户，贸易16户，规上服务业7户，做到应统尽统，确保经济增量。

注：文章中涉及的各产业、行业增加值的同比增速均按照不变价计算。

【二道区】2018年，面对错综复杂的外部环境，全区坚持稳中求进工作总基调，努力推动结构优化、动力转换和质量提升，全区经济稳中向好。

一、自然情况

二道区现辖7个街道、1个镇共有42个社区、8个行政村，面积91.54平方公里。总人口为332368人，其中非农人口为322643人。区内交通便利，哈大高速、102国道、长吉南线、长吉北线、长营、长哈、长沈、双九等公路，长–双–烟铁路均经过二道区，是长春市向北延伸和向省内周边城市地区辐射的出入口。全省唯一的内陆港座落区内，有48条铁路专用线和数十座仓储库。

二、综合

全区国民生产总值(GDP)完成204.3亿元，按可比价格计算，同比增长8%；全社会消费品零售总额完成251.5亿元，同比增长6.8%；服务业增加值同比增长4.6%；重点规上服务业营业收入22.7亿元，同比增长17.1%；固定资产投资同比增长23.5%；规模以上工业完成产值78.4亿元；建筑业完成产值162.2亿元，同比增长28.3%。

三、生产总值（GDP）平稳增长

全年我区GDP完成204.3亿元，按可比价格计算，同比增长8%，其中第一产业达到0.1亿元，增长3.6%；第二产业达到69.6亿元，增长14.9%；第三产业达到134.5亿元，增长4.6%。三次产业比重为：0.1:34.1:65.8。

2018年分产业GDP完成情况

	绝对值（亿元）	同比增长（%）
GDP	204.3	8
第一产业	0.1	3.6
第二产业	69.6	14.9
第三产业	134.5	4.6

四、规模以上工业平稳增长

2018年全区54户规上企业实现产值78.4亿元（数据绝对值为四经普修订数据，无同期数据）。其中吉林亚泰（集团）股份有限公司和重组后的大唐长春第二热电有限责任公司合计完成产值37.9亿元，占总产值的45.1%，分别增长5%和67%，这两户重点企业的稳定发展保证了全区规上工业的增长。

五、建筑业市场持续向好

随着区内大企业签订新合同陆续开工，建筑业产值延续了前三季度的稳定增长。全年全区资质建筑业产值完成162.2亿元，同比增长28.3%。

（注：本公报各项统计数据为初步统计数；数字均保留一位小数；生产总值、各产业增加值绝对数按现价计算，增长速度按可比价格计算）

【绿园区】2018年，在绿园区委、区政府的正确领导下，全区上下团结拼搏、真抓实干，统筹兼顾，整体推进，国民经济持续健康发展，民生状况不断改善，城乡居民生活水平不断提高。

一、综　合

国民经济持续健康快速发展，综合经济实力进一步增强。2018年，全区实现生产总值285.6亿元，比上年同期增长7.8%。其中，第一产业完成增加值3.0亿元，比上年同期增长7.7%；第二产业完成增加值193.3亿元，比上年同期增长8.4%；第三产业完成增加值89.3亿元，比上年同期增长2.7%。三次产业比重为1.0：67.7：31.3。

二、农　业

2018年，全区实现农林牧渔业总产值59831万元，同比增长7.9%。其中，种植业产值47997万元，同比增长8.0%；林业产值247万元，同比下降1.2%；牧业产值6932万元，同比增长7.8%。农林牧渔服务业产值4655万元，同比增长0%。

2018年，全区粮食作物播种面积5078公顷，粮食总产量38918吨；蔬菜播种面积3700公顷，总产量108640吨；葡萄产量2560吨，肉类总产量6637吨，禽蛋产量52吨。

三、工业、建筑业

2018年，全区规模以上工业企业达到104户，完成规模以上工业总产值501.9亿元，同比增长12.3%。其中龙头企业长春轨道客车股份有限公司完成工业总产值343.0亿元，同比增长10.7%；长春清真皓月集团有限公司完成工业总产值50.1亿元，同比增长2.8%。2018年，全区规模以上工业产销衔接良好，产品产销率达到99.6%。

2018年，全区资质内建筑业158户，完成施工产值203.6亿元，同比增长-15.5%。其中，83户施工总承包企业完成产值188.7亿元，同比增长-15.9%；75户专业分包企业完成产值14.9亿元，同比增长-10.3%。

四、固定资产投资

2018年，全区全社会固定资产投资完成53.8亿元，同比增长-30.1%，其中，城镇项目投资完成25.5亿元，同比增长-24.7%；房地产投资完成28.3亿元，同比增长-34.6%。

五、国内外贸易

（一）国内贸易

2018年，全区实现社会消费品零售额117.9亿元，同比增长5.2%。其中，限额以上社会消费品零售额完成20.3亿元，同比增长-13.6%；限额以下社会消费品零售额完成97.6亿元，同比增长18.6%。从限额以上看，限额以上批发业完成零售额2.0亿元，同比增长-29.6%；限额以上零售业完成零售额6.4亿元，同比增长-15.3%；限额以上住宿业完成零售额0.1亿元，同比增长-16.5%；限额以上餐饮业完成零售额1.8亿元，同比增长-10.2%。

（二）国外贸易

2018 年，全区对外贸易增速，实现出口额 27.3 亿美元，同比增长 100.7%；进口额 19.5 亿美元，同比 8.4%。

六、招商引资

2018 年，全区招商引资立足区位、资源两大优势，围绕“园区引领、项目带动”发展战略，坚持“招大、引强、选优”原则，不断创新招商思路，完善招商机制，优化投资环境，招商引资工作取得显著成效。

2018 年，全区实现内资到位资金 70 亿元，同比增长 16%；实现外资到位资金 948.8 万美元，同比增长 21.6%。

七、财 政

2018 年，积极应对重点企业大幅减收和重点支出刚性增长的双重压力，积极而为，克难攻坚，全面深化财政改革，千方百计增收节支，有力促进了经济社会持续健康发展。

全口径财政收入完成 52.8 亿元，同比下降 5%；本级留用收入完成 10.7 亿元，同比增长 5.1%；公共预算支出完成 2.3 亿元，同比增长 5.1%。

八、人口与人民生活

2018 年底，全区常住人口达到 60.4 万人。其中，乡村人口 8.3 万人。全区人口出生率为 5.17‰，死亡率 1.86‰，自然增长率 3.31‰。

2018 年，城镇常住居民人均可支配收入达到 35332 元，比上年增长 6.5%；农村常住居民人均可支配收入 14237 元，比上年增长 6.0%。

【双阳区】2018 年是全面贯彻党的十九大精神的开局之年。一年来，在区委、区政府的正确领导下，全区上下深入学习贯彻习近平新时代中国特色社会主义思想和党的十九大精神，全面践行新发展理念，坚持稳中求进工作总基调，坚持以供给侧结构性改革为主线，坚持推动高质量发展，深入推进“长春城市副中心”建设，持续推动经济不断转型升级，经济运行稳中有进，质量效益稳中优化，民生福祉持续改善，各项社会事业稳步发展。

一、综合

2018 年，全区经济保持快速发展，产业结构进一步优化。初步核算，地区生产总值实现 273.9 亿元，按可比价格计算，比上年增长 6.4%。其中，第一产业增加值实现 18.4 亿元，按可比价格计算，比上年增长 1.2%；第二产业增加值实现 125.2 亿元，按可比价格计算，比上年增长 10.6%；第三产业增加值实现 130.3 亿元，按可比价格计算，比上年增长 3.1%。按户籍年平均人口数计算，人均生产总值达到 74538 元，比上年增长 7.6%。三次产业比重由上年的 6.3:44.5:49.2 调整为 6.7:45.7:47.6，非农产业比重达到 93.3%。第二、三产业对经济增长的贡献率分别为 75.9% 和 22.8%，拉动经济增长分别达到 4.8 和 1.5 个百分点。

第三产业呈现快速发展的格局。2018 年，第三产业增加值实现 130.3 亿元，占地区生产总值的 47.6%，同比增长 3.1%。其中，交通运输、仓储和邮政业增加值实现 20.1 亿元，比上年增长 3.2%；批发和零售业增加值实现 25.0 亿元，比上年增长 2.7%；住宿和餐饮业增加值实现 12.5 亿元，比上年增长 3.2%；金融业增加值实现 14.2 亿元，比上年增长 5.2%。

表 1 双阳区地区生产总值

单位：亿元

指 标	2018 年	比上年增减（%）
地区生产总值	273.9	6.4
第一产业	18.4	1.2
第二产业	125.2	10.6
工业	96.9	13.4
建筑业	28.5	0.6
第三产业	130.3	3.1
交通运输、仓储及邮政业	20.1	3.2
批发和零售业	25.0	2.7
住宿和餐饮业	12.5	3.2
房地产业	8.4	5.4

财政实力进一步增强。2018 年，一般预算全口径财政收入达到 17.6 亿元，比上年增长 9.8%；地方财政收入 12.4 亿元，比上年增长 10.7%；区本级财政收入 7.9 亿元，比上年增长 8.3%。财政一般预算支出 42.3 亿元，比上年增长 9.4%。

表 2 双阳区 2018 年财政一般预算支出情况

单位：万元

指 标	2018 年	比上年增减（%）
财政一般预算支出	423008	9.4
一般公共服务	35139	38.3
教育	91310	32.6
社会保障和就业	54728	26.0
医疗卫生	31679	-19.3
节能环保	18065	276.2
城乡社区事务	67082	-15.2
农林水事务	82561	2.7

二、农业

2018 年，农业生产继续保持稳步发展。粮食作物播种面积为 86234 公顷，同比增长 3.0%。其中，玉米播种面积 69487 公顷，同比增长 1.4%；水稻播种面积 12504 公顷，同比增长 14.2 %。

粮食总产量 55.85 万吨，同比下降 6.4%。其中，玉米总产量 44.68 万吨，同比下降 11.1%；水稻总产量 10.31 万吨，同比增长 23.0% 。

畜牧业稳步发展。2018 年末，生猪存栏 8.6 万头，比上年增长 0.5%，出栏 26.5 万头，比上年增长 28.4%；牛存栏 9.9 万头，出栏 5.8 万头 ；家禽存栏 569.5 万只，出栏 218.5 万只；鹿存栏 13.5 万只。

肉类总产量 2.9 万吨。其中，猪肉产量 1.2 万吨；牛肉产量 1.1 万吨；禽肉产量 0.4 万吨；禽蛋产量 3.7 万吨；鹿茸产量 204684 公斤，同比增长 10.6%。

表 3 主要农副产品产量

指 标	单位	2018 年	比上年增减（%）
粮食总产量	万吨	55.9	-6.4
蔬菜总产量	万吨	3.7	-63.7
肉类总产量	万吨	2.9	-17.1
禽蛋总产量	万吨	3.7	-42.2
牛奶总产量	吨	123	——
鹿茸总产量	公斤	204684	10.6

农业机械化程度继续提高，设施农业、生态农业快速发展。2018 年农机综合作业水平达到 85% 以上，农业机械总动力 47.4 万千瓦，比上年增长 9.0%。农机保有量 16560 台，比上年增加 423 台。其中拥有大中型拖拉机 3421 台；小型拖拉机 13139 台。

三、工业和建筑业

2018 年末，区属规模以上工业企业达到 76 户。总产值实现 56.2 亿元，同比增长 18.0%。其中超亿元的企业达到 13 户，实现总产值 37.5 亿元，同比增长 46.2%，占区属规上工业总产值的 66.7%。

汽车制造业、电力一热力生产和供应业、医药制造业、非金属矿物制品业、电气机械和器材制造业、农副食品加工业、食品制造业和金属制品业累计实现产值 47.4 亿元，同比增长 20.9%，增速高于总体 2.9 个百分点。其中，汽车制造业实现产值 14.3 亿元，同比增长 13.9%；电力一热力生产和供应业实现产值 6.9 亿元，同比增长 662.8%；医药制造业实现产值 6.8 亿元，同比增长 82.1%；非金属矿物制品业实现产值 6.7 亿元，同比增长 14.8%。这几大行业为区属规模以上工业企业迅猛前行做出了突出贡献。

企业经营状况良好，效益增强。2018 年，区属规模以上工业企业累计实现主营业务收入 52.3 亿元，利润总额 1.0 亿元，上交税金 2.5 亿元。

2018 年，区属规模以上民营工业企业达到 69 户，实现产值 29.6 亿元，同比下降 7.3 %；规上民营工业企业总产值占区属规上工业产值的比重为 52.7%。

2018 年，全区 38 家有资质的建筑业企业完成总产值 59.4 亿元，同比增长 7.8%。按构成分类，安装工程产值为 2.4 亿元，同比下降 63.8%；建筑工程产值为 39.7 亿元，同比增长 8.2%；其他建筑业产值为 17.3 亿元，同比增长 47.1%。

四、固定资产投资

2018 年，全区固定资产投资项目 142 个，固定资产投资完成额同比增长 17.8%。其中，5000 万元以上项目投资完成额同比减少 7.1%；5000 万元以下项目投资完成额同比增长 1233.2%；房地产开发项目投资完成额同比增长 138.1%。

五、贸易、交通、邮电和旅游

2018 年，全区消费品市场繁荣活跃，消费需求旺盛。全年社会消费品零售总额实现 81.0 亿元，比上年增长 7.0%。人均社会消费品零售总额 22040 元，增长 7.9%。

交通运输业稳步发展。2018 年，交通客运周转量 25828 万人 / 公里，货运周转量 178403 万吨 / 公里。

邮电通信业稳步发展。全年完成邮电营业收入 29471 万元。其中，邮政营业收入 3309 万元；电信营业收入 26162 万元。全区固定电话用户达到 25819 户。其中，城市电话用户 20654 户，乡村电话用户 5165 户；全区移动电话用户 58 万户；互联网宽带接入用户 6 万户。

2018 年，双阳区旅游业快速发展，农业生态游、休闲游不断升温。全年来双旅游人数达到 456.4 万人次，比上年增长 8.6%。全年旅游总收入 36.5 亿元，增长 11.0%。

六、金融业

金融机构存贷款余额稳步增长。2018 年末，全区金融机构各项存款余额 153.6 亿元，同比增长 13.4%。其中住户存款余额 112.7 亿元，同比增长 11.4%。各项贷款余额 89.1 亿元，同比增长 10.2%。其中住户贷款余额 40.4 亿元，同比增长 6.0%。

表 4 2018 年金融机构存贷款余额

单位：亿元

指 标	2018 年数	比上年增减（%）
各项存款余额	153.6	13.4
住户存款	112.7	11.4
各项贷款余额	89.1	10.2
住户贷款	40.4	6.0
非金融企业及机关团体贷款	48.7	14.0

七、教育、文化和卫生

九年制义务教育普及程度继续提高，全区义务教育阶段学校 135 所。其中，全区小学 111 所，招生 2271 人，在校生 15724 人，学龄儿童入学率为 100%。普通初中 24 所，招生 3226 人，在校生 9424 人。高中和中等职业教育稳步发展。全区中等职业学校 2 所，招生 72 人，在校生 331 人；普通高中 2 所，招生 1580 人，在校生 4711 人。初中毕业生升入高中段（普通高中、职业高中）的比例为 63.3%。全区有幼儿园 69 所，其中：私立幼儿园 55 所。在园幼儿（包括学前班）9117 人，比上年减少 621 人。

2018 年末，全区有线电视用户达到 6.1 万户。其中，城镇有线电视用户达到 2.3 万户，有线电视覆盖率达到 52.5%；农村有线电视用户达到 3.8 万户。

2018 年末，全区共有医疗机构 369 个（含个体诊所），其中医院 4 个，乡镇卫生院 7 个，社区卫生服务中心（站）5 个。全区公立医疗机构卫生技术人员 2159 人，其中医生 979 人，注册护士 1033 人，其他专业人员 147 人。医院和卫生院床位 1511 个，每千人拥有床位数 4.1 张。

八、生态环境

全年城区空气环境质量优良级天数为 210 天，优良比率为 94%（监测总天数按 224 天计算）。其中，优级天数 156 天；良级天数 54 天。轻微污染天数为 11 天；轻度污染天数为 3 天。其中，二氧化硫平均浓度是每立方米 0.004 毫克；二氧化氮平均浓度是每立方米 0.004 毫克；PM10 平均浓度是每立方米 0.039 毫克；API 平均值 39。饮用水源水质达标率 100%。（2018 年环保分局监测站维护升级，实际监测天数为 224 天）。

九、人口、人民生活和社会保障

2018 年末，户籍总户数为 14.4 万户，户籍人口 36.7 万人。出生人口 2162 人，人口出生率为 5.9‰；死亡人口 1526 人，人口死亡率 4.2‰，人口自然增长率 1.7‰。

表 5 2018 年末双阳区户籍人口构成情况

指标		单位	2018 年末数
户籍总户数		万户	14.4
户籍总人口		万人	36.7
按性别分	男	万人	18.6
	女	万人	18.1
按户籍性质分	城镇人口	万人	9.7
	乡村人口	万人	27.0
按年龄段分	17 岁及以下	万人	5.3
	18—34 岁	万人	7.7
	35—59 岁	万人	15.6
	60 岁以上	万人	8.1

城乡居民生活水平不断得到改善。2018 年，城镇居民人均可支配收入 27191 元，比上年增长 6.5%。农村居民人均可支配收入 14225 元，比上年增长 5.9%。城镇非私营单位从业人员平均工资 59918 元，比上年增长 19.0%。

社会保障覆盖范围逐步扩大。2018 年末，城镇职工基本养老保险参保人数达到 37057 人，比上年增长 2.8%。其中，参保职工为 21301 人，离退休人员为 15756 人；职工基本医疗保险参保人数达到 35945 人；失业保险参保人数达到 13275 人，年末享受失业保险金人数为 335 人；工伤保险参保人数达到 30645 人，同比减少 0.02%；生育保险参保人数达到 30382 人，同比减少 0.8%；城镇基本医疗保险参保人数为 81167 人；新型农村合作医疗参合人数达到 241884 人，参合率 96.8%，共筹集资金 1.8 亿元，参合农民中已有 89971 人受益，支付补偿金 17733 万元。

全年享受政府最低生活保障的城镇居民达到 9024 人，比上年减少 858 人；享受政府最低生活保障的农村居民达到 11803 人，比上年增加 233 人。城镇和农村低保标准分别达到 430 元 / 月•人、3804 元 / 年 • 人。

2018 年末，全区各类收养性社会福利单位拥有床位 4593 张，其中公办收养性社会福利单位拥有床位 1040 张，民办收养性社会福利单位拥有床位 3553 张。收养五保三无人员 2295 人，其中公办收养性社会福利单位收养五保三无人员 694 人，民办收养性社会福利单位收养五保三无人员 1601 人。全年销售社会福利彩票 4571 万元。建立各种社区服务设施 1640 个。

就业岗位不断增加，农村劳动力转移成效显著。年末城镇新增就业人员 6626 人。年末城镇登记失业率为 4.0%。农村劳动力转移就业 118961 人次。

【经开区】长春经济技术开发区成立于 1992 年 7 月，同年 10 月进入省级开发区序列。1993 年 4 月，经国务院批准为国家级经济技术开发区，是国家最早设立的 49 个国家级经开区之一。长春经济技术开发区管辖总面积为 112.72 平方公里（包括长春兴隆综合保税区 4.89 平方公里），辖 1 个综合保税区、1 个整建制镇、4 个街道。2018 年国家商务部对全国 219 家国家级经济技术开发区综合发展考核评价，长春经开区最终排名第 25 位。

2018 年地区生产总值同比增长 8%，规上工业总产值同比增长 10.2%，直接利用外资在开发区组排名第一；综合来看，经过一年的努力，经开区主要经济指标增速均超过全市平均水平，在开发区板块中位居前列，发展实现了量质并进，综合实力实现了新跃升。

招商引资 大力实施招商引资攻坚，严把项目入区质量，通过强化招商力量、创新招商方式、密集开展招商活动，成功引进了一批发展潜力大、市场前景广的优质项目。全年完成签约项目 155 个，新落位开工项目 136 个，增长 44%；落位 10 亿元以上项目 10 个，是近三年之和。落位大项目的数量、质量均创历年新高。在做好招大引强的同时，强化税源型、总部型项目招商。这些招商项目，为经开区乃至全市经济增长提供了有力的支持。此外，全年出租标准厂房 14 万平方米，使用率达到 90%。

项目建设 强力启动春秋两季项目集中开工，掀起了新一轮的项目建设高潮。全年共建设项目 323 个，其中投资 5000

万元以上项目139个，新建亿元以上项目69个。此外，会展经济展现新活力，会展中心的功能、环境、知名度进一步提升，助力长春会展业竞争力指数跃居东北四市首位。

综保区建设 2018年以来，兴隆综保区加快打造开放发展优势，在省市各相关部门的大力支持下，综保区园区业务不断扩大，平台功能不断丰富，通道建设稳步推进，进一步夯实了对外开放的基础，各项工作取得了新进展。加快打造开放优势，口岸功能平台建设取得新成绩。综保区2018年园区业务实现新增长，受理报关单证累计11582票，同比增长29%。园区总业务额累计76.05亿元人民币，同比增长16%，其中一线进出口额10亿元人民币。口岸业务额24.9亿元人民币，进口额6.5亿元人民币，出口额18.4亿元人民币。与此同时，口岸、平台、通道各项建设快速推进，取得了一些新突破。一是口岸功能实现新突破。10月9日兴隆铁路集装箱场站正式被国家批准为汽车整车进口口岸，成为东北内陆地区唯一的整车进口口岸。引入了兴隆交通管理服务站、兴隆山税务所、国家汽车质量监督检验中心长春口岸实验室等服务机构，进一步健全了口岸服务功能；与海关等相关部门协调沟通，确定了口岸通关流程。二是平台建设取得新进展。综保区跨境电商综合服务平台与珲春、吉林完成对接，承载能力和处理能力大幅提升，达到国内先进水平，综保区已成为名副其实的全省跨境电商综合服务平台。三是通道建设取得新成效。“长满欧”班列平稳运行，2018年班列承运量达到9300标箱，货值39亿元。四是配套建设取得新提升。保税1号二次变电站完成送电，为综保区大型项目用电提供了保障。综保区给水加压泵站投入使用。铁路场站二期建设顺利完成，新增场站面积8万平方米，多式联运中心交付使用，兴隆交通管理服务站、兴隆税务所正式运行，整车测试口岸、海关986系统投入使用，展览展示中心实现常态化运营，长春百姓足不出户就可购买到海外商品。原来的长春经开海关，更名为长春兴隆海关，服务也更具针对性。

加快招商引资步伐，着力推动产业转型升级。一是综保区招商引资项目成效显著。严把项目入区质量，通过实施招商引资攻坚战、口岸经济攻坚战等，成功引进了一批发展潜力大、市场前景广的优质项目。首先，强化了招商力量，不仅在前期做大量的项目储备工作，而且积极推进在谈项目的落位。其次是创新了招商方式，综保区与海关建立了联合招商机制，充分利用海关各关区资源，多部门开展联合招商活动；还借助省市对口合作，干部挂职的机会，积极寻求合作机遇，拓宽招商引资渠道。二是强化企业服务和通关服务。在企业服务方面，综保区牢固树立了“人人都是软环境”理念，及时跟进建设进度，全力做好要素保障，推进项目建设；深入企业现场办公，坚持走访巡查制，及时发现和解决企业问题。

创新资源集聚 全力打造了综保区产业促进平台、浙大（校友）长春产业科创中心、人工智能创新中心、智能制造军民融合四大创新平台，创新创业的氛围加速形成，获得省市主要领导肯定。特别是经开科创广场影响力不断上升，被省市授予院士长春创业园、国家技术转移东北中心长春经开分中心等7块牌子，引进了王立军院士团队固态激光雷达项目、张洪杰院士团队高性能稀土着色剂产品项目、姜会林院士团队无线激光通信系列化产品项目和王作斌教授纳米操作平台项目，王会军院士与中农阳光数据有限公司合作的农业大数据研发项目也落位科创广场，填补了我区引进外省院士项目的空白。

营商环境 营商环境是从管委会领导到各部门工作人员，人人抓、人人关心、人人重视的一项工作。在顶层谋划上，从打造诚信政府、加大政策支持、优化服务载体、提高服务效能等方面，多角度、全方位、立体式地推进营商环境体系建设，取得了较大成效。通过减免工业厂房租金、支持企业技改扩能、减免配套费等方式使企业获得了2.3亿元真金白银的支持。以“企业服务日”为代表的载体服务为全区各类企业提供了更加全面、贴心、高效的服务。在全市率先推出“政策大讲堂”活动，全年举办21场，企业参加培训人数达3000多人次，极大地提升了企业对政策的知晓度和获得感。

城市建设 深入实施绿化PPP项目，完成了中山公园、沿河路带状公园、世纪公园以及北海公园建设，完成新城大街等30条街路的绿化提升改造，全区累计增加绿量近124万平方米。全力推进老旧城区改造，累计翻建道路14.5万平方米，全面完成对乐东、拖拉机宿舍等占地35万平方米的11个老旧小区改造，通过近两年的提升改造，全区累计改造老旧小区32个，惠及居民超10万人，旧改先进经验在全市范围内推广。南区完成近100条道路大中小修，北区中山大桥全面竣工，规划路、兴北大路等5条道路投入使用，信号灯及监控系统通盘建设，全区道路体系更加通畅，服务能力、要素保障进一步提升。

土地利用 高效推进土地出让百日攻坚，集中完成项目出让前的规划条件、灭籍、成本核算、拆迁等各项工作，打通了土地出让的内循环，大幅提升了全区土地出让效率，有力保障了招商引资和项目建设。全年累计出让土地20宗，总面积123公顷，实现成交价款31亿元，其中工业用地10宗，总面积76.4公顷，全市开发区工业用地出让总量中占近40%。

民生工作 民生基础设施得到了阶段性的提升和完善，拉开了全区民生服务的新格局。民生服务中心建成挂牌运营；四街一镇服务百姓的能力得到全面提升，社区建设实现新突破，锦州、远达、世纪、会展等社区办公用房投入使用，北海社区建设成为特色社区的新样板，全年新增社区用房10处1.7万平方米。目前全区27个社区中，千米社区办公用房比例已达85%。科学增设2个社区卫生服务中心和1个卫生服务站，基本公共卫生服务布局日趋合理。兴隆山镇解决了区划以来的老镇区自来水问题。

在全国首创总部教育模式，与北京理想智慧教育集团进行全面合作，大幅提升了学校教育教学水平。持续加大教育投入，新引进高素质教师145名（研究生占40%），新建洋浦、育隆两所学校投入使用，全年新增学位4020个，辖区群众就近接受优质教育的愿望基本得到满足。全年无籍房产权办理4551户，达到全区总量的45%，已拿证的户数占到全市办结总量的47%。此外，创新物业“四级管理”模式，经开区住房保障中心被授予长春市物业服务标准化管理优秀组织单位。淘汰燃煤小锅炉38座。深入开展供热管理体制机制改革，在全市创新实施供热企业信用评定。在全区供热提升到舒适温度20摄氏度以上的情况下，供热信访投诉量同比下降了44%。

【净月高新技术产业开发区】净月区位于长春市东南部，区域总面积478.7平方公里，其中建成区45平方公里，已完成城市配套面积60平方公里，建成区道路总里数超过230公里；区域人口30余万，其中有满族、回族、朝族、蒙古族、锡伯族等14个少数民族，共7454人。全区下辖玉潭镇、新立城镇、新湖镇和净月街道、永兴街道、德正街道、博硕街道、福祉街道、彩织街道、德容街道办事处，全区拥有三个国家5A级景区、两个国家4A级景区、中国首家电影主题公园、中国第一家滑雪博物馆、中国最大的农业博览园，每年举办规模盛况享誉海内外的瓦萨国际越野滑雪节、净月潭森林马拉松赛、净月潭国际森林山地自行车马拉松等知名生态运动项目。近年来净月高新区得到了国家、省市的高度重视和大力支持。2010年净月区被国务院批准为国家服务业综合改革试点区，在此之后相继获批国家首批电子商务示范基地、国家广告创意示范园区、国家级文化和科技融合示范基地。2013年被长春市委、市政府确定为长春市文化产业集中发展区。2015年省委、省政府确定净月区为东北亚区域性金融服务中心。

2018年是全面贯彻党的十九大精神的开局之年。一年来，在市委、市政府的正确领导下，坚持以习近平总书记治国理政新理念、新思想统揽经济社会发展全局，围绕推动高质量发展，凝心聚力，破解难题，抓好经济运行，强化科技创新，加快城市建设，改善人民生活，全面从严治党，全区经济社会实现了健康、协调、可持续发展。

一、综合

全年完成地区生产总值425.3亿元，增长7.8%；分产业看，第一产业增加值1.4亿元，增长4.5%；第二产业增加值100亿元，增长3.3%；第三产业增加值323.9亿元，增长9.4%；固定资产增长22.4%；我区规模以上服务业企业138户，完成营业收入54.6亿元，同比增长15.3%。服务业增加值完成324亿元，增长9.4%；我区规模以上工业户数为76户，规上工业总产值累计完成109.35亿元，同比增长4.02%；三次产业比重达到0.3:23.5:76.2；地方级财政收入完成8.99亿元，增长19.1%；全口径财政收入41亿元，增长18.8%；民营企业突破1万户，民营经济发展动力和活力不断提升。

二、招商引资

全年开工亿元以上项目131个，其中10亿元以上大项目48个，一批优质大项目达产运营，为经济发展积蓄后劲。为加快项目建设，我们努力整合资源，创造条件。在招商引资上，瞄准珠三角、长江经济带，积极引进成长性好、创新能力强的优质大项目，全年新签约项目45个，投资总额698亿元；完成利用内资124亿元，利用外资2860万美元，形成了稳定的发展后劲。在环境打造上，推进“不见面、网上办”，完成工商登记全程电子化，企业开办时间由15个工作日压缩至“计时办结”，服务质量和效率全面提升。

三、基础设施建设

全面启动“城市管理效能三年提升”工程，继续补齐基础设施“短板”，让净月区成为人民群众享受美好生活的首选之地。加快道路建设。编制《净月区综合交通规划》，启动建设66条城市道路，打通银杏路等7条“断头路”，打通生态广场重要节点，福祉大路、和美路、滨河东路顺利通车，基本形成“三纵五横”的路网体系，有效缓解了城市拥堵。提升承载能力。净阳、彩宇变电站投入运营，加快推动供水系统纳入全市统一管网，解决了近20年的历史遗留问题。开展水、电、气、热“七通一平”配套建设，实施39条道路“亮化工程”，新增公共绿地20万平方米，城市配套实现再扩容、再提升。开展精细化管理。集中开展老旧街区系统改造，受益群众5700户。实施各类市容环境整治行动8200余次，加快推进“城市垃圾分类”和“厕所革命”，城市道路机械化清扫率由70%提升到85%。

四、人口、社会事业

2018年，全区总人口达到31.52万人，户籍人口18.7人。

准确把握新时代社会矛盾的新变化，聚集热点难点问题，年初承诺的63件民生实事全部兑现。下大力气推动区划调整。新增5个街道办事处、6个社区，重新划分357个网格，大力引进社会服务组织，社会治理水平进一步提高。坚持教育优先发展。建成了净月第一所“九年一贯制”现代化城市学校——华岳学校，新建扩建“华蕴师大合作校”等4所学校，新增校园面积30万平方米、义务教育学位1.6万个，基本满足未来8-10年区域教育发展需求。强化社会保障。开展失业人员技能培训，安置就业1.7万人次。对7800名失地农民提供基本养老保障，解决了12年的历史遗留问题。优化公共卫生服务。深刻汲取“长生疫苗”案件教训，对全区154家医疗机构实施拉网式排查，促进行业管理全面规范。引进建设“中医药大学附属第三临床医院”，填补了我区无“三甲医院”的空白。实施乡村振兴战略。加快发展乡村旅游、花卉苗木等特色产业，促进农民增收。新建乡道37公里，推进环镇“亮化工程”，加强村容村貌治理，实施“农改厕”2151户，推动农村垃圾日产日清。狠抓安全生产，深入开展消防安全、施工安全、交通安全等专项整治行动，整改隐患768项，关停违规企业42户。一年来，我们把扶贫工作作为全面建成小康社会的第一政治责任，对1848户低保户、五保户等八类困难群体开展精准帮扶，努力为困难群众创造更多的致富渠道，确保全年户均增收3000元。

【长春新区】2018年，长春新区在省市的坚强领导下，紧紧围绕推动国家“一带一路”建设、东北新一轮振兴发展、长吉图战略深入实施的重大使命，按照“打先锋、站排头”的总体要求及年初工作部署，突出项目立区，不断扩大有效投资，统筹推进经济社会发展，基本实现了“三年见成效”的奋斗目标。

一、经济总量

2018年，经济增长明显好于年初预期，全年划出了一道“稳中有进、进中向好”的漂亮曲线，取得了“增速稳步提升、快于省市平均水平”的佳绩。全区实现地区生产总值966.0亿元，增长8.1%。分产业看，第一产业增加值0.7亿元，增长3.4%；第二产业增加值886.1亿元，增长8.3%；第三产业增加值79.2亿元，增长6.0%。

二、农业

2018年，全区实现农林牧渔业总产值13090万元，同比下降0.20%。其中：农业产值5018万元，同比下降0.01%；牧业产值7401万元，同比下降0.31 %；农林牧业服务业产值671万元，同比增长0.03%。

三、工业和建筑业

2018年，全区规模以上工业企业实现总产值789.3亿元，增长13.4%，比上年同期提高1.2个百分点，高于长春市6.5个百分点，拉动全市工业经济增长1.2个百分点。实现销售产值775.5亿元，增长14.2%，产销率达到98.2%。规上工业企业用电量完成9.8亿千瓦时，增长6.7%。

主导产业对实体经济支撑作用明显。全区规上工业七大产业实现产值724.5亿元，同比增长14.6%，占全区产值比重达到91.8%，拉动产值增长13.3个百分点。其中六大行业均保持快速增长，汽车工业完成产值493亿元，增长12.9%；医药工业完成产值105.5亿元，增长12.0%；建材工业完成产值34.1亿元，增长3.9%；食品工业完成产值29.2亿元，增长183.8%；能源工业完成产值25.2亿元，增长10.9%；电子工业完成产值20.9亿元，增长17.8%；只有装备制造业完成产值16.7亿元，下降6.0%。

2018年，全区建筑业总产值完成41.4亿元，增长30.5%，比上年同期提高15.5个百分点，呈快速发展态势。

四、固定资产投资

2018年，全区完成固定资产投资351.9亿元，增长25.2%。其中：房地产开发投资完成163.9亿元，同比增长105.6%，呈“爆发式”增长。从项目规模看，5000万—1亿元项目30个，完成投资4.9亿元；1亿元—10亿元项目152个，完成投资143.3亿元；十亿元以上项目60个，完成投资189.5亿元。

五、国内服务贸易

2018年，全区消费品市场运行稳中趋缓。全区社会消费品零售总额实现84.8亿元，增长6.3%。其中：限上社会消费品零售额实现74.0亿元，增长3.3%。

2018年，全区规上服务业营业收入实现75.0亿元，增长8.7%。其中：重点服务业实现营业收入57.4亿元，增长7.5%，稳增长的基础在于新入统的龙翔投资控股集团有限公司拉动作用较为强劲，拉动重点服务业增长7.3个百分点，贡献率达97.3%。

六、招商引资

2018年，全区实际利用内资162.2亿元，同比增长20.3%；实际利用外资7287.8万美元。新引进世界500强企业2户，新引进产业类项目119个，重大项目数量和占比稳步提高，实体经济项目数量和占比有了较大提升。

七、财政

2018年，一般预算全口径财政收入86.6亿元，同比增长8%；一般公共预算财政收入实现16.7亿元，同比增长24%。

总的来看，今年以来新区经济发展总体势头是好的，经济“稳中有进、进中向好”的趋势已经确立，支撑经济迈向高质量发展的有利条件积累增多，各项经济指标好于预期、好于同期，基本实现年初目标任务，对全市经济贡献也不断加大，“打先锋、站排头”的地位和作用更加明显。

【汽车经济技术开发区】2018年是全面贯彻党的十九大精神开局之年，也是汽开区建设发展不平凡的一年。在国内外形势错综复杂、东北经济滚石上山、全国汽车市场下滑、一汽改革负重前行的大背景下，全区广大干部顶住压力，努力破解难题，较好完成全年工作任务。全区地区生产总值完成670.8亿元，规模以上工业产值完成4743.5亿元，全社会固定资产投资完成158.8亿元，地方级财政收入完成17.48亿元。汽开区在商务部综合发展水平考核评价中提升11位次。

1、坚持高质量发展，汽车产业进一步壮大。全面落实领导包保制、项目秘书制，快速推进丰越RAV4换型、天津提爱思美亚、一汽大众Q工厂、翰昂热交换系统等新建续建项目建设与投产。全年新增科技型小巨人企业19户，高新技术企业认定18户，四上企业入统新增50户。

2、坚持全方位服务，把支持一汽工作落到实处。始终坚持服务一汽就是发展自己的理念，全面落实长春市与一汽战略合作发展框架协议，进一步强化沟通，优化服务、促进合作。全力提供要素支持，积极推进一汽集团项目建设；服务一汽生产生活，完成接收8所一汽幼教中心幼儿园工作，设立汽开区外籍人员出入境服务中心及一汽项目服务绿色通道。

3、坚持建管并重，城市建设加快推进。投资15.2亿，全面完成了22条街路、3个商圈、25个老旧小区改造和景观绿化工程，使老厂区面貌焕然一新。完成“三供一业”改造工程，大幅提升一汽居民和企业生产保障率。在时间紧、任务重、标准高、程序复杂的情况下，采取超常规运行，仅用75天，完成侵华日军战第100部队遗址保护利用工作，得到省市充分肯定。核心区建设日新月异，完成合众国际广场、保利五星级酒店等重点服务项目主体建设，车城万达广场商业氛围在培育中逐渐繁荣。

4、坚持打造特色品牌，汽车文化建设实现新突破。与一汽共同谋划，全面启动红旗绿色智能小镇建设，完成红旗小镇汽车产业及文创规划编制工作。通过积极努力，使红旗小镇进入全国2765个典型示范小镇前15名。完成红旗厂区周边基础道路改造和规划编制工作。围绕一汽建厂65周年、红旗品牌诞生60周年，开展了丰富多彩的汽车文化宣传教育和展示活动。

5、坚持全员参与，生态文明建设实现新进展。为抓好生态环境保护工作，我们提前动手、摸底排查，把生态环境问题消灭在萌芽状态；全区上下齐动员，举一反三，立查立改，开展了城乡卫生环境综合整治、秸秆禁烧、黑臭水体整治等专项行动，使得我们在中央生态环保督察“回头看”工作中，我区环保投诉件在全市15个作战单位仅高于莲花山开发区，得到省市充分肯定。

6、坚持以人为本，社会事业蓬勃发展。认真践行以人民为中心的发展思想，全力做好就业、文教、卫生、体育等各方面工作。

就业创业稳步推进，全年开发就业岗位5191个，城镇新增就业4567人，城镇失业人员再就业1405人，农村劳动力转移就业1154人，引导扶持实现创业648人。

社会救助力度加大，累计发放各类救助金2300多万元，全面完成了拥军优属、老龄和孤儿救助工作，其中，拥军大联盟工作经验在全国得到推广。

安居工程加快推进，嘉和丽景等8个小区房屋确权工作取得重大突破，日新家园73栋完成主体工程，西湖回迁住宅建设工程前期工作基本完成。

教育文化体育事业蓬勃开展，首创“纽扣教育”，形成教育改革发展新格局，中高考成绩持续攀升。“每周一小时”全民健身活动全面启动。历时2个月，圆满完成春晚一汽分会场各项保障工作，受到省市表彰。

卫生健康与农村工作积极推进，全力做好家庭医生、医疗联合体、计划生育、疾控防控、妇幼保健等工作。汲取长生疫苗教训，全面开展了食品药品大排查大整顿行动，取得很好效果，在全市食品药品安全绩效考评中位列第二名。全面落实农村经济社会各项举措，积极推进解决被征地农民历史遗留问题，稳步推进土地补偿工作，确保农村和谐稳定。

7、坚持问题导向，努力激发发展动力。全面落实国务院第五次大督查工作，全力打赢三大攻坚战。切实抓好深化改革工作，围绕深化综合经济体制改革，重点推进投融资体制、“只跑一次”等改革任务，完成了“一门式、一张网”政务服务综合改革2.0升级版；围绕城市建设管理改革，完成了城市精细化治理、社会管理创新等系列改革任务；围绕深化党的建设制度改革，深入推进基层党建创新、人才改革试验区建设等改革任务。加强对外合作，分别与天津经济技术开发区、天津宁河区、杭州大江东产业集聚区以及白城经济开发区签订了对口合作关系框架协议，互派干部交流学习。

8、坚持推进社会治理创新，全力构建和谐稳定社会。全面落实了安全生产责任制，扎实开展安全生产专项整治行动，全力推进创建国家安全发展示范城市工作。完成全国“两会”期间信访维稳工作，进一步做好信访积案化解工作。平安汽开建设持续深入，全面开展扫黑除恶专项行动，侦办一般恶势力犯罪团伙6个。严厉打击涉黄、赌、毒犯罪，深入开展各类人群大排查活动，民族宗教活动扎实推进。完成了城市管理执法职能下沉工作，建成了“星火”干部培训学校，进一步提升治理能力和水平。

9、坚持从严治党，党的建设取得新成绩。

思想政治建设全面提高，坚持把学习贯彻十九大精神和习近平新时代中国特色社会主义思想引向深入，开展了3次集中轮训，做到轮训全覆盖。深入推进“两学一做”学习教育常态化制度化，全面开展干部作风大整顿活动，坚决查摆“五弊”问题，全面做到肃清整改。深入开展解放思想推动高质量发展大讨论等活动。

党建工作扎实推进，深入实施“红旗党建工程”，建设红旗党建联盟11个，覆盖辖区企事业单位53家。积极推进非公党建，组建三个区域化非公党委，组成派驻党支部160个，覆盖企业521户。深入开展“社区工作日”“一线工作日”和在职党员对接服务社区活动，累计为居民群众解决问题1615件。

人才建设进一步加强，为40户企业、1464人，提供人才配套资金1207万元，保障了我区及一汽所需人才的及时引进落户。成功举办了第五届长春市暨汽开区汽车行业职业技能竞赛和第二届汽车企业技术需求挑战赛等活动。

党风廉政建设不断深入，认真接受市委巡察组巡察专项督察与指导，以求真务实态度抓好整改，确保党中央和省委、市委各项决策部署在汽开区落地生根。进一步强化“两个责任”落实。贯彻落实“八项规定”，加大监督检查力度，坚决防止“四风”问题反弹回潮。强化问责追究，坚持以零容忍态度惩治腐败，严格审查和处置违反党纪政纪、涉嫌违法的党员干部，形成了有效震慑，净化了党风政风。

2019 年，汽开区将以习近平新时代中国特色社会主义思想为指引，在省委、市委的坚强领导下，牢记使命，振奋精神，抢抓机遇、创新发展，以钉钉子的精神做好各项工作，努力开创汽开区高质量发展新局面，为实现长春全面振兴、全方位振兴作出新的更大贡献，以优异的成绩庆祝中华人民共和国成立 70 周年！

【长春莲花山生态旅游度假区】长春莲花山生态旅游度假区位于吉林省长春市东部，属于长白山余脉大黑山脉中段，规划控制面积 417 平方公里，东隔石头口门水库——饮马河与吉林市相望，南与长春净月开发区、双阳区相连，西与长春市城区接壤，北与长春经济技术开发区、九台市相依，辖两镇一乡，总人口 4.1 万人。

2018 年，度假区紧紧围绕建设东北亚区域国际旅游目的地的目标，抢抓机遇，创新发展，奋力赶超。全区上下在市委、市政府的坚强领导下，深入贯彻习近平新时代中国特色社会主义思想和党的十九大精神，勠力同心、竞争有为，度假区各项工作成效显著，跨越式发展的决心和信心更加坚定。

（一）综合

2018 年，全区生产总值 3.3 亿元，同比增长 8.9%。分季度看：一季度同比增长 10.2%；二季度同比增长 9.0%；三季度同比增长 9.0%；四季度同比增长 8.9%。分产业看：第一产业实现增加值 0.7 亿元，同比增长 14.6%；第二产业实现增加值 1.7 亿元，同比增长 6.7%；第三产业实现增加值 0.9 亿元，同比增长 8.0%。三次产业结构比由上年的 19.8:52.3:27.9 调整为 21.4:50.9:27.7，二产、三产占比分别下降了 1.4 个百分点和 0.2 个百分点，一产占比提升了 1.6 个百分点。

（二）农业

2018 年，度假区农林牧渔业增加值实现 0.7 亿元，同比增长 13.6%。全区粮食总产量 91972 吨，比上年增长 37%；经济作物总产量 1849 吨，比上年同期增长 60%；新发展园林水果面积 11 公顷，总产量 275 吨；设施农业占地面积 36 公顷，实际使用面积 27 公顷，均较去年同期减少 6 公顷。

（三）工业、建筑业

2018 年，度假区规模以上工业户数为 3 户，规上工业总产值累计完成 2.6 亿元，同比增长 12.1%。

2018 年，度假区建筑业户数为 13 户，完成建筑业总产值 6.9 亿元，同比下降 9.8%。

（四）贸易、服务业

2018 年，度假区社会商品零售额完成 1.2 亿元，同比增长 6.5%。

2018 年，度假区规模以上服务业企业 11 户，完成营业收入 3.5 亿元，同比增长 20.1%。

（五）财政收入

2018 年，度假区财政收入 1.6 亿元，同比增长 17%。其中，税收收入 1.3 亿元，同比增长 14%。财政八项支出 4.1 亿元，同比增长 18.9%。

（六）固定资产投资

2018 年，度假区固定资产投资完成 28.3 亿元，同比增长 24.7%。

2018 年，全区共有 500 万以上施工项目（含房地产）28 个，其中：新建项目 18 个（亿元以上项目 13 个）。全区一产完成投资 0.98 亿元；三产完成投资 27.35 亿元（其中房地产完成投资 16.16 亿元，棚改完成投资 0.98 亿元，市政道路修建完成投资 0.51 亿元），同比增长 20%。

（七）招商引资

2018 年，度假区积极参与省、市招商活动，制定招商名录、招商地图，主动“走出去”叩门招商、精准招商，招商引资项目库储备青怡坊田园综合体、中芬运动小镇等项目 159 个，易华录二维码数据湖、长电音乐小镇等 10 个项目实现签约，合同引资额约 500 亿元。全年实际利用内资 23.3 亿元，增长 59.8%；实际利用外资 851 万美元，增长 9%。全年出让土地 86.4 公顷，其中商服用地 14.8 公顷。

（八）基础设施建设

2018 年，国家级旅游度假区、都市服务区城市设计等规划编制完成。全年投资 1.2 亿元，围绕续建、新建和拟建产业项目，提前谋划实施道路、水电气热、通信、污水处理等市政配套建设。全年改造提升道路 30.7 公里、养护道路 68 公里。雾开河黑臭水体治理完成截污纳管 4.8 公里。四家乡棚改项目一期工程进展顺利，莲花泉眼棚改项目一期竣工验收。区内违建治理“四级网格”巡查机制成效明显，全年发现制止新增违法建筑 225 处。

（九）人口、社会事业

2018 年，全区总人口达到 51323 人，其中：劝农乡镇 18418 人；泉眼镇 19320 人；四家乡 13585 人。全区人口出生率 2‰，人口死亡率 9‰，人口自然增长率 -7‰。

2018 年，新增就业 1519 人；投入 762 万元，提升改造了 3 所公办学校；投入 80 万元，修缮了两个贫困村村部；筹资 311 万元，支持农业合作社发展；投入 20 万元，消除了 105 户泥草房群众用电隐患；启动实施“莲花印象”“莲花雅居”幼儿园装修改造工程和劝农山镇中心卫生院维修改造工程。

全区深入推进法治莲花山和平安莲花山建设，打掉涉恶团伙 1 个，查处涉黑涉恶犯罪人员 3 人。开展安全检查 482 户次，排查整治安全隐患 1194 个，未发生生产安全事故。投资 800 余万元建设了莲花泉眼消防站。全年共受理群众来信来访 145 批、1326 人次。集中开展食品安全专项整治 5 次，查处食品安全案件 10 件。

统计资料

▲综合

GENERAL SURVEY

STATISTICS

2019

长春统计年鉴

CHANGCHUN STATISTICAL YEARBOOK

第一篇　综　合

长春位于北半球中纬地带，欧亚大陆东岸的中国东北平原腹地，地处东经 124° 18′-127° 02′，北纬 43° 05′-45° 15′，市中心座落在东经 125° 19′，北纬 43° 43′。气候为中温带大陆性季风气候，素有“塞北春城”的美誉。

全市总面积 20593.53 平方公里，建城区面积 625.5 平方公里。下辖七区、三县（市）、四个国家级开发区，全市户籍总人口 751.3 万人，其中市区人口 441.5 万人。

全年实现地区总产总值 7175.7 亿元，增长 7.2%。其中，第一产业增加值增长 1.7%；第二产业增加值增长 7.3%；第三产业增加值增长 7.8%。全口径财政收入 1210 亿元，增长 0.1%，地方级财政收入完成 478 亿元，增长 6.2%，地方财政支出完成 894.3 亿元，增长 2.1%；规模以上工业总产值增长 6.9%；规模以上工业增加值增长 8.5%。固定资产投资总额增长 6.7%；社会消费品零售总额 3003.6 亿元，增长 6.2%。城镇常住居民人均可支配收入 35332 元，增长 6.5%；农村常住居民人均可支配收入 14237 元，增长 6%。

1-1 行政区划
DIVISIONS OF ADMINISTRATIVE

单位：个 unit

		城市 Urban area	
		街道办事处 Street agency	社区居民委员会 Residents committee
总计	Total	92	457
市区	District	80	306
南关区	Nanguan	21	58
宽城区	Kuancheng	12	59
朝阳区	Chaoyang	10	53
二道区	Erdao	9	44
绿园区	Luyuan	9	60
双阳区	Shuangyang	4	17
九台市	Jiutai	15	15
县（市）	County	12	36
榆树市	Yushu	4	12
农安县	Nong' an	4	14
德惠市	Dehui	4	10

1-2 自然概况
NATURAL CONDITIONS

	单位 Unit	长春市 Changchun	榆树市 Yushu	九台区 Jiutai	农安县 Nong' an	德惠市 Dehui
一、土地资源 Land resources						
1、国土面积 Area of territory	平方公里 sq·km	20594	4712	3372	5429	3461
2、耕地面积 Area of cultivated land	公顷 ha	1301098	390455	189065	377319	205430
二、水力资源 Water resources						
1、水资源总量 Surface water volume	亿立方米 100million cu·m	36.00	8.55	5.42	7.33	6.38
2、地下水资源量 Ground water volume	亿立方米 100million cu·m	15.98	3.71	2.52	3.90	2.76
三、林木资源 Forest resources						
1、森林面积 Forest area	万公顷 10000ha	16.27	2.10	5.07	2.19	1.21
2、森林覆盖率 Forest coverage rate	%	7.89	4.47	16.31	4.04	3.65

1-3 1999-2018 年长春市社会经济主要指标
MAIN INDICATORS OF SOCIETY AND ECONOMIC(1999-2018)

年份 Year	年末总人口（万人） Population (10000person)	# 市区 District	全社会就业人员（万人） Employment (10000person)	# 城镇非私营单位就业人员 Staff and workers	地区生产总值（亿元） Gross domestic products (100million yuan)	# 第一产业 Primary industry	# 第二产业 Secondary industry	# 第三产业 Tertiary industry
1999	691.2	286.6	350.3	102.8	683.7	117.8	288.5	277.4
2000	699.6	292.8	311.4	96.9	803.2	109.7	352.6	340.9
2001	705.7	298.0	327.4	92.7	928.9	121.2	416.3	391.4
2002	712.5	303.9	329.4	90.4	1060.8	131.1	483.6	446.1
2003	718.2	310.0	334.7	89.0	1226.7	140.4	575.4	510.9
2004	724.1	314.7	376.1	88.4	1415.6	150.6	680.6	584.4
2005	731.5	337.2	353.9	83.7	1503.2	161.5	701.9	639.8
2006	739.3	348.8	326.4	83.8	1736.8	162.0	848.1	726.7
2007	745.9	358.1	329.4	84.1	2089.1	200.0	1033.4	855.7
2008	752.5	360.8	336.8	85.6	2501.3	217.8	1251.2	1032.3
2009	756.5	362.3	346.8	87.0	2848.6	223.9	1442.8	1181.9
2010	758.9	362.8	366.4	89.0	3329.0	252.7	1719.9	1356.4
2011	761.8	364.8	384.6	92.4	4003.0	290.1	2092.7	1620.2
2012	756.9	363.0	386.3	96.9	4426.2	317.1	2261.4	1847.7
2013	752.7	363.8	439.9	120.8	4964.7	324.1	2611.3	2029.3
2014	754.5	365.9	455.6	126.8	5342.4	332.0	2813.6	2196.8
2015	753.8	436.1	465.7	126.1	5592.2	343.2	2810.2	2438.8
2016	753.4	437.8	475.7	125.9	5986.4	323.5	2957.3	2705.6
2017	748.9	438.3	498.8	125.4	6495.0	288.4	3165.5	3041.1
2018	751.3	441.5	508.2	118.4	7175.7	301.9	3511.7	3362.1

1-3 续表 1 continued1　　　　单位：亿元　unit:100million yuan

年份 Year	工业总产值 Gross industrial output value	农业总产值 Gross agricultural output value	固定资产投资总额 Investment in fixed assets	房地产开发 Real estate	建筑业总产值 Gross output value of construction
1999	596.6	200.9	194.4	25.2	78.1
2000	749.7	106.8	235.2	30.3	113.1
2001	954.7	223.9	285.0	48.5	140.3
2002	1202.1	242.1	320.5	60.8	162.4
2003	1510.2	259.2	389.6	77.7	198.7
2004	1712.7	281.5	460.0	90.4	224.8
2005	1728.9	272.9	650.4	106.6	276.4
2006	2140.0	289.0	950.4	174.2	344.0
2007	2839.1	340.6	1350.6	259.5	428.0
2008	3515.3	405.2	1818.8	352.9	511.4
2009	4461.7	418.4	2300.3	443.9	569.5
2010	5884.2	474.7	3001.5	542.8	669.8
2011	7005.0	523.8	2433.4	666.4	787.0
2012	8263.5	562.5	3172.9	649.7	971.8
2013	9213.4	602.7	3408.4	613.6	1022.2
2014	9831.1	626.9	3924.5	534.4	1243.1
2015	8658.2	649.6	4284.0	506.0	1114.7
2016	9278.0	584.3	4659.0	596.6	1184.3
2017	10357.9	557.1	5194.8	573.8	1279.9
2018		581.7			1338.9

注：农业总产值数据从 2016 年开始根据农业普查数据进行调整。

1-3 续表 2　continued2　　单位：亿元　unit:100million yuan

年份 Year	全市财政收入 Government revenue	#地方财政收入 Local government revenue	地方财政支出 Local government expenditures	金融机构存款余额 Balance of deposits of financial institutes （本外币）	金融机构贷款余额 Balance of loans of financial institution （本外币）
1999	67.4	27.1	48.1	885.0	1082.2
2000	76.0	30.4	51.1	1013.2	1243.8
2001	97.4	36.3	59.0	1158.4	1344.8
2002	103.9	37.8	70.1	1403.6	1492.5
2003	134.8	46.0	85.8	1615.2	1629.6
2004	149.8	50.7	100.8	1766.3	1791.5
2005	184.8	61.0	121.7	2065.8	1893.5
2006	210.6	71.6	146.7	2396.2	2194.8
2007	284.5	93.3	181.6	2598.4	2452.0
2008	372.1	119.0	240.3	3064.7	2859.2
2009	450.7	142.7	306.0	4354.2	3863.7
2010	563.4	180.8	382.9	5038.4	4616.8
2011	803.2	288.6	518.7	5619.1	5251.0
2012	927.7	340.8	555.5	6643.3	5828.3
2013	1077.6	381.8	633.0	7866.5	6543.2
2014	1156.6	397.3	675.8	8792.7	7532.4
2015	1078.2	388.2	765.7	9959.9	9009.1
2016	1150.5	415.5	770.6	11122.2	9966.1
2017	1208.9	450.1	875.7	11540.9	10375.7
2018	1210.0	478.0	894.3	11551.2	11488.3

1-3 续表 3　　continued3

年份 Year	从业人员工资总额（亿元） Wages (100million yuan)	在岗职工年平均工资（元） Annual average wage of employed persons (yuan)	年末储蓄存款余额（亿元） Balance of deposits at year end (100million yuan) （本外币）	社会销售品零售总额（亿元） Total value of retail trade (100million yuan)	商品零售价格指数（%） Overall retail price index	居民消费品价格总指数（%） Overall consumer price index
1999	90.0	8618	480.4	268.3	96.4	98.6
2000	95.5	9752	533.7	311.2	97.5	98.8
2001	104.6	11090	608.1	358.3	100.7	102.3
2002	123.6	12869	713.9	402.2	98.7	99.7
2003	124.4	13867	831.4	438.3	100.7	101.0
2004	139.3	15722	910.4	495.3	102.7	104.1
2005	150.3	17742	1059.3	600.1	101.3	101.7
2006	167.7	19955	1174.6	666.3	101.4	101.3
2007	203.1	24190	1202.1	778.3	102.2	103.7
2008	230.1	26969	1507.3	945.7	105.6	104.4
2009	265.1	30448	1861.3	1089.4	100.6	99.8
2010	318.0	35723	2086.3	1286.7	104.6	103.6
2011	379.5	41473	2359.3	1512.2	104.8	105.5
2012	448.2	46674	2790.5	1739.6	101.8	102.3
2013	642.3	51564	3132.5	1970.0	101.3	103.0
2014	729.6	56014	3407.9	2217.5	101.2	102.2
2015	793.7	61039	3834.2	2409.3	99.1	101.3
2016	856.6	66948	4277.1	2650.3	101.2	101.4
2017	917.2	72136	4622.8	2922.8	101.3	101.2
2018	943.9	78919	5051.1	3003.6	102.0	102.9

注：从 2009 年，在岗职工年平均工资改为城镇非私营单位从业人员年平均工资。

Note: the annual average income of current employees in 2009 is annual average income of current employees in urban non-private companies or orgnizations.

1-3 续表 4　　continued4

年份 Year	货物运输量（万吨） Freight traffic (10000ton)	旅客发送量（万人次） Passenger traffic (10000 person-time)	邮电业务总量(1990年不变价格)(万元) Volume of post and telecommunication services(10000 yuan)
1999	9533.0	4848.4	284000.0
2000	8334.0	1937.0	433564.4
2001	8693.0	2743.0	316487.5
2002	10773.0	7668.0	328971.0
2003	10892.0	6999.0	356593.4
2004	11576.0	7631.2	365994.2
2005	9601.3	5086.6	414432.8
2006	9943.0	5360.0	466281.5
2007	10485.2	5697.3	503000.0
2008	12452.5	6046.1	574881.3
2009	8812.6	9974.5	955116.4
2010	9763.1	10502.4	1333221.0
2011	12308.3	10239.0	1348253.0
2012	15479.4	11783.2	1435164.0
2013	17475.8	12388.6	746475.5
2014	9714.5	8258.3	576114.3
2015	10302.6	9026.8	743909.8
2016	10898.1	7590.0	989506.6
2017	11952.2	7181.4	890659.0
2018	12431.3	6767.8	1857734.0

注：从 2001 年开始，将邮电业务总量改为邮电业务收入。

Note:Since 2001 post and telecommunication service have changed into revenue of post and telelcommunication services

1-3 续表 5　　continued5

年份 Year	外贸出口商品总额（亿美元） Exports ($100 million)	吸收外资 Foreign capital absorbed			接待海外旅游者人数（万人／次） Tourists overseas (10000 person-times)
		签订合同项目（个） Contracts (unit)	签订合同金额(亿美元) Amount of contractssigned ($100 million)	实际吸收外资金额(亿美元) Real amount of foreigncapital absorbed ($100 illion)	
1999	6.00	150	5.10	3.30	4.5
2000	7.60	161	5.10	3.60	5.5
2001	9.80	125	4.60	5.10	6.6
2002	12.70	119	4.00	6.30	7.6
2003	15.50	118	3.90	7.50	6.9
2004	8.30	132	13.20	9.00	8.3
2005	12.70	139	5.10	11.70	11.0
2006	10.90	149	7.20	14.10	15.1
2007	15.10	123	6.80	16.90	20.0
2008	16.40	67	5.12	20.30	21.7
2009	10.90	47	4.50	24.30	21.7
2010	20.00	80	7.90	26.70	25.0
2011	22.70	44	5.20	30.80	30.2
2012	29.00	42	8.50	36.80	35.7
2013	32.90	35	3.80	44.40	37.8
2014	24.70	41	4.30	50.00	39.5
2015	19.3	37	7.3	56.6	43.06
2016	19.20	28	10.90	65.00	45.2
2017	129.80	27	11.30	74.20	46.5
2018	152.50	40	8.50	3.30	45.6

注：2017 年开始外贸出口商品总额为人民币口径。

1-3 续表 6　　continued6

年份 Year	全市科技成果（项） Major achievements in science and technology (item)	高等学校在校人数（万人） Students in higher education (10000person)	小学在校学生数（万人） Students in primary Schools (10000person)	学龄儿童入学率（%） Enrollment rate of school-age children(%)
1999	522	9.9	69.9	99.86
2000	458	12.9	65.2	99.70
2001	498	15.6	60.0	97.00
2002	615	19.6	55.3	98.97
2003	723	23.1	51.5	99.50
2004	637	26.1	50.5	99.90
2005	692	29.1	47.6	99.96
2006	694	30.8	46.1	99.94
2007	677	33.1	45.4	99.98
2008	985	35.0	44.5	99.99
2009	1225	35.9	43.1	99.99
2010	143	36.5	42.2	99.99
2011	252	37.7	40.4	99.98
2012	235	38.8	40.2	99.98
2013	209	40.2	39.5	99.98
2014	276	49.8	38.4	99.98
2015	237	42.6	39.6	99.98
2016	381	43.4	40.0	99.90
2017	115	43.8	39.5	99.90
2018	18	44.7	39.7	99.90

注：从 2010 年开始全市科技成果要以通过鉴定、验收和认定为准。

Note: the major achievements in science and technology of 2010 are to be confirmed after appraisal, acceptance and determination.

1-3 续表 7　　continued7

年份 Year	卫生机构数（个） Health agencies (unit)	#医院 Hospitals	医院病床（万张） Beds in hospitals (10000 beds)	卫生技术人员（万人） Medical technical personel (10000person)	#医生 Doctors
1999	672	294	2.4	3.7	1.6
2000	648	285	2.3	3.5	1.6
2001	660	291	2.2	3.6	1.6
2002	1498	298	2.4	3.4	1.4
2003	1554	298	2.3	3.5	1.5
2004	1642	294	2.3	3.4	1.4
2005	1659	288	2.4	3.3	1.4
2006	1832	320	2.6	3.5	1.6
2007	1941	320	2.7	3.6	1.6
2008	1923	313	2.9	3.6	1.6
2009	1920	309	3.4	3.7	1.7
2010	3853	310	3.7	4.0	1.8
2011	4153	306	3.9	4.0	1.8
2012	4092	302	4.2	4.3	1.8
2013	4224	299	4.5	4.4	1.8
2014	4219	301	4.7	4.5	1.8
2015	4317	301	4.7	4.8	1.8
2016	4404	297	4.9	5.0	1.7
2017	4380	296	5.0	5.0	1.9
2018	5167	320	5.3	5.7	2.4

1-4 1999-2018年长春市平均水平主要指标
PER CAPITA MAIN INDICATORS(1999-2018)

年份 Year	人均生产总值（元） Per capita Gross domestic product (yuan)	城市居民人均可支配收入（元） Per capita Urban resident disposable income (yuan)	农村居民人均纯收入（元） Per capita net income of rural resident (yuan)	每一农业人口占有耕地面积（亩） Per capita Cultivated land of rural population(ha)
1999	9923	5110	2560	4.1
2000	11550	5568	2568	4.0
2001	13220	6339	2785	4.1
2002	14959	6963	3147	4.1
2003	17147	7905	3411	4.1
2004	19630	8900	3906	4.0
2005	20654	10065	4180	4.0
2006	23618	11358	4480	4.2
2007	28133	12811	4780	4.3
2008	33384	15003	5292	4.2
2009	37753	16072	5662	4.3
2010	43936	17922	6665	4.2
2011	52649	20487	7965	4.4
2012	58290	22967	9064	4.4
2013	65776	26034	10060	4.4
2014	70891	27298.9	11285.6	4.5
2015	73324	29090	11749	4.6
2016	78526	31069.4	12576	4.7
2017	86465	33167.7	13431	4.7
2018	95663	35332	14237	4.7

1-4 续表 1

continued1

年份 Year	每一工业职工创造产值（万元） Per capita output value of industrial workers (10000yuan)	每一工业职工实现利税（元） Per capita pre-tax profits of industrial workers (yuan)	每万人口拥有医疗床位数（张） Beds in hospital per 10000 population owned (bed)
1999	18.1	1835.9	34.7
2000	21.5	29350.0	32.8
2001	27.2	35584.0	34.0
2002	36.6	50975.6	31.0
2003	43.1	55457.1	32.0
2004	56.8	55249.2	32.0
2005	52.2	33939.4	32.8
2006	61.7	49596.5	32.5
2007	80.0	85353.9	36.2
2008	86.7	87189.3	40.0
2009	105.0	124423.5	44.0
2010	122.6	162558.6	48.8
2011	174.7	243566.1	51.2
2012	171.1	224244.3	55.9
2013	186.7	248576.4	58.7
2014	194.7	304257.4	62.8
2015	171.4	253762.4	62.4
2016	208.0	290807.2	64.6
2017	210.1	274442.0	66.6
2018			70.5

1-5 长春市国民经济主要指标占全省比重
PROPORTION OF CHANGCHUN' S NATIONAL ECONOMIC INDICATORS TO JILIN PROVINCE

		全省 Total	长春 Changchun	长春占全省比重（%） Proportion (%)
土地面积（万平方公里）	Land area(10000sq·km)	18.7	2.1	11.2
年末总人口（万人）	Population at year-end(10000 person)	2704.1	751.3	27.8
地区生产总值（亿元）	Gross domestic products(100million yuan)	15074.6	7175.7	47.6
#第三产业（亿元）	Tertiary industry(100million yuan)	7503.0	3362.1	44.8
财政收入（亿元）	Government revenue(100 million yuan)	1240.8	478.0	38.5
工业增加值（亿元）	Gross industrial added value(100million yuan)	5437.1	2973.3	54.7
固定资产投资总额（亿元）	Total investment in fixed assets(100million yuan)			
社会消费品零售总额（亿元）	Total retail trade of consumer goods(100million yuan)	7520.4	3003.6	39.9
接待外国旅游人数（万人次）	Tourists overseas(10000person-time)	143.8	45.6	31.7

注：2018 年地区生产总值、第三产业增加值和工业增加值数据为初步核算数。

1-6 按当年价格计算的地区生产总值
GROSS DOMESTIC PRODUCT(AT CURRENT PRICE)

单位：万元　　　　unit:10000yuan

		绝对额 Absolute number		构成（%） properation	
		2017	2018	2017	2018
地区生产总值	Gross domestic product	64950212	71757117	100	100
第一产业	Primary industry	2883872	3019020	4.5	4.2
第二产业	Secondary industry	31654648	35116820	48.7	48.9
第三产业	Terinary industry	30411692	33621277	46.8	46.9

注：2018 年数据为初步核算数。

1-7 2017-2018 年长春市地区生产总值
GROSS DOMESTIC PRODUCT(2017-2018)

单位：万元　　unit:10000yuan

		2017		2018	
		绝对额 Absolute number	比上年增长% Indices (per=100)	绝对额 Absolute number	比上年增长% Indices (per=100)
地区生产总值	Gross domestic product	64950212	8.0	71757117	7.2
农、林、牧、渔业		2991014	3.5	3130347	1.7
工业	Industry	26677690	8.6	29732725	8.4
建筑业	Construction	5101009	1.6	5522352	1.0
批发和零售业	Wholesale, retailtrade	6356869	6.4	6687823	2.7
交通运输、仓储和邮政业	Transportation storage, post and telecommunication	2853247	7.1	2950342	3.6
住宿和餐饮业	Hotel and catering service	1250399	6.0	1303355	2.6
金融业	Finance	2749388	2.3	2832086	-0.3
房地产业	Real estate	1653126	6.5	1937803	6.7
营利性服务业		8928608	23.4	10884365	21.2
非营利性服务业		6388862	-0.3	6775919	0.5
第一产业	Primary industry	2883872	3.6	3019020	1.7
第二产业	Secondary industry	31654648	7.5	35116820	7.3
第三产业	Terinary industry	30411692	9.0	33621277	7.8

注：2018 年数据为初步核算数。

统计资料

STATISTICS

▶人口

POPULATION

2019

长春统计年鉴

CHANGCHUN STATISTICAL YEARBOOK

第二篇　人口

2018 年，全市户籍人口总数为 751.3 万人，比上年增加 23685 人。城镇人口为 371.2 万人，乡村人口为 380.1 万人。总人口中，男性为 376.7 万人，女性为 374.6 万人，分别占人口总数的 50.14 %和 49.86%。户籍人口出生率、死亡率、自然增长率分别为 7.50‰、4.74‰和 2.76‰ 。

2-1 1997-2018 年全市户数与人口
POPULATION AND HOUSEHOLDS（1997-2018）

年份 Year	总户数（户）Households	总人口（人）Population (person)	按地区分 By region		按性别分 By sex		按农业、非农业分 By agriculture	
			市区 City	县（市）County	男 Male	女 Female	农业 Agriculture	非农业 Non-agriculture
1997	1797299	6837875	2788071	4049804	3479853	3358022	4115644	2722231
1998	1828540	6868673	2826890	4041783	3494777	3373896	4101391	2767282
1999	1887580	6912278	2866357	4045921	3516229	3396049	4100246	2812032
2000	1955634	6996354	2928250	4068104	3557370	3438984	4117996	2878358
2001	2005838	7057321	2980185	4077136	3586780	3470541	4120995	2936326
2002	2047139	7125055	3039375	4085680	3624060	3500995	4122300	3002755
2003	2071834	7182348	3100132	4082216	3650591	3531757	4051808	3130540
2004	2108261	7240845	3147366	4093479	3674807	3566038	4061950	3178895
2005	2189007	7314959	3372215	3942744	3706329	3608630	4104222	3210737
2006	2236543	7392561	3487724	3904837	3743788	3648773	4136041	3256520
2007	2317389	7459463	3581301	3878162	3770314	3689149	4169834	3289629
2008	2394247	7525303	3608314	3916989	3799417	3725886	4206770	3318533
2009	2437362	7565065	3623220	3941845	3815302	3749763	4229060	3336005
2010	2474784	7588921	3627536	3961385	3823596	3765325	4243699	3345222
2011	2556925	7617663	3648045	3969618	3835334	3782329	4167543	3450120
2012	2592938	7569037	3629752	3939285	3811781	3757256	4140626	3428411
2013	2661310	7526708	3638156	3888552	3788511	3738197	4176181	3350527
2014	2708655	7545472	3658620	3886852	3794374	3751098	4185658	3359814
2015	2738087	7538335	4361115	3177220	3790855	3747480		
2016	2767867	7534284	4377882	3156402	3787404	3746880		
2017	2790085	7489211	4383080	3106131	3757854	3731357		
2018	2819591	7512896	4415230	3097666	3767030	3745866		

2-2 2018 年县（市）区户数与人口
POPULATION AND HOUSEHOLDS BY REGION IN 2018

		总户数（户）Households	总人口（人）Population (person)	按性别分 By sex		按城镇、乡村分 By town, county	
				男 Male	女 Female	城镇人口 Urban population	乡村人口 Rural population
总计	Total	2819591	7512896	3767030	3745866	3711990	3800906
市辖区合计	Total district	1748797	4415230	2183934	2231296	3152083	1263147
南关区	Nanguan	297812	744357	361315	383042	686054	58303
宽城区	Kuancheng	266553	651892	322900	328992	432099	219793
朝阳区	Chaoyang	286605	747508	363374	384134	702035	45473
二道区	Erdao	234369	579356	285439	293917	429353	150003
绿园区	Lvyuan	266073	654046	322967	331079	615164	38882
双阳区	Shuangyang	144239	366780	185472	181308	96854	269926
九台区	Jiutai	253146	671291	342467	328824	190524	480767
县（市）合计	Total county	1070794	3097666	1583096	1514570	559907	2537759
农安县	Nong' an	362635	1060200	543305	516895	192219	867981
榆树市	Yushu	436801	1229647	629574	600073	219269	1010378
德惠市	Dehui	271358	807819	410217	397602	148419	659400

2-3 1997-2018 年全市人口增减变动
BASIC STATISTICS ON POPULATION CHANGING（1997-2018）

单位：人 unit:person

年份 Year	年平均人口 Average population per year	增加 Increase		减少 Decrease	
		出生 Birth	迁入 Immigrant	死亡 Death	迁出 Emigration
1997	6802828	70108	110922	33726	82135
1998	6853272	51611	99196	34105	85125
1999	6890472	51275	123089	37263	104941
2000	6954316	72167	118519	38603	87096
2001	7026838	51263	119192	32918	85365
2002	7091188	51915	131735	32551	86590
2003	7153702	47149	138354	31981	94280
2004	7211597	64439	125259	34353	96285
2005	7277902	70680	143362	53076	121278
2006	7353760	71912	129371	32829	100289
2007	7426012	79787	121634	32566	105044
2008	7525303	78697	89565	22929	78840
2009	7545184	77521	83531	37155	82833
2010	7576993	79004	74714	50097	79334
2011	7603292	71132	81991	39044	85109
2012	7593350	77423	68445	93736	100629
2013	7547872	69230	55698	30727	60704
2014	7536090	78175	52523	41696	60043
2015	7541906	55205	48564	38977	50953
2016	7536310	62117	40975	29294	45282
2017	7511748	64711	52648	112715	48097
2018	7501054	56284	61711	20723	58759

2-4 2018 年县（市）区人口增减变动
BASIC STATISTICS ON POPULATION CHANGING BY REGION IN 2018

单位：人 unit:person

		年平均人口 Average population per year	增加 Increase		减少 Decrease	
			出生 Birth	迁入 Tmmigrant	死亡 Death	迁出 Emigration
全市总计	Total	7501054	56284	61711	20723	58759
市辖区合计	Total district	4399157	39483	56232	13545	37682
南关区	Nanguan	734547	8513	15157	3570	7592
宽城区	Kuancheng	648677	5913	9129	2047	4125
朝阳区	Chaoyang	741528	7649	13590	3108	9225
二道区	Erdao	578462	5414	7372	1942	4718
绿园区	Lvyuan	655855	6112	8658	1504	5650
双阳区	Shuangyang	367513	2162	864	636	1607
九台区	Jiutai	672575	3720	1462	738	4765
县（市）合计	Total county	3101899	16801	5479	7178	21077
农安县	Nong′ an	1060906	6043	2025	3615	7014
榆树市	Yushu	1232722	6180	2031	835	9016
德惠市	Dehui	808271	4578	1423	2728	5047

2-5 2018年城镇人口增减人数

BASIC STATISTICS ON NON-AGRICULTURAL POPULATION CHANGING IN 2018

单位：人　　　　unit:person

		全市 Total	市区 District	县（市） County (city)
一、年末城镇人口数	Total at year-end	3711990	3152083	559907
二、本年增加的城镇人口	Increase of population this year	85249	80000	5249
1. 出生	Birth	33812	31130	2682
2. 城镇人口迁入	Settle in	35807	34419	1388
3. 农业转移人口落户城镇	Agricultural transfer population settling in towns	12564	11788	776
①大中专院校招生	Enrollment of college and technical secondary school	195	195	
②录＜聘＞用	Recruit workers	143	109	34
③务工经商	Requisition land			
④投资（创业）	Investment (entrepreneurship)	18	18	
⑤购（租）房	Run to Relative	8596	8365	231
⑥投靠亲属	Investment in housing purchase	3174	2853	321
⑦移民搬迁	Immigration relocation	3	3	
⑧城中村改造	Transformation of urban village			
⑨城乡属性调整	Adjustment of urban-rural property			
⑩其他	Others	435	245	190
4. 退出现役	Demobilized soldier	2383	2226	157
5. 自港、澳、台和国外迁入	Settle in from Hongkong Macao Taiwan and foreign	14	14	
6. 其他	Others	669	423	246
三、本年减少的城镇人口	Decrease of population	59976	52370	7606
1. 死亡	Death	23859	21387	2472
2. 城镇人口迁出	Emigration	31999	27930	4069
3. 迁往港、澳、台和国外	To Hongkong Macao Taiwan and foreign	249	242	7
4. 服现役	Join the army	1095	925	170
5. 其他	Others	2774	1886	888

2-6 1997-2018年全市人口出生率、死亡率、自然增长率
BIRTH RATE,DEATH RATE AND NATURAL GROWTH RATE(1997-2018)

年份 Year	出生率（‰） Birth rate	死亡率（‰） Death rate	自然增长率（‰） Natural growth rate
1997	10.30	4.95	5.34
1998	7.53	4.97	2.55
1999	7.44	5.40	2.03
2000	10.38	5.55	4.83
2001	7.30	4.68	2.61
2002	7.32	4.59	2.73
2003	6.59	4.47	2.12
2004	8.94	4.76	4.17
2005	9.71	7.29	2.42
2006	9.77	4.46	5.31
2007	10.74	4.39	6.36
2008	10.50	3.06	7.44
2009	10.30	4.92	5.35
2010	10.43	6.61	3.82
2011	9.36	5.14	4.22
2012	10.20	12.34	-2.14
2013	9.17	4.07	5.10
2014	10.36	5.53	4.83
2015	7.32	5.17	2.15
2016	8.24	3.89	4.35
2017	8.61	15.01	-6.39
2018	7.50	4.74	2.76

2-7 2018年县（市）区人口出生率、死亡率、自然增长率
BIRTH RATE，DEATH RATE AND NATURAL GROWTH RATE BY REGION IN 2018

		出生率（‰） Birth rate	死亡率（‰） Death rate	自然增长率（‰） Natural growth rate
总计	Total	7.50	4.74	2.76
市辖区合计	Total districts	8.98	3.08	5.90
南关区	Nanguan	11.59	6.73	4.86
宽城区	Kuancheng	9.12	5.96	3.16
朝阳区	Chaoyang	10.32	6.12	4.20
二道区	Erdao	9.36	6.00	3.36
绿园区	Lvyuan	9.32	7.03	2.29
双阳区	Shuangyang	5.88	4.15	1.73
九台区	Jiutai	5.53	4.43	1.10
县（市）合计	Total counties cities	5.42	2.31	3.11
农安县	Nong′ an	5.70	2.29	3.41
榆树市	Yushu	5.01	4.34	0.67
德惠市	Dehui	5.66	2.29	3.37

统计资料

▶就业与工资

EMPIOYMENT & SAIARY

STATISTICS

2019

长春统计年鉴

CHANGCHUN STATISTICAL YEARBOOK

第三篇　就业与工资

2018 年，全市城镇非私营单位就业人员为 118.41 万人，比上年末减少 7.02 万人，负增长 5.60%。从经济类型划分上看，国有和集体经济单位所占比重继续下降，其他经济类型单位所占比重上升。2018 年末，我市城镇非私营国有单位就业人员人数为 39.13 万人，占 33.05%；集体经济单位就业人数 1.33 万人，占 1.13%；其他经济单位就业人数 77.94 万人，占 65.82%。

2018 年，全市城镇非私营单位就业人员工资总额为 943.94 亿元，比上年同期增长 2.91%，其中，国有经济单位 338.90 亿元，同比减少 26.95%；集体经济单位 5.94 亿元，同比减少 15.02%；其他经济单位 599.10 亿元，同比增长 34.23%。

2018 年全市城镇非私营单位就业人员平均工资 78919 元，增加 6783 元，比上年增长 9.40%；在岗职工平均工资 80425 元，比上年增长 9.47%。

3-1 1998-2018 年全市城镇非私营单位在岗职工工资总额
TOTAL WAGES OF STAFF AND WORKERS IN NON-PRIVATE UNITS（1998-2018）

单位：千元 unit:1000yuan

年份 Year	国有 State-owned		集体 Collective owned		其他 Others	
	全市 Total	#市区 District	全市 Total	#市区 District	全市 Total	#市区 District
1998	6574523	5616192	1040812	929690	932068	838951
1999	6871783	5828124	912084	824582	1348814	1246909
2000	7375814	6281248	960764	883329	1606900	1500715
2001	7529152	6478360	853190	792029	2074950	1920863
2002	8778127	7497443	883896	811997	2700222	2558936
2003	9191194	7846909	797041	722583	3033574	2882323
2004	10061498	8630697	773975	693387	3704129	3539419
2005	10136616	8818260	624595	540620	4273860	4039930
2006	10907523	9476019	623169	549543	5236869	4937691
2007	13691045	11857798	629786	557273	6677494	6352869
2008	15018507	12463127	645458	550119	8034251	7486086
2009	15713196	13553638	745397	607174	10577684	10128067
2010	18110165	15780837	784564	630033	13518177	12892878
2011	20578244	17725860	692474	555296	16679583	15997321
2012	22905754	19417457	718829	526708	17619377	16752500
2013	30758894	26931567	596468	351133	26828912	25114186
2014	32808661	28780114	590960	349587	30543409	29125465
2015	39152880	35429927	642440	473031	37387771	36213610
2016	43025238	38892489	622358	463381	39368710	38133386
2017	45109021	40773809	640446	476876	43085865	41463682
2018	33326232	28546961	536384	434003	57597268	56275183

3-2 1998-2018 全市城镇非私营单位在岗职工平均工资
AVERGE WAGE OF STAFF AND WORKERS IN NON-PRIVATE UNITS(1998-2018)

单位：元 unit:yuan

年份 Year	国有 State-owned		集体 Lollective-owned		其他 Others	
	全市 Total	#市区 District	全市 Total	#市区 District	全市 Total	#市区 District
1998	7205	8119	4452	4883	7436	7646
1999	7866	8835	4345	4893	9009	9240
2000	8526	9807	4814	5576	10220	10438
2001	11569	13270	7005	7307	12177	12888
2002	11100	13341	5215	6345	13066	13682
2003	11802	14275	5227	6472	13786	14456
2004	13659	16866	5576	6833	14910	15800
2005	18901	21570	9563	9577	17389	18314
2006	21837	25072	10925	10923	18455	19436
2007	27112	31231	11862	11990	21599	22737
2008	30535	34928	13143	13335	23854	24902
2009	33688	38584	15579	14603	28204	29357
2010	38428	44146	19129	18113	34143	35508
2011	43419	49180	23852	23830	40646	41815
2012	49732	55727	29417	28126	44353	45385
2013	60522	67299	33300	28913	45844	46859
2014	66053	73594	35866	31427	50179	51516
2015	73034	78193	37675	34642	54868	55973
2016	82014	86976	40510	36720	58487	58319
2017	88732	95118	44205	41590	62781	64256
2018	87622	94457	45927	45096	77292	78610

3-3 全市城镇非私营单位就业人员数

单位：人

		总计 Total	
		全市 Total	# 市区 District
总计	Total	1184062	1068682
中　　央	Center		
地　　方	Local		
其　　他	Others		
（一）农、林、牧、渔业	Farming，forestry，animal husbandry and fishery	8312	3015
1. 农业	Farming	780	68
2. 林业	Forestry	899	369
3. 畜牧业	Animal husbandry	561	250
4. 渔业	Fishery	42	42
5. 农、林、牧、渔服务业	Farming，forestry，animal husbandry and fishery services	6030	2286
（二）采矿业	Mining industry	1125	1125
1. 煤炭开采和洗选业	Coal mining and dressing	36	36
2. 石油和天然气开采业	Extraction of petroleum and natural gas		
3. 黑色金属矿采选业	Minging and dressing of ferrous metals		
4. 有色金属矿采选业	Mining and dressing of nonferrous metals		
5. 非金属矿采选业	Mining and dressing of nonmetal mineral products		
6. 开采辅助活动	Mining auxiliary activities	1089	1089
7. 其他矿采选业	Others		
（三）制造业	Manufacturing	334134	316967
1. 农副食品加工业	Food processing	19887	13440
2. 食品制造业	Food manufacturing	7040	3441
3. 饮料制造业	Beverage manufacturing	3319	2262
4. 烟草制品业	Tobacco processing	1340	1340
5. 纺织业	Textile industry	263	263
6. 纺织服装、鞋、帽制造业	Garments，shoes and hats	3534	2257
7. 皮革、毛皮、羽毛（绒）及其制品业	Leather，furs，down and related products	112	112
8. 木材加工及木、竹、藤、棕草制品业	Timber，bamboo，cane，palm and straw products	3736	3736
9. 家具制造业	Furniture	716	661
10. 造纸及纸制品业	Paper making and paper products	256	256
11. 印刷业和记录媒介的复制	Printing and record medium reproduction	2286	2205
12. 文教、工美、体育和娱乐用品制造业	Culture and education、Industrial art、Sports and entertainment products manufacturing	135	135
13. 石油加工、炼焦及核燃料加工业	Petroleum processing coking and nuclear processing	1611	273
14. 化学原料及化学制品制造业	Raw chemical material and chemical products	3572	3266
15. 医药制造业	Medical and pharmacutical products	11210	10560
16. 化学纤维制造业	Chemical fiber manufacturing	99	99
17. 橡胶和塑料制品业	Rubber and Plastic products	4265	4046
18. 非金属矿物制品业	Nonmetal mineral products	4693	4109
19. 黑色金属冶炼及压延加工业	Smelting and pressing of ferrous metals	707	707
20. 有色金属冶炼及压延加工业	Smelting and pressing of non-ferrous metals	251	251
21. 金属制品业	Metal products	2866	2530
22. 通用设备制造业	Ordinary machinery	4509	4419
23. 专用设备制造业	Special purpose equipment	4021	3983
24. 汽车制造业	Automobile industry	221266	220495

NUMBER OF EMPLOYED PERSONS IN NON-PRIVATE UNITS

unit:person

国有 State-owned		集体 Collective-owned		其他 Others	
全市 Total	#市区 District	全市 Total	#市区 District	全市 Total	#市区 District
391321	309983	13338	11285	779403	747414
82690	77297				
303932	229516				
4699	3170				
7822	2597	72		418	418
722	27	17		41	41
899	369				
311				250	250
				42	42
5890	2201	55		85	85
36	36			1089	1089
36	36				
				1089	1089
4154	3667	1014	1001	328966	312299
68	68			19819	13372
				7040	3441
				3319	2262
				1340	1340
				263	263
331	331	92	92	3111	1834
47	47			65	65
		120	120	3616	3616
				716	661
				256	256
192	192	362	349	1732	1664
		18	18	117	117
8	8			1603	265
25	25	6	6	3541	3235
518	494			10692	10066
				99	99
39	39			4226	4007
106	106			4587	4003
159	159	50	50	498	498
				251	251
		54	54	2812	2476
1234	1234	104	104	3171	3081
294	294	6	6	3721	3683
929	466	92	92	220245	219937

3-3 续表 1 continued1

		总计 Total	
		全市 Total	# 市区 District
25. 铁路、船舶、航空航天和其他运输设备制造业	Railway、Ship、aerospace and other Transportation Equipment Manufacturing	19275	19105
26. 电气机械及器材制造业	Electric equipment and machinery	2116	2116
27. 计算机、通信及其他电子设备制业	Computer and Telecommunication equipment adn other electronic equipment	5060	4961
28. 仪器仪表制造业	Instruments, meters	5444	5394
29. 其他制造业	Others	168	168
30. 废弃资源综合利用业	Comperehensive untilization of waste resources	373	373
31. 金属制品、机械和设备修理业	Metal products、machinery、Equipment repair industry	4	4
(四)电力、燃气及水的生产和供应业	Electric power, gas and water production and supply	56602	53281
1. 电力、热力的生产和供应业	Eleatrlc Power, and Head Power Production and Supply	47762	45489
2. 燃气生产和供应业	Production and supply of gas	2864	2864
3. 水的生产和供应业	Production and supply of water	5976	4928
(五)建筑业	Construction	107711	103618
1. 房屋和土木工程建筑业	Building and civil construction	51598	50654
2. 建筑安装业	Installment	31342	28664
3. 建筑装饰业	Decoration	14642	14602
4. 其他建筑业	Others	10129	9698
(六)批发和零售业	Wholesale and retail trade	66589	62774
1. 批发业	Wholesale	21787	20692
2. 零售业	Retail trade	44802	42082
(七)交通运输、仓储及邮政业	Transportation, storage, post and telecommunication	49202	45622
1. 铁路运输业	Railway transportation	227	227
2. 道路运输业	Highway transportation	24713	23248
3. 水上运输业	Waterway	17	17
4. 航空运输业	Air transportation	5893	5893
5. 管道运输业	Pipeline transportation	935	935
6. 装卸搬运和其他运输服务业	Handling and other transportation services	1570	1570
7. 仓储业	Storage	4095	2691
8. 邮政业	Post services	11752	11041
(八)住宿和餐饮业	Hotel and catering services	13731	13412
1. 住宿业	Hotels	9102	8954
2. 餐饮业	Catering services	4629	4458
(九)信息传输、软件和信息技术服务业	Information transmission、software、information technology services	34599	33281
1. 电信、广播电视和卫星传输服务	Telecommunication、radio and television and satellite transmission services	25246	23928
2. 互联网相关服务	Internet and related service	944	944
3. 软件和信息技术服务业	Software and information technology services	8409	8409
(十)金融业	Finance	56351	51550
1. 货币金融服务业	Monetary and financial services	32480	28126
2. 资本市场服务业	Capital market services	4688	4641
3. 保险业	Insurance	18649	18249
4. 其他金融活动	Other finance services	534	534
(十一)房地产业	Real estate	40656	39184
其中：1. 房地产开发经营	Real estate developing and management	15294	14273
2. 房地产管理	Real estate management	22658	22622
3. 房地产中介服务	Medium services	1015	968
4. 房地产租赁经营	Real estate leasing business	391	391
(十二)租赁和商务服务业	Leasing and services	40045	38705

单位：人 unit:person

国有 State-owned		集体 Collective-owned		其他 Others	
全市 Total	# 市区 District	全市 Total	# 市区 District	全市 Total	# 市区 District
		66	66	19209	19039
145	145	6	6	1965	1965
20	20			5040	4941
		34	34	5410	5360
39	39			129	129
		4	4	369	369
				4	4
7035	5301			49567	47980
2478	1792			45284	43697
				2864	2864
4557	3509			1419	1419
3347	3061	621	621	103743	99936
213	213			51385	50441
2921	2635	425	425	27996	25604
71	71	192	192	14379	14339
142	142	4	4	9983	9552
3068	2075	425	234	63096	60465
2749	1836	267	114	18771	18742
319	239	158	120	44325	41723
13485	11282	43	43	35674	34297
				227	227
2166	1914	43	43	22504	21291
				17	17
5290	5290			603	603
				935	935
				1570	1570
2473	1233			1622	1458
3556	2845			8196	8196
3865	3816	143	143	9723	9453
2894	2845	13	13	6195	6096
971	971	130	130	3528	3357
6208	5277			28391	28004
5859	4928			19387	19000
132	132			812	812
217	217			8192	8192
16255	14245	1390	758	38706	36547
11796	10112	1390	758	19294	17256
2621	2621			2067	2020
1785	1459			16864	16790
53	53			481	481
2474	1909	108	108	38074	37167
152	2			15142	14271
953	953			21705	21669
47				968	968
48	48	108	108	235	235
9478	8622	498	498	30069	29585

3-3 续表 2 continued2

		总计 Total	
		全市 Total	#市区 District
1. 租赁业	Leaseing	788	726
2. 商务服务业	Services	39257	37979
(十三)科学研究、技术服务业	Scientific research technical services	43525	41418
1. 研究与试验发展	Scientific research	11997	11997
2. 专业技术服务业	Technical services	28097	26609
3. 科技交流和应用服务业	Science and technology popularization and Application Services	3431	2812
(十四)水利、环境和公共设施管理业	Water conservancy, environment and public services	30263	25267
1. 水利管理业	Water conservancy	4650	3238
2. 生态保护和环境管理业	Ecological protection and Environment governance industry	420	346
3. 公共设施管理业	Public management	23780	20670
4. 土地管理业	Land management industry	1413	1013
(十五)居民服务、修理和其他服务业	Resident services、repair and other services	10887	10717
1. 居民服务业	Resident services	2698	2539
2. 机动车、电子产品和日常产品修理业	Motor vehicle、Electronics and daily consumer products repairing	841	830
2. 其他服务业	Other social services	7348	7348
(十六)教育	Education	126907	94618
其中:1. 学前教育	In which: 1. Preschool education	1745	1441
2. 初等教育	Primary education	32195	15851
3. 中等教育	Secondary education	42604	28030
4. 高等教育	Higher education	42982	42726
5. 特殊教育	Special education	578	483
6. 技能培训、教育辅助及其他教育	Skills training, education support and other education	6803	6087
(十七)卫生和社会工作	Health and social work	64477	54586
1. 卫生	Health care	63031	53226
2. 社会工作	Social work	1446	1360
(十八)文化、体育和娱乐业	Culture, sports and recreation services	16951	15616
1. 新闻出版业	News publishing	4374	4374
2. 广播、电影、电视和影视录音制作业	Broadcast、TV、movies and video recording industry	6167	5427
3. 文化艺术业	Culture and art	4541	3983
4. 体育	Sports	964	927
5. 娱乐业	Recreation services	905	905
(十九)公共管理、社会保障和社会组织	Public management、social security、social organization	81995	63926
其中:1. 中国共产党机关	Chinese communist party	2437	2000
2. 国家机构	State organs	76304	59282
3. 人民政协和民主党派	Political consultation and democratic party	598	552
4. 社会保障	Social security	1208	846
5. 群众团体、社会团体和其他成员组织	The community、social organization and other members	1448	1246

单位：人 unit:person

国有 State-owned		集体 Collective-owned		其他 Others	
全市 Total	# 市区 District	全市 Total	# 市区 District	全市 Total	# 市区 District
66	66			722	660
9412	8556	498	498	29347	28925
23204	21097	323	323	19998	19998
10189	10189	60	60	1748	1748
11303	9815	167	167	16627	16627
1712	1093	96	96	1623	1623
22645	18756	5382	5036	2236	1475
4514	3223	121		15	15
318	247			102	99
16503	14372	5261	5036	2016	1262
1310	914			103	99
1264	1105	851	851	8772	8761
738	579	355	355	1605	1605
282	282	22	22	537	526
244	244	474	474	6630	6630
116769	84506			10138	10112
1180	876			565	565
31735	15391			460	460
39807	25233			2797	2797
39578	39322			3404	3404
546	451			32	32
3923	3233			2880	2854
56355	47987	2230	1490	5892	5109
55113	46831	2230	1490	5688	4905
1242	1156			204	204
12112	10924	54	39	4785	4653
2647	2647	7	7	1720	1720
4132	3516	16	16	2019	1895
4173	3638	15		353	345
829	792			135	135
331	331	16	16	558	558
81745	63720	184	140	66	66
2437	2000				
76120	59142	184	140		
598	552				
1208	846				
1382	1180			66	66

3-4 全市城镇非私营单位就业人员工资总额

单位：千元

		总计 Total	
		全市 Total	#市区 District
总计	Total	94394396	88050676
中　央	Center		
地　方	Local		
其　他	Others		
(一)农、林、牧、渔业	Farming, forestry, animal husbandry and fishery	456551	184057
1. 农业	Farming	26648	4844
2. 林业	Forestry	43576	17558w
3. 畜牧业	Animal husbandry	28263	11956
4. 渔业	Fishery	2868	2868
5. 农、林、牧、渔服务业	Farming, forestry, animal husbandry and fishery services	355196	146831
(二)采矿业	Mining industry	125233	125233
1. 煤炭开采和洗选业	Coal mining and dressing	1154	1154
2. 石油和天然气开采业	Extraction of petroleum and natural gas		
3. 黑色金属矿采选业	Minging and dressing of ferrous metals		
4. 有色金属矿采选业	Mining and dressing of nonferrous metals		
5. 非金属矿采选业	Mining and dressing of nonmetal mineral products		
6. 开采辅助活动	Minging auxiliary activities	124079	124079
7. 其他矿采选业	Others		
(三)制造业	Manufacturing	30003621	29261711
1. 农副食品加工业	Food processing	1004317	718765
2. 食品制造业	Food manufacturing	281481	150963
3. 酒、饮料和精致茶制造业	Wine、drinks and Refined tea Industry	198855	153211
4. 烟草制品业	Tobacco processing	229540	229540
5. 纺织业	Textile industry	15717	15717
6. 纺织服装、服饰业	Textile and garment、Clothing industry	154371	89603
7. 皮革、毛皮、羽毛(绒)及其制品和制鞋业	Leather、furs、feather and their products	4506	4506
8. 木材加工及木、竹、滕、棕草制品业	Timber, bamboo, cane, palm and straw products	208785	208785
9. 家具制造业	Furniture	30643	27609
10. 造纸及纸制品业	Paper making and paper products	9728	9728
11. 印刷业和记录媒介的复制	Printing and record medium reproduction	104691	102356
12. 文教、工美、体育和娱乐用品制造业	Culture and education、Industrial art、Sports and entertainment products manufacturing	7742	7742
13. 石油加工、炼焦及核燃料加工业	Petroleum processing coking and nuclear processing	59789	16525
14. 化学原料及化学制品制造业	Raw chemical material and chemical products	230630	215799
15. 医药制造业	Medical and pharmacutical products	715591	678577
16. 化学纤维制造业	Chemical fiber manufacturing	4664	4664
17. 橡胶和塑料制品业	Rubber adn Plastic products	285038	274434
18. 非金属矿物制品业	Nonmetal mineral products	248857	213628
19. 黑色金属冶炼及压延加工业	Smelting and pressing of ferrous metals	53908	53908
20. 有色金属冶炼及压延加工业	Smelting and pressing of non-ferrous metals	12396	12396
21. 金属制品业	Metal products	160280	146563
22. 通用设备制造业	Ordinary machinery	295602	292233
23. 专用设备制造业	Special purpose equipment	215870	214310
24. 汽车制造业	Automobile industry	22323786	22284478

TOTAL WAGES OF EMPLOYED PERSONS IN NON-PRIVATE UNITS

unit:1000yuan

国有 State-owned		集体 Collective-owned		其他 Others	
全市 Total	# 市区 District	全市 Total	# 市区 District	全市 Total	# 市区 District
33890694	29042743	593775	491346	59909927	58516587
10814374	10427057				
22848198	18433203				
228122	182483				
423773	154771	3492		29286	29286
23576	2666	894		2178	2178
43576	17558				
16307				11956	11956
				2868	2868
340314	134547	2598		12284	12284
1154	1154			124079	124079
1154	1154				
				124079	124079
229155	202084	51846	51486	29722620	29008141
2769	2769			1001548	715996
				281481	150963
				198855	153211
				229540	229540
				15717	15717
12469	12469	2457	2457	139445	74677
1989	1989			2517	2517
		6120	6120	202665	202665
				30643	27609
				9728	9728
9802	9802	18941	18581	75948	73973
		1434	1434	6308	6308
709	709			59080	15816
894	894	96	96	229640	214809
23826	22483			691765	656094
				4664	4664
3561	3561			281477	270873
812	812			248045	212816
18707	18707	1826	1826	33375	33375
				12396	12396
		1898	1898	158382	144665
76059	76059	5866	5866	213677	210308
17197	17197	224	224	198449	196889
51724	25996	5310	5310	22266752	22253172

3-4 续表 1 continued1

		总计 Total	
		全市 Total	#市区 District
25. 铁路、船舶、航空航天和其他运输设备制造业	Railway、Ship、aerospace and other Transportation Equipment Manufacturing	2246865	2241166
26. 电气机械及器材制造业	Electric equipment and machinery	110585	110585
27. 计算机、通信及其他电子设备制业	Computer and Telecommunication equipment adn other electronic equipment	387931	384291
28. 仪器仪表制造业	Instruments, meters	357948	356124
29. 其他制造业	Others	8145	8145
30. 废弃资源综合利用业	Comperehensive untilization of waste resources	35218	35218
31. 金属制品、机械和设备修理业	Metal products、machinery、Equipment repair industry	142	142
(四)电力、燃气及水的生产和供应业	Electric power, gas and water production and supply	5524006	5315202
1. 电力、热力的生产和供应业	Eleatrlc Power, and Head Power Production and Supply	4933025	4758728
2. 燃气生产和供应业	Production and supply of gas	202898	202898
3. 水的生产和供应业	Production and supply of water	388083	353576
(五)建筑业	Construction	6368349	6254988
1. 房屋和土木工程建筑业	Building and civil construction	3467263	3435766
2. 建筑安装业	Installment	1633474	1572456
3. 建筑装饰业	Decoration	708683	706609
4. 其他建筑业	Others	558929	540157
(六)批发和零售业	Wholesale and retail trade	3460551	3324749
1. 批发业	Wholesale	1406092	1354874
2. 零售业	Retail trade	2054459	1969875
(七)交通运输、仓储及邮政业	Transportation, storage, post and telecommunication	3253853	3077844
1. 铁路运输业	Railway transportation	34110	34110
2. 道路运输业	Highway transportation	1356302	1305806
3. 水上运输业	Waterway	2116	2116
4. 航空运输业	Air transportation	734569	734569
5. 管道运输业	Pipeline transportation	94390	94390
6. 装卸搬运和其他运输服务业	Handling and other transportation services	94562	94562
7. 仓储业	Storage	218703	147376
8. 邮政业	Post services	719101	664915
(八)住宿和餐饮业	Hotel and catering services	581210	571807
1. 住宿业	Hotels	396657	391958
2. 餐饮业	Catering services	184553	179849
(九)信息传输、软件和信息技术服务业	Information transmission、software、information technology services	3106672	3027880
1. 电信、广播电视和卫星传输服务	Telecommunication、radio and television and satellite transmission services	2436494	2357702
2. 互联网相关服务	Internet and related service	59741	59741
3. 软件和信息技术服务业	Software and information technology services	610437	610437
(十)金融业	Finance	5998763	5633995
1. 货币金融服务业	Monetary and financial services	4521587	4175264
2. 资本市场服务业	Capital market services	364122	362043
3. 保险业	Insurance	1040794	1024428
4. 其他金融活动	Other finance services	72260	72260
(十一)房地产业	Real estate	2009006	1950624
其中：1. 房地产开发经营	Real estate developing and management	1063017	1026357
2. 房地产管理	Real estate management	787091	786261
3. 房地产中介服务	Medium services	47460	45831
4. 房地产租赁经营	Real estate leasing business	15277	15277
(十二)租赁和商务服务业	Leasing and services	2597747	2536507

单位：千元 unit:1000yuan

国有 State-owned		集体 Collective-owned		其他 Others	
全市 Total	#市区 District	全市 Total	#市区 District	全市 Total	#市区 District
		4042	4042	2242823	2237124
6139	6139	220	220	104226	104226
1179	1179			386752	383112
		3150	3150	354798	352974
1319	1319			6826	6826
		262	262	34956	34956
				142	142
518922	435478			5005084	4879724
230845	181908			4702180	4576820
				202898	202898
288077	253570			100006	100006
531146	523790	27904	27904	5809299	5703294
302872	302872			3164391	3132894
215114	207758	16830	16830	1401530	1347868
5555	5555	10917	10917	692211	690137
7605	7605	157	157	551167	532395
262754	209141	12884	8636	3184913	3106972
243884	197348	8115	4755	1154093	1152771
18870	11793	4769	3881	2030820	1954201
1184799	1055737	1190	1190	2067864	2020917
				34110	34110
115227	103890	1190	1190	1239885	1200726
				2116	2116
679878	679878			54691	54691
				94390	94390
				94562	94562
146523	82984			72180	64392
243171	188985			475930	475930
177364	175636	4915	4915	398931	391256
128794	127066	484	484	267379	264408
48570	48570	4431	4431	131552	126848
602259	560101			2504413	2467779
578590	536432			1857904	1821270
10188	10188			49553	49553
13481	13481			596956	596956
1769063	1608859	97476	60514	4132224	3964622
1536835	1389050	97476	60514	2887276	2725700
120105	120105			244017	241938
108702	96283			932092	928145
3421	3421			68839	68839
165454	139462	2735	2735	1840817	1808427
5138	38			1057879	1026319
63200	63200			723891	723061
1629				45831	45831
2119	2119	2735	2735	10423	10423
684452	639923	26716	26716	1886579	1869868

3-4 续表 2 continued2

		总计 Total	
		全市 Total	# 市区 District
1. 租赁业	Leaseing	34171	31988
2. 商务服务业	Services	2563576	2504519
（十三）科学研究、技术服务业	Scientific research technical services	3672049	3547646
1. 研究与试验发展	Scientific research	1161820	1161820
2. 专业技术服务业	Technical services	2297970	2213016
3. 科技交流和应用服务业	Science and technology popularization and Application Services	212259	172810
（十四）水利、环境和公共设施管理业	Water conservancy, environment and public services	1322246	1147660
1. 水利管理业	Water conservancy	295015	240388
2. 生态保护和环境管理业	Ecological protection and Environment governance industry	29120	25265
3. 公共设施管理业	Public management	920056	825338
4. 土地管理业	Land management industry	78055	56669
（十五）居民服务、修理和其他服务业	Resident services、repair and other services	388027	379795
1. 居民服务业	Resident services	147112	139264
2. 机动车、电子产品和日常产品修理业	Motor vehicle、Electronics and daily consumer products repairing	31935	31551
2. 其他服务业	Other social services	208980	208980
（十六）教育	Education	10365528	8172421
其中：1. 学前教育	In which: 1. Preschool education	92958	74476
2. 初等教育	Primary education	2236182	1123080
3. 中等教育	Secondary education	2988303	2000185
4. 高等教育	Higher education	4535801	4517558
5. 特殊教育	Special education	42722	36436
6. 技能培训、教育辅助及其他教育	Skills training, education support and other education	469562	420686
（十七）卫生和社会工作	Health and social work	6553839	6051323
1. 卫生	Health care	6473538	5975623
2. 社会工作	Social work	80301	75700
（十八）文化、体育和娱乐业	Culture, sports and recreation services	1151866	1078523
1. 新闻出版业	News publishing	294061	294061
2. 广播、电影、电视和影视录音制作业	Broadcast、TV、movies and video recording industry	451368	411578
3. 文化艺术业	Culture and art	299740	268346
4. 体育	Sports	61682	59523
5. 娱乐业	Recreation services	45015	45015
（十九）公共管理、社会保障和社会组织	Public management、social security、social organization	7455279	6408711
其中 :1. 中国共产党机关	Chinese communist party	270441	243703
2. 国家机构	State organs	6888173	5900101
3. 人民政协和民主党派	Political consultation and democratic party	70098	66123
4. 社会保障	Social security	108560	91769
5. 群众团体、社会团体和其他成员组织	The community、social organization and other members	118007	107015

单位：千元 unit:1000yuan

国有 State-owned		集体 Collective-owned		其他 Others	
全市 Total	# 市区 District	全市 Total	# 市区 District	全市 Total	# 市区 District
3391	3391			30780	28597
681061	636532	26716	26716	1855799	1841271
2029098	1904695	19405	19405	1623546	1623546
1025203	1025203	2233	2233	134384	134384
881811	796857	11182	11182	1404977	1404977
122084	82635	5990	5990	84185	84185
1059051	914153	173583	160812	89612	72695
290947	239528	3208		860	860
23301	19606			5819	5659
669364	600750	170375	160812	80317	63776
75439	54269			2616	2400
82034	74186	38076	38076	267917	267533
59684	51836	19950	19950	67478	67478
4717	4717	923	923	26295	25911
17633	17633	17203	17203	174144	174144
9770627	7578116			594901	594305
70096	51614			22862	22862
2197772	1084670			38410	38410
2824659	1836541			163644	163644
4341881	4323638			193920	193920
41029	34743			1693	1693
295190	246910			174372	173776
6121875	5696465	113582	72033	318382	282825
6050167	5629358	113582	72033	309789	274232
71708	67107			8593	8593
843583	778783	2047	1646	306236	298094
197583	197583	160	160	96318	96318
295104	262944	861	861	155403	147773
278086	247605	401		21253	20741
53362	51203			8320	8320
19448	19448	625	625	24942	24942
7434131	6390209	17924	15278	3224	3224
270441	243703				
6870249	5884823	17924	15278		
70098	66123				
108560	91769				
114783	103791			3224	3224

3-5 全市城镇非私营单位就业人员平均工资

单位：元

		总计 Total	
		全市 Total	# 市区 District
总计	Total	78919	81440
（一）农、林、牧、渔业	Farming, forestry, animal, husbandry and fishery	54664	60505
（二）采矿业	Mining industry	109854	109854
（三）制造业	Manufacturing	90031	92605
（四）电力、热力、燃气及水生产和供应业	Electric power, heat, gas and water production and supply	96946	99048
（五）建筑业	Construction	50988	51490
（六）批发和零售业	Wholesale and retail trade	52034	53020
（七）交通运输、仓储及邮政业	Transportation, storage, post and telecommunication	66540	67963
（八）住宿和餐饮业	Hotels and catering services	42193	42495
（九）信息传输、软件和信息技术服务业	Information transmission、software、information technology services	87767	88880
（十）金融业	Finance	111819	115375
（十一）房地产业	Real estate	51085	51527
（十二）租赁和商务服务业	Leasing and services	63789	64409
（十三）科学研究、技术服务业	Scientific research technical services	83606	84856
（十四）水利、环境和公共设施管理业	Water conservancy, environment and public facilities management	43975	45798
（十五）居民服务、修理和其他服务业	Resident service、repair and other service	37853	37674
（十六）教育	Education	82002	86851
（十七）卫生和社会工作	Health and social work	102964	112478
（十八）文化、体育和娱乐业	Culture, sports and recreation services	67693	68788
（十九）公共管理社会保障和社会组织	public administration、social security、social organization	91056	100521

AVERAGE WAGE OF EMPLOYED PERSONS IN NON-PRIVATE UNITS

unit:yuan

国有 State-owned		集体 Collective-owned		其他 Others	
全市 Total	#市区 District	全市 Total	#市区 District	全市 Total	#市区 District
85572	92332	43912	42856	76170	77489
53956	59163	48500		68746	68746
30368	30368			112594	112594
54966	55094	49948	50230	90604	93187
74333	82980			100104	100790
55138	56002	38330	38330	50720	51197
85588	100791	29755	35686	50552	51448
87756	93727	25870	25870	58490	59479
45607	45739	33664	33664	40958	41315
96671	105899			85865	85752
112672	117693	69825	80151	113057	115227
66554	72111	23178	23178	50127	50509
71245	73159	50124	50124	61685	62120
87435	90296	60264	60264	79617	79617
47081	49159	32331	32015	40640	50483
64139	66238	44848	44848	32983	32980
83859	89970			60127	60225
110001	120461	50865	48086	55217	56418
69580	71226	37907	42205	63298	63343
91083	100567	96886	108355	44778	44778

3-6 全市城镇非私营单位在岗职工人数

单位：人

		总计 Total	
		全市 Total	# 市区 District
总计	Total	1125481	1015501
中　央	Center		
地　方	Local		
其　他	Others		
(一)农、林、牧、渔业	Farming, forestry, animal husbandry and fishery	8298	3001
1. 农业	Farming	779	67
2. 林业	Forestry	889	359
3. 畜牧业	Animal husbandry	558	247
4. 渔业	Fishery	42	42
5. 农、林、牧、渔服务业	Farming, forestry, animal husbandry and fishery services	6030	2286
(二)采矿业	Mining industry	1125	1125
1. 煤炭开采和洗选业	Coal mining and dressing	36	36
2. 石油和天然气开采业	Extraction of petroleum and natural gas		
3. 黑色金属矿采选业	Minging and dressing of ferrous metals		
4. 有色金属矿采选业	Mining and dressing of nonferrous metals		
5. 非金属矿采选业	Mining and dressing of nonmetal mineral products		
6. 开采辅助活动	Minging auxiliary activities	1089	1089
7. 其他矿采选业	Others		
(三)制造业	Manufacturing	331224	314651
1. 农副食品加工业	Food processing	19306	13398
2. 食品制造业	Food manufacturing	7000	3401
3. 酒、饮料和精致茶制造业	Wine、drinks and Refined tea Industry	3319	2262
4. 烟草制品业	Tobacco processing	1340	1340
5. 纺织业	Textile industry	263	263
6. 纺织服装、服饰业	Textile and garment、Clothing industry	3481	2206
7. 皮革、毛皮、羽毛(绒)及其制品和制鞋业	Leather、furs、feather and their products	112	112
8. 木材加工及木、竹、藤、棕草制品业	Timber, bamboo, cane, palm and straw products	3723	3723
9. 家具制造业	Furniture	702	652
10. 造纸及纸制品业	Paper making and paper products	256	256
11. 印刷业和记录媒介的复制	Printing and record medium reproduction	2260	2179
12. 文教、工美、体育和娱乐用品制造业	Culture and education、Industrial art、Sports and ainment roducts manufacturing	135	135
13. 石油加工、炼焦及核燃料加工业	Petroleum processing coking and nuclear processing	1606	268
14. 化学原料及化学制品制造业	Raw chemical material and chemical products	3409	3103
15. 医药制造业	Medical and pharmacutical products	11176	10526
16. 化学纤维制造业	Chemical fiber manufacturing	99	99
17. 橡胶和塑料制品业	Rubber adn Plastic products	4218	3999
18. 非金属矿物制品业	Nonmetal mineral products	4538	3954
19. 黑色金属冶炼及压延加工业	Smelting and pressing of ferrous metals	704	704
20. 有色金属冶炼及压延加工业	Smelting and pressing of non-ferrous metals	247	247
21. 金属制品业	Metal products	2852	2524
22. 通用设备制造业	Ordinary machinery	4389	4299
23. 专用设备制造业	Special purpose equipment	3921	3883
24. 汽车制造业	Automobile industry	220140	219406

NUMBER OF STAFF AND WORKERS IN NON-PRIVATE UNITS

unit:person

国有 State-owned		集体 Collective-owned		其他 Others	
全市 Total	# 市区 District	全市 Total	# 市区 District	全市 Total	# 市区 District
375811	297836	11485	9434	738185	708231
81227	76381				
290147	218465				
4437	2990				
7812	2587	72		414	414
722	27	17		40	40
889	359				
311				247	247
				42	42
5890	2201	55		85	85
36	36			1089	1089
36	36				
				1089	1089
4074	3587	1003	990	326147	310074
68	68			19238	13330
				7000	3401
				3319	2262
				1340	1340
				263	263
316	316	92	92	3073	1798
47	47			65	65
		120	120	3603	3603
				702	652
				256	256
192	192	356	343	1712	1644
		18	18	117	117
8	8			1598	260
25	25	6	6	3378	3072
518	494			10658	10032
				99	99
39	39			4179	3960
106	106			4432	3848
159	159	50	50	495	495
				247	247
		54	54	2798	2470
1221	1221	99	99	3069	2979
289	289	6	6	3626	3588
929	466	92	92	219119	218848

3-6 续表 1 continued1

		总计 Total	
		全市 Total	# 市区 District
25. 铁路、船舶、航空航天和其他运输设备制造业	Railway、Ship、aerospace and other Transportation Equipment Manufacturing	19246	19079
26. 电气机械及器材制造业	Electric equipment and machinery	1983	1983
27. 计算机、通信及其他电子设备制业	Computer and Telecommunication equipment adn other electronic equipment	4988	4889
28. 仪器仪表制造业	Instruments， meters	5284	5234
29. 其他制造业	Others	150	150
30. 废弃资源综合利用业	Comperehensive untilization of waste resources	373	373
31. 金属制品、机械和设备修理业	Metal products、machinery、Equipment repair industry	4	4
(四) 电力、燃气及水的生产和供应业	Electric power, gas and water production and supply	55993	53011
1. 电力、热力的生产和供应业	Eleatrlc Power， and Head Power Production and Supply	47236	45240
2. 燃气生产和供应业	Production and supply of gas	2863	2863
3. 水的生产和供应业	Production and supply of water	5894	4908
(五) 建筑业	Construction	96215	93056
1. 房屋和土木工程建筑业	Building and civil construction	47689	47033
2. 建筑安装业	Installment	28345	26248
3. 建筑装饰业	Decoration	12419	12379
4. 其他建筑业	Others	7762	7396
(六) 批发和零售业	Wholesale and retail trade	64676	60951
1. 批发业	Wholesale	21174	20121
2. 零售业	Retail trade	43502	40830
(七) 交通运输、仓储及邮政业	Transportation, storage, post and telecommunication	46073	42814
1. 铁路运输业	Railway transportation	210	210
2. 道路运输业	Highway transportation	24570	23122
3. 水上运输业	Waterway	17	17
4. 航空运输业	Air transportation	5876	5876
5. 管道运输业	Pipeline transportation	935	935
6. 装卸搬运和其他运输服务业	Handling and other transportation services	1569	1569
7. 仓储业	Storage	3629	2529
8. 邮政业	Post services	9267	8556
(八) 住宿和餐饮业	Hotel and catering services	13192	12876
1. 住宿业	Hotels	8725	8578
2. 餐饮业	Catering services	4467	4298
(九) 信息传输、软件和信息技术服务业	Information transmission、software、information technology services	34076	32782
1. 电信、广播电视和卫星传输服务	Telecommunication、radio and television and satellite transmission services	25155	23861
2. 互联网相关服务	Internet and related service	943	943
3. 软件和信息技术服务业	Software and information technology services	7978	7978
(十) 金融业	Finance	43727	39159
1. 货币金融服务业	Monetary and financial services	31750	27401
2. 资本市场服务业	Capital market services	4593	4546
3. 保险业	Insurance	6857	6685
4. 其他金融活动	Other finance services	527	527
(十一) 房地产业	Real estate	37091	35692
其中：1. 房地产开发经营	Real estate developing and management	15048	14097
2. 房地产管理	Real estate management	19357	19324
3. 房地产中介服务	Medium services	1015	968
4. 房地产租赁经营	Real estate leasing business	381	381
(十二) 租赁和商务服务业	Leasing and services	38860	37622

单位：人 unit:person

国有 State-owned		集体 Collective-owned		其他 Others	
全市 Total	# 市区 District	全市 Total	# 市区 District	全市 Total	# 市区 District
		66	66	19180	19013
116	116	6	6	1861	1861
20	20			4968	4869
		34	34	5250	5200
21	21			129	129
		4	4	369	369
				4	4
6845	5173			49148	47838
2350	1664			44886	43576
				2863	2863
4495	3509			1399	1399
3245	2959	611	611	92359	89486
178	178			47511	46855
2854	2568	415	415	25076	23265
71	71	192	192	12156	12116
142	142	4	4	7616	7250
2972	2021	344	153	61360	58777
2658	1787	245	92	18271	18242
314	234	99	61	43089	40535
13021	11122	43	43	33009	31649
				210	210
2155	1903	43	43	22372	21176
				17	17
5290	5290			586	586
				935	935
				1569	1569
2020	1084			1609	1445
3556	2845			5711	5711
3789	3740	143	143	9260	8993
2852	2803	13	13	5860	5762
937	937	130	130	3400	3231
6117	5210			27959	27572
5773	4866			19382	18995
131	131			812	812
213	213			7765	7765
15960	14178	1390	758	26377	24223
11776	10092	1390	758	18584	16551
2595	2595			1998	1951
1536	1438			5321	5247
53	53			474	474
2419	1874	108	108	34564	33710
132	2			14916	14095
926	926			18431	18398
47				968	968
48	48	108	108	225	225
9195	8366	481	481	29184	28775

3-6 续表 2 continued2

		总计 Total	
		全市 Total	# 市区 District
1. 租赁业	Leaseing	708	695
2. 商务服务业	Services	38152	36927
（十三）科学研究、技术服务业	Scientific research technical services	42067	39976
1. 研究与试验发展	Scientific research	11776	11776
2. 专业技术服务业	Technical services	26961	25489
3. 科技交流和应用服务业	Science and technology popularization and Application Services	3330	2711
（十四）水利、环境和公共设施管理业	Water conservancy, environment and public services	24628	19661
1. 水利管理业	Water conservancy	4568	3156
2. 生态保护和环境管理业	Ecological protection and Environment governance industry	417	343
3. 公共设施管理业	Public management	18240	15159
4. 土地管理业	Land management industry	1403	1003
（十五）居民服务、修理和其他服务业	Resident services、repair and other services	9153	8983
1. 居民服务业	Resident services	2645	2486
2. 机动车、电子产品和日常产品修理业	Motor vehicle、Electronics and daily consumer products repairing	841	830
2. 其他服务业	Other social services	5667	5667
（十六）教育	Education	122432	90758
其中：1. 学前教育	In which: 1. Preschool education	1654	1350
2. 初等教育	Primary education	31581	15536
3. 中等教育	Secondary education	41294	27010
4. 高等教育	Higher education	40893	40637
5. 特殊教育	Special education	563	483
6. 技能培训、教育辅助及其他教育	Skills training, education support and other education	6447	5742
（十七）卫生和社会工作	Health and social work	62359	52470
1. 卫生	Health care	61197	51394
2. 社会工作	Social work	1162	1076
（十八）文化、体育和娱乐业	Culture, sports and recreation services	16015	14696
1. 新闻出版业	News publishing	4281	4281
2. 广播、电影、电视和影视录音制作业	Broadcast、TV、movies and video recording industry	5489	4749
3. 文化艺术业	Culture and art	4451	3909
4. 体育	Sports	964	927
5. 娱乐业	Recreation services	830	830
（十九）公共管理、社会保障和社会组织	Public management、social security、social organization	78277	62217
其中 :1. 中国共产党机关	Chinese communist party	2419	2000
2. 国家机构	State organs	72774	57706
3. 人民政协和民主党派	Political consultation and democratic party	598	552
4. 社会保障	Social security	1107	756
5. 群众团体、社会团体和其他成员组织	The community、social organization and other members	1379	1203

单位：人 unit:person

国有 State-owned		集体 Collective-owned		其他 Others	
全市 Total	# 市区 District	全市 Total	# 市区 District	全市 Total	# 市区 District
50	50			658	645
9145	8316	481	481	28526	28130
22756	20665	293	293	19018	19018
10025	10025	60	60	1691	1691
11021	9549	137	137	15803	15803
1710	1091	96	96	1524	1524
18597	14708	3829	3483	2202	1470
4435	3144	121		12	12
315	244			102	99
12547	10416	3708	3483	1985	1260
1300	904			103	99
1260	1101	833	833	7060	7049
738	579	355	355	1552	1552
282	282	22	22	537	526
240	240	456	456	4971	4971
113321	81673			9111	9085
1089	785			565	565
31121	15076			460	460
38547	24263			2747	2747
38268	38012			2625	2625
531	451			32	32
3765	3086			2682	2656
54872	46506	2099	1359	5388	4605
53863	45583	2099	1359	5235	4452
1009	923			153	153
11487	10315	54	39	4474	4342
2605	2605	7	7	1669	1669
3622	3006	16	16	1851	1727
4100	3581	15		336	328
829	792			135	135
331	331	16	16	483	483
78033	62015	182	140	62	62
2419	2000				
72592	57566	182	140		
598	552				
1107	756				
1317	1141			62	62

3-7 全市城镇非私营单位在岗职工工资总额

单位：千元

		总计 Total	
		全市 Total	# 市区 District
总计	Total	91459884	85256147
中　央	Center		
地　方	Local		
其　他	Others		
(一) 农、林、牧、渔业	Farming, forestry, animal husbandry and fishery	455996	183502
1. 农业	Farming	26612	4808
2. 林业	Forestry	43161	17143
3. 畜牧业	Animal husbandry	28159	11852
4. 渔业	Fishery	2868	2868
5. 农、林、牧、渔服务业	Farming, forestry, animal husbandry and fishery services	355196	146831
(二) 采矿业	Mining industry	125233	125233
1. 煤炭开采和洗选业	Coal mining and dressing	1154	1154
2. 石油和天然气开采业	Extraction of petroleum and natural gas		
3. 黑色金属矿采选业	Minging and dressing of ferrous metals		
4. 有色金属矿采选业	Mining and dressing of nonferrous metals		
5. 非金属矿采选业	Mining and dressing of nonmetal mineral products		
6. 开采辅助活动	Minging auxiliary activities	124079	124079
7. 其他矿采选业	Others		
(三) 制造业	Manufacturing	29066241	28349613
1. 农副食品加工业	Food processing	977008	714230
2. 食品制造业	Food manufacturing	278804	149474
3. 酒、饮料和精致茶制造业	Wine、drinks and Refined tea Industry	198855	153211
4. 烟草制品业	Tobacco processing	229540	229540
5. 纺织业	Textile industry	15717	15717
6. 纺织服装、服饰业	Textile and garment、Clothing industry	152666	87948
7. 皮革、毛皮、羽毛(绒)及其制品和制鞋业	Leather、furs、feather and their products	4458	4458
8. 木材加工及木、竹、滕、棕草制品业	Timber, bamboo, cane, palm and straw products	208049	208049
9. 家具制造业	Furniture	29012	26132
10. 造纸及纸制品业	Paper making and paper products	9728	9728
11. 印刷业和记录媒介的复制	Printing and record medium reproduction	103794	101459
12. 文教、工美、体育和娱乐用品制造业	Culture and education、Industrial art、Sports and entertainment products manufacturing	7742	7742
13. 石油加工、炼焦及核燃料加工业	Petroleum processing coking and nuclear processing	59609	16345
14. 化学原料及化学制品制造业	Raw chemical material and chemical products	226165	211334
15. 医药制造业	Medical and pharmacutical products	714366	677352
16. 化学纤维制造业	Chemical fiber manufacturing	4664	4664
17. 橡胶和塑料制品业	Rubber adn Plastic products	277935	267331
18. 非金属矿物制品业	Nonmetal mineral products	244754	209525
19. 黑色金属冶炼及压延加工业	Smelting and pressing of ferrous metals	52565	52565
20. 有色金属冶炼及压延加工业	Smelting and pressing of non-ferrous metals	12242	12242
21. 金属制品业	Metal products	156700	143235
22. 通用设备制造业	Ordinary machinery	290190	286821
23. 专用设备制造业	Special purpose equipment	210972	209412
24. 汽车制造业	Automobile industry	21472516	21433982

TOTAL WAGES OF STAFF AND WORKERS IN NON-PRIVATE UNITS

unit:1000yuan

国有 State-owned		集体 Collective-owned		其他 Others	
全市 Total	# 市区 District	全市 Total	# 市区 District	全市 Total	# 市区 District
33326232	28546961	536384	434003	57597268	56275183
10714215	10340599				
22390553	18029336				
221464	177026				
423358	154356	3492		29146	68746
23576	2666	894		2142	53122
43161	17143				
16307				11852	47071
				2868	68286
340314	134547	2598		12284	138022
1154	1154			124079	112594
1154	1154				
				124079	112594
226797	199726	51372	51012	28788072	93187
2769	2769			974239	53270
				278804	42537
				198855	66934
				229540	171299
				15717	54384
12211	12211	2457	2457	137998	40563
1941	1941			2517	39952
		6120	6120	201929	58675
				29012	41517
				9728	36848
9802	9802	18730	18370	75262	45578
		1434	1434	6308	53008
709	709			58900	59683
894	894	96	96	225175	66177
23826	22483			690540	68159
				4664	47592
3561	3561			274374	71546
812	812			243942	52008
18707	18707	1826	1826	32032	65570
				12242	49984
		1898	1898	154802	57361
75137	75137	5603	5603	209450	66722
16995	16995	224	224	193753	53839
51724	25996	5310	5310	21415482	101525

3-7 续表 1 continued1

		总计 Total	
		全市 Total	# 市区 District
25. 铁路、船舶、航空航天和其他运输设备制造业	Railway、Ship、aerospace and other Transportation Equipment Manufacturing	2246274	2240665
26. 电气机械及器材制造业	Electric equipment and machinery	106914	106914
27. 计算机、通信及其他电子设备制业	Computer and Telecommunication equipment adn other electronic equipment	384781	381141
28. 仪器仪表制造业	Instruments, meters	346848	345024
29. 其他制造业	Others	8013	8013
30. 废弃资源综合利用业	Comperehensive untilization of waste resources	35218	35218
31. 金属制品、机械和设备修理业	Metal products、machinery、Equipment repair industry	142	142
(四)电力、燃气及水的生产和供应业	Electric power, gas and water production and supply	5503910	5305407
1. 电力、热力的生产和供应业	Eleatrlc Power, and Head Power Production and Supply	4913913	4749516
2. 燃气生产和供应业	Production and supply of gas	202801	202801
3. 水的生产和供应业	Production and supply of water	387196	353090
(五)建筑业	Construction	5863673	5778780
1. 房屋和土木工程建筑业	Building and civil construction	3292141	3274951
2. 建筑安装业	Installment	1530418	1481719
3. 建筑装饰业	Decoration	604459	602385
4. 其他建筑业	Others	436655	419725
(六)批发和零售业	Wholesale and retail trade	3389221	3256261
1. 批发业	Wholesale	1383621	1333049
2. 零售业	Retail trade	2005600	1923212
(七)交通运输、仓储及邮政业	Transportation, storage, post and telecommunication	3115544	2945104
1. 铁路运输业	Railway transportation	32190	32190
2. 道路运输业	Highway transportation	1350420	1300442
3. 水上运输业	Waterway	2116	2116
4. 航空运输业	Air transportation	733921	733921
5. 管道运输业	Pipeline transportation	94390	94390
6. 装卸搬运和其他运输服务业	Handling and other transportation services	94512	94512
7. 仓储业	Storage	207849	141573
8. 邮政业	Post services	600146	545960
(八)住宿和餐饮业	Hotel and catering services	563884	554565
1. 住宿业	Hotels	383803	379128
2. 餐饮业	Catering services	180081	175437
(九)信息传输、软件和信息技术服务业	Information transmission、software、information technology services	3081537	3003609
1. 电信、广播电视和卫星传输服务	Telecommunication、radio and television and satellite transmission services	2433470	2355542
2. 互联网相关服务	Internet and related service	59729	59729
3. 软件和信息技术服务业	Software and information technology services	588338	588338
(十)金融业	Finance	5639316	5282912
1. 货币金融服务业	Monetary and financial services	4450627	4104460
2. 资本市场服务业	Capital market services	357523	355444
3. 保险业	Insurance	759116	750958
4. 其他金融活动	Other finance services	72050	72050
(十一)房地产业	Real estate	1925358	1869416
其中：1. 房地产开发经营	Real estate developing and management	1049109	1014724
2. 房地产管理	Real estate management	718056	717391
3. 房地产中介服务	Medium services	47460	45831
4. 房地产租赁经营	Real estate leasing business	14857	14857
(十二)租赁和商务服务业	Leasing and services	2556036	2497168

单位：千元 unit:1000yuan

国有 State-owned		集体 Collective-owned		其他 Others	
全市 Total	# 市区 District	全市 Total	# 市区 District	全市 Total	# 市区 District
		4042	4042	2242232	117004
5343	5343	220	220	101351	52480
1179	1179			383602	79467
		3150	3150	343698	63794
1187	1187			6826	52508
		262	262	34956	94732
				142	35500
511921	428878			4991989	100790
224245	175308			4689668	103696
				202801	70844
287676	253570			99520	70726
503843	496487	27504	27504	5332326	51197
301672	301672			2990469	51613
189011	181655	16430	16430	1324977	52350
5555	5555	10917	10917	587987	46678
7605	7605	157	157	428893	52365
260215	207248	11173	6925	3117833	51448
241435	195545	7494	4134	1134692	61524
18780	11703	3679	2791	1983141	46916
1174369	1050358	1190	1190	1939985	59479
				32190	148304
114984	103647	1190	1190	1234246	58336
				2116	124471
679878	679878			54043	85188
				94390	98221
				94512	63464
136336	77848			71513	43774
243171	188985			356975	55450
175548	173820	4915	4915	383421	41315
127918	126190	484	484	255401	42681
47630	47630	4431	4431	128020	38732
599287	557993			2482250	85752
575677	534383			1857793	95310
10176	10176			49553	61864
13434	13434			574904	67316
1757468	1605472	97476	60514	3784372	115227
1535441	1387656	97476	60514	2817710	158324
118386	118386			239137	120667
100220	96009			658896	63100
3421	3421			68629	144317
163784	138592	2735	2735	1758839	50509
4338	38			1044771	72043
62615	62615			655441	35547
1629				45831	49281
2119	2119	2735	2735	10003	43249
674427	630429	26505	26505	1855104	62120

3-7 续表 2 continued2

		总计 Total	
		全市 Total	# 市区 District
1. 租赁业	Leaseing	30316	29516
2. 商务服务业	Services	2525720	2467652
（十三）科学研究、技术服务业	Scientific research technical services	3604166	3480249
1. 研究与试验发展	Scientific research	1152296	1152296
2. 专业技术服务业	Technical services	2242012	2157544
3. 科技交流和应用服务业	Science and technology popularization and Application Services	209858	170409
（十四）水利、环境和公共设施管理业	Water conservancy，environment and public services	1155266	981850
1. 水利管理业	Water conservancy	291548	236921
2. 生态保护和环境管理业	Ecological protection and Environment governance industry	28859	25004
3. 公共设施管理业	Public management	757010	663462
4. 土地管理业	Land management industry	77849	56463
（十五）居民服务、修理和其他服务业	Resident services、repair and other services	348763	340531
1. 居民服务业	Resident services	145067	137219
2. 机动车、电子产品和日常产品修理业	Motor vehicle、Electronics and daily consumer products repairing	31935	31551
2. 其他服务业	Other social services	171761	171761
（十六）教育	Education	10152769	7970658
其中：1. 学前教育	In which: 1. Preschool education	89963	71481
2. 初等教育	Primary education	2221005	1111860
3. 中等教育	Secondary education	2944443	1962904
4. 高等教育	Higher education	4402180	4383937
5. 特殊教育	Special education	42492	36436
6. 技能培训、教育辅助及其他教育	Skills training, education support and other education	452686	404040
（十七）卫生和社会工作	Health and social work	6457203	5954756
1. 卫生	Health care	6384429	5886583
2. 社会工作	Social work	72774	68173
（十八）文化、体育和娱乐业	Culture，sports and recreation services	1096165	1023023
1. 新闻出版业	News publishing	289059	289059
2. 广播、电影、电视和影视录音制作业	Broadcast、TV、movies and video recording industry	408664	368874
3. 文化艺术业	Culture and art	297359	266166
4. 体育	Sports	61682	59523
5. 娱乐业	Recreation services	39401	39401
（十九）公共管理、社会保障和社会组织	Public management、social security、social organization	7359603	6353510
其中 :1. 中国共产党机关	Chinese communist party	265157	238877
2. 国家机构	State organs	6801707	5853094
3. 人民政协和民主党派	Political consultation and democratic party	70098	66123
4. 社会保障	Social security	106174	89569
5. 群众团体、社会团体和其他成员组织	The community、social organization and other members	116467	105847

单位：千元 unit:1000yuan

国有 State-owned		集体 Collective-owned		其他 Others	
全市 Total	# 市区 District	全市 Total	# 市区 District	全市 Total	# 市区 District
2759	2759			27557	26757
671668	627670	26505	26505	1827547	1813477
2011026	1887109	18553	18553	1574587	1574587
1018388	1018388	2233	2233	131675	131675
870610	786142	10330	10330	1361072	1361072
122028	82579	5990	5990	81840	81840
942361	797463	124671	111900	88234	72487
287623	236204	3208		717	717
23064	19369			5795	5635
556441	487827	121463	111900	79106	63735
75233	54063			2616	2400
81890	74042	37689	37689	229184	228800
59684	51836	19950	19950	65433	65433
4717	4717	923	923	26295	25911
17489	17489	16816	16816	137456	137456
9622135	7440620			530634	530038
67101	48619			22862	22862
2182595	1073450			38410	38410
2782870	1801331			161573	161573
4258106	4239863			144074	144074
40799	34743			1693	1693
290664	242614			162022	161426
6054660	5629319	109186	67637	293357	257800
5988994	5568254	109186	67637	286249	250692
65666	61065			7108	7108
803411	738812	2047	1646	290707	282565
196364	196364	160	160	92535	92535
257799	225639	861	861	150004	142374
276438	246158	401		20520	20008
53362	51203			8320	8320
19448	19448	625	625	19328	19328
7338578	6335083	17876	15278	3149	3149
265157	238877				
6783831	5837816	17876	15278		
70098	66123				
106174	89569				
113318	102698			3149	3149

3-8 全市城镇非私营单位在岗职工平均工资

单位：元

		总计 Total	
		全市 Total	#市区 District
总计	Total	80425	82957
中　央	Center		
地　方	Local		
其　他	Others		
（一）农、林、牧、渔业	Farming, forestry, animal, husbandry and fishery	54689	60602
（二）采矿业	Mining industry	109854	109854
（三）制造业	Manufacturing	88013	90413
（四）电力、热力、燃气及水生产和供应业	Electric power, heat, gas and water production and supply	97660	99389
（五）建筑业	Construction	52660	53076
（六）批发和零售业	Wholesale and retail trade	52650	53667
（七）交通运输、仓储及邮政业	Transportation, storage, post and telecommunication	68585	69874
（八）住宿和餐饮业	Hotels and catering services	42577	42896
（九）信息传输、软件和信息技术服务业	Information transmission、software、information technology services	88484	89606
（十）金融业	Finance	130770	137069
（十一）房地产业	Real estate	53392	53923
（十二）租赁和商务服务业	Leasing and services	64550	65112
（十三）科学研究、技术服务业	Scientific research technical services	84912	86254
（十四）水利、环境和公共设施管理业	Water conservancy, environment and public facilities management	47158	50302
（十五）居民服务、修理和其他服务业	Resident service、repair and other service	40915	40763
（十六）教育	Education	83204	88240
（十七）卫生和社会工作	Health and social work	105017	115320
（十八）文化、体育和娱乐业	Culture, sports and recreation services	68250	69405
（十九）公共管理社会保障和社会组织	public administration、social security、social rganization	94248	102519

AVERAGE WAGE OF STAFF AND WORKERS IN NON-PRIVATE UNITS

unit:yuan

国有 State-owned		集体 Collective-owned		其他 Others	
全市 Total	#市区 District	全市 Total	#市区 District	全市 Total	#市区 District
87622	94457	45927	45096	77292	78610
132625	136303				
75871	80726				
49846	58696				
53972	59231	48500		69066	69066
30368	30368			112594	112594
55357	55541	50315	50607	88543	90948
75382	83765			100712	101047
54253	55122	38413	38413	52615	52996
87526	102547	31832	43281	51071	52007
90225	94635	25870	25870	59943	61075
45955	46094	33664	33664	41326	41708
97588	106813			86535	86430
114047	117989	69825	80151	143794	149583
67318	72866	23178	23178	52487	52931
72371	74273	51366	51366	62329	62704
88218	91169	62050	62050	81370	81370
50925	54595	32602	32174	40680	50549
64227	66346	44975	44975	35749	35750
85087	91388			59375	59481
111807	122935	52018	49587	56038	57519
69741	71410	37907	42205	64789	64883
94281	102568	97683	108355	46309	46309

统计资料

STATISTICS

▶ 固定资产投资

INVESTMENT IN FIXED ASSETS

2019

长春统计年鉴

CHANGCHUN STATISTICAL YEARBOOK

第四篇　固定资产投资

2018 年全社会固定资产投资比上年增长 6.7%。其中：房地产开发投资增长 35.7%，新增固定资产增长 14%。固定资产交付使用率 38.3%，比上年上升 2.5 个百分点。房屋面积竣工率为 15.1%，比上年上升 1.6 个百分点。

从各产业完成投资情况看，第一产业投资增长 179%；第二产业投资下降 18.2%；第三产业投资增长 17%。从投资主体看，国有经济投资下降 0.3%；非国有经济投资增长 11.6%，占全社会固定资产投资的比重为 61.5%。全市工业投下降 18.3%。民间投资增长 9.1%。

全市商品房施工面积 7216.3 万平方米，比上年增长 7.9%。商品房竣工面积 1087.5 万平方米，增长 20.1%。商品房销售面积 1288.4 万平方米，增长 12.3%。商品房销售额 1062.3 亿元，增长 32%。待售面积 693.8 万平方米，下降 3.5%。

4–2 2018年长春市房地产开发投资完成情况

单位：万元

指标名称	Item	总计 Total	其中：地方 Local	其中：地市县属 Prefecture
计划总投资	Total	47719518	566194	46626322
自开始建设累计完成投资	Accumulative investment acyully completed since starting ofconstrution	34557503	273260	33975833
本年计划投资	Planned investment			
本年完成投资	Completed investment	7737978	183848	7349489
其中：本月完成投资	Investment completed this month			
土地开发投资额	Land developing			
配套工程投资	Auxiliary project			
国有经济控股	State -owned economic proprietary	1224135	170748	848746
内资企业	Domestic funds	6922550	183848	6534061
国有企业	State-owned			
集体企业	Collective-owned			
股份合作企业	Cooperative			
联营企业	Joint owned			
国有联营企业	State joint			
集体联营企业	Collective joint			
国有与集体联营企业	State and collective joint			
其他联营企业	Other joint			
有限责任公司	Limited liability company	4433433	183848	4044944
国有独资公司	State owned solely	138599	39958	90266
其他有限责任公司	Others	4294834	143890	3954678
股份有限公司	Share holding	611878		611878
私营企业	Private	1877239		1877239
私营独资企业	Private-funded			
私营合伙企业	Private parthnership			
私营有限责任公司	Private limited liability corporations	1777942		1777942
私营股份有限公司	Private share-holding corporations ltd.	99297		99297
其他企业	Other			
港澳台商投资企业	Funded from Hongkong, Macao and Taiwan	727491		727491
与港澳台商合资经营企业	Joint venture	546515		546515
与港澳台商合资合作经营企业	Cooperative			
港澳台商独资经营企业	Sole tunds	180976		180976
港澳台商投资股份有限公司	Share holding			
外商投资企业	Foreign investment	87937		87937
中外合资经营企业	Joint venture	31327		31327

COMPLETION CONDITIONS ON THE INVESTMENT OF REAL ESTATE DEVELOPMENT OF CHANGCHUN IN 2018

unit:10000yuan

指标名称 Item		总计 Total	其中：地方 Local	其中：地市县属 Prefecture
中外合作经营企业	Cooperative			
外资企业	Sole investment	56610		56610
外商投资股份有限公司	Share holding			
按构成分：建筑工程	Construction Projects	4804116	28691	4709421
安装工程	Installation Projects	552012	298	551714
设备工器具购置	Purchase of Equipment tools and instruments	90041		90041
其他费用	Other cost	2291809	154859	1998313
其中：旧建筑物购置费	Purchase of old	50046		50046
土地购置费	Durchase of land	2000992	141059	1724776
住宅投资	House in vestment	5295343	86854	5084035
其中：90 平米以下住房	House below 90sq. m	1969761	62627	1905534
其中：144 平米以上住房	House above 144sq. m	1435948	3671	1386080
别墅、高档公寓	Villa and high-grade flat	311656		299276
办公楼	Office buildings	489922	34443	455379
商业营业用房	Buniness houses	1245264	52231	1185583
其他	Others	707449	10320	624492
本年新增固定资产	Newly increased fixed assets	3791162	72000	3703162
一、本年资金来源合计	Total funds sources	12572184	203917	12050509
1 上年末结余资金	Balance of last year	2624966	184	2491738
2 本年资金来源小计	Subtotal fund sources	9947218	203733	9558771
(1) 国内贷款	Domestic loans	444158		444158
银行贷款	Bank loans	355071		355071
非银行金融机构贷款	Non-financial institution loans	89087		89087
(2) 利用外资	Usage of foreign funds	100		100
其中：外商直接投资	Direct foreign investment			
(3) 自筹资金	Fund raising	3754999	200267	3499732
其中：自有资金	Own funds			
股东投入资金	shareholder investment			
借入资金	borrowed money			
(4) 其他资金来源	Other sources	5747961	3466	5614781
其中：定金及预收款	Subscription and advances received	3535605	3015	3466743
其中：个人按揭贷款	Personal mortgage loans	1845473		1790963
二、本年各项应付款合计	Total payment	1324638	1582	1296247
其中：工程款	Project	467582		450130

4-3 2018年长春市房地产面积综合表

单位：万元、平方米

指标名称	Item	合计 Total	住宅 House	90 ㎡以下住房 House below 90 ㎡
房屋施工面积	Floor space under construction	72163208	46730723	20525477
其中：本年新开工面积	Started area	14296529	9119459	3343746
房屋竣工面积	Floor space completed	10875052	7516704	3414394
其中：不可销售面积	Floor space of not sold	336874	137057	130449
出租房屋面积	Areas for renting	486339		
商品房销售面积	Sale areas of commercial houses	12884445	11160847	3964044
其中：现房销售面积	Areas of current houses	1848966	1439262	729484
其中：期房销售面积	Areas of future houses	11035479	9721585	3234560
商品房屋销售额	Sale of commercial house	10623430	9031185	2652876
其中：现房销售额	Sale of current houses	1009427	742582	305110
其中：期房销售额	Sale of fucure houses	9614003	8288603	2347766
待售面积	No-purchase	6938149	3281562	1924982
其中： 待售1-3年面积	1 to 3 years	2431990	1204600	723131
其中： 待售3年以上面积	Above 3 years	2753891	1399520	792446

COMPREHENSIVE SHEET ON THE AREA OF CHANGCHUN REAL ESTATE IN 2018

unit:10000yuan, sq • m

144 m²以上住房 House over 144 m²	别墅、高档公寓 Villa and top-grade flat	办公楼 Officebuilding	商业营业用房 Commericalhouse	其他房屋 Others
8498274	2552030	4873649	11593769	8965067
1876793	436959	967030	2483479	1726561
1284416	485111	687495	1427629	1243224
5704		90000	55379	54438
		21668	464671	
1852170	307642	484060	934978	304560
216058	45702	74183	230388	105133
1636112	261940	409877	704590	199427
1909147	376770	381030	1047830	163385
206245	44237	55683	168432	42730
1702902	332533	325347	879398	120655
567049	262969	755565	1968110	932912
278546	173027	369469	557093	300828
233921	87615	104714	856702	392955

固定资产投资（不含农户）主要指标情况（2018年）

单位：%

指标名称	增速	占比
固定资产投资额（不含农户）	6.7	100.0
基础设施	-14.6	19.0
民间投资	9.1	56.4
制造业	-18.6	21.2
1. 按产业分		
第一产业	179	1.4
第二产业	-18.2	24.4
# 工业	-18.3	24.4
第三产业	17	74.2
2. 按控股情况分		0.0
国有控股	-0.3	38.5
集体控股	-17.8	0.5
私人控股	7	47.2
港澳台商控股	57.3	4.3
外商控股	95	1.3
其他控股	16.8	8.2
3. 按建设性质分		
# 新建	-12.2	45.0
扩建	32.2	8.2
改建和技术改造	23.7	6.3
4. 按构成分		
建筑安装工程	9.5	69.6
设备工器具购置	-15.6	13.3
其他费用	18.2	17.1

统计资料

STATISTICS

▶能源消费与库存

GONSUMPTION AND STORAGE OF ENERGY

2019

长春统计年鉴

CHANGCHUN STATISTICAL YEARBOOK

5-1 工业企业能源购进、消费及库存情况(2018)

能源名称	Item	计量单位	Unit	企业单位数(个) Enterprises	年初库存量 Inventory
原煤	Coal	吨	ton	312	2772606
其中：1. 无烟煤	Anthracite	吨	ton	34	2715
2. 炼焦烟煤	Bituminous coal for coking	吨	ton	4	295
3. 一般烟煤	Normal bituminous coal	吨	ton	258	975177
4. 褐煤	Brown coal	吨	ton	22	1794419
洗精煤	Fine coal washing	吨	ton		
其他洗煤	Other coal washing	吨	ton	5	3786
煤制品	Coal products	吨	ton	7	170
焦炭	Coke	吨	ton	3	50
其他焦化产品	Other coke products	吨	ton	1	
焦炉煤气	Coal gas	万立方米	10000cu·m		
高炉煤气	Blast furnace gas	万立方米	10000cu·m		
转炉煤气	Revolving gas	万立方米	10000cu·m		
发生炉煤气	Producer gas	万立方米	10000cu·m	1	
天然气	Natural gas	万立方米	10000cu·m	141	21
液化天然气	Liquefied natural gas	吨	ton	19	77
煤层气	Coal seam gas	万立方米	10000cu·m		
原油	Crude oil	吨	ton	3	14656
汽油	Gasoline	吨	ton	588	115
煤油	Kerosene	吨	ton	6	
柴油	Diesel oil	吨	ton	370	955
燃 料 油	Fuel oil	吨	ton	10	530
液化石油气	Liquefied petroleum gas	吨	ton	8	
炼厂干气	Coking gas	吨	ton		
石脑油	Naphtha	吨	ton		
润滑油	Lubricating oil	吨	ton	11	4
石蜡	Paraffin wax	吨	ton	1	
溶剂油	Solvent oil	吨	ton	1	214
石油焦	Petroleum coke	吨	ton		
石油沥青	Petroleum asphalt	吨	ton	2	
其他石油制品	Other oil products	吨	ton		
热力	Heat	百万千焦	million kilo-joule	143	
电力	Electricity	万千瓦时	10000kwh	1527	
煤矸石用于燃料	Coal gangue for fuel	吨	ton	2	10001
城市生活垃圾用于燃料	Urban domestic waste for fuel	吨	ton	2	
生物质废料用于燃料	Biomass waste for fuel	吨标准煤	ton of SCE	19	76
余热余压	Waste heat and waste pressure	百万千焦	million kilo-joule	1	
其它工业废料用于燃料	Other industrial waste for fuel	吨	ton		
其它燃料	Other fuel	吨标准煤	ton of SCE	5	
能源合计	Total of energy	吨标准煤	ton of SCE	1532	

ENERGY PURCHASE CONSUMPTION AND INVENORY OF INDUSTRIAL ENTERPRISES IN 2018

购进量 Purchase		消费量 Consumption					期末库存量 Inventory at the year-end
实物量 Physical quality	购自省外	合计 Total	1. 工业生产消费 For production	用于原材料 For raw materials	2. 非工业生产消费 Non-industrial production	合计中：运输工具消费 Conveyance consumption	
25854715	21136234	24614151	24508426		105725	475	2379664
21669	1959	22930	21345		1585		874
1393		1678	1532		146		
6708105	4802940	6910268	6885446		24821	475	668808
19123547	16331335	17679276	17600103		79173		1709982
26227	9673	24590	24585		5		5423
888		1008	999		9		50
11624		11474	11474				200
200		200	200				
5		5	5				
39571		42843	42300	2384	544	11	7
950	269	914	559		355	58	91
628377	384941	642010	642010				1794
51166	265	51162	26358	292	24804	27607	108
188		188	175		13		
79482	176	80287	48105	16	32183	36710	943
2446		2301	1049		1252		667
115	57	114	56		58	44	
606		606	606	8			3
3	3	2	2				
1019	989	859	859				374
7129		7129	7129	1129			
912920906		12890881	9836968		3053912		
1436123		1697121	1657075		40046	4202	
9108	5	12058	12058				4426
357783		357784	357783		1		
185526		210063	208870		1193		323
5							
228		228	197		30		
		16812750	16514296		298454		

5-2 工业企业能源加工转换与回收利用

能源名称	Name of Energy	计量单位	unit	企业单位数（个） Enterprises (unit)	工业生产消费量 Consumption industrial producing	加工转换投入合计 Total input in processing and transformation
原煤	Coal	吨	ton	24	23182996	22088497
其中：1. 无烟煤	Anthracite	吨	ton			
2. 炼焦烟煤	Bituminous coal for coking	吨	ton			
3. 一般烟煤	Normal bituminous coal	吨	ton	14	6011066	5529106
4. 褐煤	Brown coal	吨	ton	10	17171931	16559392
洗精煤	Fine coal washing	吨	ton			
其他洗煤	Other coal washing	吨	ton			
煤制品	Coal products	吨	ton			
焦炭	Coke	吨	ton		11137	
其他焦化产品	Other coke products	吨	ton			
焦炉煤气	Coal gas	万立方米	10000cu·m			
高炉煤气	Blast furnace gas	万立方米	10000cu·m			
转炉煤气	Revolving gas	万立方米	10000cu·m			
发生炉煤气	Producer gas	万立方米	10000cu·m			
天然气（气态）	Natural gas	万立方米	10000cu·m	2	24304	7698
液化天然气（液态）	Liquefied natural gas	吨	ton		35	
煤层气（煤田）	Coal seam gas	万立方米	10000cu·m			
原油	Crude oil	吨	ton	2	641239	641239
汽油	Gasoline	吨	ton	2	635	354
煤油	Kerosene	吨	ton		1	
柴油	Diesel oil	吨	ton	5	12450	1440
燃 料 油	Fuel oil	吨	ton	2	159	133
液化石油气	Liquefied petroleum gas	吨	ton			
炼厂干气	Coking gas	吨	ton			
石脑油	Naphtha	吨	ton			
润滑油	Lubricating oil	吨	ton			
石蜡	Paraffin wax	吨	ton			
溶剂油	Solvent oil	吨	ton			
石油焦	Petroleum coke	吨	ton			
石油沥青	Petroleum asphalt	吨	ton			
其他石油制品	Other oil products	吨	ton			
热力	Heat	百万千焦	million kilo-joule		7572073	
电力	Electricity	万千瓦时	10000kwh		669573	
煤矸石用于燃料	Coal gangue for fuel	吨	ton			
城市生活垃圾用于燃料	Urban domestic waste for fuel	吨	ton	1	357783	357783
生物质废料用于燃料	Biomass waste for fuel	吨标准煤	ton of SCE	4	202132	202132
余热余压	Waste heat and waste pressure	百万千焦	million kilo-joule			
其它工业废料用于燃料	Other industrial waste for fuel	吨	ton			
其它燃料	Other fuel	吨标准煤	ton of SCE			
能源合计	Total of energy	吨标准煤	ton of SCE	29	14008374	12073459

INDUSTRIAL ENTERPRISES PROCESSING TRANSFORMATION AND RECYCLED INTO ENERGY

火力发电 Thermal power	供热 Heating	原煤入选 Physical Coal	炼焦 Coking	炼油 Petroleum Refining	制气 Gas Production	天然气液化 Natural Liquefied Gas	加工型煤 Processing Coal	能源加工转换产出 Output in Processing and transformation of energy
14580880	7507617							
3359118	2169988							
11221762	5337630							
52	56					7590		
								46188
				641239				
	354							257826
1384	56							212338
133								
								89012
								92835143
								2582156
357783								
159698	42434							
7058904	3997534			916074		100947		7261666

统计资料

STATISTICS

▶财政

GOVERNMENT FINANCE

2019

长春统计年鉴

CHANGCHUN STATISTICAL YEARBOOK

第六篇 财 政

2018 年，财政收支运行平稳，主要指标保持在合理区间。财政收入稳中趋缓，质量更高、结构更优、韧性更强。全市一般公共预算收入 478.0 亿元，增长 6.2%；一般公共预算全口径财政收入 1210.0 亿元，增长 0.1%。全年税收收入增长 8.8%，非税收入下降 1.8%，税收收入占比明显提升。

2018 年，一般公共预算支出 894.3 亿元，增长 2.1%。其中教育类支出增长 6.3%，占财政支出的比重为 14.2%；文化体育与传媒类支出增长 21%；社会保障与就业类、医疗卫生与计划生育类支出分别增长 13.7% 和 5.7%；节能环保类支出增长 18.4%，民生支出占财政支出的比重为 78.6%。支出结构更加优化，优先发展教育，加大环保投入，加快绿色发展，助力脱贫攻坚，重点保障幸福长春行动计划和“暖流”计划实施，努力提升群众获得感和幸福指数，为把长春建设成为宜居城市而提供了有力的财力支持。

6-1 2018年全市一般预算全口径财政收入
GOVERNMENT REVENUE BY REGION

单位：亿元　　　　unit:100million yuan

		绝对值 Absolute number	同比增减（%） Increasing rate year on year
全市收入总计	Total	1210.0	0.1
1. 市本级	City level	485.7	-3.2
2. 区合计	Total	635.1	4.2
南关区	Nanguan	74.6	33.1
宽城区	Kuancheng	53.1	19.1
朝阳区	Chaoyang	91.1	15.5
二道区	Erdao	35.3	6.8
绿园区	Lvyuan	52.8	-5.0
经济开发区	Economic and technical developing area	84.6	8.0
长春新区	Changchun new district	86.6	8.0
净月开发区	Jingyue developing area	41.2	18.8
汽车开发区	Motor vehicle delelpment zone	112.4	-22.8
莲花山度假区	Lianhua Mountain resort	3.4	32.3
3. 县（市）合计	Total city and county	89.3	-8.6
榆树市	Yushu	12.4	-11.3
农安县	Nong' an	20.3	-17.2
德惠市	Dehui	15.3	-5.2
双阳区	Shuangyang	17.6	10.1
九台区	Jiutai	23.5	-12.7

6-2 2018年全市地方级财政收入及一般预算财政支出

单位：亿元

		绝对值 Absolute number	同比增减（%） Increasing rate year on year
一、税收收入	Revenue Income	370.1	8.8
增值税	Value added tax	102.1	-4.2
营业税	Business tax	0.5	-49.7
企业所得税	Enterprises income tax	62.7	0.3
企业所得税退税	Income tax rebate		
个人所得税	Individual income tax	19.0	9.8
资源税	Resourcex Tax	0.62	6.0
城市维护建设税	Tax on the city maintenance and construction	39.8	-1.1
房产税	Tax on real estate	18.7	9.7
印花税	Stamp tax	10.8	16.3
城镇土地使用税	Tax on use of urban land	13.0	13.2
土地增值税	Land value-added tax	28.1	58.6
车船税	Tax on the use of vehicles and ships	8.3	13.0
耕地占用税	Tax on the use of cultivated land	9.2	13.1
契税	Contract tax	56.8	39.5
烟叶税	Tabacoo leaf tax	0.04	69.1
其他税收收入	Other Income	0.3	
二、非税收入	Non-yevenue Income	108.0	-1.8
专项收入	Special income	35.7	-5.0
行政性收费收入	Income aom administrative fees	13.8	-17.4
罚没收入	Penalty and confiscafe income	12.0	30.6
国有资本经营收入	State-owned assets income	11.8	126.1
国有资源（资产）有偿使用收入	State resources inlome	24.8	-1.7
其他收入	Others	9.8	-38.7
本年收入合计	Total	478.0	6.2

THE CITY'S LOCAL FINANCIAL REVENUE AND GENERAL BUDGETARY FINANCIAL EXPENDITURE IN 2018

单位：亿元 unit:100million yuan

		绝对值 Absolute number	同比增减（%）Increasing rate year on year
一、一般公共服务	General publil services	97.6	5.2
二、外交	Dip lomaly	0.0	
三、国防	Defense	1.0	2.0
四、公共安全	Social Security	42.5	16.7
五、教育	Education	127.3	6.3
六、科学技术	Science and technolgy	12.2	-10.6
七、文化体育与传媒	Education and the media	14.9	21.0
八、社会保障和就业	Social security and employment	122.9	13.7
九、医疗卫生与计划生育	Medical and health	72.6	5.7
十、节能环保	Energy conservation and environmental protection	18.6	18.4
十一、城乡社区	Urban and rural community services	165.6	-0.1
十二、农林水	Agriculture, forestry, water affairs	97.5	-3.9
十三、交通运输	Transport	33.4	-32.1
十四、资源勘探信息等支出	Affairs of Mining, Power and Information	20.6	-3.4
十五、商业服务等支出	Management of Grain & Oil Reserves	8.5	-19.8
十六、金融支出	Financial Supervision	5.8	1219.4
十七、援助其他地区支出	Support in other areas of expenditure	0.0	
十八、国土海洋气象等支出	Land and Resources and Meteorology	7.3	-22.7
十九、住房保障支出	Housing Security	19.5	-35.6
二十、粮油物资储备支出	Administrative affairs such as cereals and oil supplies	2.6	-38.2
二十一、债务付息支出	Debit Interest	20.6	66.0
二十二、其他支出	Others	3.4	42.4
本年支出合计	Total	894.3	2.1

统计资料

STATISTICS

▶物价

PRICE

2019

长春统计年鉴

CHANGCHUN STATISTICAL YEARBOOK

第七篇　物　价

2018 年，居民消费价格总水平同比上涨 2.0%，涨幅比上年扩大 0.7 个百分点。从各类商品及服务价格变动情况看，衣着价格上涨 4.0%，生活用品及服务价格上涨 3.4%，医疗保健价格上涨 3.2%，居住价格上涨 2.4%，食品烟酒价格上涨 1.7%，教育文化和娱乐价格上涨 1.1%，其他用品和服务价格上涨 0.6%；交通和通信价格下降 0.1%。

7-1 2018年长春市居民消费价格分类指数
CONSUMER PRICE INDICES BY CATEGORY IN 2018

		2018年
居民消费价格总指数	General consumer price index	102.0
一、食品烟酒	Food, tobacco and alcohol	101.7
1. 食品	Food	101.2
(1) 粮食	Grain	100.4
(2) 薯类	Tubers	111.8
(3) 豆类	Beans	99.9
(4) 食用油	Edible oil	99.9
(5) 菜	Vegetables	105.3
(6) 畜肉类	Meat	97.0
(7) 禽肉类	Poultry	103.6
(8) 水产品	Aquatic product	100.9
(9) 蛋类	Eggs	112.4
(10) 奶类	Milk	105.2
(11) 干鲜瓜果类	Dried and fresh fruits	99.0
(12) 糖果糕点类	confectionery	103.4
(13) 调味品	Seasoning	103.5
(14) 其他食品类	Others	100.8
2. 茶及饮料	Tea and drink	103.8
3. 烟酒	Tobacco and alcohol	102.4
(1) 烟草	Tobacco	99.6
(2) 酒类	Alcohol	106.7
4. 在外餐饮	Take-out	102.6
二、衣着	Garments	104.0
1. 服装	Garments	103.6
2. 服装材料	Textiles	102.3
3. 其他衣着及配件	Others	101.1
4. 衣着加工服务费	Processing services	102.2
5. 鞋类	Shoes	106.1
三、居住	Housing	102.4
1. 租赁房房租	Rent	105.0
2. 住房保养维修及管理	Maintenance and management	103.8
3. 水电燃料	Water, electricity, fuel and others	100.5
4. 自有住房	Imputed rent	103.0
四、生活用品及服务	Articles for daily use, and services	103.4
1. 家具及室内装饰品	Furnitures and indoor decorations	105.8
2. 家用器具	Household appliances	105.4
3. 家用纺织品	Household textile	104.4
4. 家庭日用杂品	Daily groceries	101.3
5. 个人护理用品	Personal products	102.2
6. 家庭服务	Family services	102.7
五、交通和通信	Transportation and communication	99.9
1. 交通	Transportation	101.3
2. 通信	Telecommunication	97.8
六、教育文化和娱乐	Education and recreation	101.1
1. 教育	Education	100.2
2. 文化娱乐	Recreation	102.3
七、医疗保健	Health care	103.2
1. 药品及医疗器具	Medical appliances and medicine	107.1
2. 医疗服务	Medical services	100.5
八、其他用品和服务	Other products and services	100.6
1. 其他用品类	Other products	99.6
2. 其他服务类	Other services	101.3

7-2 2018年长春市商品零售价格分类指数
RETAIL PRICE INDICES BY CATEGORY IN 2018

（以上年同期为100 preceding year=100）

		2018年
商品零售价格指数	Retail price indices	102.9
一、食品	General consumer price index	101.4
1. 粮食	Grain	100.2
2. 薯类	Tubers	111.8
3. 豆类	Beans	99.9
4. 食用油	Edible oil	100.1
5. 菜	Vegetables	105.2
6. 畜肉类	Meat	96.6
7. 禽肉类	Poultry	103.6
8. 水产品	Aquatic product	101.0
9. 蛋类	Eggs	112.3
10. 奶类	Milk	105.1
11. 干鲜瓜果类	Dried and fresh fruits	99.1
12. 糖果糕点类	confectionery	103.4
13. 调味品	Seasoning	103.5
14. 其他食品类	Others	101.0
15. 在外餐饮	Take-out	102.5
二、饮料、烟酒	Beverage, tobacco and alcohol	102.7
三、服装、鞋帽	Clothing, shoes and hats	104.3
四、纺织品	textiles	104.3
五、家用电器及音像器材	Households facilities	102.4
六、文化办公用品	Official articles	101.4
七、日用品	Daily articles	99.7
八、体育娱乐用品	Sports and recreation articles	100.9
九、交通、通信用品	Transport and telecommunication	99.8
十、家具	Furniture	106.4
十一、化妆品	Cosmetics	102.4
十二、金银饰品	Jeweliery	99.3
十三、中西药品及医疗保健用品	Traditional chinese and medical care	106.7
十四、书报杂志及电子出版物	Newspapers, magazines and electronec publishing	104.9
十五、燃料	Fuels	108.6
十六、建筑材料及五金电料	Construction materials and hardware	104.0

7-3 2018 年长春市零售价格类指数
RETAIL PRICE INDICES BY CATEGORY IN 2018

		2018 年
商品零售价格指数	Retail price indices	102.9
一、食品	General consumer price index	101.4
1. 粮食	Grain	100.2
2. 薯类	Tubers	111.8
3. 豆类	Beans	99.9
4. 食用油	Edible oil	100.1
5. 菜	Vegetables	105.2
6. 畜肉类	Meat	96.6
7. 禽肉类	Poultry	103.6
8. 水产品	Aquatic product	101.0
9. 蛋类	Eggs	112.3
10. 奶类	Milk	105.1
11. 干鲜瓜果类	Dried and fresh fruits	99.1
12. 糖果糕点类	confectionery	103.4
13. 调味品	Seasoning	103.5
14. 其他食品类	Others	101.0
15. 在外餐饮	Take-out	102.5
二、饮料、烟酒	Beverage, tobacco and alcohol	102.7
1. 茶及饮料	Tea and drink	102.4
2. 烟草	Tobacco	99.6
3. 酒类	Alcohol	106.8
三、服装、鞋帽	Clothing, shoes and hats	104.3
1. 服装	Garments	103.7
2. 鞋帽袜	Shoes socks and hats	105.9
3. 其他衣着配件	Others	103.4
四、纺织品	textiles	104.3
1. 服装材料	Textiles	102.3
2. 床上用品	Beds	104.8
五、家用电器及音像器材	Households facilities	102.4
1. 家庭设备	Households facilities	105.2
2. 文娱用耐用消费品	Recreational durable goods	99.2

7-3 续表 continued

		2018年
3. 专业音像器材	Audiovisual products	99.1
六、文化办公用品	Official articles	101.4
七、日用品	Daily articles	99.7
1. 日用百货	Daily articles	102.5
2. 厨具餐具茶具	Kitchen utensils and tableware tea set	99.1
3. 清洗用品	Washing appliance	98.6
4. 其他日用品	Others	99.1
八、体育娱乐用品	Sports and recreation articles	100.9
1. 体育户外用品	Sports goods	100.4
2. 娱乐用品	Cultural appliance	101.0
九、交通、通信用品	Transport and telecommunication	99.8
1. 交通运输机械	Transports	98.4
2. 通信器材	Telecommunecation	102.1
十、家具	Furniture	106.4
十一、化妆品	Cosmetics	102.4
十二、金银饰品	Jeweliery	99.3
十三、中西药品及医疗保健用品	Traditional chinese and medical care	106.7
1. 医疗卫生器具	Equipment	103.8
2. 中药	Chinese medicines	103.0
3. 西药	Western medicines	109.6
4. 保健器具及用品	Health care appliances and products	105.6
十四、书报杂志及电子出版物	Newspapers,magazines and electronec publishing	104.9
1. 教材及参考书	Books	106.3
2. 书报杂志	Newspapers	106.0
3. 计算机办公软件		97.5
十五、燃料	Fuels	108.6
1. 煤炭及制品	Coal and products	116.7
2. 石油及制品	Oil and products	107.3
十六、建筑材料及五金电料	Construction materials and hardware	104.0
1. 建筑装璜材料	Construction	104.5
2. 五金水暖	Hardware, plumbing	101.9

统计资料

STATISTICS

▶人民生活

PEOPLE'S LIVELHOOD

2019

长春统计年鉴

CHANGCHUN STATISTICAL YEARBOOK

第八篇　人民生活

2018年，城镇常住居民人均可支配收入达到35332.39元，比上年增长6.53%。其中，工资性收入23374.59元，增长27.82%；经营净收入1826.15元，下降59.04%；财产净收入2618.79元，下降0.82%；转移净收入7512.87元，下降32.27%。城镇常住居民人均消费支出29598.62元，比上年增长14.4%。

8-1 城市住户基本情况
BASIC STATISTICS ON URBAN HOUSEHOLDS

		单位 Unit		合计 Total
一、居民收入	Resident income			
（一）家庭总收入	Houschold income	元 / 人	yuan/person	39378.62
其中：可支配收入	Disposable income	元 / 人	yuan/person	35332.39
（一）工资性收入	Income	元 / 人	yuan/person	23374.59
（二）经营净收入		元 / 人	yuan/person	1826.15
（三）财产净收入	Property income	元 / 人	yuan/person	2618.79
（四）转移净收入	Transfer income	元 / 人	yuan/person	7512.87
（二）城镇居民人均现金消费支出	Urban cash payment per capita	元 / 人	yuan/person	24914.74
其中：1. 食品烟酒	Food	元 / 人	yuan/person	6463.49
2. 衣着	Garments	元 / 人	yuan/person	2351.36
3. 居住	Residence	元 / 人	yuan/person	2408.60
4. 生活用品及服务	Household facilities and services	元 / 人	yuan/person	1896.46
5. 交通和通信	Transportation and telecommunication	元 / 人	yuan/person	4088.29
6. 教育文化娱乐	Education and recreation service	元 / 人	yuan/person	3931.01
7. 医疗保健	Health care	元 / 人	yuan/person	2734.08
8. 其他用品和服务	Others	元 / 人	yuan/person	1041.44
二、家庭总支出	Household expenditure	元	yuan	41930.91
一、消费支出	Consumption	元	yuan	29600.73
（一）食品烟酒	Food, tobacco and alcohol	元	yuan	6522.54
1. 食品	Food	元	yuan	4083.87
（1）谷物	Corn	元	yuan	465.65
（2）薯类	Tubers	元	yuan	63.51
（3）豆类	Beans	元	yuan	62.73
（4）食用油	Edible oil	元	yuan	130.25
（5）蔬菜和食用菌	Vegetables and edible fungi	元	yuan	518.83
（6）肉类	Meat	元	yuan	786.67
（7）禽类	Poultry	元	yuan	124.09
（8）水产品	Aquatic product	元	yuan	312.11
（9）蛋类	Eggs	元	yuan	108.65
（10）奶类	Milk	元	yuan	299.84
（11）干鲜瓜果类	Dried and fresh fruits	元	yuan	829.99
（12）糖果糕点类	confectionery	元	yuan	172.35
（13）其他食品	Others	元	yuan	209.20

8-1 续表 continued

		单位 Unit		合计 Total
2. 烟酒	Tobacco and alcohol	元	yuan	446.04
3. 饮料	Beverage	元	yuan	150.82
4. 饮食服务	catering service	元	yuan	1841.81
（二）衣着	Garments	元	yuan	2351.67
1. 衣类	Clothing	元	yuan	1912.32
2. 鞋类	Shoes	元	yuan	439.35
（三）居住	Housing	元	yuan	6456.15
1. 租赁房房租	Rent	元	yuan	324.37
2. 住房维修及管理	Maintenance and management	元	yuan	798.18
3. 水电燃料及其他	Water, electricity, fuel and others	元	yuan	1287.84
4. 自有住房折算租金	Imputed rent	元	yuan	4045.76
（四）生活用品及服务	Articles for daily use, and services	元	yuan	1899.99
1. 家具及室内装饰品	Furnitures and indoor decorations	元	yuan	285.41
2. 家用器具	Household appliances	元	yuan	486.31
3. 家用纺织品	Household textile	元	yuan	156.49
4. 家庭日用杂品	Daily groceries	元	yuan	334.31
5. 个人用品	Personal products	元	yuan	444.03
6. 家庭服务	Family services	元	yuan	193.44
（五）交通和通信	Transportation and communication	元	yuan	4105.67
1. 交通	Transportation	元	yuan	3171.85
2. 通信	Telecommunication	元	yuan	933.82
（六）教育文化娱乐	Education and recreation	元	yuan	3931.01
1. 教育	Education	元	yuan	2354.99
2. 文化娱乐	Recreation	元	yuan	1576.02
（七）医疗保健	Health care	元	yuan	3291.73
1. 医疗器具及药品	Medical appliances and medicine	元	yuan	1071.94
2. 医疗服务	Medical services	元	yuan	2219.79
（八）其他用品和服务	Other products and services	元	yuan	1041.98
1. 其他用品	Other products	元	yuan	525.74
2. 其他服务	Other services	元	yuan	516.23

8–2 城市住房和耐用消费品拥有情况
URBAN HOUSING AND DURABLE CONSUMER GOODS

		单位 Unit	合计 Total
一、现住房情况	Housing conditions		
（一）人均住房建筑面积	Floor space per capita	平方米/人 sq.m/person	31.4
（二）按居住空间样式分的户数比重	Grouped by patterns of living space		0.0
1. 单栋楼房	Detached storied building	%	0.5
2. 单栋平房	Detached single story building	%	2.2
3. 单元房	Apartment	%	97.1
4. 筒子楼或连片平房	Tube-shaped apartment or contiguous single story buildings	%	0.2
5. 其他	Others	%	0.0
（三）按主要建筑材料分的户数比重	Grouped by main building materials		0.0
1. 钢筋混凝土	Reinforced concrete	%	83.7
2. 砖混材料	Brick and concrete	%	15.2
3. 砖瓦砖木	Brick and tile brick	%	1.1
4. 竹草土坯	Bamboo, grass and mud brick	%	0.0
5. 其他	Others	%	0.0
（四）按房屋来源分的户数比重	Grouped by housing source		0.0
1. 租赁住房	Rented housing	%	7.7
2. 自建住房	Self-built housing	%	2.2
3. 购买商品房	Bought commercial housing	%	56.7
4. 购买房改住房	Bought public housing	%	15.3
5. 购买保障性住房	Bought security housing	%	2.6
6. 拆迁安置房	Removal settlement building	%	9.7
7. 继承或获赠住房	Inherited or given housing	%	2.0
8. 其他	Others	%	3.7
（五）住房外道路为硬化路面的户数比重	Proportions of housing with hardened road surface outside	%	99.9
二、生活设施状况	Conditions of living facilities		0.0
（一）饮用水状况	Drinking water conditions		0.0
1. 是否有管道设施	Pipeline facilities		0.0
①管道供水入户	with pipeline in housing	%	98.3
②管道供水至公共取水点	with pipeline at public water point	%	0.3
③没有管道设施	without pipeline	%	1.5
2. 主要饮用水来源	Main source of drinking water		0.0
①经过净化处理的自来水	Purified water supply	%	97.3
②受保护的井水和泉水	Protected well and spring	%	2.3
③不受保护的井水和泉水	Unprotected well and spring	%	0.0
④江河湖泊水	Rivers and lakes water	%	0.3

8-2 续表 1 continued1

		单位 Unit		合计 Total
⑤其他饮用水来源	Others	%		0.0
3. 获取饮用水存在的主要困难	Main difficulties of acquiring drinking water			0.0
①单次取水往返时间超过半小时	Round-trip time over half an hour for water acquiring	%		0.0
②间断或定时供水	Discontinuous or Fixed-time water supply	%		0.5
③当年连续缺水超过 15 天	Continuous water shortage for over 15 days in a year	%		0.0
④获取饮用水无困难	No difficulties in acquiring water	%		99.5
4. 饮用前家里采取的主要处理措施	Main treatment measures before drinking			0.0
①煮沸	Boiling	%		92.1
②加漂白剂 / 氯等	Adding bleaching agents/chlorine etc.	%		0.2
③使用水过滤器	Using water filter	%		2.9
④其他处理措施	Other treatment measures	%		0.1
⑤没有任何水处理措施	No treatment measures	%		4.7
(二)住宅内厕所状况	In-door toilet conditions			0.0
1. 水冲式卫生厕所	Flush-type sanitary toilet	%		97.8
2. 水冲式非卫生厕所	Flush-type non-sanitary toilet	%		0.2
3. 卫生旱厕	Sanitary dry pail latrine	%		0.4
4. 普通旱厕	Ordinary dry pail latrine	%		1.5
5. 无厕所	No toilet	%		0.2
(三)主要炊用能源	Main energy for cook			0.0
1. 天然气、煤气、液化石油气	Natural gas, coal gas, LPG	%		98.4
2. 煤炭	Coal	%		0.1
3. 电	Electricity	%		0.6
4. 沼气	Methane	%		0.0
5. 其他	Others	%		0.9
三、每百户耐用消费品拥有情况	Ownership of durable consumer goods per 100 families			0.0
(一)家用汽车	Family car	辆	unit	50.0
(二)摩托车	Motorcycle	辆	unit	1.9
(三)电冰箱(柜)	Refrigerator	台	set	100.0
(四)洗衣机	Washing machine	台	set	97.9
(五)热水器	Water heater	台	set	84.7
其中:太阳能热水器	of which: solar water heater	台	set	6.1
(六)空调	Air conditioner	台	set	30.6
(七)彩色电视机	Colour TV set	台	set	102.9
(八)摄像机	Video camera	台	set	
(九)照相机	Camera	台	set	22.0
(十)计算机	Computer	台	set	73.9
其中:接入互联网的计算机	of which: with access to internet	台	set	67.5
(十一)中高档乐器	High-grade musical instruments	架	pcs	6.2
(十二)固定电话	telephone	部	pcs	12.8
(十三)移动电话	Mobile phone	部	pcs	237.6
其中:接入互联网的移动电话	of which: with access to internet	部	pcs	186.6

统计资料

STATISTICS

▶城市建设

GENERAL SURVEY OF CRTY

2019

长春统计年鉴

CHANGCHUN STATISTICAL YEARBOOK

第九篇　城市建设

2018 年长春市完成道路新建和扩建长度 103.9 公里，全市道路总面积达到 7479 万平方米，道路长度达到 3721.6 公里。全市水厂日综合生产能力为 128.1 万立方米 / 日，城区使用自来水人数达 427.7 万人。全市天然气供气总量达到 69986.1 万立方米；液化石油气供气总量达到 4.6 万吨。城区使用天然气、石油液化气户数达到 208.3 万户。城区集中供热面积达到 25256.1 万平方米。全市公园绿地面积达到 20093 公顷，建成区绿化覆盖面积达到 21746 公顷，建成区绿化覆盖率达到 41.5%。

9-1 长春市城区用气情况
BASIC STATISTICS ON SUPPLY OF GAS IN CITY

		单位 Unit		2016	2017	2018
一、人工煤气	Gas					
生产能力	Production capacity of coal gas	万立方米/日	10000cu·m·day			
储气能力	Gas storage capacity	万立方米	10000cu·m			
供气管道长度	Length of gas pipeline	公里	km			
供气总量	Total gas supply	万立方米	10000cu·m			
其中：家庭用量	Households	万立方米	10000cu·m			
用气户数	Households access to gas	户	Household			
其中：家庭用户	Households	户	Household			
用气人口	Population	万人	10000 persons			
二、天然气	Natural gas					
储气能力	Gas storage capacity	万立方米	10000cu·m	627	627	627
供气管道长度	Length of gas supply	公里	km	4660.02	4971.87	5262.15
供气总量	Total gas supply	万立方米	10000cu·m	57914.09	66224.82	68132.09
其中：家庭用量	Households	万立方米	10000cu·m	26137.96	31383.83	18671.3
用户总数	Households access to gas	户	Household	1688027	1801887	1927356
用气人口	Population	万人	10000 persons	315.69	411.28	413.29
三、液化石油气	Liquefied Petroleum gas					
储气能力	Gas storage capacity	吨 Ton	Ton	6000	6000	6000
供气管道长度	Length of gas pipeline	公里 km	km			
供气总量	Total gas supply	吨 Ton	Ton	47956	48527	45668.68
其中：家庭用量	Households	吨 Ton	Ton	6258	6547	5968
用气户数	Households	户 Household	Household	84732	72587	69534
用气人口	Population	万人 10000persons	10000 persons	18.13	17.3	15.8
四、燃气普及率	Percentage of population access to gas	%		98.8	98.9	99

9-2 长春市政设施情况
BASIC STATISTICS ON PUBLIC UTILITIES

		单位 unit		2016	2017	2018
道路长度	Length of paved roads	公里	km	5125.6	3623.21	3721.62
道路面积	Area of paved roads	万平方米	10000sq·m	7712.67	7167.69	7477.73
桥梁数	Bridges	座	set	349	319	313
路灯数	Street lights	盏	unit	132593	156545	174198
排水管道长度	Length of exhaust piping	公里	km	4471.76	5565.46	5681.50
污水排放量	Volume of waste water discharged	万立方米	10000cu·m	28930	44407	49704.09
污水处理厂座数	Number of factory for waste water ischarged	座	set	10	12	13
污水处理厂污水处理能力	Capacity of wasted water discharged	万立方米/日	10000cu·m/day	120.3	199.5	172.5
污水处理总量	Volume of waste water treatment	万立方米	10000cu·m	27032	38912	46145.76

9-3 长春市园林绿化情况
BASIC STATISTICS ON PARKS，GARDENS AND GREEN AREAS

		单位 unit		2016	2017	2018
绿化覆盖面积	Total area of green land	公顷	ha			
其中：建成区	Finished area	公顷	ha	19299	20827.25	21912.35
园林绿地面积	Total area of parks and gardens	公顷	ha			
其中：建成区	Finished area	公顷	ha	16974	18317.95	19272.31
公共绿地面积	Public green areas	公顷	ha			
公园个数	Parks	个	unit	51	117	121
公园面积	Area of parks	公顷	ha	1686		3728

9-4 长春市城区集中供热情况
BASIC STATISTICS ON HEATING IN CITY

		单位 unit		2016	2017	2018
供热能力（热水）	Heating capacity (water)	兆瓦	Mega watts	18728.8	16677	17723
供热能力（蒸汽）	Heating capacity (steam)	吨/小时	ton/hour	116	425	425
供热总量（热水）	Volume supplied(water)	万吉焦	10000gigajoules	8750	9870	9690
供热总量（蒸汽）	Volume supplied(steam)	吨/小时	ton/hour	112.73	50	28
管道长度（热水）	Length of pipeline(water)	公里	km	5442.64	9634	11109
管道长度（蒸汽）	Length of pipeline (steam)	公里	km	35		
供热面积	Heated area	万平方米	10000sq·m	21185.64	23886.2	25318.1

9-5 长春市城区自来水供应情况(公共供水)
BASIC STATISTICS ON TAP WATER SUPPLY IN CITY (WATER SUPPLY PUBLICLY)

		单位	unit	2018
年底自来水生产能力	Production capacity of tap water	万立方米/日	10000cu·m/day	123
年末供水管道长度	Length of water supply pipeline	公里	km	2433
供水总量	Volume of water supply	万立方米	10000 cu·m	36339
生产运营用水	For productive use	万立方米	10000 cu·m	4281
居民家庭用水	For residential use	万立方米	10000 cu·m	10074
售水量	Volume of sale	万立方米	10000 cu·m	24101
用水户数	Households access to tap water	户	Household	1837842
其中：家庭用户	Households	户	Household	1726790
用水人口	Population access to tapwater	万人	10000persons	396
人均日生活用水量	Per capita comsumption of tapwater	升	liter	

9-6 长春市公共交通情况
BASIC STATISTICS ON PUBLIC TRANSPORTATION

		单位	unit	2018
一、汽车	Automobile			
运营车数	Operating automobile	辆	unit	5388
公共汽车	Buses	辆	unit	5388
标准运营车数	Number of standard operating	标台	unit	6194.3
运营线路网长度	Length of road	公里	km	5600.8
客运总量	Passengers traffic	万人次	10000person-times	72956
公共汽车	Buses	万人次	10000person-times	72956
其中：小公共汽车	Mini buses	万人次	10000person-times	
从业人数	Employment	人	person	
二、出租汽车	Taxi			
出租车数量	Number of taxi	辆	unit	22657
三、轨道交通	Orbital transport			
(一) 轻轨	Light trolley			
运营车数	Operating automobile	列	train	795
运营线路网长度	Length of road	公里	km	100.1
客运总量	Passengers traffic	万人次	10000person-times	12729.9
(二)有轨电车	Trolley			
运营车数	Number of trolley operating	辆	unit	47
标准运营车数	Number of standard operating	标台	unit	
运营线路网长度	Length of road	公里	km	17.5
客运总量	Passengers traffic	万人次	10000person-times	1470

9-7 长春市主要年份市区房屋情况
BASIC STATISTICS ON BUILDING CONSTRUCTION AND HOUSING

		2015	2016	2017	2018
实有房屋建筑面积（万平方米）	Floor space of building(10000sq·m)	16473.26	17425.18	17882.43	19393.29
#私房（万平方米）	Private building (10000sq·m)	9577.42	10429.02	10998.53	12251.37
实有住宅建筑面积（万平方米）	Floor space of housing (10000sq·m)	10308.81	11057.85	11510.14	12572.27
#私房（万平方米）	Private building (10000sq·m)	8594.97	9363.92	9893.64	10980.26

9-8 长春市主要年份全市供电情况
BASIC STATISTICS ON ELECTRICITY SUPPLY IN CITY

		2015	2016	2017	2018
年底发电设备容量总计（千瓦）	Total of power station production(kw)	4995325	5145224	5937226	6191058.3
年底供电设备容量（千伏安）	Total available for supply(1000kwva)	16216750	17025050	17772300	18628300
全年供电量（万千瓦小时）	Annual supply electricity(10000kwh)	1716586	1901036	2034927	2197579
#自供（万千瓦小时）	By power station (10000kwh)	23349	13086	11918	11547
网供（万千瓦小时）	From electicity net (10000kwh)	1716586	1901036	2034927	2197579
全年用电量（万千瓦小时）	Total electricity consumption(10000kwh)	1929273	2096506	2247695	2431044
#工业用电（万千瓦小时）	Industry(10000kwh)	1013788	1107429	1194294	1271096
农业用电（万千瓦小时）	Agriculture (10000kwh)	32432	33162	37603	45948
城乡人民生活用电（万千瓦小时）	Residential consumption(10000kwh)	330176	351231	366432	394071
送配电线路长度（公里）	Length of electric wire (km)	5977	6377	6482	6822
#输电线路（公里）	Electric wire (km)	5977	6377	6482	6822

统计资料

STATISTICS

▶农业

AGRICULTURE

2019

长春统计年鉴

CHANGCHUN STATISTICAL YEARBOOK

第十篇　农　业

2018年农、林、牧、渔及农林牧渔服务业总产值 581.7亿元，比上年增长 1.9%，增加值313.0亿元，比上年增长1.7%。种植业产值209.8亿元，增长2%，增加值126.9亿元，增长2.1%；林业产值4.8亿元，下降1%，增加值2.96亿元，下降1.1%；牧业产值 341.99亿元，增长3%，增加值168.8亿元，增长2.5%；渔业产值5.4亿元，下降9%，增加值3.3亿元，同比下降长9.6%；农林牧渔服务业产值19.7亿元，增长2%，增加值11.1亿元，增长1.9%。

2018年农作物总播种面积132.6万公顷，比上年增长0.6%。粮食播种面积127.1万公顷，增长0.1%，粮食总产量864.6万吨，下降17.7%；玉米播种面积104.4万公顷，增长0.5%，产量697.4万吨，下降19.7%；水稻播种面积17.9万公顷，增长3.3%，产量142.1万吨，下降4.5%；蔬菜和食用菌播种面积2.3万公顷，增长24.5%，产量89.6万吨，增长15.4%；猪出栏459.4万头，下降5.0%；牛出栏87.1万头，增长10.3%；羊出栏40.6万只，下降0.9%；家禽出栏2.4亿只，增长2.7%；肉类总产量98.2万吨，增长3.5%；禽蛋产量40.8万吨，下降17.3%；牛奶产量6.0万吨，增长318.1%。

10-1 1998-2018 年农林牧渔业总产值（现价）
GROSS OUTPUT VALUE OF AGRICULTURE(at current price)(1998-2018)

单位：亿元　　unit:100million yuan

年份 Year	农林牧渔业总产值 Total	农业产值 Farming	林业产值 Forestry	牧业产值 Animal husbandry	渔业产值 Fishery
1998	198.9	108.2	0.6	88.6	1.5
1999	200.9	92.9	0.5	105.8	1.7
2000	197.6	83.8	1.0	111.7	1.1
2001	223.9	108.0	0.5	114.4	1.0
2002	242.1	115.9	0.6	124.8	0.8
2003	259.2	116.7	1.1	139.2	1.0
2004	281.5	126.6	0.8	152.2	0.7
2005	272.9	130.8	2.1	137.3	1.5
2006	289.0	142.2	1.7	142.3	1.5
2007	340.6	160.3	0.9	176.2	1.8
2008	405.2	171.4	1.9	228.0	2.4
2009	418.4	185.3	1.9	216.2	2.2
2010	474.7	213.4	3.2	242.3	2.4
2011	523.8	248.6	2.8	254.5	3.7
2012	562.5	284.1	3.8	255.2	4.2
2013	602.7	307.2	2.3	272.3	5.2
2014	626.9	322.5	3.0	279.8	5.2
2015	649.6	321.4	3.5	302.1	5.5
2016	584.3	195.9	4.2	359.9	5.8
2017	557.1	192.0	4.1	336.0	6.0
2018	581.7	209.8	4.8	342.0	5.4

注：2016 年农林牧渔业及农林牧渔服务业总产值为全国第三次农业普查核定数。
2017 年数据依据 2016 年农普数据进行修订。

10-2 1998-2018 年农作物播种面积
TOTAL SOWN AREAS OF FARM CROPS (1998-2018)

单位：公顷　　unit:ha

年份 Year	农作物总播种面积 Total sown area	粮食作物 Grain crops		经济作物 Economic crops		其他作物 Other crops	
		播种面积 Sown area	占总播种面积(%) Percentage	播种面积 Sown area	占总播种面积(%) Percentage	播种面积 Sown area	占总播种面积(%) Percentage
1998	1122996	984485	87.7	21828	1.9	116683	10.4
1999	1121587	965869	86.1	26567	2.3	129151	11.6
2000	1121046	951131	84.8	38134	3.4	131781	11.8
2001	1114286	935373	84.0	42796	3.8	136117	12.2
2002	1109100	914514	82.5	41467	3.7	153119	13.8
2003	1106395	919045	83.1	169589	15.3	17761	1.6
2004	1139211	1012244	88.9	121564	10.7	5403	0.4
2005	1130795	1002871	88.7	119566	10.6	8358	0.7
2006	1140257	1006930	88.3	127143	11.2	6184	0.5
2007	1150344	1020703	88.7	122352	10.6	7289	0.6
2008	1189764	1097197	92.2	88768	7.5	3799	0.3
2009	1260099	1155556	91.7	100687	8.0	3856	0.3
2010	1257193	1150479	91.5	102575	8.2	4139	0.3
2011	1333060	1220935	91.6	107762	8.1	4363	0.3
2012	1344118	1245338	92.7	95585	7.1	3195	0.2
2013	1340272	1245453	92.9	94819	7.1	1402	0.1
2014	1336334	1243593	93.1	92741	6.9	1447	0.1
2015	1334123	1250636	93.7	83706	6.3	219	0
2016	1310633	1272646	97.1	34429	2.6	3558	0.3
2017	1318174	1270295	96.4	45975	3.5	1904	0.1
2018	13232600	1271288	95.9	52312	3.9	1815	0.1

注：经济作物包括：油料、甜菜、烟叶、药材、蔬菜及食用菌、瓜果。
Note:Economic crops include:Oil bearing, sugar beet, tobacco leaf, medical material and vegetables.

10-3 农作物总播种面积
TOTAL SOWN AREAS OF FARM CROPS

单位：公顷　　unit:ha

		全市 Total	市辖区 District			榆树市 Yushu	农安县 Nong'an	德惠市 Dehui
			合计 Total	#双阳区 Shuangyang	九台区 Jiutai			
农作物总播种面积	Sown area	1325127	313006	88775	171392	390487	404093	217541
粮食作物合计	Grain crops	1271288	301028	86234	168109	385321	373953	210986
一、谷物	Corn	1232021	293832	83831	163869	370398	359471	208320
1. 稻谷	Rice	179249	38563	14283	20617	76767	15319	48600
其中：粳稻	Geng rice	179249	38563	14283	20617	76767	15319	48600
糯稻	Glutinous rice							
2. 小麦	Wheat	22				4	18	
3. 玉米	Corn	1044282	255147	69487	143213	291366	338299	159470
4. 谷子	Millet	1414	14	8	6	257	1088	55
5. 高粱	Sorghum	7052	108	53	33	2003	4746	195
6. 其它谷物	Others	2				1	1	
荞　麦	Buckwheat							
二、豆类合计	Beans	22383	4012	1731	1920	9709	8121	541
其中：大豆	Soybean	21551	3820	1726	1733	9593	7799	339
绿豆	Mung beans	124	12		12		100	12
红小豆	Red beans	704	179	4	175	115	221	189
三、薯类（鲜薯）	Tubers	16884	3184	672	2320	5214	6361	2125
其中：1. 马铃薯	Potato	16311	3184	672	2320	5214	5793	2120
2. 甘　薯	Sweet potato	573					568	5
经济作物	Cash crop	52312	11978	2541	3283	5166	28613	6555
一、油料	Oil plants	22914	9		9	1729	18727	2449
花　生	Peanut	12503	9		9	1146	10820	528
油菜籽	Rapeseed	7					7	
芝　麻	sesame	1				1		
胡麻籽								
葵花子		10403				582	7900	1921
二、棉花	Cotton	0						
三、生麻	Raw jute	0						
四、甜菜	Beet	10					10	
五、烟叶（未加工烟草）	Tobacco (unprocessed tobacco)	1582	90		90	433	538	521
其中：烤烟（未去梗烤烟叶）	Of which: flue-cured tobacco (flue-cured tobacco with stems)	955	0			433	1	521
六、中草药材	Chinese herbal medicine	371	85	60	25	66	220	
七、蔬菜和食用菌	Vegetables and edible fungi	22513	10791	1960	2989	2418	6255	3049
1. 叶菜类	Leaf vegetables	1074	919	45	192	60	14	81

10-3 续表 continued1

单位：公顷 unit:ha

		全市 Total	市辖区 District			榆树市 Yushu	农安县 Nong' an	德惠市 Dehui
			合计 Total	# 双阳区 Shuangyang	九台区 Jiutai			
其中：芹菜	Of which: celery	202	153	14	41	32	4	13
油菜	Rapc	413	376	5	92	2	4	31
菠菜	Spinach	427	376	22	59	14	4	33
2、白菜类	Cabbage	6969	3731	409	1414	906	1370	962
其中：大白菜	Of which: Chinese cabbage	5180	2222	388	77	750	1303	905
3、甘蓝类	Brassica oleracea	275	136		2	2	137	
其中：卷心菜（结球甘蓝）	Of which: cabbage (head cabbage)	169	81		2	2	86	
4、根茎类	Rhizomes	2670	879	163	251	478	821	492
其中：白萝卜	Of which: white radish	1449	229	99		435	431	354
胡萝卜	Carrot	554	289	29	251	22	180	63
生姜		1	1					
5、瓜菜类	Melon Vegetables	2194	1262	276	235	279	120	533
其中：黄瓜	Of which: cucumber	2038	1174	202	223	241	90	533
南瓜	Pumpkin	80	52	45	7		28	
冬瓜		6	6		5			
6、豆类（菜用）	Beans (vegetables)	374	337	5	6	2	3	32
其中：豇豆	Of which: cowpea	8				1	2	5
四季豆	Green beans	356	330	4	6	1	1	24
7、茄果类	Solanaceous vegetables	5634	2580	891	731	526	1754	774
其中：茄子	Of which: Eggplant	1762	1078	335	337	135	155	394
辣椒	Chili	2230	408	112	212	174	1527	121
西红柿	Tomato	1431	971	321	182	217	34	209
8、葱蒜类	Onions & Garlic	2651	882	144	128	150	1444	175
其中：大葱	Of which: scallion	1096	607	68	111	75	337	77
蒜头	Garlic	664	52	30	17	17	555	40
10、其他蔬菜	Other vegetables	672	65	27	30	15	592	
11、食用菌	Edible fungi							
八、瓜果类	Melon & fruit	3107	426	80	54	304	1898	479
其中：西　瓜	Of which: watermelon	2098	60	9	22	128	1762	148
香　瓜	Muskmelon	886	252	48	26	175	130	329
草　莓	Strawberry	123	114	23	6	1	6	2
九、其他农作物	Other crops	1815	577	441	116	216	965	57
其中：青饲料	Of which: green fodder	645	577	441	116		68	
十、特种农作物								
花卉种植面积								
补充资料：青贮玉米播种面积	Supplementary data: sown area of silage corn							

10-4 农作物总产量
YIELD OF MAJOR FARM CROPS

单位：吨　　　　unit:ton

		全市 Total	市辖区 District			榆树市 Yushu	农安县 Nong'an	德惠市 Dehui
			合计 Total	# 双阳区 Shuangyang	九台区 Jiutai			
粮食作物合计	Grain crops	8645986	1918999	558500	1088500	2852994	2574493	1299500
一、谷物	Corn	8449428	1885123	550255	1065407	2788040	2493811	1282454
1. 稻谷	Rice	1421410	283085	103144	155791	656389	105977	375959
其中：粳稻	Geng rice	1421410	283085	103144	155791	656389	105977	375959
糯稻	Glutinous rice							
2. 小麦	Wheat	48	0	0	0	16	32	0
3. 玉米	Corn	6973528	1601389	446773	909412	2117849	2349102	905188
4. 谷子	Millet	7244	48	25	23	1070	5868	258
5. 高粱	Sorghum	47195	601	313	181	12714	32831	1049
6. 其它谷物	Others	3	0	0	0	2	1	0
荞　麦	Buckwheat							
二、豆类合计	Beans	55516	10023	4048	5071	23730	20886	877
其中：大豆	Soybean	54401	9760	4041	4815	23563	20425	653
绿豆	Mung beans	160	15	0	15	0	132	13
红小豆	Red beans	954	248	7	241	167	328	211
三、薯类（鲜薯）	Tubers	705208	119266	20984	90109	206119	298980	80843
其中：1. 马铃薯	Potato	687735	119266	20984	90109	206119	281578	80772
2. 甘　薯	Sweet potato	17473	0	0	0	0	17402	71
经济作物	Cash crop							
一、油料	Oil plants	78305	36	0	36	6798	65104	6367
花　生	Peanut	53556	36	0	36	6607	45513	1400
油菜籽	Rapeseed	4	0	0	0	0	4	0
芝　麻	sesame	2	0	0	0	2		0
胡麻籽	Flaxseed							
葵花子	Sunflower seeds	24743	0	0	0	189	19587	4967
二、棉花	Cotton							
三、生麻	Raw jute							
四、甜菜	Beet	333	0	0	0	0	333	0
五、烟叶（未加工烟草）	Tobacco (unprocessed tobacco)	4536	138	0	138	1318	1725	1355
其中：烤烟（未去梗烤烟叶）	Of which: flue-cured tobacco (flue-cured tobacco with stems)	2675	0		0	1318	2	1355
六、中草药材	Chinese herbal medicine	1418	197	2	195	46	1175	0
其中：人参	Of which: ginseng			0				
枸杞	Wolfberry	0	0		0	0	0	0
七、蔬菜和食用菌	Vegetables and edible fungi	896212	293621	37309	107965	164727	252470	185394
1. 叶菜类	Leaf vegetables	28251	20885	815	3840	3842	297	3227
其中：芹菜	Of which: celery	8485	5264	89	1194	1998	99	1124

10-4 续表 continued

单位：吨 unit:ton

		全市 Total	市辖区 District			榆树市 Yushu	农安县 Nong' an	德惠市 Dehui
			合计 Total	# 双阳区 Shuangyang	九台区 Jiutai			
油菜	Rape	8317	7212	23	1268	92	51	962
菠菜	Spinach	9330	7721	487	1378	641	53	915
2、白菜类	Cabbage	339917	132222	11415	64510	41167	97373	69155
其中：大白菜	Of which: Chinese cabbage	259610	63717	11120	5227	36614	93944	65335
3、甘蓝类	Brassica oleracea	13009	6306	0	62	129	6574	0
其中：卷心菜（结球甘蓝）	Of which: cabbage (head cabbage)	7278	3181	0	62	79	4018	0
4、根茎类	Rhizomes	134020	21223	3198	3913	43954	33225	35618
其中：白萝卜	Of which: white radish	102729	10931	2212	0	40526	25688	25584
胡萝卜	Carrot	15501	4721	511	3913	1320	4926	4534
生姜		30	30	0	0	0	0	0
5、瓜菜类	Melon Vegetables	81393	35696	6915	8478	24721	4999	15977
其中：黄瓜	Of which: cucumber	74249	35053	6464	8307	21699	1520	15977
南瓜	Pumpkin	3790	546	451	95	0	3244	0
冬瓜		86	86	0	76	0	0	0
6、豆类（菜用）	Beans (vegetables)	9600	8441	86	233	7	16	1136
其中：豇豆	Of which: cowpea	350	0	0	0	1	5	344
四季豆	Green beans	9205	8397	77	233	6	10	792
7、茄果类	Solanaceous vegetables	190729	50620	11512	22453	44133	46824	49152
其中：茄子	Of which: Eggplant	73998	26248	5409	13711	8821	4186	34743
辣椒	Chili	76442	8674	1939	4884	22142	41485	4141
西红柿	Tomato	39611	15102	4164	3858	13170	1071	10268
8 、 葱蒜类	Onions & Garlic	87963	14434	2659	2063	5758	57483	10288
其中：大葱	Of which: scallion	35814	12671	1287	1741	2604	14819	5720
蒜头	Garlic	21774	789	398	322	514	17473	2998
9、水生菜类	Aquatic vegetables							
10、其他蔬菜	Other vegetables	9118	2606	709	1552	961	5551	0
11、食用菌	Edible fungi	22120	11880	0	8610	550	1280	8410
1. 干 品	Dried goods	681	230	0	0	0	451	0
其中：香 菇	Of which: shii-take	661	230	0	0	0	431	0
黑木耳		10	0	0	0	0	10	0
2. 鲜 品	Fresh goods	21439	11650	0	8610	550	829	8410
其中：蘑 菇	Of which: mushrooms	13029	11650	0	8610	550	829	0
八、瓜果类	Melon & fruit	82322	10141	1817	3152	12581	49574	10026
其中：西 瓜	Of which: watermelon	63259	2164	107	1650	5755	47937	7403
香 瓜	Muskmelon	17264	6217	1563	1015	6825	1620	2602
草 莓	Strawberry	1429	1390	147	117	1	17	21
九、其他农作物	Other crops	36272	16027	7408	8119	549	19440	256
其中：青饲料	Of which: green fodder	19427	16027	7408	8119	0	3400	0

注：薯类是鲜薯，折粮 1/5 计入粮食产量
Note: potatoes here are fresh and included into food production by 1/5 of grain.

10-5 农村基本情况及农业生产条件

		单位 Unit		全市 Total
一、乡村人口与从业人员	Number of rural laborers and population			
乡村户数	Number of rural households	户	household	1143571
乡村人口数	Rural population	人	person	4122028
1. 男	Male	人	person	2141297
2. 女	Female	人	person	1980731
乡村劳动力资源数	Rural labourers	人	person	2352578
1. 男	Male	人	person	1286886
2. 女	Female	人	person	1065692
乡村从业人员数	Rural labourer	人	person	1976883
1. 男	Male	人	person	1090135
其中：农业从业人员	Agriculture		person	727399
2. 女	Female	人	person	886748
其中：农业从业人员	Agriculture	人	person	621225
二、农村基础设施	Rural social basic facilities			
自来水受益村数	Villages access to tap water	个	person	919
通有线电视村数	Villages cable TV	个	person	1558
通宽带村数	Villages through broadband	个	person	1619
三、农业主要物质消耗	Energy and material consumption	吨	ton	
农用化肥施用量（实物）	Consumptin of chemical fertilizers	吨	ton	983540
其中：1、氮肥	Nitrogenous fertilizer	吨	ton	333506
(1) 硫酸铵	Sulphuric acid ammonia	吨	ton	19562
(2) 硝酸铵	Nitric acid ammonia	吨	ton	14382
(3) 尿素	Urea	吨	ton	273559
(4) 碳酸氢铵	Carbonic acid hyorrogtn ammonia	吨	ton	18445
(5) 氨水	Ammonia water	吨	ton	113
(6) 其他	Others	吨	ton	7445
2、磷肥	Phosphate fertilizer	吨	ton	93114
3、钾肥	Potash fertilizer	吨	ton	46163
4、复合肥	Compound fertilizer	吨	ton	510757
农用塑料薄膜使用量	Volume of use of plastic film	吨	ton	10505
其中：地膜使用量	Volume of use of mulching film	吨	ton	5693
地膜覆盖面积	Coverage of mulching film	公顷	ha	26229
农用柴油使用量	Volume of diesel used	吨	ton	130213
农药使用量	Volume of pesticide	吨	ton	8597
农村用电量	Electricity consumption	千千瓦时	kkwh	1407397
年末耕地面积	Area of land at year-end	公顷	ha	1301098

BASIC CONDITIONS OF RURAL GRASSROOTS UNITS

市辖区 District			榆树市 Yushu	农安县 Nongan	德惠市 Dehui
合计 Total	#双阳区 Shuangyang	九台区 Jiutai			
385415	72270	170475	309602	263895	184659
1307394	273995	583139	1095797	992847	725990
681408	142837	307279	563578	521168	375143
625986	131158	275860	532219	471679	350847
804790	160298	381813	595005	545978	406805
433567	85138	205978	328294	302560	222465
371223	75160	175835	266711	243418	184340
698783	132241	336052	519269	420690	338141
377062	70907	182964	286720	240830	185523
255205	52399	135488	186457	178674	107063
321721	61334	153088	232549	179860	152618
225770	45612	119158	156912	140593	97950
285	80	107	210	266	158
564	134	287	388	310	296
564	134	281	388	371	296
262179	66755	148855	316587	274415	130359
81558	19257	51093	118028	73985	59935
3597	212	2709	10559	3546	1860
7603	3770	3268	4218	2561	
59103	9947	41820	96233	66150	52073
5905	4123	1742	6037	501	6002
				113	
5350	1205	1554	981	1114	
18184	3390	14351	35570	23005	16355
12647	1470	10671	15851	10705	6960
149790	42638	72740	147138	166720	47109
2726	797	1253	3829	2717	1233
1047	275	552	1499	2523	624
4046	1175	1198	4104	11014	7065
29458	6965	17811	46267	37104	17384
3044	800	1858	2310	1799	1444
725674	305422	294545	245039	216110	220574
327894	86695	189065	390455	377319	205430

10-5 续表 1

		单位 Unit		全市 Total
四、农业机械化情况	Agricultural machinery			
（一）农业机械总动力	Power of agricultural machinery	千瓦	kw	7540266
1. 柴油发动机动力	Diesel power	千瓦	kw	7063593
2. 汽油发动机动力	Gasoline power	千瓦	kw	98612
3. 电动机动力	Electric power	千瓦	kw	378060
（二）拖拉机配套机械及种植业机械	Tractors and planting machinery			
拖拉机	Tractors	台／千瓦	unit/kw	214042/4976005
其中：大中型拖拉机	Large and medium tractors	台／千瓦	unit/kw	143807/4258659
小型拖拉机	Mini tractors	台／千瓦	unit/kw	70235/717346
大中型拖拉机配套农具	Tractor towing farming machinery	台（套）	unit	217790
小型拖拉机配套农具	Mini tractor towing farm machinery	台（套）	unit	269634
种植业机械	Planting machinery	台	unit	375775
农用排灌动力机械	Irrigating machinery	台／千瓦	unit/kw	81499/559264
其中：柴油机	Diesel machinery	台／千瓦	unit/kw	54087/418093
电动机	Electric machinery	台／千瓦	unit/kw	27412/141172
农用水泵	Pump	台	unit	106842
机动喷雾（粉）机	Sprayer	台／千瓦	unit/kw	5108/10216
联合收割机	Compound harvesters	台／千瓦	unit/kw	19648/1283685
其中：稻麦联合收割机	Of which: Rice and Wheat Combine Harvester	台／千瓦	unit/kw	5690/250360
玉米联合收割机	Corn combine harvester	台／千瓦	unit/kw	13958/1033325
（三）农产品初加工动力及作业机械	Farming products processing machinery	台／千瓦	unit/kw	35334/336343
其中：柴油机	Diesel machinery	台／千瓦	unit/kw	10574/111027
电动机	Electric machinery	台／千瓦	unit/kw	24760/225316
粮食加工机械	Grain	台（套）	unit	29662
油料加工机械	Oil plants	台（套）	unit	1264
（四）畜牧养殖机械	Animal husbandry machinery	台／千瓦	unit/kw	21126/146526
饲草料加工机械	Feed pulverizer	台／千瓦	unit/kw	19539/130325
（五）运输机械	Transportation	辆／千瓦	coach/kw	83042
农用运输车	Truck	辆／千瓦	coach/kw	83042
（六）农田基本建设农机械	Capital construction farming machinery	辆／千瓦	coach/kw	705/35955
（七）农机化作业情况	Agriculture mechanization conditions			
机耕面积	Machine-cultivated land	千公顷	1000ha	953.9
机播面积	Machine-sowed land	千公顷	1000ha	1174.7
机电灌溉面积	Machine-irrigated land	千公顷	1000ha	230.2
机械植保面积	Machine-protected land	千公顷	1000ha	1077.8
机收面积	Machine-harvested land	千公顷	1000ha	1034.2
水稻机耕面积	Machine-planted rice land	千公顷	1000ha	176.4
水稻机收面积	Machine-harvested rice land	千公顷	1000ha	157.0
玉米播种面积	Corn sown area	千公顷	1001ha	1026.9
玉米机耕面积	Machine-cultivated corn land	千公顷	1002ha	672.2
玉米机播面积	Machine-sowed corn land	千公顷	1000ha	957.6
玉米机收面积	Machine-harvested corn land	千公顷	1000ha	821.2

continued1

市辖区 District			榆树市 Yushu	农安县 Nong'an	德惠市 Dehui
合计 Total	# 双阳区 Shuangyang	九台区 Jiutai			
1885860	474293	1197877	2256321	1938931	1459154
1696468	418693	1100462	2135937	1898634	1332554
22360	9449	11870	46798	5968	23486
167031	46151	85546	73586	34329	103115
56751/1112489	16560/267490	34315/717903	52676/1518387	69723/1465732	34892/879397
20623/783360	3728/153955	13919/534729	45396/1435954	56509/1306966	21279/732378
36128/329129	12832/113535	20396/183175	7280/82432	13214	13613/147019
42984	3846	37091	59078	83383	32345
72512	25704	40564	69022	60291	67809
97468	24502	66140	82222	111804	84281
28311/181999	8238/51340	14873/96913	15760/115220	9919/69032	27509/193013
14030/108452	3455/26707	7875/60874	13200/102036	6957/53778	19900/153827
14281/73547	4783/24632	6998/36040	2560/13184	2962/15254	7609/39186
40356	8241	26915	11386	13700	41400
1548/3096	150/300	1368/2736	480/960	2566/5132	514/1028
4794/342060	1784/99553	2769/226369	7024/439174	4084/242102	3746/260349
1330/58520	454/19976	804/35376	2997/131868	343/15096	1020/44880
3464/283540	1330/79577	1965/190993	4027/307306	3741/227010	2726/215469
14660/140048	2480/22772	9206/89453	7070/65681	6109/61493	7495/69122
4744/49812	146/1533	4056/42588	960/10080	4215/44258	655/6878
9916/90236	2334/21239	5150/46865	6110/55601	1894/17235	6840/62244
7771	2281	4605	8920	5610	7361
186	18	96	140	828	110
4839/33472	2140/14475	2235/15902	6210/43106	7164/49296	2913/20652
4636/30922	2072/13820	2100/14007	5800/38686	6493/43308	2610/17409
17362	5163	9899	24080	27000	14600
17362	5163	9899	24080	27000	14600
441/22491	47/2397	387/19737	152/7752	17/867	95/4845
236.6	71.4	123.3	244.0	309.0	164.3
279.0	80.4	156.9	358.9	352.1	184.7
27.2	5.2	17.0	130.0	16.0	57.0
275.8	56.8	194.0	385.0	248.0	169.0
208.3	53.3	142.0	328.5	324.8	172.6
40.1	13.9	22.5	74.7	14.9	46.8
36.7	11.8	22.2	66.0	13.3	41.0
250.8	69.6	140.1	287.5	330.7	157.9
184.2	54.5	92.7	141.0	240.0	107.0
238.6	68.2	132.4	265.0	308.0	146.0
167.2	41.1	116.0	240.0	284.0	130.0

10-6 林业生产情况

指标名称 Item		单位 Unit		全市 Total
1. 当年造林面积	Areas of afforestation	公顷	ha	6302
2. 迹地更新面积	Areas of renewly cutover	公顷	ha	3108
3. 零星（四旁）植树	Odd pieces of planting	百株	100plant	76424.5
4. 育苗面积	Areas of grow seedlings	公顷	ha	668
5. 未成林、成林抚育管理面积	Areas of young trees	公顷	ha	6879
6. 竹木采运	Timber yield	立方米	cu.m	244118
7. 林产品采集	Natural and plantation of fruit	吨	ton	

BASIC STATISTICS ON FORESTRY PRODUCTION

市辖区 District			榆树市 Yushu	农安县 Nong′an	德惠市 Dehui
合计 Total	# 双阳区 Shuangyang	九台区 Jiutan			
466	466		1895	2882	1059
161	65	96	527	1361	1059
1100		1100		48000	27324.5
452		230	76	120	20
266	66			6613	
44775	16079	26000	96800	71432	31111

10-7 畜牧业主要产品生产及存栏情况

		单位 Unit		全市 Total
一、畜禽存栏	Live stock and poultry on hand			
猪	Pig	头	head	2502371
其中：能繁殖母猪	of which: productive sow	头	head	277732
牛	Cattle	头	head	1314264
1. 肉牛	Beef cattle	头	head	1275639
2. 奶牛	Dairy cattle	头	head	38625
羊	Sheep	只	head	486103
1. 山羊	Goat	只	head	131169
2. 绵羊	Sheep	只	head	354934
活家禽	Live poultry	千只	1000heads	82872
其中：活鸡	of which: live chicken	千只	1000heads	76177
其中：肉鸡	of which: broiler	千只	1000heads	51111
其中：蛋鸡	of which:layer	千只	1000heads	25066
二、畜禽出栏	Live stock and poultry on hand			
猪	Pig	头	head	4593654
牛	Cattle	头	head	870559
羊	Sheep	只	head	405867
1. 山羊	Goat	只	head	79395
2. 绵羊	Sheep	只	head	326472
活家禽	Live poultry	千只	1000heads	243659
其中：活鸡	of which: live chicken	千只	1000heads	239802
三、畜禽产品产量	Live stock and poultry products production			
猪肉	Pork	吨	ton	368857
牛肉	Beef	吨	ton	142129
羊肉	Mutton	吨	ton	4542
1. 山羊肉	chevon	吨	ton	929
2. 绵羊肉	Sheep meat	吨	ton	3613
禽肉	Poultry meat	吨	ton	449697
其中：鸡肉	of which: chicken meat	吨	ton	412083
禽蛋	Poultry egg	吨	ton	407559
其中：鸡蛋	of which: chicken eggs	吨	ton	353539
生牛奶	Raw milk	吨	ton	59792

BASIC STATISTICS ON ANIMAL HUSBANDRY

市辖区 District			榆树市 Yushu	农安县 Nong'an	德惠市 Dehui
合计 Total	# 双阳区 Shuangyang	九台区 Jiutai			
490503	86414	342353	638279	756573	617016
47822	4944	34595	66533	87572	75805
369256	98802	253242	455697	246464	242847
353278	97765	243635	440633	241181	240547
15978	1037	9607	15064	5283	2300
35159	11189	15884	86613	295000	69331
22161	10226	7553	52790	37440	18778
12998	963	8331	33823	257560	50553
28707	5695	21275	12544	23686	17935
27369	5474	20770	12270	19417	17121
17135	41	16998	7106	13084	13786
10234	5433	3772	5164	6333	3335
1008223	265265	581178	1138952	1392266	1054213
239526	57525	171596	284464	236271	110298
46556	14124	23673	59190	259116	41005
14758	9488	2991	30813	10500	23324
31798	4636	20682	28377	248616	17681
35969	2185	31622	29348	71242	107100
33337	494	30953	29258	71242	105965
69055	12467	47240	94512	117150	88140
43781	10667	29498	43758	34017	20573
553	184	184	553	2975	461
255	139	26	231	189	254
298	45	158	322	2786	207
71611	4215	64334	73540	151144	153402
70177	3482	63655	65677	141202	135027
86196	36603	39471	43652	182584	95127
70582	35831	29901	41255	148547	93155
10196	123	7042	4212	25474	19910

10-7 续表 1

		单位 Unit		全市 Total
非主要畜禽出栏产量				
一、活牲畜出栏产量（除猪、牛、羊外）	Live cattle market production (pig, cattle and sheep excluded)	吨	ton	640
1. 马	Horses	吨	ton	496
2. 驴	Donkeys	吨	ton	98
3. 骡	Mules	吨	ton	45
4. 鹿	Deers	吨	ton	
二、家兔	Domestic rabbits	吨	ton	4698
三、其他肉产量	Other meat	吨	ton	1606
四、其他奶产量	Other milk	吨	ton	300
五、山羊毛产量	Wool of goat	公斤	kg	
1. 山羊粗毛	Goat shag	公斤	kg	
2. 山羊绒	Cashmere	公斤	kg	
六、绵羊毛产量	Sheep wool	公斤	kg	241279
其中：细羊毛	of which: Fine wool	公斤	kg	64283
半细羊毛	Medium fine wool	公斤	kg	176974
七、天然蜂蜜产量	Natural honey	吨	ton	234
八、其他禽蛋产量	Other poultry egg	公斤	kg	243740
九、鹿茸产量	Pilos antler	公斤	kg	208653
十、貂皮产量	Mink	张	sheet	116173
十一、蚕茧产量	Cocoon	公斤	kg	
非主要畜禽存栏数量	Number of non-primary livestock and poultry			
一、活牲畜存栏（除猪、牛、羊外）	Live stock on hand (pig, cattle and sheep excluded)	头	head	166447
1. 马	Horses	头	head	6641
2. 驴	Donkeys	头	head	2698
3. 骡	Mules	头	head	850
4. 鹿	Deers	头	head	156258
二、家兔	Domestic rabbits	头	head	130634
非主要畜禽出栏数量	Number of non-primary livestock and poultry			
一、活牲畜出栏（除猪、牛、羊外）	Live stock on hand (pig, cattle and sheep excluded)	头	head	5677
1. 马	Horses	头	head	3598
2. 驴	Donkeys	头	head	1516
3. 骡	Mules	头	head	564
4. 鹿	Deers	头	head	
二、家兔	Domestic rabbits	头	head	2515239

continued1

市辖区 District			榆树市 Yushu	农安县 Nongan	德惠市 Dehui
合计 Total	#双阳区 Shuangyang	九台区 Jiutai			
24	1	9	416	120	80
17	1	5	345	68	66
4		3	42	44	8
2		1	29	8	6
546		546	177	3970	5
143	54	75	811	620	32
			233	49	18
2989		2989	221	8228	229841
				56	64227
2989		2989	221	8150	165614
54	3	40	142	29	9
4			19657	24254	199825
207326	204684	433	1308	9	10
105285		105285	10888		
146029	135524	3137	10372	5312	4734
546	15	169	2901	1118	2076
167	11	64	752	1268	511
94	1	36	355	106	295
145222	135497	2868	6364	2820	1852
13280		13280	7135	109936	283
234	13	102	3493	1159	791
140	8	46	2445	450	563
63	4	41	701	618	134
31	1	15	347	91	95
285309		285309	88911	2138852	2167

10-8 农作物每公顷产量
YIELD OF MAJOR FARM CROPS FOR UNIT AREA

单位：公斤／公顷

		全市 Total	市辖区 District			榆树市 Yushu	农安县 Nong' an	德惠市 Dehui
			合计 Total	# 双阳区 Shuangyang	九台区 Jiutan			
粮食作物合计	Grain crops	6801	6375	6477	6475	7404	6885	6159
一、谷物	Corn	6858	6416	6564	6502	7527	6937	6156
1. 稻谷	Rice	7930	7341	7221	7556	8550	6918	7736
其中：粳稻	Geng rice	7930	7341	7221	7556	8550	6918	7736
糯稻	Glutinous rice							
2. 小麦	Wheat	2182				4000	1778	
3. 玉米	Corn	6678	6276	6430	6350	7269	6944	5676
4. 谷子	Millet	5123	3429	3125	3833	4163	5393	4691
5. 高粱	Sorghum	6692	5565	5906	5485	6347	6918	5379
6. 其它谷物	Others	1500				2000	1000	
荞 麦	Buckwheat							
二、豆类合计	Beans	2480	2498	2339	2641	2444	2572	1621
其中：大豆	Soybean	2524	2555	2341	2778	2456	2619	1926
绿豆	Mung beans	1290	1250		1250		1320	1083
红小豆	Red beans	1355	1385	1750	1377	1452	1484	1116
三、薯类（鲜薯）	Tubers	41768	37458	31226	38840	39532	47002	38044
其中：1. 马铃薯	Potato	42164	37458	31226	38840	39532	48607	38100
2. 甘 薯	Sweet potato	30494					30637	14200
经济作物	Cash crop							
一、油料	Oil plants	3204	4000		4000	3932	3214	2600
花 生	Peanut	3677	4000		4000	5765	3547	2652
油菜籽	Rapeseed	4000					4000	
芝 麻	sesame	2000				2000		
葵花子		2319				325	2427	2586
二、棉花	Cotton							
三、生麻	Raw jute							
四、甜菜	Beet	33300					33300	
五、烟叶（未加工烟草）	Tobacco (unprocessed tobacco)	2867	1533		1533	3044	3206	2601
其中：烤烟（未去梗烤烟叶）	Of which: flue-cured tobacco (flue-cured tobacco with stems)	2801				3044	2000	2601
六、中草药材	Chinese herbal medicine	3822	2318	33	7800	697	5341	
七、蔬菜和食用菌	Vegetables and edible fungi	39809	27210	19035	36121	68125	40363	60805
1．叶菜类	Leaf vegetables	26304	22726	18111	20000	64033	21214	39840

10-8 续表 continued

单位：公斤／公顷 unit:kg/ha

		全市 Total	市辖区 District			榆树市 Yushu	农安县 Nong' an	德惠市 Dehui
			合计 Total	# 双阳区 Shuangyang	九台区 Jiutan			
其中：芹菜	Of which: celery	42005	34405	6357	29122	62438	24750	86462
油菜	Rape	20138	19181	4600	13783	46000	12750	31032
菠菜	Spinach	21850	20535	22136	23356	45786	13250	27727
2、白菜类	Cabbage	48776	35439	27910	45622	45438	71075	71887
其中：大白菜	Of which: Chinese cabbage	50118	28676	28660	67883	48819	72098	72193
3、甘蓝类	Brassica oleracea	47305	46368		31000	64500	47985	
其中：卷心菜（结球甘蓝）	Of which: cabbage (head cabbage)	43065	39272		31000	39500	46721	
4、根茎类	Rhizomes	50195	24144	19620	15590	91954	40469	72394
其中：白萝卜	Of which: white radish	70896	47734	22343		93163	59601	72271
胡萝卜	Carrot	27980	16336	17621	15590	60000	27367	71968
5、瓜菜类	Melon Vegetables	30000	30000					
其中：黄瓜	Of which: cucumber	37098	28285	25054	36077	88606	41658	29976
南瓜	Pumpkin	36432	29858	32000	37251	90037	16889	29976
冬瓜		47375	10500	10022	13571		115857	
6、豆类（菜用）	Beans (vegetables)	14333	14333		15200			
其中：豇豆	Of which: cowpea	25668	25047	17200	38833	3500	5333	35500
四季豆	Green beans	43750				1000	2500	68800
7、茄果类	Solanaceous vegetables	25857	25445	19250	38833	6000	10000	33000
其中：茄子	Of which: Eggplant	33853	19620	12920	30715	83903	26696	63504
辣椒	Chili	41997	24349	16146	40685	65341	27006	88180
西红柿	Tomato	34279	21260	17313	23038	127253	27168	34223
8 、 葱蒜类	Onions & Garlic	27681	15553	12972	21198	60691	31500	49129
其中：大葱	Of which: scallion	33181	16365	18465	16117	38387	39808	58789
蒜头	Garlic	32677	20875	18926	15685	34720	43973	74286
9、水生菜类	Aquatic vegetables	32792	15173	13267	18941	30235	31483	74950
10、其他蔬菜	Other vegetables	13568	40092	26259	51733	64067	9377	
11、食用菌	Edible fungi							
八、瓜果类	Melon & fruit	26496	23805	22713	58370	41385	26119	20931
其中：西　瓜	Of which: watermelon	30152	36067	11889	75000	44961	27206	50020
香　瓜	Muskmelon	19485	24671	32563	39038	39000	12462	7909
草　莓	Strawberry	11618	12193	6391	19500	1000	2833	10500
九、其他农作物	Other crops	19985	27776	16798	69991	2542	20145	4491
其中：青饲料	Of which: green fodder	30119	27776	16798	69991		50000	

注：薯类是鲜薯，折粮 1/5 计入粮食产量

10-9 水果生产情况
BASIC STATISTICS ON FRUITS

		单位 Unit	全市 Total	市辖区 District			榆树市 Yushu	农安县 Nong' an	德惠市 Dehui
				合计 Total	# 双阳区 Shuangyang	九台区 Jiutan			
一、水果产量合计	Output of fruits	吨 ton	37065	5450	192	2347	6372	1726	23517
1. 苹果	Apple	吨 ton	3630	1452		1452	1394	47	737
其中：红富士苹果	Hong fu shi apple	吨 ton	38						38
国光苹果	Guoguang apple	吨 ton	746					47	699
2. 梨	Pear	吨 ton	1787	525		525	694	37	531
其中：苹果梨	Apple pear	吨 ton	457	27		27		37	393
雪花梨	Snow pear	吨 ton	70						70
鸭梨	Ya pear	吨 ton	68						68
3. 其他园林水果	Others	吨 ton	31648	3473	192	370	4284	1642	22249
其中：山楂	Haw	吨 ton	2						2
桃	Peach	吨 ton	203	202		2	1		
葡萄	Grape	吨 ton	30923	3024	192	198	4283	1401	22215
蓝莓	Blueberry	吨 ton	27	27		25			
樱桃	Cherry	吨 ton	252	220		145			32
二、食用坚果	Edible nuts	吨 ton							
其中：核桃	of which: Walnut	吨 ton							
板栗	Chinese chestnut	吨 ton							
松子	Pine nut	吨 ton							
三、水果面积	Area of fruit trees	公顷 ha	2318	439	15	279	624	472	783
1. 苹果	Apple	公顷 ha	627	183		183	183	1	260
2. 梨	Pear	公顷 ha	219	19		19	160	2	38
3. 山楂	Haw	公顷 ha	1						1
4. 桃	Peach	公顷 ha	10	9		1	1		
5. 葡萄	Grape	公顷 ha	1216	165	15	18	126	467	458
6. 蓝莓	Blueberry	公顷 ha	22	22		21			
7. 樱桃	Cherry	公顷 ha	35	9		6			26
8. 其它	Others	公顷 ha	188	32		31	154	2	

10-10 渔业生产情况
BASIC STATISTICS ON FISHERY

		单位 Unit	全市 Total	市辖区 District			榆树市 Yushu	农安县 Nong' an	德惠市 Dehui
				合计 Total	# 双阳区 Shuangyang	九台区 Jiutan			
一、水产品产量渔业	Output to aquatic	吨 ton	33852	12182	4320	6260	6800	7630	7240
# 国营	State-owned	吨 ton	8080	2660	718	340	5100		320
1. 养殖产量	Artificially cultured	吨 ton	32448	11914	4320	5992	6458	7211	6865
2. 捕捞产量	Naturally grown	吨 ton	1404	268		268	342	419	375
二、养殖面积	Areas of artificially	公顷 ha	38363	20640	2214	2171	4384	10891	2448
# 国营	State owned	公顷 ha	21800	18059	772	1032	3541		200

10-11 农林牧渔业总产值（现价）
GROSS OUTPUT VALUE OF FFAF(at current price)

单位：万元 unit:10000yuan

		全市 Total	市辖区 District			榆树市 Yushu	农安县 Nong' an	德惠市 Dehui
			合计 Total	# 双阳区 Shuangyang	九台区 Jiutan			
农林牧渔业总产值	Total	5817186	1282167	325612	777164	1505634	1752153	1277232
一、农业产值	Farming	2098343	476785	127676	245035	659191	589744	372623
1. 谷物及其他作物	Cereals and others	1721897	359869	108485	206678	584953	498984	278091
(1) 谷物	Cereal	1538306	334728	101722	189928	537824	407072	258682
(2) 薯类	Tubers	109308	18487	3253	13967	31948	46342	12531
(3) 油料	Oil-bearing	40346	1526	1508	18	3371	32291	3158
(4) 豆类	Beans	19825	3580	1446	1811	8474	7458	313
(5) 麻类	Fiber crop		0					
(6) 烟草	Tobacco	11341	345		345	3295	4313	3388
(7) 糖料	Sugar crop	50					50	
(8) 其他农作物	Others	2721	1203	556	609	41	1458	19
2. 蔬菜园艺作物	Vegetables	317575	97976	17875	36706	66022	80942	72635
3. 水果 坚果 饮料作物	Fruits nuts and beverage crops	55624	18643	1068	1602	8204	6880	21897
4. 中草药材	Chinese herbal medicine	3247	297	248	49	12	2938	
二、林业产值	Forestry	48145	6554	2140	3842	10961	20822	9808
(一) 林木的培育和种植	Plants	23733	2076	532	1242	1281	13679	6697
(二) 竹木采运	Wood cutting and transport	24412	4478	1608	2600	9680	7143	3111
(三) 林产品的采集	The collection of frest products		0					
三、牧业产值	Animal husbandry	3419898	730707	177287	497279	772780	1076962	839449
(一) 牲畜饲养	Animals	1394820	360125	84348	258500	448999	394741	190955
1. 牛的饲养	Cattle	1300875	347321	82960	248900	429854	357029	166671
2. 羊的饲养	Sheep and goats	38801	4451	1350	2263	5659	24771	3920
3. 奶产品	Milk products	18508	3140	38	2169	1369	7861	6138
4. 毛绒产品	Wool	725			9	1	25	690
(二) 猪的饲养	Hogs	742336	136725	26796	89141	178116	241847	185648
(三) 家禽饲养	Poultry	1252719	212086	45675	148556	145210	432586	462837
(四) 其他畜牧业	Other livestock	30023	21771	20468	1082	455	7788	9
四、渔业产值	Fishery	53675	19315	7804	11511	10782	12098	11480
五、农林牧渔服务业	Farming, forestry, animal husbandry and fishery services	197125	48806	10705	19497	51920	52527	43872

10-12 农林牧渔业增加值（现价）
ADDED VALUE OF FFAF(at current price)

单位：万元 unit:10000 yuan

		全市 Total	市辖区 District			榆树市 Yushu	农安县 Nong' an	德惠市 Dehui
			合计 Total	# 双阳区 Shuangyang	九台区 Jiutan			
一、农林牧渔业总产值	Gross output value of FFAF	5817186	1282167	325612	777164	1505634	1752153	1277232
二、中间消耗	Intermediate consumption	2686840	588114	135466	371738	691155	805782	601789
1. 农业	Farming	829843	190277	49356	94170	266401	229103	144062
2. 林业	Forestry	18591	2708	872	1597	4297	7819	3767
3. 牧业	Animal husbandry	1731731	364880	77261	262792	388894	549026	428931
4. 渔业	Fishery	20877	7910	3193	4717	4047	4583	4337
5. 服务业	Service	85798	22339	4784	8462	27516	15251	20692
三、农林牧渔业增加值	Added value of FFAF	3130346	694053	190146	405426	814479	946371	675443
1. 农业	Farming	1268500	286508	78320	150865	392790	360641	228561
2. 林业	Forestry	29554	3846	1268	2245	6664	13003	6041
3. 牧业	Animal husbandry	1688167	365827	100026	234487	383886	527936	410518
4. 渔业	Fishery	32798	11405	4611	6794	6735	7515	7143
5. 服务业	Services	111327	26467	5921	11035	24404	37276	23180

统计资料

STATISTICS

▶工 业

INDUSTRY

2019

长春统计年鉴

CHANGCHUN STATISTICAL YEARBOOK

第十一篇 工 业

2018 年，全市工业战线紧紧围绕全市工业经济稳增长、促改革、调结构和转型升级等重点工作，各项工作扎实推进，圆满完成全年工作任务，为全市经济平稳健康发展提供了强有力的保障。

一是工业经济稳增长。2018 年，长春市规上工业完成产值 8479.1 亿元，增长 6.9%。全市规模以上工业累计完成增加值 2114.8 亿元，按可比价格计算，比上年增长 8.5%。从全年长春市规上工业运行情况看，2 月规上工业产值累计增长 3.3%，3 月增长 6.5%，4 月增长 7.5%，5 月增长 8%，6 月增长 10%，7 月增长 10.3%，8 月增长 9.4%，9 月份增长 10.6%，10 月增长 9.3%，11 月增长 6.2%，12 月增长 6.9%。从 2 月增长 3.3% 的低位逐月上升，到 9 月增长 10.6%，达到年内的高点，然后开始放缓，11 月出现了较大幅度回落，12 月有所反弹，呈先抑后扬，冲高回落态势。

二是从重点企业看：重点产业仍是长春工业运行走势的决定因素。长春市 6 户百亿元企业 12 月完成产值 533.8 亿元，占全市规上工业企业总量的 67.2%，同比下降 2.2%。1-12 月完成产值 5756.1 亿元，同比增长 5.6%，占全市规上工业总量的 67.9%。其中一汽集团全年完成产值 4593.2 亿元，同比增长 5%。生产汽车 276.8 万辆，同比持平，销售汽车 279.6 万辆，增长 3.1%。

长春市 30 户重点企业 12 月完成产值 593.9 亿元，占全市规上工业企业总量的 74.8%，同比增长 4.7%。1-12 月完成产值 6463.4 亿元，同比增长 7.4%，占全市规上工业总量的 76.2%。

三是从重点产业看：长春市七大重点产业 12 月完成产值 766.1 亿元，占全市规上工业企业总量的 96.5%，同比增长 5.8%。1-12 月完成产值 8186.4 亿元，同比增长 6.9%，占全市规上工业总量的 96.6%。

四是从重点区域看：重点区域发展不平衡，县域工业呈现负增长。从全年产值完成情况看，城区好于开发区，开发区好于县域。12 月，城区规上工业完成产值 129.6 亿元，增长 13.1%，全年累计完成产值 1221 亿元，增长 13%，占全市规上工业的 14.4%；开发区当月完成产值 588.1 亿元，增长 3%。累计完成产值 6583.8 亿元，增长 6.6%，占全市规上工业的 77.7%；县域工业当月完成产值 59.3 亿元，增长 13.9%。累计完成产值 674.4 亿元，占全市产值总量 8%，同比下降 0.4%。

五是工业经济效益明显改善。2017 年全市规模以上工业企业实现主营业务收入 10551.9 亿元，同比增长 10.4%；亏损企业 126 户，同比减少 8 户；亏损企业亏损额为 27.3 亿元，同比下降 9.9%；实现利税总额 1353 亿元，同比增长 0.6%；盈亏相抵实现利润总额 772 亿元，增长 3.8%。企业资产负债率为 57.1%，比上年增加 4.3 个百分点；每百元主营业务收入中的成本为 82.7 元，同比增长 0.7 元；主营业务收入利润率为 7.3%，同比下降 0.5 个百分点。

11-1 2018年长春市主要工业产品产量
MAIN INDUSTRIAL PRODUCTS' OUTCOME OF CHANGCHUN IN 2018

产品	Products	单位	Unit	累计 Accumulative total
汽车	Vehicles	万辆	10000coach	276.8
基本型乘用车（轿车）	Cars	万辆	10000coach	181.3
多功能乘用车（MPV）	Multi-purpose vehicles	万辆	10000coach	
运动型多用途乘用车（SUV）	Sport utility vehicles	万辆	10000coach	62.6
客车	Buses and cars	辆	coach	3045.0
载货汽车	Truck	万辆	10000coach	32.4
改装汽车	Refitted vehicles	辆	coach	2055.0
动车组	MU	辆	coach	816.0
铁路客车	Train	辆	coach	260.0
城市轨道车辆	Urban rail transit	辆	coach	2029.0
发动机	Engine	万千瓦	10000kwh	33199.9
变压器	Transformer	万千伏安	10000kva	779.6
橡胶轮胎外胎	Cover tire of rubber tire	万条	10000item	317.0
水泥	Cement	万吨	10000ton	373.6
钢材	Steels	万吨	10000ton	18.6
卷烟	Cigarette	亿支	100millions unit	156.5
饮料酒	Alcoholic beverages	万吨	10000ton	26.2
啤酒	Beer	万千升	10000ton	16.0
白酒	Wine	万千升	10000ton	10.2
化学药品原药	Original chemical drug	吨	ton	3671.2
中成药	Chinese medicine	吨	ton	10733.2
饲料	Forage	万吨	10000ton	201.0
精炼食用植物油	Vegetable oil	万吨	10000ton	19.3
软饮料	Soft drink	万吨	10000ton	153.3
纸制品	refrigerated meat	万吨	10000ton	7.7
单色印刷品	Single-color printed matter	令	Ream	0.0
多色印刷品	Multi-color printed matter	万对开色令	10000color ream	201.3
塑料制品	Plastic product	万吨	10000ton	12.4
人造板	Wood based panel	万立方米	10000cu·m	1.1
服装	Clothing	万件	10000pcs	814.0

11-2 规模以上工业企业主要经济指标(大行业)(2018)

单位：万元 unit:10000yuan

		企 业单位数(个) Enterprises (unit)	亏损企业 Loss-suffering enterprises	产成品 Finished goods
总计	Total	1632	177	3795447.00
煤炭开采和洗选业	Coal mining and dressing	4	0	15435.00
石油和天然气开采业	Extraction of petroleum and natural gas	0	0	0.00
黑色金属矿采选业	Minging and dressing of ferrous metals	0	0	0.00
有色金属矿采选业	Mining and dressing of nonferrous metals	0	0	0.00
非金属矿采选业	Mining and dressing of nonmetal mineralproducts	16	1	4039.00
开采辅助活动	Mining auxiliary activities	3	0	3569.00
其他采矿业	Others	0	0	0.00
农副食品加工业	Food processing	305	24	166129.00
食品制造业	Food manufacturing	73	12	25139.00
酒、饮料和精制茶制造业	Wine、Drinks and refined tea industry	47	5	24072.00
烟草制品业	Tobacco processing	1	0	14236.00
纺织业	Textile industry	4	2	19099.00
纺织服装、服饰业	Textile and garment、Clothing industry	14	4	22666.00
皮革、毛皮、羽毛(绒)及其制品业	Leather furs down and related products	2	0	12.00
木材加工及木、竹、藤、棕、草制品业	Timber, bamboo, cane, palm and straw products	28	3	10837.00
家具制造业	Furniture	35	3	9033.00
造纸及纸制品业	Paper making and paper products	17	0	2877.00
印刷业和记录媒介的复制	Printing and record medium reproduction	21	4	8063.00
文教、工美、体育和娱乐用品制造业	Culture and education、industrial art、sports and entertainment products manufacturing	12	1	1771.00
石油加工、炼焦及核燃料加工业	Petroleum processing coking and nuclear processing	10	3	7646.00
化学原料及化学制品制造业	Raw chemical material and chemical products	66	10	81394.00
医药制造业	Medical and pharmacutical products	60	12	64881.00
化学纤维制造业	Chemical fiber manufacturing	2	1	2760.00
橡胶和塑料制品业	Rubber and Plastic products	62	5	33005.00
非金属矿物制品业	Nonmetal mineral products	103	5	49142.00
黑色金属冶炼及压延加工业	Smelting and pressing of ferrous metals	6	2	12929.00
有色金属冶炼及压延加工业	Smelting and pressing of non-ferrous metals	5	1	7755.00
金属制品业	Metal products	80	9	49838.00
通用设备制造业	Ordinary machinery	75	4	39965.00
专用设备制造业	Special purpose equipment	54	5	30657.00
汽车制造业	Automobile industry	335	41	2940057.00
铁路、船舶、航空航天和其他运输设备制造业	Railway、Ship、aerospace and other ransportation Equipment Manufacturing	37	2	71916.00
电气机械及器材制造业	Electric equipment and machinery	58	3	33393.00
计算机、通信及其他电子设备制业	Computer and Telecommunication equipment and other electronic equipment	21	1	25572.00
仪器仪表制造业	Instruments, meters	16	1	11054.00
其他制造业	Others	4	0	368.00
废弃资源综合利用业	Comperehensive untilization of waste resources	8	0	410.00
金属制品、机械和设备修理业	Metal products、machinery、Equipment repair industry	0	0	0.00
电力、热力的生产和供应业	Production and supply of electric power and heat power	40	10	3222.00
燃气生产和供应业	Production and supply of gas	6	1	2500.00
水的生产和供应业	Production and supply of water	2	2	9.00

11-2 续表 1 continued1

		资产总计 Total	流动资产合计 Current assets	应收帐款 Accounts receivable	存货 Inventory
总计	Total	91961524.00	51067995.00	8776175.00	10604550.00
煤炭开采和洗选业	Coal mining and dressing	393474.00	54092.00	13792.00	20113.00
石油和天然气开采业	Extraction of petroleum and natural gas	0.00	0.00	0.00	0.00
黑色金属矿采选业	Minging and dressing of ferrous metals	0.00	0.00	0.00	0.00
有色金属矿采选业	Mining and dressing of nonferrous metals	0.00	0.00	0.00	0.00
非金属矿采选业	Mining and dressing of nonmetal mineralproducts	33356.00	12439.00	7060.00	4759.00
开采辅助活动	Mining auxiliary activities	496498.00	17338.00	11732.00	4119.00
其他采矿业	Others	0.00	0.00	0.00	0.00
农副食品加工业	Food processing	3793656.00	1956009.00	291132.00	453956.00
食品制造业	Food manufacturing	1369027.00	766706.00	150431.00	173634.00
酒、饮料和精制茶制造业	Wine、Drinks and refined tea industry	410920.00	199572.00	39211.00	84919.00
烟草制品业	Tobacco processing	504691.00	394246.00	16471.00	353748.00
纺织业	Textile industry	98996.00	59518.00	10518.00	20553.00
纺织服装、服饰业	Textile and garment、Clothing industry	213821.00	140544.00	35956.00	42008.00
皮革、毛皮、羽毛（绒）及其制品业	Leather furs down and related products	121.00	88.00	49.00	14.00
木材加工及木、竹、藤、棕、草制品业	Timber、bamboo、cane、palm and straw products	764846.00	370944.00	28675.00	160123.00
家具制造业	Furniture	185096.00	67575.00	17178.00	14645.00
造纸及纸制品业	Paper making and paper products	70762.00	41996.00	11055.00	13276.00
印刷业和记录媒介的复制	Printing and record medium reproduction	157638.00	74975.00	18560.00	13880.00
文教、工美、体育和娱乐用品制造业	Culture and education、industrial art、sports and entertainment products manufacturing	53211.00	28655.00	7505.00	5693.00
石油加工、炼焦及核燃料加工业	Petroleum processing coking and nuclear processing	236432.00	121515.00	36592.00	26019.00
化学原料及化学制品制造业	Raw chemical material and chemical products	1231767.00	735666.00	167921.00	183452.00
医药制造业	Medical and pharmacutical products	2463323.00	1353063.00	306567.00	216635.00
化学纤维制造业	Chemical fiber manufacturing	65922.00	13374.00	4654.00	3407.00
橡胶和塑料制品业	Rubber and Plastic products	755070.00	386326.00	150605.00	89496.00
非金属矿物制品业	Nonmetal mineral products	1800811.00	996824.00	360829.00	116599.00
黑色金属冶炼及压延加工业	Smelting and pressing of ferrous metals	129159.00	87617.00	17708.00	30320.00
有色金属冶炼及压延加工业	Smelting and pressing of non-ferrous metals	37766.00	31827.00	11255.00	11058.00
金属制品业	Metal products	584066.00	302221.00	115383.00	95510.00
通用设备制造业	Ordinary machinery	755113.00	445364.00	163073.00	106125.00
专用设备制造业	Special purpose equipment	445995.00	289767.00	88288.00	95769.00
汽车制造业	Automobile industry	56935340.00	34747543.00	4420555.00	6795300.00
铁路、船舶、航空航天和其他运输设备制造业	Railway、Ship、aerospace and other Transportation Equipment Manufacturing	6179790.00	4693203.00	1742216.00	1134230.00
电气机械及器材制造业	Electric equipment and machinery	820384.00	303273.00	130143.00	69569.00
计算机、通信及其他电子设备制造业	Computer and Telecommunication equipment and other electronic equipment	464347.00	320513.00	89835.00	82881.00
仪器仪表制造业	Instruments, meters	303158.00	170033.00	33257.00	40180.00
其他制造业	Others	49442.00	10428.00	1786.00	394.00
废弃资源综合利用业	Comperehensive untilization of waste resources	71301.00	22749.00	8226.00	7772.00
金属制品、机械和设备修理业	Metal products、machinery、Equipment repairindustry	0.00	0.00	0.00	0.00
电力、热力的生产和供应业	Production and supply of electric power and heat power	9021087.00	1563534.00	247216.00	77372.00
燃气生产和供应业	Production and supply of gas	707693.00	169845.00	15289.00	55237.00
水的生产和供应业	Production and supply of water	357449.00	118616.00	5450.00	1786.00

11-2 续表 2 continued2

		负债合计 Liabilities	所有者权益合计 Ownership interests
总计	Total	51085059.00	40876465.00
煤炭开采和洗选业	Coal mining and dressing	222289.00	171185.00
石油和天然气开采业	Extraction of petroleum and natural gas	0.00	0.00
黑色金属矿采选业	Minging and dressing of ferrous metals	0.00	0.00
有色金属矿采选业	Mining and dressing of nonferrous metals	0.00	0.00
非金属矿采选业	Mining and dressing of nonmetal mineralproducts	6057.00	27299.00
开采辅助活动	Mining auxiliary activities	302780.00	193719.00
其他采矿业	Others	0.00	0.00
农副食品加工业	Food processing	2908509.00	885146.00
食品制造业	Food manufacturing	798028.00	570999.00
酒、饮料和精制茶制造业	Wine、Drinks and refined tea industry	340953.00	69967.00
烟草制品业	Tobacco processing	209617.00	295074.00
纺织业	Textile industry	96708.00	2289.00
纺织服装、服饰业	Textile and garment、Clothing industry	123266.00	90554.00
皮革、毛皮、羽毛（绒）及其制品业	Leather furs down and related products	92.00	29.00
木材加工及木、竹、藤、棕、草制品业	Timber，bamboo，cane，palm and straw products	403088.00	361758.00
家具制造业	Furniture	98962.00	86134.00
造纸及纸制品业	Paper making and paper products	39834.00	30928.00
印刷业和记录媒介的复制	Printing and record medium reproduction	87914.00	69724.00
文教、工美、体育和娱乐用品制造业	Culture and education、industrial art、sports and entertainment products manufacturing	27722.00	25489.00
石油加工、炼焦及核燃料加工业	Petroleum processing coking and nuclear processing	180438.00	55994.00
化学原料及化学制品制造业	Raw chemical material and chemical products	644479.00	587288.00
医药制造业	Medical and pharmacutical products	823993.00	1639330.00
化学纤维制造业	Chemical fiber manufacturing	10438.00	55483.00
橡胶和塑料制品业	Rubber and Plastic products	392176.00	362894.00
非金属矿物制品业	Nonmetal mineral products	1116979.00	683831.00
黑色金属冶炼及压延加工业	Smelting and pressing of ferrous metals	31895.00	97264.00
有色金属冶炼及压延加工业	Smelting and pressing of non-ferrous metals	23493.00	14273.00
金属制品业	Metal products	367963.00	216103.00
通用设备制造业	Ordinary machinery	501643.00	253470.00
专用设备制造业	Special purpose equipment	240436.00	205560.00
汽车制造业	Automobile industry	29602404.00	27332936.00
铁路、船舶、航空航天和其他运输设备制造业	Railway、Ship、aerospace and other Transportation Equipment Manufacturing	4041233.00	2138557.00
电气机械及器材制造业	Electric equipment and machinery	253822.00	566562.00
计算机、通信及其他电子设备制业	Computer and Telecommunication equipment and other electronic equipment	178224.00	286123.00
仪器仪表制造业	Instruments， meters	97759.00	205399.00
其他制造业	Others	16413.00	33030.00
废弃资源综合利用业	Comperehensive untilization of waste resources	39762.00	31539.00
金属制品、机械和设备修理业	Metal products、machinery、Equipment repair industry	0.00	0.00
电力、热力的生产和供应业	Production and supply of electric power and heat power	6336334.00	2684752.00
燃气生产和供应业	Production and supply of gas	396258.00	311435.00
水的生产和供应业	Production and supply of water	123101.00	234348.00

11-2 续表 3 continued3

		主营业务收入 Main operation income	主营业务成本 Main operation cost
总计	Total	91611450.00	75251046.00
煤炭开采和洗选业	Coal mining and dressing	153471.00	108469.00
石油和天然气开采业	Extraction of petroleum and natural gas	0.00	0.00
黑色金属矿采选业	Minging and dressing of ferrous metals	0.00	0.00
有色金属矿采选业	Mining and dressing of nonferrous metals	0.00	0.00
非金属矿采选业	Mining and dressing of nonmetal mineralproducts	19431.00	16481.00
开采辅助活动	Mining auxiliary activities	143340.00	86745.00
其他采矿业	Others	0.00	0.00
农副食品加工业	Food processing	4093870.00	3755402.00
食品制造业	Food manufacturing	845896.00	602340.00
酒、饮料和精制茶制造业	Wine、Drinks and refined tea industry	406111.00	337202.00
烟草制品业	Tobacco processing	428910.00	143916.00
纺织业	Textile industry	49579.00	42988.00
纺织服装、服饰业	Textile and garment、Clothing industry	122079.00	107280.00
皮革、毛皮、羽毛（绒）及其制品业	Leather furs down and related products	502.00	192.00
木材加工及木、竹、藤、棕、草制品业	Timber，bamboo，cane，palm and straw products	271630.00	196401.00
家具制造业	Furniture	87659.00	76647.00
造纸及纸制品业	Paper making and paper products	86740.00	78044.00
印刷业和记录媒介的复制	Printing and record medium reproduction	109711.00	93632.00
文教、工美、体育和娱乐用品制造业	Culture and education、industrial art、sports and entertainment products manufacturing	43650.00	38450.00
石油加工、炼焦及核燃料加工业	Petroleum processing coking and nuclear processing	438987.00	387227.00
化学原料及化学制品制造业	Raw chemical material and chemical products	911425.00	761736.00
医药制造业	Medical and pharmacutical products	1221874.00	388663.00
化学纤维制造业	Chemical fiber manufacturing	9131.00	6504.00
橡胶和塑料制品业	Rubber and Plastic products	751588.00	670040.00
非金属矿物制品业	Nonmetal mineral products	804589.00	658109.00
黑色金属冶炼及压延加工业	Smelting and pressing of ferrous metals	255589.00	239837.00
有色金属冶炼及压延加工业	Smelting and pressing of non-ferrous metals	63008.00	58654.00
金属制品业	Metal products	643852.00	599492.00
通用设备制造业	Ordinary machinery	550901.00	449507.00
专用设备制造业	Special purpose equipment	296617.00	236536.00
汽车制造业	Automobile industry	67782317.00	55204970.00
铁路、船舶、航空航天和其他运输设备制造业	Railway、Ship、aerospace and other ransportation Equipment Manufacturing	4053512.00	3207796.00
电气机械及器材制造业	Electric equipment and machinery	384850.00	314927.00
计算机、通信及其他电子设备制业	Computer and Telecommunication equipment and other electronic equipment	359913.00	286315.00
仪器仪表制造业	Instruments， meters	105919.00	80189.00
其他制造业	Others	20862.00	18611.00
废弃资源综合利用业	Comperehensive untilization of waste resources	126330.00	118618.00
金属制品、机械和设备修理业	Metal products、machinery、Equipment repair industry	0.00	0.00
电力、热力的生产和供应业	Production and supply of electric power and heat power	5652763.00	5645038.00
燃气生产和供应业	Production and supply of gas	215990.00	157057.00
水的生产和供应业	Production and supply of water	98860.00	77033.00

11-2 续表 4 continued4

		财务费用 Financial cost
总计	Total	242487.00
煤炭开采和洗选业	Coal mining and dressing	4319.00
石油和天然气开采业	Extraction of petroleum and natural gas	0.00
黑色金属矿采选业	Minging and dressing of ferrous metals	0.00
有色金属矿采选业	Mining and dressing of nonferrous metals	0.00
非金属矿采选业	Mining and dressing of nonmetal mineralproducts	174.00
开采辅助活动	Mining auxiliary activities	6610.00
其他采矿业	Others	0.00
农副食品加工业	Food processing	81989.00
食品制造业	Food manufacturing	20900.00
酒、饮料和精制茶制造业	Wine、Drinks and refined tea industry	787.00
烟草制品业	Tobacco processing	4411.00
纺织业	Textile industry	211.00
纺织服装、服饰业	Textile and garment、Clothing industry	2413.00
皮革、毛皮、羽毛（绒）及其制品业	Leather furs down and related products	74.00
木材加工及木、竹、藤、棕、草制品业	Timber，bamboo，cane，palm and straw products	4966.00
家具制造业	Furniture	2932.00
造纸及纸制品业	Paper making and paper products	1154.00
印刷业和记录媒介的复制	Printing and record medium reproduction	1826.00
文教、工美、体育和娱乐用品制造业	Culture and education、industrial artsports and entertainment products manufacturing	558.00
石油加工、炼焦及核燃料加工业	Petroleum processing coking and nuclear processing	5770.00
化学原料及化学制品制造业	Raw chemical material and chemical products	12203.00
医药制造业	Medical and pharmacutical products	9900.00
化学纤维制造业	Chemical fiber manufacturing	230.00
橡胶和塑料制品业	Rubber and Plastic products	9634.00
非金属矿物制品业	Nonmetal mineral products	27219.00
黑色金属冶炼及压延加工业	Smelting and pressing of ferrous metals	127.00
有色金属冶炼及压延加工业	Smelting and pressing of non-ferrous metals	807.00
金属制品业	Metal products	11538.00
通用设备制造业	Ordinary machinery	6855.00
专用设备制造业	Special purpose equipment	4933.00
汽车制造业	Automobile industry	-131049.00
铁路、船舶、航空航天和其他运输设备制造业	Railway、Ship、aerospace and other Transportation Equipment Manufacturing	3502.00
电气机械及器材制造业	Electric equipment and machinery	5718.00
计算机、通信及其他电子设备制业	Computer and Telecommunication equipment and other electronic equipment	-792.00
仪器仪表制造业	Instruments， meters	937.00
其他制造业	Others	494.00
废弃资源综合利用业	Comperehensive untilization of waste resources	761.00
金属制品、机械和设备修理业	Metal products、machinery、Equipment repair industry	0.00
电力、热力的生产和供应业	Production and supply of electric power and heat power	133740.00
燃气生产和供应业	Production and supply of gas	6364.00
水的生产和供应业	Production and supply of water	275.00

利息支出 Interest expenditure	销售费用 Marketing expenses	管理费用 Management expenses	营业利润 Operating profit
428366.00	4067113.00	4515286.00	6556417.00
931.00	5826.00	17597.00	12572.00
0.00	0.00	0.00	0.00
0.00	0.00	0.00	0.00
0.00	0.00	0.00	0.00
38.00	628.00	746.00	1111.00
6671.00	88.00	33071.00	10459.00
0.00	0.00	0.00	0.00
82301.00	151619.00	124473.00	-16264.00
18800.00	86477.00	30641.00	93035.00
2695.00	34664.00	21172.00	8638.00
4916.00	11459.00	31558.00	8321.00
274.00	538.00	2622.00	2552.00
2664.00	4093.00	11099.00	-1528.00
64.00	161.00	97.00	156.00
5877.00	17961.00	21687.00	14642.00
2743.00	2407.00	4092.00	2137.00
1002.00	1682.00	3198.00	2244.00
2020.00	2384.00	7455.00	5472.00
672.00	1445.00	1803.00	1491.00
1981.00	2257.00	12135.00	3567.00
3628.00	34955.00	62579.00	35671.00
11527.00	373046.00	148571.00	327547.00
0.00	134.00	2441.00	-249.00
5593.00	12136.00	37039.00	24091.00
27886.00	37646.00	52408.00	29088.00
63.00	2678.00	4056.00	7742.00
496.00	524.00	1524.00	1441.00
9140.00	8790.00	18523.00	3531.00
4695.00	15700.00	43532.00	30441.00
3838.00	10933.00	27157.00	15978.00
70475.00	3082777.00	3223652.00	5704212.00
8250.00	99029.00	391023.00	337038.00
3798.00	10757.00	25524.00	26858.00
615.00	10105.00	36445.00	27238.00
1299.00	4704.00	13561.00	6437.00
490.00	357.00	896.00	498.00
366.00	771.00	3468.00	5763.00
0.00	0.00	0.00	0.00
135310.00	1804.00	65930.00	-180188.00
6642.00	27594.00	15401.00	14384.00
610.00	8987.00	18113.00	9707.00

11-2 续表 5 continued5

		利润总额 Profit	亏损企业亏损总额 Total loss of loss-suffering enterprises
总计	Total	6724635.00	430625.00
煤炭开采和洗选业	Coal mining and dressing	12167.00	0.00
石油和天然气开采业	Extraction of petroleum and natural gas	0.00	0.00
黑色金属矿采选业	Minging and dressing of ferrous metals	0.00	0.00
有色金属矿采选业	Mining and dressing of nonferrous metals	0.00	0.00
非金属矿采选业	Mining and dressing of nonmetal mineralproducts	1111.00	101.00
开采辅助活动	Mining auxiliary activities	10288.00	0.00
其他采矿业	Others	0.00	0.00
农副食品加工业	Food processing	-117.00	141098.00
食品制造业	Food manufacturing	96294.00	37882.00
酒、饮料和精制茶制造业	Wine、Drinks and refined tea industry	8326.00	4388.00
烟草制品业	Tobacco processing	8206.00	0.00
纺织业	Textile industry	2515.00	980.00
纺织服装、服饰业	Textile and garment、Clothing industry	-2153.00	5162.00
皮革、毛皮、羽毛（绒）及其制品业	Leather furs down and related products	89.00	0.00
木材加工及木、竹、藤、棕、草制品业	Timber, bamboo, cane, palm and straw products	18564.00	1579.00
家具制造业	Furniture	3029.00	1860.00
造纸及纸制品业	Paper making and paper products	2414.00	0.00
印刷业和记录媒介的复制	Printing and record medium reproduction	5658.00	1446.00
文教、工美、体育和娱乐用品制造业	Culture and education、industrial art、sports and entertainment products manufacturing	1586.00	481.00
石油加工、炼焦及核燃料加工业	Petroleum processing coking and nuclear processing	3336.00	6492.00
化学原料及化学制品制造业	Raw chemical material and chemical products	36528.00	11994.00
医药制造业	Medical and pharmacutical products	332567.00	17255.00
化学纤维制造业	Chemical fiber manufacturing	-168.00	348.00
橡胶和塑料制品业	Rubber and Plastic products	28937.00	13945.00
非金属矿物制品业	Nonmetal mineral products	36515.00	1830.00
黑色金属冶炼及压延加工业	Smelting and pressing of ferrous metals	7789.00	543.00
有色金属冶炼及压延加工业	Smelting and pressing of non-ferrous metals	1471.00	148.00
金属制品业	Metal products	5259.00	7821.00
通用设备制造业	Ordinary machinery	33989.00	1295.00
专用设备制造业	Special purpose equipment	17754.00	1811.00
汽车制造业	Automobile industry	5666099.00	28000.00
铁路、船舶、航空航天和其他运输设备制造业	Railway、Ship、aerospace and other Transportation Equipment Manufacturing	332455.00	782.00
电气机械及器材制造业	Electric equipment and machinery	27957.00	2880.00
计算机、通信及其他电子设备制业	Computer and Telecommunication equipment and other electronic equipment	36861.00	111.00
仪器仪表制造业	Instruments, meters	18838.00	98.00
其他制造业	Others	506.00	0.00
废弃资源综合利用业	Comperehensive untilization of waste resources	5763.00	0.00
金属制品、机械和设备修理业	Metal products、machinery、Equipment repair industry	0.00	0.00
电力、热力的生产和供应业	Production and supply of electric power and heat power	-43886.00	129907.00
燃气生产和供应业	Production and supply of gas	14327.00	4150.00
水的生产和供应业	Production and supply of water	-6238.00	6238.00

11-2 续表 6

		全部从业人员年平均人数（人）Annual averageof employment（person）
总计	Total	456680
煤炭开采和洗选业	Coal mining and dressing	7385
石油和天然气开采业	Extraction of petroleum and natural gas	0
黑色金属矿采选业	Minging and dressing of ferrous metals	0
有色金属矿采选业	Mining and dressing of nonferrous metals	0
非金属矿采选业	Mining and dressing of nonmetal mineral products	404
开采辅助活动	Mining auxiliary activities	1316
其他采矿业	Others	0
农副食品加工业	Food processing	29187
食品制造业	Food manufacturing	14847
酒、饮料和精制茶制造业	Wine、Drinks and refined tea industry	5465
烟草制品业	Tobacco processing	1301
纺织业	Textile industry	1104
纺织服装、服饰业	Textile and garment、Clothing industry	3382
皮革、毛皮、羽毛（绒）及其制品业	Leather furs down and related products	18
木材加工及木、竹、藤、棕、草制品业	Timber，bamboo，cane，palm and straw products	4048
家具制造业	Furniture	2650
造纸及纸制品业	Paper making and paper products	1326
印刷业和记录媒介的复制	Printing and record medium reproduction	1924
文教、工美、体育和娱乐用品制造业	Culture and education、industrial art、sports and entertainment products manufacturing	1599
石油加工、炼焦及核燃料加工业	Petroleum processing coking and nuclear processing	1767
化学原料及化学制品制造业	Raw chemical material and chemical products	5153
医药制造业	Medical and pharmacutical products	16442
化学纤维制造业	Chemical fiber manufacturing	135
橡胶和塑料制品业	Rubber and Plastic products	7259
非金属矿物制品业	Nonmetal mineral products	10759
黑色金属冶炼及压延加工业	Smelting and pressing of ferrous metals	717
有色金属冶炼及压延加工业	Smelting and pressing of non-ferrous metals	174
金属制品业	Metal products	6232
通用设备制造业	Ordinary machinery	6721
专用设备制造业	Special purpose equipment	5417
汽车制造业	Automobile industry	231782
铁路、船舶、航空航天和其他运输设备制造业	Railway、Ship、aerospace and other Transportation Equipment Manufacturing	21297
电气机械及器材制造业	Electric equipment and machinery	4068
计算机、通信及其他电子设备制业	Computer and Telecommunication equipment and other electronic equipment	4967
仪器仪表制造业	Instruments，　meters	2713
其他制造业	Others	222
废弃资源综合利用业	Comperehensive untilization of waste resources	756
金属制品、机械和设备修理业	Metal products、machinery、Equipment repair industry	0
电力、热力的生产和供应业	Production and supply of electric power and heat power	48419
燃气生产和供应业	Production and supply of gas	2940
水的生产和供应业	Production and supply of water	2784

continued6

资产利润率（%） Asset profit ratio (%)	资产负债率（%） Debt to asset ratio (%)	主营业务收入利润率（%） Profit margin of main business income (%)	人均年主营业务收入（万元） Annual average of main business income (10,000 yuan)
14.62	55.6	7.34	200.6
6.18	56.5	7.93	20.8
0.00	0.0	0.00	0.0
0.00	0.0	0.00	0.0
0.00	0.0	0.00	0.0
6.66	18.2	5.72	48.1
4.14	61.0	7.18	108.9
0.00	0.0	0.00	0.0
-0.01	76.7	0.00	140.3
14.07	58.3	11.38	57.0
4.05	83.0	2.05	74.3
3.25	41.5	1.91	329.7
5.08	97.7	5.07	44.9
-2.01	57.6	-1.76	36.1
147.23	75.8	17.74	27.9
4.85	52.7	6.83	67.1
3.27	53.5	3.46	33.1
6.82	56.3	2.78	65.4
7.18	55.8	5.16	57.0
5.96	52.1	3.63	27.3
2.82	76.3	0.76	248.4
5.93	52.3	4.01	176.9
27.00	33.5	27.22	74.3
-0.51	15.8	-1.84	67.6
7.66	51.9	3.85	103.5
4.06	62.0	4.54	74.8
12.06	24.7	3.05	356.5
7.79	62.2	2.33	362.1
1.80	63.0	0.82	103.3
9.00	66.4	6.17	82.0
7.96	53.9	5.99	54.8
19.90	52.0	8.36	292.4
10.76	65.4	8.20	190.3
6.82	30.9	7.26	94.6
15.88	38.4	10.24	72.5
12.43	32.2	17.79	39.0
2.04	33.2	2.42	94.0
16.17	55.8	4.56	167.1
0.00	0.0	0.00	0.0
-0.97	70.2	-0.78	116.7
4.05	56.0	6.63	73.5
-3.49	34.4	-6.31	35.5

11-3 规模以上工业企业主要经济指标（总表）(2018)
Main economic indicators of industrial enterprises above designated size (general table)(2018)

单位：万元

		企　业 单位数（个） Enterprises (unit)	亏损企业 Loss-suffering enterprises	产成品 Finished goods	资产总计 Total
总计	Total	1632	177	3795447	91961524
在总计中：1 国有企业	In total 1. State-owned enterprises	12	4	2463452	45141944
2 集体企业	2. Collective enterprises	6	0	866	30725
3 股份合作制企业	3. Joint stock cooperation enterprises	1	0	661	2550
4 股份制企业	4. Joint stock enterprises	1409	147	998456	35212877
5 外商及港澳台投资企业	5. Foreign investors and Hong Kong, Macao and Taiwan investment enterprises	166	26	328146	11410292
6 其它企业	6. Other enterprises	38	0	3866	163138
在总计中：亏损企业	In total: unprofitable enterprises	177	177	198857	7337281
在总计中：国有控股企业	In total: state-owned holding enterprises	101	21	2691285	66398898
其中：亏损企业	In which: unprofitable enterprises	21	21	20803	3289689
其中：中央企业	In which: central enterprises	8	8	6239	1751957
在总计中：新建企业	In total: new enterprises	5	0	388	311383
在总计中：大中型工业	In total: medium and large industries	212	34	3152082	79204215
其中：国有控股企业	In which: state-owned holding enterprises	57	16	2605636	63668310
其中：亏损企业	In which: unprofitable enterprises	16	16	18887	3234934
在总计中：1 国有控股	In total: 1. state-owned holding	101	21	2691285	66398898
2 集体控股	2. Collective holding	30	4	80228	1745323
3 私人控股	3. Private holding	1220	116	565887	10146352
4 港澳台商控股	4. Hong Kong, Macao and Taiwan holding	22	8	80190	2315648
5 外商控股	5. Foreign investors holding	85	14	159656	5140397
6 其他	6 Others	174	14	218203	6214907
在总计中：轻工业	In total: light industry	681	76	393065	10193125
重工业	Heavy industry	951	101	3402383	81768400
在总计中：大型企业	In total: Large enterprises	47	8	2755504	68280521
中型企业	Medium enterprises	165	26	396578	10923695
小型企业	Small-sized enterprises	1254	137	627593	12425683
在总计中：中央企业	In total: central enterprises	29	8	2538379	58437165
省及省以下属企业	Provincial and its subordinate enterprises	1603	169	1257068	33524359
省属企业	Provincial enterprises	40	10	91332	3385173
地区及地区以下属企业	Regional and its subordinate enterprises	1563	159	1165737	30139186
地区属企业	Regional enterprises	148	15	260156	8361633
县及县以下属企业	Prefectural and its subordinate enterprises	1415	144	905580	21777554
在总计中：民营工业	In total: private industry	1372	131	804626	15591947
在总计中：非公有工业	In total: non-public sectors of industry	1327	138	805732	17602397
微型企业	Micro-enterprises	166	6	15772	331626

11-3 续表 1

unit:10000 yuan

流动资产合计 Current assets	应收帐款 Accounts receivable	负债合计 Liabilities	所有者权益合计 Ownership interests	主营业务收入 Main operation income	主营业务成本 Main operation cost
51067995	8776175	51085059	40876465	91611450	75251046
26926306	1338244	23934782	21207162	52647139	42678719
24790	3238	8217	22508	10367	7945
2154	538	149	2401	2083	1487
16712766	4670796	20223974	14988903	24542942	20628966
7365943	2752004	6894745	4515547	14277236	11816779
36035	11354	23193	139945	131683	117151
2564078	558798	6310238	1027043	3534429	3288443
36492454	3970594	37289946	29108952	67726632	55283630
926012	171041	2711044	578645	1343411	1272158
324085	74144	1697100	54857	810203	817511
11237	998	41282	270101	68486	62351
44001752	6659933	44523418	34680797	80668898	66031759
35127435	3685036	35661715	28006595	66267527	54042231
888427	167301	2623085	611849	1318660	1250298
36492454	3970594	37289946	29108952	67726632	55283630
1022953	184335	993149	752174	1092585	967150
5230323	1572077	4868363	5277989	8707538	7427211
933406	321889	2073000	242648	1417347	1293621
3733999	1490371	2767241	2373156	7228630	5880678
3654860	1236908	3093361	3121546	5438719	4398757
5531329	1090417	6000475	4192650	8373773	6438811
45536666	7685758	45084584	36683816	83237677	68812234
38411298	4663173	38486706	29793815	72209367	59044789
5590454	1996760	6036712	4886983	8459531	6986971
6873585	2060907	6413632	6012051	10555011	8868204
32242149	3107878	32561807	25875358	61821480	50674210
18825846	5668296	18523252	15001107	29789970	24576836
1799656	294083	1660032	1725141	1468009	1099285
17026190	5374213	16863220	13275966	28321961	23477551
4752528	1454177	4457121	3904512	9060938	7489868
12273662	3920036	12406099	9371455	19261023	15987684
8243981	2390546	7523569	8068378	12332367	10299952
9897727	3384337	9708603	7893794	17353515	14601510
192657	55334	148010	183616	387541	351082

11-3 续表 2

unit:10000 yuan

销售费用 Marketing expenses	管理费用 Management expenses	财务费用 Financialcost	利息支出 Interest expenditure	利润总额 Profit	亏损企业亏损总额 Total loss of loss-suffering enterprises
4067113	4515286	242487	428366	6724635	430625
2841371	2258495	-154603	45676	4209862	17782
135	2054	-135	58	678	0
124	237	-2	0	188	0
916031	1376905	321296	299523	1356431	238304
307205	874519	74066	82325	1150838	174539
2247	3075	1863	784	6638	0
208629	233671	204606	183340	-430625	430625
3295222	3049966	17845	243151	5034737	191669
101915	57772	92594	90292	-191669	191669
47931	12436	67023	65637	-136686	136686
216	261	5040	5030	974	0
3707375	3949456	115551	320935	5993650	367358
3225388	2994089	-11117	205459	4943415	189916
100993	54795	92236	89970	-189916	189916
3295222	3049966	17845	243151	5034737	191669
18587	43777	20003	11856	63370	10577
256809	444762	105427	74543	483723	49723
73620	87264	69220	64663	-78177	145166
161188	511060	7508	9225	661702	20373
261689	378458	22483	24929	559280	13117
685618	432386	136465	136768	496647	223236
3381495	4082900	106022	291598	6227988	207389
3387859	3380434	19560	227803	5391381	267779
319515	569023	95991	93132	602269	99580
352180	554722	125103	106654	709573	62282
3032769	2717477	-29615	173815	4473825	136686
1034344	1797809	272102	254551	2250810	293939
62919	122142	31488	36526	150527	3292
971426	1675666	240614	218025	2100283	290647
263161	487623	10421	22631	836352	19309
708265	1188044	230193	195394	1263931	271338
484522	688601	141837	103296	865373	66428
491616	1043085	182156	148431	1067248	215262
7558	11107	1833	776	21412	984

11-3 续表 3

unit:10000 yuan

全部从业人员年平均人数（万人） Annual averageof employment (10000person) __单位：人	资产利润率（%） Asset profit ratio (%)	资产负债率（%） Debt to asset ratio(%)	主营业务收入利润率（%） Profit margin of main business income (%)	人均年主营业务收入（万元） Annual average of main business income (10,000 yuan)
456680	14.62	55.6	7.34	200.6
132539	18.65	53.0	8.00	397.2
420	4.41	26.7	6.54	24.7
85	14.75	5.8	9.03	24.5
246645	7.70	57.4	5.53	99.5
75179	20.17	60.4	8.06	189.9
1812	8.14	14.2	5.04	72.7
41385	-11.74	86.0	-12.18	85.4
236001	15.17	56.2	7.43	287.0
16358	-11.65	82.4	-14.27	82.1
7603	-15.60	96.9	-16.87	106.6
369	0.63	13.3	1.42	185.6
343835	15.13	56.2	7.43	234.6
226667	15.53	56.0	7.46	292.4
15740	-11.74	81.1	-14.40	83.8
236001	15.17	56.2	7.43	287.0
8506	7.26	56.9	5.80	128.4
115065	9.53	48.0	5.56	75.7
10067	-6.75	89.5	-5.52	140.8
36326	25.75	53.8	9.15	199.0
50715	18.00	49.8	10.28	107.2
87854	9.74	58.9	5.93	95.3
368826	15.23	55.1	7.48	225.7
259935	15.79	56.4	7.47	277.8
83900	11.03	55.3	7.12	100.8
110035	11.42	51.6	6.72	95.9
189253	15.31	55.7	7.24	326.7
267427	13.43	55.3	7.56	111.4
22444	8.89	49.0	10.25	65.4
244983	13.94	56.0	7.42	115.6
60813	20.00	53.3	9.23	149.0
184170	11.61	57.0	6.56	104.6
154154	11.10	48.3	7.02	80.0
161458	12.13	55.2	6.15	107.5
2810	12.91	44.6	5.53	137.9

统计资料

STATISTICS

▶ 交通运输、邮电通信业

TRANSPORTATION,POST AND TELECOMMUNICATION

2019

长春统计年鉴

CHANGCHUN STATISTICAL YEARBOOK

第十二篇　交通运输、邮电通信业

2018 年，我市机动车保有量 199.3 万辆，比上年增加 8.9 万辆，增长 4.7%，其中：个人机动车保有量为 179.5 万辆，比上年增加 6.6 万辆，增长 3.8%。在总计中：新注册 18.2 万辆，比上年减少 3.2 万辆，下降 15.1%。在总计中：营运车辆 20.9 万辆，比上年增加 1.6 万辆，增长 8.2%；非营运车辆 178.2 万辆，比上年增加 7.3 万辆，增长 4.3%。

2018 年末全市民用汽车保有量 172 万辆，增长 8.0%。其中私人汽车保有量 154.6 万辆，增长 7.9%。

全年公路货物周转量 318.1 亿吨公里，增长 3.2%；旅客周转量 40.2 亿人公里，下降 5.7%。民航完成货邮吞吐量 8.3 万吨，下降 6.5%；完成旅客吞吐量 1297 万人，增长 11.2%。

2018 年完成邮电业务总量 185.8 亿元，增长 74.3%。其中：邮政业务总量 32.5 亿元，增长 35.6%；电信业务总量 153.3 亿元，增长 85.6%。全年特快专递完成 51 万件，下降 56%；邮政储蓄平均余额 3783.8 亿元，增长 5.4%。全市市话年末达到 113 万户，增长 0.1%；农话年末达到 22.0 万户，下降 0.4%。移动电话年末达到 1516 万户，增长 24.3%。互联网用户达到 606 万户，增长 5.1%，其中宽带用户 127 万户，增长 9.9%。

12-1 2018 年长春市机动车辆保有量
NUMBER OF CIVIL MOTOR VEHICLE OWNED (2018)

单位：辆 unit:coach

		机动车保有量 Number of civil motor vehicle owned						报废 Ababdibed Non-operating
		总计 Total				营运 Operating	非营运 Non-operating	
			进口 Import	个人 Individual	新注册 new register			
总计	Total	1992988	92093	1795438	182146	209511	1781809	38365
一、汽车	Vehicles	1719963	91618	1546392	159471	175131	1543164	10374
1、载客汽车	Buses and cars	1564931	91139	1442940	142752	35272	1527991	7448
其中：大型	large	14216	113	813	784	8649	4206	615
中型	mudium	4617	157	1570	136	390	3920	251
小型	Smaller	1533958	90115	1428869	141743	26233	1507725	6219
微型	Smaller	12140	754	11688	89	0	12140	363
2、载货汽车	Truck	140603	467	94259	15446	130323	10280	2838
其中：重型	heavy	46663	24	18274	7393	45831	832	937
中型	Mudium	5104	5	3929	107	4805	299	218
轻型	light	88777	437	72005	7946	79637	9140	1679
微型	Small	59	1	51	0	50	9	4
3、其他汽车	Others	14429	12	9193	1273	9536	4893	88
其中：三轮汽车	Tricar	4933	0	4923	51	4866	67	0
低速货车	Low-speed truck/Therein	1666	0	1582	0	1602	64	9
二、摩托车	Motor cycle	247763	430	245986	11679	9720	238043	27750
1、普通	Ordinary	243417	430	241656	11637	9719	233698	27388
2、轻便	Light	4346	0	4330	42	1	4345	362
三、挂车	Trailer	24718	44	2827	10918	24505	213	241
1、重型	Heavy	24642	5	2772	10894	24489	153	241
2、中型	Medium-sized	21	20	19	4	1	20	0
3、轻型	Dght	55	19	36	20	15	40	0
四、拖拉机	Tractors	5	0	5	0			0
1、大中型	Large and medium		0	0	0			0
2、小型方向盘式	small		0	0	0			0
3、手扶式	Shou fu	5	0	5	0			0
五、其他类型	others	539	1	228	78	150	389	0

统计资料

▶建筑业

CONSTUCTION

STATISTICS

2019

长春统计年鉴

CHANGCHUN STATISTICAL YEARBOOK

第十三篇　建筑业

2018 年，全市建筑业发展状况良好，其主要经济指标仍保持增长态势。

建筑业产值稳步增长。2018 年全年累计完成建筑业总产值 1338.9 亿元，比去年增长 5.7%；在外省完成产值 284.1 亿元，增长 24.3%；建筑业竣工产值 738.9 亿元，增长 15.3%；房屋施工面积 5773 万平方米，增长 6.6%；房屋建筑竣工面积 1730.2 万平方米，下降 6.8%。

主营业务收入 1232.8 亿元，增长 9.8 %；利润总额 51.2 亿元，下降 0.5%。

13-1 2018年长春市建筑业企业生产经营情况
MAIN FINANCIAL CONDITIONS OFCONSTRUCTION ENTERPRISES IN 2018

指标名称		企业个数 Number of construction enterprises
		建筑业企业个数（个）
总计	Total	1262
其中：国有控股企业	State owned and state-holding enterprise	63
一、按登记注册类型分组	Grouped by type registered	
内资企业	Domestic funded	1258
国有企业	State-owned	10
集体企业	Collective-owned	7
股份合作企业	Cooperative	2
联营企业	Joint	
国有联营企业	State joint owned	
集体联营企业	Collective joint owned	
国有与集体联营企业	State-collective joint owned	
其他联营企业	Other joint owned	
有限责任公司	Limited liability corporations	391
国有独资公司	State-owned solely	9
其他有限责任公司	Other	382
股份有限公司	Share holding	29
私营企业	Private	819
私营独资企业	Private funded	1
私营合伙企业	Private partner	
私营有限责任公司	Private limited company	792
私营股份有限公司	Private share holding	26
其他企业	Others	
港、澳、台商投资企业	Funded from Hongkong Macao and Taiwan	4
合资经营企业（港或澳、台资）	joint venture	3
合作经营企业（港或澳、台资）	Cooperative	
港、澳、台商独资经营企业	Solely owned	1
港、澳、台商投资股份有限公司	Share holding	
外商投资企业	Foreign funds	
中外合资经营企业	Joint venture	
中外合作经营企业	Cooperative	
外资企业	Foreign funded	
外商投资股份有限公司	Share holding	
二、按国民经济行业分组	Grouped by sector	
房屋建筑业	Housing industry	391
住宅房屋建筑	Residential housing construction	345
体育场馆建筑	Stadium building	1
其他房屋建筑业	Other housing industry	45
土木工程建筑业	Engineering Construction	390
铁路、道路、隧道和桥梁工程建筑	Railway roads and briages projects	181
铁路工程建筑	Railway	5
公路工程建筑	Roads	48
市政道路工程建筑	Municipal road engineering construction	109
城市轨道交通工程建筑	Urban railway transit engineering construction	2
其他道路、隧道和桥梁工程建筑	Others	17
水利和水运工程建筑	Water conservation and inland port engineering construction	70
水源及供水设施工程建筑	Water resources and water supply facilities engineering construction	56
河湖治理及防洪设施工程建筑	The govemance of rivers and lakes and flood control facilities engineering and construction	14
港口及航运设施工程建筑	Harbor and shipping facilities engineering constructions	
海洋工程建筑	Marine engineering constructions	

13-1 续表 1

企业个数 Number of construction enterprises	建筑业总产值（千元） Output value of construction				竣工产值（千元） As-built output value (Unit: 1 thousand Yuan)	房屋建筑施工面积（平方米） Floor space of building completed (sq. m)	
有工作量的建筑业企业个数（个）	建筑业总产值	其中：建筑工程产值	其中：安装工程产值	其中：其他产值	竣工产值	房屋建筑施工面积	其中：本年新开工面积
1085	133892385	109703591	14032451	10156343	73897396	57730357	28485953
57	25676746	22554491	2496807	625448	10049862	8999284	2539090
1081	133303131	109150373	14032451	10120307	73644697	57535668	28466943
10	1856754	1835554	4740	16460	336161	422320	144804
7	425441	66000	359441	0	423264	0	0
2	20890	20890	0	0	20890	0	0
332	62734330	50115912	6496106	6122312	34001008	32171704	15207344
6	1259715	1156555	9850	93310	178764	160135	38525
326	61474615	48959357	6486256	6029002	33822244	32011569	15168819
29	9102917	7618536	710573	773808	7611089	4938964	2280448
701	59162799	49493481	6461591	3207727	31252285	20002680	10834347
1	5629	5629	0	0	0	10362	10362
679	56716334	47689016	6004238	3023080	29126311	19185364	10549253
21	2440836	1798836	457353	184647	2125974	806954	274732
4	589254	553218	0	36036	252699	194689	19010
3	527966	515218	0	12748	191411	175679	0
1	61288	38000	0	23288	61288	19010	19010
328	70630957	62910914	3141014	4579029	40824092	48183005	24279895
292	63551181	56162137	3016701	4372343	34601375	42747220	21678167
1	44360	44360	0	0	38230	0	0
35	7035416	6704417	124313	206686	6184487	5435785	2601728
343	43415844	36189372	3643689	3582783	19472995	3852663	1231432
162	24264554	23078420	375869	810265	10281652	2840509	839110
5	1356444	1356444	0	0	766179	18832	12468
43	10353817	9816306	322453	215058	3972780	714234	4834
97	11852048	11307478	43566	501004	4927189	2004798	783283
2	38825	29510	0	9315	29510	0	0
15	663420	568682	9850	84888	585994	102645	38525
65	11702503	9735419	213264	1753820	3886509	10500	500
53	10639540	8839258	50079	1750203	3289795	10500	500
12	1062963	896161	163185	3617	596714	0	0

13-1 续表 2

从业人员情况（人）Situation of employees (persons)				房屋建筑竣工面积（平方米）Floor space of building completed (sq. m)	竣工房屋价值（千元）Value of as-built houses (Unit: 1 thousand Yuan)
从事建筑业活动的平均人数	建筑业企业期末人数	其中：工程技术人员	其中：现场施工人员	合 计	合 计
267091	213961	47143	130941	17301976	29347226
38872	34357	9189	22814	2822272	5324049
265824	212809	46924	130545	17107617	29166656
2774	2749	1153	1640	289032	137350
1433	1327	395	663	0	0
415	380	82	230	0	0
112884	93344	19077	56576	7301223	13433287
7897	8032	1347	6202	85312	105778
104987	85312	17730	50374	7215911	13327509
22624	15734	2152	12690	2084204	4647358
125694	99275	24065	58746	7433158	10948661
67	67	16	0	0	0
110211	94534	23275	55581	6848326	9645739
15416	4674	774	3165	584832	1302922
1267	1152	219	396	194359	180570
1195	1080	191	366	175359	142570
72	72	28	30	19000	38000
148962	106863	18414	74880	13728120	24122456
128721	91457	16599	62895	11388093	19634394
103	112	15	0	0	0
20138	15294	1800	11985	2340027	4488062
54453	51622	17895	21452	1674682	1833440
25138	22225	8698	7841	1283348	1402960
1703	1358	176	759	0	0
7671	6961	2793	2144	2207	8314
13696	11902	4962	3877	1195829	1288868
251	273	167	53	0	0
1817	1731	600	1008	85312	105778
14540	15782	5519	8679	200	200
11889	13253	4536	7268	200	200
2651	2529	983	1411	0	0

13-1-2 续表 1

指标名称		企业个数 Number of construction enterprises 建筑业企业个数（个）
海底隧道工程建筑	Subsea tunnel engineering construction	
海底设施铺设工程建筑	Subsea installations pavement engineering construction	
其他海洋工程建筑	Other marine engineering construction	
工矿工程建筑	Industrial and mining engineering construction	4
架线和管道工程建筑	Pipe-line construction	36
架线及设备工程建筑	Wiring and equipment engineering constructions	27
管道工程建筑	Pipes engineering constructions	9
地下综合管廊工程建筑	Underground integrated pipe gallery engineering construction	
节能环保工程施工	Energy saving and environmental protection engineering construction	9
节能工程施工	Energy saving engineering construction	2
环保工程施工	Environmental protection engineering construction	7
生态保护工程施工	Ecological protection engineering construction	
电力工程施工	Electric power engineering construction	13
火力发电工程施工	Thermal power generation engineering construction	
水力发电工程施工	Hydroelectric generation engineering construction	4
核电工程施工	Nuclear engineering construction	
风能发电工程施工	Wind power generation engineering construction	
太阳能发电工程施工	Solar power generation engineering construction	
其他电力工程施工	Other electric power engineering construction	9
其他土木工程建筑	Other civil engineering building	77
园林绿化工程施工	Landscaping engineering construction	24
体育场地设施工程施工	Sports ground facilities engineering construction	
游乐设施工程施工	Recreation facilities engineering construction	
其他土木工程建筑施工	Other civil engineering building construction	53
建筑安装业	Construction and installation projects	300
电气安装	Electrial installation	70
管道和设备安装	Pipes and equipment installation	125
其他建筑安装业	Others	105
体育场地设施安装	Sports ground facilities installation	

13-1-2 续表 2

企业个数 Number of construction enterprises	建筑业总产值（千元） Output value of construction				竣工产值（千元） As-built output value (Unit: 1 thousand Yuan)	房屋建筑施工面积（平方米） Floor space of building completed (sq. m)	
有工作量的建筑业企业个数（个）	建筑业总产值	其中：建筑工程产值	其中：安装工程产值	其中：其他产值	竣工产值	房屋建筑施工面积	其中：本年新开工面积
4	125661	89175	34286	2200	93061	0	0
32	2787346	193112	2526669	67565	2547555	0	0
26	2620771	72000	2481206	67565	2423335	0	0
6	166575	121112	45463	0	124220	0	0
7	45021	9452	28389	7180	31183	4247	0
1	2198	2198	0	0	2198	4247	0
6	42823	7254	28389	7180	28985	0	0
10	317593	42785	270021	4787	277380	0	0
2	34554	29767	0	4787	4690	0	0
8	283039	13018	270021	0	272690	0	0
63	4173166	3041009	195191	936966	2355655	997407	391822
20	1190549	188839	87100	914610	1067303	90882	62512
43	2982617	2852170	108091	22356	1288352	906525	329310
268	14134730	7129844	5414662	1590224	9286655	4658048	2346787
66	2191586	441705	1696891	52990	1781232	98000	98000
109	4194202	1424413	2699721	70068	3760826	465173	371860
93	7748942	5263726	1018050	1467166	3744597	4094875	1876927

13-1-2 续表 3

从业人员情况（人）Situation of employees (persons)				房屋建筑竣工面积（平方米）Floor space of building completed (sq. m)	竣工房屋价值（千元）Value of as-built houses (Unit: 1 thousand Yuan)
从事建筑业活动的平均人数	建筑业企业期末人数	其中：工程技术人员	其中：现场施工人员	合 计	合 计
747	1053	49	828	0	0
5285	4748	1397	1946	0	0
4632	4013	1269	1742	0	0
653	735	128	204	0	0
266	275	55	212	4240	2198
5	5	5	0	4240	2198
261	270	50	212	0	0
731	624	227	242	0	0
90	21	9	4	0	0
641	603	218	238	0	0
7746	6915	1950	1704	386894	428082
2145	2094	525	577	37430	62410
5601	4821	1425	1127	349464	365672
44606	37422	6936	23152	1520003	3015153
8894	8061	1591	4435	0	0
9142	9345	3094	4954	371398	444132
26570	20016	2251	13763	1148605	2571021

13-1-3 续表 1

指标名称		企业个数 Number of construction enterprises 建筑业企业个数（个）
其他建筑安装	Other building installation	105
建筑装饰、装修和其他建筑业	Construction and decoration industry and others	181
建筑装饰和装修业	Construction and decoration industry	121
公共建筑装饰和装修	Public building decoration	23
住宅装饰和装修	Housing decoration	82
建筑幕墙装饰和装修	Building curtain wall decoration	16
建筑物拆除和场地准备活动	Building demolition activities　Others	7
建筑物拆除活动	Building demolition activities	6
场地准备活动	Others	1
提供施工设备服务	Equipment seruices	3
提供施工设备服务	Equipment seruices	3
其他未列明建筑业	Others	50
其他未列明建筑业	Others	50
三、按隶属关系分组	Grouped by administrative	
中央	Center	15
省（自治区、直辖市）		70
市（地、州、盟）		174
县级及以下		19
其他	Others	967
四、按企业资质等级分组	Group according to grades of enterprise qualification	
企业资质等级（施工总承包）	General construction contract	697
特级	Superfine	3
一级	First class	43
二级	Second class	212
三级及以下	Third class and below	439
企业资质等级（专业总承包）	Responsibility contracts on specialties	565
一级	First class	56
二级	Second class	176
三级及以下	Third class and below	333
五、按控股情况分组	Grouped by owned	
国有控股	State-owned	62
集体控股	Collective-owned	19
私人控股	Private-owned	889
港澳台商控股	HongKong Macao and Taiwan-owned	5
外商控股	Foreign-owned	
其他	Others	287

注：建筑业生产经营情况为 2018 年 4 季度快报数据。

13-1-3 续表 2

企业个数 Number of construction enterprises	建筑业总产值（千元）Output value of construction				竣工产值（千元）As-built output value (Unit: 1 thousand Yuan)	房屋建筑施工面积（平方米）Floor space of building completed (sq. m)	
有工作量的建筑业企业个数（个）	建筑业总产值	其中：建筑工程产值	其中：安装工程产值	其中：其他产值	竣工产值	房屋建筑施工面积	其中：本年新开工面积
93	7748942	5263726	1018050	1467166	3744597	4094875	1876927
146	5710854	3473461	1833086	404307	4313654	1036641	627839
103	2942258	1923967	662041	356250	2756244	622225	296702
22	537089	393799	17202	126088	383516	26833	25833
71	2257117	1456871	638268	161978	2232948	594900	270869
10	148052	73297	6571	68184	139780	492	0
3	4171	4171	0	0	3971	0	0
2	3300	3300	0	0	3100	0	0
1	871	871	0	0	871	0	0
3	187736	181289	6387	60	65287	0	0
3	187736	181289	6387	60	65287	0	0
37	2576689	1364034	1164658	47997	1488152	414416	331137
37	2576689	1364034	1164658	47997	1488152	414416	331137
14	13600501	11644418	1906574	49509	4538191	1484743	147934
62	16294650	15111197	653006	530447	6052580	8502045	2713481
147	17823155	15745179	1765601	312375	14157134	10786668	4737574
19	1507641	1223200	39640	244801	1364612	826364	623219
835	84563838	65890232	9667590	9006016	47717884	36123173	20259281
601	119613737	103487184	6799255	9327298	62846642	56519717	27468310
3	9555379	9268648	286731	0	4932635	9378893	3481658
41	45134720	37727432	4100995	3306293	23507673	16288738	7840056
203	45670325	39278084	1592772	4799469	23619403	22229646	11842537
354	19253313	17213020	818757	1221536	10786931	8622440	4304059
484	14278648	6216407	7233196	829045	11050754	1210640	1017643
56	3807563	1214997	2444816	147750	3134335	206423	180634
147	4515866	2166889	2089758	259219	3430792	473624	393784
281	5955219	2834521	2698622	422076	4485627	530593	443225
56	25648846	22547791	2492067	608988	10028362	8999284	2539090
18	3061493	2408877	474898	177718	1378865	1018315	354937
761	74671471	58691964	8188234	7791273	46269795	31032869	17109958
4	596183	560147	0	36036	252073	194689	19010
246	29914392	25494812	2877252	1542328	15968301	16485200	8462958

注：建筑业生产经营情况为 2018 年 4 季度快报数据。

13-1-3 续表 3

从业人员情况（人） Situation of employees (persons)				房屋建筑竣工面积（平方米） Floor space of building completed (sq. m)	竣工房屋价值（千元） Value of as-built houses (Unit: 1 thousand Yuan)
从事建筑业活动的平均人数	建筑业企业期末人数	其中：工程技术人员	其中：现场施工人员	合 计	合 计
26570	20016	2251	13763	1148605	2571021
19070	18054	3898	11457	379171	376177
8258	7404	1469	3549	202836	236720
1606	1561	324	721	650	1360
6274	5521	1046	2680	202186	235360
378	322	99	148	0	0
72	100	55	37	0	0
46	74	44	22	0	0
26	26	11	15	0	0
826	830	5	740	0	0
826	830	5	740	0	0
9914	9720	2369	7131	176335	139457
9914	9720	2369	7131	176335	139457
16707	15209	4154	9381	601382	1415799
14209	14642	5093	7197	1496765	2201125
52710	38506	7376	28229	4098169	8696947
4476	2964	579	589	741344	953243
178177	141775	29607	85052	10359852	16074486
225506	174808	36239	112121	16821044	29044184
15399	10180	1434	8085	2134802	4760717
79498	60005	8708	44914	6126537	11819354
89572	68617	14882	39830	5624326	9348522
41037	36006	11215	19292	2935379	3115591
41585	39153	10904	18820	480932	303042
7501	7084	2494	3751	0	0
13191	12345	2891	5372	115646	80697
20893	19724	5519	9697	365286	222345
38778	34263	9161	22764	2822272	5324049
5029	5424	1131	3077	454486	860349
180701	141660	27527	89386	11482518	18664003
1374	1239	289	416	194359	180570
41209	31375	9035	15298	2348341	4318255

注：建筑业生产经营情况为 2018 年 4 季度快报数据。

13-2 2018 年长春市建筑业企业财务状况
MAIN FINANCIAL CONDITIONS OFCONSTRUCTION ENTERPRISES IN 2018

指标名称		固定资产原价 Original value of fixed assets
总计	Total	15909781
其中：国有控股企业	State-owned and state-holding enterprise	5598011
一、按登记注册类型分组	Grouped by type registered	
内资企业	Domestic funded	15557869
国有企业	State-owned	604434
集体企业	Collective-owned	76340
股份合作企业	Cooperative	19705
联营企业	Joint	
国有联营企业	State joint owned	
集体联营企业	Collective joint owned	
国有与集体联营企业	State-collective joint owned	
其他联营企业	Other joint owned	
有限责任公司	Limited liability corporations	10486566
国有独资公司	State-owned solely	3799302
其他有限责任公司	Other	6687264
股份有限公司	Share holding	1008819
私营企业	Private	3362005
私营独资企业	Private funded	
私营合伙企业	Private partner	
私营有限责任公司	Private limited company	3061062
私营股份有限公司	Private share holding	300943
其他企业	Others	
港、澳、台商投资企业	Funded from Hongkong Macao and Taiwan	351912
与港澳台商合资经营	joint venture	350888
与港澳台商合作经营	Cooperative	
港、澳、台商独资	Solely owned	1024
港、澳、台商投资股份有限公司	Share holding	
外商投资企业	Foreign funds	
中外合资经营企业	Joint venture	
中外合作经营企业	Cooperative	
外资企业	Foreign funded	
外商投资股份有限公司	Share holding	

13-2 续表 1

资产总计 Total	流动负债合计 Current liabilites	非流动负债合计 Non-Current liabilites	负债合计 Liabilities	所有者权益合计 Ownership interests	主营业务收入 Main operation income	主营业务成本 Main operation cost	主营业务税金及附加 Main operation taxes and extra charges
170443943	99460684	5095620	111142785	59301158	123276788	111687932	1126414
40289301	22125971	2021651	25202682	15086619	20178136	18544265	114611
167799423	97516703	5076949	109180132	58619291	122639531	111134605	1125389
4284386	3344305	155125	3543198	741188	3228462	2932661	13906
446774	298436	0	298436	148338	271716	241324	2073
19203	2712	0	2712	16491	20890	17700	696
103200845	60804189	3555886	66547073	36653772	68162825	61949092	625197
22362384	9813410	1831467	11695924	10666460	8693609	7996804	36484
80838461	50990779	1724419	54851149	25987312	59469216	53952288	588713
16722610	8690835	303901	11292336	5430274	17360199	16111424	124107
43125605	24376226	1062037	27496377	15629228	33595439	29882404	359410
41447364	23610524	1062020	26712799	14734565	32045228	28561349	346100
1678241	765702	17	783578	894663	1550211	1321055	13310
2644520	1943981	18671	1962653	681867	637257	553327	1025
2596642	1940124	18671	1958796	637846	586890	529804	421
47878	3857	0	3857	44021	50367	23523	604

13-2 续表 2

管理费用 Management expenses	财务费用 Financialcost	利润总额 Profit	所得税费用 Income Tax Expense	应付职工薪酬（本年贷方累计发生额） Wages payable of the year	应交增值税 Value added
4045954	1121447	5117704	1987986	9296377	4042287
678371	176908	430997	217329	2341079	596359
3978957	1097981	5121065	1983286	9233663	4016004
172250	33151	39220	11915	298520	72649
40265	-159	-11383	2717	17112	1612
2448	30	16	3	8100	780
2036921	424167	2963728	1128514	4314613	1994245
281283	80040	103679	36535	871357	265183
1755638	344127	2860049	1091979	3443256	1729062
336140	108926	655184	342767	2097733	838327
1390933	531866	1474300	497370	2497585	1108391
1293211	530034	1391840	475361	2374160	1052644
97722	1832	82460	22009	123425	55747
66997	23466	-3361	4700	62714	26283
65199	23463	-27800	4595	61663	24772
1798	3	24439	105	1051	1511

13-2-1 续表 1

指标名称		固定资产原价 Original value of fixed assets
其他外商投资	Grouped by sector	
二、按国民经济行业分组	Housing industry	
房屋建筑业	Residential housing construction	3150227
住宅房屋建筑	Stadium building	2919322
体育场馆建筑	Other housing industry	6572
其他房屋建筑业	Engineering Construction	224333
土木工程建筑业	Railway roads and briages projects	10795222
铁路、道路、隧道和桥梁工程建筑	Railway	5535311
铁路工程建筑	Roads	40593
公路工程建筑	Municipal road engineering construction	2910007
市政道路工程建筑	Urban railway transit engineering construction	2109504
城市轨道交通工程建筑	Others	32843
其他道路、隧道和桥梁工程建筑	Water conservation and inland port engineering construction	442364
水利和水运工程建筑	Water resources and water supply facilities engineering construction	1387991
水源及供水设施工程建筑	The govemance of rivers and lakes and flood control facilities engineering and construction	1285443
河湖治理及防洪设施工程建筑	Harbor and shipping facilities engineering constructions	102548
港口及航运设施工程建筑	Marine engineering constructions	
海洋工程建筑	Marine oil and gas resources development and utilization engineering construction	
海洋油气资源开发利用工程建筑	Marine energy development and utilization engineering construction	
海洋能源开发利用工程建筑	Subsea tunnel engineering construction	
海底隧道工程建筑	Subsea installations pavement engineering construction	
海底设施铺设工程建筑	Other marine engineering construction	
其他海洋工程建筑	Industrial and mining engineering construction	
工矿工程建筑	Pipe-line construction	13241
工矿工程建筑	Wiring and equipment engineering constructions	13241
架线和管道工程建筑	Pipes engineering constructions	617032
架线及设备工程建筑	Underground integrated pipe gallery engineering construction	565616
管道工程建筑	Energy saving and environmental protection engineering construction	51416
地下综合管廊工程建筑	Energy saving engineering construction	
节能环保工程施工	Environmental protection engineering construction	2489
节能工程施工	Ecological protection engineering construction	0
环保工程施工	Electric power engineering construction	2489
生态保护工程施工	Thermal power generation engineering construction	
电力工程施工	Hydroelectric generation engineering construction	183304
火力发电工程施工	Nuclear engineering construction	

13-2-1 续表 2

资产总计 Total	流动负债合计 Current liabilites	非流动负债合计 Non-Current liabilites	负债合计 Liabilities	所有者权益合计 Ownership interests	主营业务收入 Main operation income	主营业务成本 Main operation cost	主营业务税金及附加 Main operation taxes and extra charges
63654402	43897909	580862	46084996	17569406	61767150	57240847	575470
57519959	39822893	566047	41818777	15701182	54773556	50715088	522414
106737	29872	0	29872	76865	85564	68461	65
6027706	4045144	14815	4236347	1791359	6908030	6457298	52991
79253709	39000612	4275676	47468156	31785553	39799462	35432958	346361
45166804	24131463	2051995	29649808	15516996	22257825	19613646	246519
1225058	1095781	0	1179821	45237	1340356	1238221	3595
20446032	11024940	783188	12260001	8186031	10846170	9695982	52898
19265214	11175082	1267267	13382503	5882711	9323283	8078743	166752
177239	113078	1606	114684	62555	10463	8141	148
4053261	722582	-66	2712799	1340462	737553	592559	23126
11411144	6982723	738326	7897392	3513752	10676382	9747677	48650
10495929	6626424	738326	7538143	2957786	9842849	8994422	43677
915215	356299	0	359249	555966	833533	753255	4973
208221	32991	0	32991	175230	110822	92314	2258
208221	32991	0	32991	175230	110822	92314	2258
3209919	1606842	340254	2167682	1042237	2976084	2712434	24968
2804963	1412106	340254	1972946	832017	2693010	2464934	22572
404956	194736	0	194736	210220	283074	247500	2396
50007	-3627	-168	-1328	51335	40262	30854	157
17803	201	0	201	17602	2902	2282	10
32204	-3828	-168	-1529	33733	37360	28572	147
1296521	547248	0	847249	449272	368057	356527	2246

13-2-1 续表 3

管理费用 Management expenses	财务费用 Financialcost	利润总额 Profit	所得税费用 Income Tax Expense	应付职工薪酬（本年贷方累计发生额）Wages payable of the year	应交增值税 Value added
1085687	434045	2474662	1085044	5495215	2198526
961060	391638	2184812	928290	4489802	1878096
5287	1831	9920	2139	3040	1468
119340	40576	279930	154615	1002373	318962
1612405	560324	1727519	515497	2343670	1205790
801169	458913	1200606	322520	857134	585991
21543	2134	64287	6041	85405	5395
350039	249749	666689	182045	265765	268350
377823	189787	410814	121395	451617	274176
3298	880	192	58	2430	890
48466	16363	58624	12981	51917	37180
353089	17891	314909	88450	872667	335251
316707	17806	278222	70749	757076	310987
36382	85	36687	17701	115591	24264
9834	7	6389	1358	8868	1295
9834	7	6389	1358	8868	1295
188735	10240	93878	30673	337073	155421
168898	9266	84927	24847	304774	141938
19837	974	8951	5826	32299	13483
4511	6	3637	179	7907	1936
27	1	582	16	240	0
4484	5	3055	163	7667	1936
42371	2600	-27663	5654	46970	7060

13-2-2 续表 1

指标名称		固定资产原价 Original value of fixed assets
水力发电工程施工	Wind power generation engineering construction	39
核电工程施工	Solar power generation engineering construction	
风能发电工程施工	Other electric power engineering construction	
太阳能发电工程施工	Other civil engineering building	
其他电力工程施工	Landscaping engineering construction	183265
其他土木工程建筑	Sports ground facilities engineering construction	3055854
园林绿化工程施工	Recreation facilities engineering construction	173239
体育场地设施工程施工	Other civil engineering building construction	
游乐设施工程施工	Construction and installation projects	
其他土木工程建筑施工	Electrial installation	2882615
建筑安装业	Pipes and equipment installation	1102946
电气安装	Others	267395
管道和设备安装	Sports ground facilities installation	488037
其他建筑安装业	Other building installation	347514
体育场地设施安装	Construction and decoration industry and others	
其他建筑安装	Construction and decoration industry	347514
建筑装饰、装修和其他建筑业	Public building decoration	861386
建筑装饰和装修业	Housing decoration	468989
公共建筑装饰和装修	Building curtain wall decoration	280333
住宅装饰和装修	Building demolition activities　Others	136816
建筑幕墙装饰和装修	Building demolition activities	51840
建筑物拆除和场地准备活动	Others	10
建筑物拆除活动	Equipment seruices	10
场地准备活动	Equipment seruices	0
提供施工设备服务	Others	5870
提供施工设备服务	Others	5870
其他未列明建筑业	Grouped by administrative	386517
其他未列明建筑业	Central	386517

13-2-2 续表 2

资产总计 Total	流动负债合计 Current liabilites	非流动负债合计 Non-Current liabilites	负债合计 Liabilities	所有者权益合计 Ownership interests	主营业务收入 Main operation income	主营业务成本 Main operation cost	主营业务税金及附加 Main operation taxes and extra charges
523519	498	0	300498	223021	37212	35005	170
773002	546750	0	546751	226251	330845	321522	2076
17911093	5702972	1145269	6874362	11036731	3370030	2879506	21563
2331315	1441496	100503	1541999	789316	1341241	1083217	11420
15579778	4261476	1044766	5332363	10247415	2028789	1796289	10143
19972225	12497752	107969	12978105	6994120	14532964	13035494	100267
3161382	1566411	38653	1609065	1552317	2216836	1878095	28077
6130053	3146787	44966	3285210	2844843	4557195	3972932	28414
10680790	7784554	24350	8083830	2596960	7758933	7184467	43776
10680790	7784554	24350	8083830	2596960	7758933	7184467	43776
7563607	4064411	131113	4611528	2952079	7177212	5978633	104316
3490200	1096712	120125	1584140	1906060	4192655	3458791	72522
1189887	271489	68000	684000	505887	498123	420776	7035
2079376	756133	33625	809499	1269877	3495203	2919429	64104
220937	69090	18500	90641	130296	199329	118586	1383
2245	401	0	405	1840	6461	5697	156
2012	169	0	173	1839	5156	4120	151
233	232	0	232	1	1305	1577	5
227319	36646	0	61576	165743	181940	168236	8
227319	36646	0	61576	165743	181940	168236	8
3843843	2930652	10988	2965407	878436	2796156	2345909	31630
3843843	2930652	10988	2965407	878436	2796156	2345909	31630

13-2-2 续表 3

管理费用 Management expenses	财务费用 Financialcost	利润总额 Profit	所得税费用 Income Tax Expense	应付职工薪酬（本年贷方累计发生额） Wages payable of the year	应交增值税 Value added
1097	1026	-725	1	24615	1247
41274	1574	-26938	5653	22355	5813
212696	70667	135763	66663	213051	118836
66288	30350	120745	33879	85288	66426
146408	40317	15018	32784	127763	52410
720346	74606	579154	282123	870513	439612
214466	14411	118069	21697	342858	74295
294672	42864	163524	77372	326144	94894
211208	17331	297561	183054	201511	270423
211208	17331	297561	183054	201511	270423
627516	52472	336369	105322	586979	198359
372871	35301	204720	81620	197722	140672
29585	16072	25617	6452	34897	10344
336934	18367	164417	73360	152739	126221
6352	862	14686	1808	10086	4107
1227	12	-87	4	1784	184
940	11	-86	4	827	145
287	1	-1	0	957	39
6172	59	7244	979	2634	1214
6172	59	7244	979	2634	1214
247246	17100	124492	22719	384839	56289
247246	17100	124492	22719	384839	56289

13-2-3 续表 1

指标名称		固定资产原价 Original value of fixed assets
三、按隶属关系分组		
中央	Center	1920669
地方	Local	3417248
其他	Others	10571864
四、按企业资质等级分组	Group according to grades of enterprise qualification	
施工总承包	General construction contract	13876083
特级	Superfine	415637
一级	First class	5123434
二级	Second class	4113570
三级以下	Third class and below	4223442
专业承包	Responsibility contracts on specialties	2033698
一级	First class	668337
二级	Second class	462641
三级以下	Third class and below	902720
五、按控股情况分	Grouped by owned	
国有控股	State-owned	5598011
集体控股	Collective-owned	185514
私人控股	Private-owned	6326646
港澳台商控股	HongKong Macao and Taiwan-owned	328492
外商控股	Foreign-owned	
其他	Others	3471118

注：财务状况数据为“四经普”数据。

13-2-3 续表 2

资产总计 Total	流动负债合计 Current liabilites	非流动负债合计 Non-Current liabilites	负债合计 Liabilities	所有者权益合计 Ownership interests	主营业务收入 Main operation income	主营业务成本 Main operation cost	主营业务税金及附加 Main operation taxes and extra charges
13050481	10025086	901303	10937255	2113226	10924098	10049005	36488
28347944	13453455	1175606	14824431	13523513	14602361	13565927	113522
129045518	75982143	3018711	85381099	43664419	97750329	88073000	976404
149618121	90274789	4772550	101152627	48465494	107128012	98103272	940748
9203059	7577138	23307	7600446	1602613	6851330	6526973	33884
52241352	34829148	1822684	39320909	12920443	43652769	40686525	322096
53624787	33913671	1561582	37966824	15657963	39573367	36129552	363511
34548923	13954832	1364977	16264448	18284475	17050546	14760222	221257
20825822	9185895	323070	9990158	10835664	16148776	13584660	185666
6073364	3068822	142665	3248686	2824678	4217256	3606093	30866
5975563	2350932	67958	2478681	3496882	6463549	5443584	95430
8776895	3766141	112447	4262791	4514104	5467971	4534983	59370
40289301	22125971	2021651	25202682	15086619	20178136	18544265	114611
2882687	2427201	21047	2448249	434438	1940282	1794938	13194
88271066	52069893	1683631	58587691	29683375	73781781	66826841	709372
2332671	1854877	18576	1873453	459218	585607	517963	678
36668218	20982742	1350715	23030710	13637508	26790982	24003925	288559

注：财务状况数据为“四经普”数据。

13-2-3 续表 3

管理费用 Management expenses	财务费用 Financialcost	利润总额 Profit	所得税费用 Income Tax Expense	应付职工薪酬（本年贷方累计发生额）Wages payable of the year	应交增值税 Value added
301185	62563	223729	26867	1090180	249088
430249	101649	412627	282926	2307038	649022
3314520	957235	4481348	1678193	5899159	3144177
2664852	1022541	4309098	1757061	7894593	3596428
130244	24444	134498	121174	921569	255213
818116	422786	1388928	622581	3159990	1481691
943541	451773	1670096	710109	2849423	1270286
772951	123538	1115576	303197	963611	589238
1381102	98906	808606	230925	1401784	445859
321421	19747	181745	57035	381782	108048
548682	32814	316782	94785	368450	219868
510999	46345	310079	79105	651552	117943
678371	176908	430997	217329	2341079	596359
98229	160	58754	41800	138515	74657
2299469	805482	3148799	1266886	5692755	2594006
56062	23468	-8929	3285	45116	17597
913823	115429	1488083	458686	1078912	759668

注：财务状况数据为“四经普”数据。

统计资料

▶批发零售贸易和住宿餐饮业

WHOLESALE RETAIL TRADES AND HOTELS CATERING

STATISTICS

2019

长春统计年鉴

CHANGCHUN STATISTICAL YEARBOOK

第十四篇　批发零售贸易和住宿餐饮业

2018 年，长春市社会消费品零售总额完成 3003.6 亿元，同比增长 6.2%。

从规模上来，2018 年，限额以上单位实现零售额 1229.4 亿元，同比增长 2.4%；限额以下单位实现零售额 1774.2 亿元，同比增长 6.9%。

从零售额实现的地域上看，全年长春市城镇市场实现零售额 2786.5 亿元，同比增长 6.1%；乡村市场实现零售额 217.1 亿元，同比增长 6.8%。

从消费形态来看，全年长春市餐饮收入实现 358.5 亿元，同比增长 8.9%；商品零售实现 2645.1 亿元，同比增长 5.8%。

从零售额的行业构成看：批发零售业实现零售额 2644.6 亿元，增长 5.8%。住宿餐饮业实现零售额 359.0 亿元，增长 8.7%。

14-1 社会消费品零售总额（2018）
TOTAL RETAIL SALES OF CONSUMER GOODS（2018）

单位：万元 unit:10000 yuan

指标名称	Item	2018
社会消费品零售总额	Total	30035719.4
（一）按销售单位所在地分组	Grouped by region	
1. 城镇	Urban	27865086.8
2. 乡村	Rural	2170632.6
（二）按行业分组	Grouped by sector	
1. 批发、零售贸易业	Wholesale and retail trade	26445689.6
批发业	Wholesale	2188694.9
零售业	Retail trade	24256994.7
限额以上	Above designated size	12035799.3
批发限额以上	Wholesale limit above	1032168.2
零售限额以上	Retail trade limit above	11003631.1
限额以下	Under designated size	14409890.3
批发限额以下企业（单位）及个体户	Wholesale limit below and imdividucl	1156526.7
零售限额以下企业（单位）及个体户	Retailtrade limit belon and indroidnal	13253363.6
2. 住宿和餐饮业	Hotels and catering	3590029.8
限额以上企业（单位）及个体户	Enterprises (companies) and self-employed individuals above limits	258246.4
限额以下企业（单位）及个体户	Enterprises (companies) and self-employed individuals under limits	3331783.4

统计资料

▶ 对外经济贸易和旅游业

FOREIGN TRADE TOURISM

STATISTICS

2019

长春统计年鉴

CHANGCHUN STATISTICAL YEARBOOK

第十五篇　对外经济贸易和旅游业

据海关统计，2018 年，长春市实现进出口总额 1054.6 亿元，同比增长 10.7%。其中：实现出口额 152.5 亿元，同比增长 17.5%；实现进口额 902.1 亿元，同比增长 9.6%。

从贸易方式来看，2018 年，长春市进出口以一般贸易为主，加工贸易次之。长春市通过一般贸易实现进出口额 979.8 亿元，占全市进出口总额的 92.9%，超过九成．通过加工贸易实现进出口额 61.3 亿美元，占全市进出口总额的 5.8%，进出口额同比增长 39.5%。

从主要出口商品品种来看，长春市全年共实现出口额 152.5 亿元，同比增长 17.5%。前十类主要出口商品出口额六升四降，其中汽车类商品出口 15.0 亿元，同比增长 3.1%；汽车零配件出口 14.5 亿元，同比增长 10.2%。两类商品分别位居出口榜单的第一和第二位，占全市出口额的 19.4%。

2018 年，长春市新增外资企业 40 户，外商投资总额 19.1 亿美元，合同外资 8.5 亿美元，实际利用外资 3.3 亿美元。

15-1 对外经济贸易指标（2018 年）
FOREIGN TRADE AND ECONOMIC COOPERATION

		单位 Unit	2018
进出口总额	Total import and export(Ⅰ)	万元 10000 元	10545983
其中：进口	Imports	万元 10000 元	9020601
出口	Exports	万元 10000 元	1525382
1. 国有企业	State owned	万元 10000 元	
其中：进口	Imports	万元 10000 元	2771345
出口	Exports	万元 10000 元	722709
2. 集体企业	Collective owned	万元 10000 元	
其中：进口	Imports	万元 10000 元	0
出口	Exports	万元 10000 元	58
3. 三资企业	Foreign funded	万元 10000 元	
其中：进口	Imports	万元 10000 元	5753497
出口	Exports	万元 10000 元	504805
4. 私营企业	Private	万元 10000 元	
其中：进口	Imports	万元 10000 元	495729
出口	Exports	万元 10000 元	295777
新批项目（企业）数	Number of new registered enterprises	个 unit	40
投资总额	Total investment	万美元鏁 $10000	191021.172
合同利用外资额	Contract foreign investment	万美元鏁 $10000	84574.232
其中：直接利用外资额	Direct foreign investments	万美元鏁 $10000	84574.232
实际利用外资额	Total of foreign funds actu a lly used	万美元鏁 $10000	32915.07
其中：直接利用外资额	Direct foreign investment	万美元鏁 $10000	32915.07

15-2 2006-2018 长春市旅游经济情况

		2006	2007	2008
海外旅游者（人次）	International tourists (person-time)	151100	200248	217008
外国人（人次）	Foreigners(person-time)	117200	164834	187702
华侨（人次）	Overseas Chinese(person-time)			
港澳同胞（人次）	Compatriots from Hongkong and Macao(person-time)	17500	19210	13905
台湾同胞（人次）	Compatriots from Taiwan(person-time)	16200	16204	10399
海外旅游者（人天）	International tourists(person-day)	420600	459611	595025
外国人（人天）	Foreigners(person-day)	340200	409052	510417
华侨（人天）	Overseas Chinese(person-day)			
港澳同胞（人天）	Compatriots from Hongkong and Macao(person-day)	40800	50559	54444
台湾同胞（人天）	Compatriots from Taiwan(person-day)	39500	47440	30164
国内旅游者（万人次）	Domestic tourists(10000person-time)	1366.7	1587.2	1896.6
旅游外汇收入（万美元）	Foreign exchange earnings from tourism($10000)	6665	8930	10680
旅游业总收入（亿元）	Revenue of tourism(100 millon yuan)	148.2	182.84	228.31

DEVELOPMENT OF TOURISM（2006–2018）

2009	2010	2011	2012	2013	2014	2015	2016	2017	2018
217000	249824	301639	356627	378261	384540	430582	452100	464900	456147
183251	219780	248034	286961	305616	314446	339611	353400	360600	350455
23326	20475	28809	36828	39554	41710	47558	51100	53300	52507
10534	9569	24796	32838	33091	38384	43413	47600	51000	53185
670934	806995	998963	1146277	1253593	1352119	1488153	1536500	1384988	1368783
583681	722157	838729	935851	1058121	1124431	1227928	1258800	1097212	1030416
57799	57121	85530	109363	112040	118830	137750	150000	155749	155700
29454	27717	74706	101063	100924	108858	122475	127700	132027	182667
2246. 5	2612. 64	3084. 17	3620. 21	4191. 67	4948. 31	5682. 99	6655. 22	7781. 3	8942. 84
11625	13747. 87	16974. 46	22379. 05	24305. 89	28901. 84	31850. 19	34398. 21	35602. 15	30061. 22
276. 6	350. 42	431. 65	548. 28	685. 79	839. 5	10742. 64	1341	1618. 3	1903. 54

15-3 主要出口商品情况(2018年)
MAIN EXPORT GOODS IN 2018

商品名称	Item	出口金额(万元) Export (10000元)	占出口总额比重(%) Proportion(%)
合计	Total	1525382	
粮食	Food	17205	1.1%
汽车(包括整套散件)	Automobile	150263	9.9%
汽车零件	Vehicle parts	145037	9.5%
服装及衣着附件	Garments and accessories	40059	2.6%
新的充气橡胶轮胎	New pneumaticrubber tire	10052	0.7%
塑料制品	Plastic products	4287	0.3%
肉及杂碎	Meat	4554	0.3%
胶合板及类似多层板	Veneer and multiply wood	71614	4.7%
家具及其零件	Furniture	27656	1.8%
摩托车	Motorcycles	15020	1.0%
通断保护电路装置及零件	Hardware	51734	3.4%
医药品	Medicine materials	77886	5.1%
箱包及类似容器	Bags and similar containers	1453	0.1%
纺织纱线、织物及制品	Weave and products	2058	0.1%
家用或装饰用木制品	Timeber products for household or decoration	4953	0.3%
医疗仪器及器械	Medical apparatus and appliance	1565	0.1%
灯具照明装置及其零件	Lighting installation and its spares	1411	0.1%
手用或机用工具	Manual or machine tools	10037	0.7%
玻璃制品	Glasswares	429	0.0%
钢 材	Steel products	6964	0.5%

15-4 主要进口商品情况（2018年）
MAIN EXPORT GOODS IN 2018

商品名称	Item	进口金额（万元） Import (10000元)	占进口总额比重(%) Proportion (%)
合计	Total	9020601	
汽车零件	Vehicles parts	3441555	38.2%
汽车（包括整套散件）	Vehicles	1763212	19.5%
计量检测分析自控仪器及器具	Analysis of measurement control equipment and appliance	570263	6.3%
大豆	Soybean	220824	2.4%
金属加工机床	Metal-cutling machine tools	74866	0.8%
通断保护电路装置及零件	Hardware	431954	4.8%
活塞式内燃机的零件	Parts of piston eagine	52678	0.6%
钢材	Steel products	67186	0.7%
钢铁制标准坚固件	Standard strong steel products	135222	1.5%
收音设备	Recording equipment	97814	1.1%
集成电路	Integrated circuit	114699	1.3%
电动机及发电机	Electromotor and dynamo	88903	1.0%
电视、收音机及无线电讯装置的零附件	Electrical apparatus and parts	293222	3.3%
初级形状的塑料	Initial shape plastics	58699	0.7%
液泵及液体提升机	Pump and liquid elevator	42327	0.5%
变压、整流、电感器及零件	Transformer rectifier inductor and parts	37634	0.4%
机械提升搬运装卸设备及零件	Mechanical handling equipmeat and parts to upgrade handing	27107	0.3%
医疗仪器及器械	Medical apparatus and appliance	5955	0.1%
合成橡胶（包括乳胶）	Synthetic rubber (include emulsoid)	7843	0.1%
电线和电缆	Wire and cable	49198	0.5%
制冷设备用压缩机	Compressor for refrigeration facility	26553	0.3%
塑料制品	Plastic products	51235	0.6%
纺织纱线、织物及制品	Weave and products	30035	0.3%
空气调节器	Air conditioners	13703	0.2%
阀门	Valve	10801	0.1%
棉 花	Conton		0.0%

15–5 外贸进出口总值分国别 (地区) 出口情况 (2018)
BASIC CONDITIONS OF FOREIGN TRADE BY COUNTRY IN 2018

国家（地区）	Country or region	出口额（万元） Exports(10000 元)
总 值	Total	1525382
日本	Japan	132516
韩国	Korea	60859
美国	United States	119056
德国	Germany	108806
印度	India	80076
香港	HongKong	45596
越南	Vietnam	25390
台湾	Taiwan	15832
比利时	France	28194
加 拿 大	Canada	22252
伊朗	Iran	71450
巴基斯坦	Pakistan	27596
英国	United Kingdom	21243
墨西哥	Mexico	47580
荷兰	Netherland	11083
澳大利亚	Australia	182660
俄罗斯	Russia	50377
菲 律 宾	Philippines	38797
尼日利亚	Nigeria	14505
意 大 利	Italy	17221
阿拉伯联合酋长国	United Arab Emirates	889
马来西亚	Malaysia	18434
沙特阿拉伯	Saudi Arabia	691
印度尼西亚	Indonesia	57016
埃及	Egypt	5798
法国	France	5296
约旦	Jordan	1570
西班牙	Spain	16449
南非（阿扎尼亚）	South Africa	31837
柬埔寨	Cambodia	226
巴西	Brazil	16098
丹麦	Denmark	2134
乌克兰	Ukraine	4131
土耳其	Turkey	7921
泰国	Algeria	49639

15-6 外贸进出口总值分国别(地区)进口情况(2018)
BASIC CONDITIONS OF IMPORT IN FOREIGN TRADE BY COUNTRY IN 2018

国家(地区)	Country or region	进口额(万元)Imports (10000 元)
总 值	Total	9020601
德国	Germany	3796045
日本	Japan	901875
匈牙利	Hungary	416182
美国	United States	197738
意大利	Italy	131587
韩国	Korea	123398
捷克共和国	Czech	391382
比利时	Belgium	269212
法国	France	92689
瑞典	Sweden	17339
马来西亚	Malaysia	56543
墨西哥	Mexico	236440
西班牙	Spain	131131
奥地利	Austria	124121
巴西	Brazil	190111
英国	Britain	17679
俄罗斯	Russia	5540
泰国	Thailand	221420
台湾	Taiwan	46033
澳大利亚	Australia	12745
波兰	Poland	115446
瑞士	Switzerland	37068
荷兰	Netherlands	35427
菲律宾	Philippines	31211
新 加 坡	Singapore	7497
印度尼西亚	Indonesia	4196
香港	HongKong	1903
挪威	Norway	13588
印度	India	5774
以色列	Israel	5502
越南	Vietnam	22982
土耳其	Turkey	16933
加 拿 大	Canada	4742
丹麦	Denmark	9368
爱尔兰	Ireland	6661

15-7 新批外商项目（企业）分类表（2018 年）
NEW REGISTERED FOREIGN PROJECTS (ENTERPRISES) BY CATEGORY IN 2018

		户数（个）Enterprises (unit)	合同外资（万美元）Investment ($10000)	比重 (%) Percentage (%)
总计	Total	40	84574.2	
1. 按行业类别分	Grouped by sector			
第一产业	Primary industry	1	44	0.1%
第二产业	Secondary industry	11	40872.8	48.3%
第三产业	Terinary industry	28	43657.4	51.6%
2. 按国别、地区分	Grouped by country or region			
香港	Hongkong	13	55506.7	65.6%
韩国	Korea	5	1597	1.9%
日本	Japan	3	4139.5	4.9%
荷兰	Holland	1	7.2	0.01%
德国	Germany	1	4769.3	5.64%
新加坡	Singapore	2	2306.3	2.7%
3. 按经济类型分	Grouped by ownership			
中外合资企业	Sino-foreign joint ventures	18	13782.2	16.3%
中外合作企业	Sino-foreign cooperative enterprises			
外商独资企业	Exclusively foreign-owned enterprises	22	70792.0	83.7%
外商股份制企业	Foreign investment share enterprises			
投资性公司	Investment compani			

统计资料

▶金融保险业

BANKING AND INSURANCE

STATISTICS

2019

长春统计年鉴

CHANGCHUN STATISTICAL YEARBOOK

第十六篇　金融保险业

2018 年，全市金融机构继续加大金融对我市经济增长和结构调整的支持力度，贷款结构不断优化，全市金融为地方经济发展提供了有力的资金保障。保险行业发展稳中求进，为人民群众的生命和财产安全提供保障的功能得到充分发挥，行业发展再上新台阶。

一、各项存款平稳增长

2018 年末，全市金融机构人民币各项存款余额达 11475.7 亿元，比年初增加 8.1 亿元，增长 0.1%。其中，住户存款 4993.2 亿元，比年初增加 425.5 亿元，增长 9.3%；非金融企业存款 4002.3 亿元，比年初减少 147.2 亿元，下降 3.5%；广义政府 2227.8 亿元，比年初增加 127.6 亿元，增长 6.1%；非银行业金融机构存款 245.5 亿元，比年初减少 396.9 亿元，下降 61.8%。

二、各项贷款持续增长

2018 年末，全市金融机构人民币各项贷款余额 11463.1 亿元，比年初增加 1114.5 亿元，增长 10.8%。其中，住户贷款 3213.2 亿元，比年初增加 581.2 亿元，增长 22.1%；非金融企业及机关团体贷款 8249.3 亿元，比年初增加 533.3 亿元，增长 6.9%。

三、保险事业稳中求进

2018 年，长春市保险业发展持续向好，保障功能充分发挥，服务经济社会能力切实增强。人们对健康问题的关注持续加大，对人身意外伤害险和健康险的需求增加。2018 年长春市保险业实现保费收入 256.5 亿元，同比增长 6.5%，占全省 40.7%，其中人身意外伤害险保费收入 5.9 亿元，同比增长 33.8%；健康险保费收入 40.4 亿元，同比增长 51.4%。

2018 年全年赔付支出 86.3 亿元，同比增长 16.0%。其中，财产险赔付支出 47.70 亿元，同比增长 9.7%；人身险赔付支出 38.6 亿元，同比增长 25.0%。

16-1 主要年份住户储蓄存款余额（人民币）
DEPOSITS OF URBAN AND RURAL RESIDENTS(RMB)

单位：亿元 unit:100million yuan

		2017	2018
年末储蓄存款余额	Balance of deposits at year-end	4567	4993
按地区分	Grouped by region		
榆树市	Yushu	216	234
农安县	Nong′ an	285	302
德惠市	Dehui	238	258
九台市	Jiutai	200	213
双阳区	Shuangyang	101	113

16-2 1998-2018 年保险费收入和赔款支出
PREMIUM AND CLAIM OF INSURANCE(1998-2018)

单位：千元 unit:1000yuan

年份 Year	保险费收入 Premium	赔款支出 Claim	赔付率（%） Payment rate
1998	467423	288599	61.7
1999	840370	234360	27.9
2000	897800	284490	31.7
2001	1203345	404926	33.7
2002	1870688	484611	25.9
2003	2871260	562650	19.6
2004	3212130	579940	18.1
2005	2986980	665300	22.3
2006	3513544	902754	25.7
2007	4521397	1687103	37.3
2008	5685661	2069416	36.4
2009	6810096	2234097	32.8
2010	9325866	2259205	24.2
2011	8443132	2505617	29.7
2012	8953946	3167895	35.4
2013	10664214	4484021	42.0
2014	12888849	4902490	38.0
2015	16165574	5556082	34.4
2016	22479803	6847947	30.5
2017	24073421	7435210	30.9
2018	25646973	8627819	33.6

注：因执行新会计准则，保费收入计算口径发生变化，2011 年保费收入为新口径。

Note:the calculating calibers of premium income have been changed,due to new accounting standards.New calibers were adopted for premium income of year 2011.

16-3 2018 年全市金融机构信贷收支（人民币）
CREDIT FUNDS BALANCE SHEET OF FINANCIAL INSTITUTIONS (RMB) IN 2018

单位：亿元　　unit:100million yuan

来源项目名称	Item of sources	金额 Amount
一、各项存款	Deposits	11475.67
（一）. 境内存款	Deposits of enterprises	11468.80
1. 住户存款	Household deposits	4993.24
（1）活期存款	Current deposits	1719.30
（2）定期及其他存款	Regular and other deposits	3273.94
2. 非金融企业存款	Non-financial enterprise deposit	4002.29
（1）活期存款	Current deposit	1739.04
（2）定期及其他存款	Regular and other deposits	2263.25
3. 广义政府存款	Generalized government deposit	2227.78
（1）财政性存款	Financial deposit	252.07
（2）机关团体存款	Organ group deposit	1975.70
4. 非银行业金融机构存款	Deposits of non-banking financial institutions	245.50
（二）境外存款	Foreign deposits	6.86
二、金融债券	Bonds	80.91
三、卖出回购资产	Sell repurchase assets	11.84
四、借款及非银行业金融机构拆入	Borrowing and non banking financial institutions	4.3
五、联行往来（净）	Interlinked(net)	1155.23
六、应付及暂收款	Payable and temporary payment	344.94
七、各项准备	The preparation	400.28
八、所有者权益	Creditor's equity	793.58
其中：实收资本	Paid-up capital	263.45
九、其他 Others	Others	-358.64
资金来源总计	Total of sources	13908.11

16-3 续表 1 continued1

单位：亿元 unit:100million yuan

运用项目名称	Item of uses	金额 Amount
一、各项贷款	Loans	11463.05
（一）境内贷款	Domestic loans	11462.55
1. 住户贷款	Household loans	3213.22
（1）短期贷款	Short term loans	423.05
消费贷款	Consumer loans	186.69
经营贷款	business loans	236.36
（2）中长期贷款	Medium and long-term loans	2790.17
消费贷款	Consumer loans	2410.84
经营贷款	business loans	379.33
2. 非金融企业及机关团体贷款	Non-financial enterprises and institutions group loans	8249.32
（1）短期贷款	Short term loans	3101.91
（2）中长期贷款	Medium and long-term loans	4767.67
（3）票据融资	Bill financing	332.82
（4）融资租赁	Lease	19.78
（5）各项垫款	The advance	27.15
3. 非银行业金融机构贷款	Non-banking financial institutions	
（二）境外贷款	Foreign loans	0.50
二、债券投资	Bond investment	985.68
三、股权及其他投资	Equity and other investments	1135.90
四、买入返售资产	Buy back resale assets	39.91
五、存放非银行业金融机构款项	Deposit of non-banking financial institutions	3.73
六、联行往来（净）	Interlinked(net)	
其中：境内存放二级准备金	The territory of the secondary reserve	354.68
七、金银占款	Gold and silver accounted for money	
八、外汇买卖	Foreign Exchange Trading	
九、应收及预付款	Receivables and prepayments	146.90
十、投资性房地产	Investment real estate	1.13
十一、固定资产	Fixed assets	131.80
资金运用总计	Total of uses	13908.11

16-4 2018 年全市金融机构年末储蓄存款余额（人民币）
DEPOSITS BALANCE SHEET OF FINANCE INSTITUTIONS IN 2018(RMB)

单位：亿元 unit:100million yuan

		金额 Amount
全市金融机构年末储蓄存款余额	Total	11476
榆树	Yushu	289
农安	Nong' an	368
德惠	Dehui	303
九台	Jutai	272
双阳	Shuangyang	154

16-5 2018 年全市保险业务状况
BASIC STATISTICS ON INSURANCE IN 2018

单位：千元 unit:1000yuan

		保费收入 Premium	赔款支出 Claim	赔付率 (%) Loss ratio
总计	Total	256.5	86.3	33.6
一、财产险合计	Property	91.9	46.9	51.0
企财险	Enterprises property insurance	4.0	1.6	40.8
家财险	Family property insurance	0.3	0.2	61.2
机动车险	Motor vehicle insurance	66.9	36.3	54.3
工程保险	Engineering insurance	0.8	0.5	63.8
责任险	Liability insurance	4.7	1.4	30.4
信用保险	Credit insurance	0.7	0.4	56.0
保证保险	Guarantee insurance	5.6	1.5	26.0
船舶保险	Ship insurance	0.0	0.0	3.2
货运险	Freight transport insurance	3.0	2.0	66.8
特殊风险保险	Special risk insurance	0.3	0.0	1.8
农业保险	Agriculture insurance	5.5	2.9	52.8
其他	Other life insurance	0.1	0.1	62.8
二、人身险合计	Life insurance	159.7	35.3	22.1
人寿保险	Life insurance	117.3	21.4	18.2
意外伤害险	Accident injury insurance	5.8	1.3	22.4
健康险	Health insurance	36.6	12.6	34.5
三、本级		4.9	4.1	84.5

统计资料

STATISTICS

▶教育、科技及文化事业

EDUCATION,SCIENCE AND TECHNOLOGY GULTURE

2019

长春统计年鉴

CHANGCHUN STATISTICAL YEARBOOK

第十七篇　教育、科技及文化事业

2018 年，全年专利申请量 19900 件，授权量 10268 件，分别比上年增长 32.7% 和 25.4%。其中，发明专利申请量 8411 件，增长 34.5%；发明专利授权量 2416 件，下降 7.3%。全年登记的科技成果 18 项。

全市技术合同成交额达 332.7 亿元。市科技管理部门共投入科技经费 2.2 亿元。全市新认定高新技术企业 385 户。

全市有法定产品质量检验机构 1 家，法定计量技术机构 11 家。全年实施市级产品质量监督抽查 1013 批次，计量校准设备 45101 台 / 件，检验各类器具 241888 台 / 件。

2018 年，全市各类教育学校 1558 所（不含幼儿园，以下同），其中，普通高校 40 所，成人高校 8 所，中等职业学校 94 所，普通高中 71 所，初中学校 271 所，小学 1063 所，特殊教育学校 10 所，工读学校 1 所。

全市各类教育学校当年招生 36.2 万人。其中，普通本专科生 12.5 万人，成人本专科生 2.6 万人，研究生 2 万人，中等职业 1.4 万人，普通高中 3.7 万人，初中阶段 6.9 万人，小学 7.1 万人，特殊教育 321 人，工读 26 人。

全市各类教育学校在校学生 132.1 万人，其中，普通本专科生 44.7 万人，成人本专科生 5.6 万人，研究生 5.8 万人，中等职业教育 4.4 万人，普通高中 11.8 万人，初中 20.1 万人，小学 39.7 万人，特殊教育 0.1 万人，工读 41 人。

全市各类教育专任教师 9.1 万人，其中，担任小学教育教学的专任教师 3.1 万人，初中 1.9 万人，高中 0.9 万人，中等职业学校 0.4 万人，普通高校 2.8 万人，成人高校 0.09 万人，特殊教育 0.04 万人，工读 31 人。

全市学前教育机构 1026 个，其中，独立设立置幼儿园 754 所。当年入园儿童 4.6 万人，在园儿童 11.1 万人，其中，普惠性幼儿园 105 所，在园幼儿 1.7 万人。全市幼儿园教职工 1.8 万人，其中，专任教师 1 万人，学前专业教师占专任教师比例为 74.1%。

全市职业技术培训的非学历教育学校（机构）485 个，当年注册学生 3.5 万人，结业生 2.1 万人，教职工 0.3 万人，其中，专任教师 0.2 万人。

2018 年，全市共有文化（文物）事业机构 237 家，其中，艺术表演团体 7 家，艺术表演场馆 5 家，公共图书馆 12 家，艺术馆、文化馆 12 家，文化站 163 家，文化艺术科研、科技机构 1 家，文物保护研究机构 1 家，文物保护管理机构 4 家，其他文化事业 3 家，博物馆 23 家，文化市场管理机构 6 家。公共图书馆总藏量 549 万册，其中，少儿图书馆藏量 84.9 万册。

2018 年，全市有各类文化经营场所 1444 家，其中，互联网上网服务营业场所 746 家，文化娱乐场所 294 家，演出场所 42 家，音像制品营业场所 94 家，古玩（美术品）经营店 268 家。市区（含开发区）文化经营场所 1027 家，其中，互联网上网服务营业场所 528 家，文化娱乐场所 207 家，演出场所 26 家，古玩（美术品）经营店 266 家。

2018 年，全市有广播电台 6 座，节目 11 套，中波发射台和转播台 2 座，转播台 23 座，广播人口覆盖率为 100%，电视台 5 座，节目 10 套，电视人口覆盖率为 100%。

17-1 长春市各级各类教育基本情况
BASIC STATISTICS ON EDUCATION

		校数 Schools	毕业生（人）Graduates (person)	在校生数（人）Student enrollment (person)	教职工（人）Teacher and staff(person)	
					合计 Total	其中：专任教师 Full time teacher
一、高等教育	Higher education	48	151305	560452	44666	28449
1、研究生培养机构	Graduate cultivation mechanism		15232	57787		
普通高校	Instituions of higher education		15189	57593		
科研机构	Scientific research institution		43	194		
2. 普通高等教育	Regular higher education	40	111160	447156	43071	27488
本科	Undergraduate		80866	347422		
专科	Specialty		30294	99734		
3. 成人高等教育	Adult Higher Education	8	24913	55509	1466	895
本科	Undergraduate		14817	30657		
专科	Specialty		10096	24852		
4. 民办其他高等教育机构					129	66
二、高中段教育	High school education	165	53994	162041	18059	14430
1. 中等职业	Secondary vocation	94	15244	44442	4835	3601
其中：普通中专	Special education schools	10	4942	12723	1458	1209
成人中专	Special secondary schools for adults	12	1261	2591	948	796
职业高中	Vocational senior middle schools	72	5252	16540	2301	1543
其他机构	Others		3789	12588	128	53
2. 普通高中	Senior secondary schools	71	38750	117599	13224	10829
三、初中阶段教育	junior high school education	271	52874	200628	27105	22524
1. 职业初中	Vocational middle schools	4	97	379	99	85
2. 普通初中	Junior secondary schools	267	52777	200249	27006	22439
四、小　学	Primary shools	1063	68720	397178	29943	25284
五、特殊教育	Special education schools	10	123	1305	444	374
六、工读学校	Approved shcools	1	5	41	41	31
七、幼 儿 园	Kindergartens	754	44060	111315	18120	9895

注：专任教师按办学类型填写。

17-2 中学概况
BASIC STATISTICS ON SECONDARY SCHOOLS

		校数（所）Schools	班数（个）Classes (unit)	毕业生数（人）Graduates (person)	在校学生数（人）Student enrollment (person)	教职工数（人）Teacher and staff (person)	
						合计 Total	#专职教师 Full time teacher
长春市	Changchun	342	7051	91624	318227	40329	33353
城区	District	198	4214	53510	184631	25996	22291
南关区	Nanguan	11	158	1552	6597	1134	956
宽城区	Kuancheng	14	215	2579	8943	1432	1408
朝阳区	Chaoyang	12	221	2599	8728	1252	1045
二道区	Erdao	10	283	3860	13306	2135	1933
绿园区	Lvyuan	9	243	3051	10834	1068	956
双阳区	Shuangyang	26	340	3770	14135	2451	1762
九台区	Jiutai	33	657	8664	30417	4434	3590
市辖区		32	963	13333	42336	4335	3845
新区	High-technical developing area	10	135	911	5049	1615	1501
经济开发区	Economic technical developing area	6	96	741	3804	574	476
净月开发区	Jingyue developing area	5	59	494	1957	310	286
汽车区		12	215	2551	9508	1411	1243
中省属	Directly under province	15	614	9209	28424	3695	3157
莲花山区	lianhuashan	3	15	196	593	150	133
三县（市）区	Four counties(cities)	144	2837	38114	133596	14333	11062
农安县	Nong' an	50	1005	12800	46924	5692	4117
榆树市	Yushu	54	1027	14587	49613	4842	3810
德惠市	Dehui	40	805	10727	37059	3799	3135

17–3 小学概况
BASIC STATISTICS ON PRIMARY SCHOOLS

		校数（所）Schools	班数（个）Class (unit)	毕业生数（人）Graduates (person)	在校学生数（人）Student enrollment (person)	教职工数（人）Teacher and staff(person)	
						合计 Total	#：专职教师 Full time teacher
长春市	Changchun	1063	12341	68720	397178	29943	25284
城区	District	382	6832	38884	252939	15063	12950
南关区	Nanguan	25	494	2744	18729	1438	1293
宽城区	Kuancheng	25	693	3681	27488	1643	1614
朝阳区	Chaoyang	27	582	3732	22589	1681	1434
二道区	Erdao	15	571	3392	23837	990	898
绿园区	Lvyuan	27	597	3300	23724	1393	1236
双阳区	Shuangyang	111	708	3387	15724	2257	1659
九台区	Jiutai	86	971	6515	31947	1835	1426
市辖区		6	312	2385	12544	932	780
新区		9	416	1284	15771	254	235
经济开发区	Economic developing area	13	248	1557	10533	601	559
净月开发区	Jingyue developing area	12	205	1026	6839	522	491
汽车区	Automobile Disttict	7	365	2208	15376	412	367
中省属		6	619	3308	26032	956	821
莲花山	lianhuashan	13	51	365	1806	149	137
三县（市）区	Four counties(cities)	681	5509	29836	144239	14880	12334
农安县	Nong′ an	247	1874	10327	53695	5495	4365
榆树市	Yushu	275	2153	11048	49796	5505	4952
德惠市	Dehui	159	1482	8461	40748	3880	3017

17-4 幼儿园
BASIC STATISTICS ON KINDERGARTENS

		园数（所）Kindergartens (unit)	在园幼儿数（人）Children (person)	教职工数（人）Teacher and staff(person)	
				合计 Total	#：专职教师 Full time teacher
长春市	Changchun	754	111315	18120	9895
城区	District	552	83746	15277	7970
南关区	Nanguan	50	8866	1824	980
宽城区	Kuancheng	52	7579	1629	795
朝阳区	Chaoyang	79	12035	2340	1219
二道区	Erdao	54	9487	1751	941
绿园区	Lvyuan	82	10528	1925	988
双阳区	Shuangyang	69	9117	1179	586
九台区	Jiutai	37	4509	775	453
市辖区		1	563	88	51
新区		16	2745	576	297
经济开发区	Economic developing area	46	6369	1218	673
净月开发区	Jingyue developing area	31	3890	826	444
汽车区	Automobile Disttict	32	6591	1143	543
中省属		0	1285	0	0
莲花山	lianhuashan	3	182	3	0
三县（市）区	Four counties(cities)	202	27569	2843	1925
农安县	Nong′an	70	9440	896	756
榆树市	Yushu	39	6804	483	408
德惠市	Dehui	93	11325	1464	761

17-5 文化事业基本情况
BASIC STATISTICS ON CULTURAL INSTITUTIONS

		单位 Unit	全市 Total	市区 District	县（市） County
一、座席个数	Seats	个 sets	693	693	
1. 电影院、开放礼堂俱乐部	Cinema music hall	个 unit			
2. 艺术表演场所	Theater	个 unit	693	693	
二、演（映）出场次	Performances	场 shous	827	634	193
1. 电影院、开放礼堂俱乐部	Cinema music hall	场 shows			
2. 艺术表演场所	Theater	场 shows	79	79	
其中：艺术演出	Performancing	场 shows	40	40	
3. 艺术表演团体	Art performance group	场 shows	748	555	193
三、观众人次	Spectators	千人次 1000person-time	565	285	280
1. 电影院、开放礼堂俱乐部	Cinema music hall	千人次 1000person-time			
2. 艺术表演场所	Theater	千人次 1000person-time	54	54	
其中：艺术演出	Performancing	千人次 1000person-time	27	27	
3. 艺术表演团体	Art performance group	千人次 1000person-time	511	231	280
四、举办展览个数	Number of exhibition	个 unit	417	252	165
1. 群众艺术馆	Mass art centres	个 unit	30	30	
2. 文化馆（站）	Cultural centers	个 unit	289	149	140
3. 博物馆	Museums	个 unit	98	73	25
其中：文化部门	Cultural department	个 unit	33	13	20
4. 文物商店	Arts store	个 unit			
五、参观人次	Visitors	千人次 1000person-time	2344	1974	370
1. 文物保护管理机构	Agency of historical relics	千人次 1000person-time			
2. 博物馆	Museums	千人次 1000person-time	2344	1974	370
其中：文化部门	Cultural department	件 pcs	1899	4534	365
六、文物藏品	Number of collection	件 pcs	122130	112134	9996
1. 文物保护管理机构	Agency of historical relics	件 pcs			
2. 博物馆	Museums	件 pcs	122130	112134	9996
其中：文化部门	Cultural department	件 pcs	86432	76943	9484
七、总藏量	Number of collections	千册（件） 1000 pcs	5971	4869	1102
1. 群众艺术馆	Mass art centres	千册 1000 pcs			
2. 文化馆（站）	Cultural centers	千册 1000 pcs	482	201	281
3. 公共图书馆	Public libraries	千册 1000 pcs	5489	4668	821

17-6 文化事业机构、人数
INSTITUTIONS AND PERSONNEL INCULTURE AND ART

		机构数（个）Institutions			职工数（人）Workers and staff members(person)		
		总计 Total	市区 District	县（市）County	总计 Total	市区 District	县（市）County
一、电影事业	Film						
1. 电影发行放映管理机构	Film renting units						
2. 电影制片厂	Film studios						
3. 电影院、影剧院	Cinemas						
4. 开放礼堂、俱乐部	Music hall						
5. 对内礼堂、俱乐部	Theatre						
6. 电影队	Film team						
二、艺术业	Art institutions	15	10	5	484	326	158
1. 艺术表演团体	Art performance troups	8	5	3	383	236	147
2. 艺术表演场所	Theatre	5	5		90	90	
3. 艺术创作机构	Art creation institution	2		2	11		11
三、文化科技科研机构	Institutions of S&R	1	1		55	55	
四、出版事业	Published						
1、报社	Newspapers						
2、出版	Published						
3、画报社	Painting						
4、杂志社	Magazine						
五、文物事业	Cultural relics	28	16	12	465	393	72
1. 文物保护管理机构	Agency of historical relics	4		4	18	18	
2. 文物研究机构	Research historical relics agency	1	1				
3. 博物馆	Museums	23	15	8	447	393	54
其中：文化部门	Cultural department	10	4	6	305	233	72
4. 文物商店	Arts store						
六、图书馆	Public libraries	12	7	5	398	260	138
其中：少儿公共图书馆	Public libraries	1	1		33	33	
七、群众文化	Mass culture	175	74	101	750	287	465
1. 群众艺术馆	Mass art centres	2	2		83	83	
2. 文化馆	Culture centres	10	5	5	302	92	210
3. 文化站	Culture department and stations	163	67	96	365	112	253
其中：乡镇文化站	Township cultural stations	97	17	80	217	30	187

2018年规上工业法人单位研发情况（一）

	代码	一、企业基本情况 I. Basic Status of Enterprise		
		单位数（个）Number of units	有R&D活动单位数（个）Number of units engaged in R&D activities	有研发机构单位数（个）Number of units possessing R&D organizations
甲	乙	1	2	3
总　计	Total	1463	150	58
大型	Large-sized	43	17	10
中型	Medium-sized	143	33	9
小型	Small-sized	334	37	13
微型	Micro-sized	943	63	26
中央	Center	35	11	5
地方	Local	82	10	5
其他	Others	1346	129	48
内资企业	Domestic funds	1314	123	54
国有企业	State-owned	10	1	1
集体企业	Collective-owned	3	1	0
股份合作企业	Share holding cooperative	1	0	0
有限责任公司	Limited company	434	53	20
国有独资公司	State-owned	20	3	3
其他有限责任公司	Others	414	50	17
股份有限公司	Share holding	53	14	6
私营企业	Private	813	54	27
私营独资企业	Solely Owned	22	0	0
私营合作企业	Private partnership			
私营有限责任公司	Limited company	761	46	26
私营股份有限公司	Private	30	8	1
其他企业	Others	0	0	0
港、澳、台商投资企业	Funded from Hongkong, Macao and Taiwan	27	9	2
合资经营企业（港或澳、台资）	Funded from Hongkong, Macao and Taiwan	10	4	1
合作经营企业（港或澳、台资）	Cooperative	1	0	0
港澳台商独资经营企业	Solely owned	13	4	1
港澳台商投资股份有限公司	Funded from Hongkong, Macao and Taiwan	3	1	0
其他港澳台商投资企业	Others			
外商投资企业	Foreign funded	122	18	2
中外合资经营企业	Joint Venture	70	13	2
中外合作经营企业	Cooperative	1	0	0
外资企业	Foreign funded	46	4	0
外商投资股份有限公司	Share holding	2	0	0
其他外商投资企业	Others	3	1	0
采矿业	Mining industry	18	0	0
煤炭开采和洗选业	Coal mining and dressing	4	0	0
非金属矿采选业	Mining and dressing of nonmetal mineralproducts	13	0	0
开采辅助活动	Mining auxiliary activities	1	0	0
制造业	Manufacturing Industry	1395	149	58
农副食品加工业	Food processing	265	8	15
食品制造业	Food manufacturing	62	2	0
酒、饮料和精制茶制造业	Wine、Drinks and refined tea industry	35	0	0

Research and Development Situations of Industrial Legal Entities Above Designated Scale for the Year 2018 (VI)

一、企业基本情况 I. Basic Status of Enterprise							
其中：享受研究开发费用加计扣除的企业数（个） Therein: Number of enterprise awarded R&D expenses plus reduction	从业人员期末人数（人） Number of employees at end of period (Persons)	从业人员平均人数(人) Average of employees (Persons)	资产总计（万元） Total of assets (Unit: 10 thousand Yuan)	主营业务收入（万元） Income from main business (unit: 10 thousand Yuan)	利润总额（万元） Total of profits (unit: 10 thousand Yuan)	工业总产值（万元） Total industrial output value (unit: 10 thousand Yuan)	出口交货值（万元） Export delivery value (unit: 10 thousand Yuan)
4	5	6	7	8	9	10	11
51	439042	437210	87752527.7	91735329.7	7113757.5	84452838.0	1230624.1
7	253479	253808	64304883.6	72851901.2	5679264.6	65513832.5	800571.1
12	78839	77883	10163946.4	8030768.4	716553.6	8456725.6	168735.4
13	39973	39828	6352308.0	6153605.3	449365.2	5749653.7	149896.4
19	66751	65691	6931389.7	4699054.8	268574.1	4732626.2	111421.2
6	187770	190248	56646525.4	64652873.0	5173467.9	57690010.6	491836.2
3	30626	30117	5343343.2	3337375.9	165777.8	3049264.2	6724.4
42	220646	216845	25762659.1	23745080.8	1774511.8	23713563.2	732063.5
46	366248	366093	76931778.7	78177572.4	6166089.1	71108827.9	761312.0
0	5967	6049	913496.6	323096.8	-6109.8	331585.2	0.0
0	205	215	28110.3	8087.8	485.0	8068.1	2130.2
0	96	90	2549.7	2082.5	194.5	2212.5	39.0
19	239042	241064	57555860.5	65242794.1	5219153.0	58026335.4	432124.1
2	162844	164563	48634353.9	57901657.2	4655493.9	50962420.2	233536.2
17	76198	76501	8921506.6	7341136.9	563659.1	7063915.2	198587.9
11	46970	46190	12004717.4	7283824.8	591879.5	7631243.3	218646.5
16	73968	72485	6427044.2	5317686.4	360486.9	5109383.4	108372.2
0	962	932	54448.5	56214.1	2884.3	69812.6	0.0
12	65621	63917	5322768.7	4937193.9	310606.6	4681205.9	90798.1
4	7385	7636	1049827.0	324278.4	46996.0	358364.9	17574.1
0	0	0	0.0	0.0	0.0	0.0	0.0
0	14708	14738	2711545.8	1800924.6	-130127.9	1847535.1	119957.7
0	5514	5563	1002532.2	670070.9	15466.8	640921.3	109866.8
0	580	565	14244.5	9613.1	676.0	10077.9	0.0
0	8312	8318	1541028.1	969647.9	-158692.6	1033807.5	10090.9
0	302	292	153741.0	151592.7	12421.9	162728.4	0.0
5	58086	56379	8109203.2	11756832.7	1077796.3	11496475.0	349354.4
3	37674	36143	5023268.2	8406007.9	750626.4	8215915.0	56511.7
0	13	13	56124.1	49607.8	5930.3	49607.8	0.0
1	17783	17717	2355095.2	2984735.0	304823.9	2918403.0	292842.7
0	339	346	37148.6	53205.6	7846.2	47241.6	0.0
1	2277	2160	637567.1	263276.4	8569.5	265307.6	0.0
0	7669	7809	433724.3	171283.8	10778.6	198229.3	0.0
0	7010	7172	386534.8	153470.9	12147.7	167821.1	0.0
0	349	339	32453.8	15967.2	803.0	22380.9	0.0
0	310	298	14735.7	1845.7	-2172.1	8027.3	0.0
51	379757	377232	77189083.4	85652521.0	7125164.5	78331433.6	1230624.1
1	28833	28584	3771784.8	4043018.0	-36775.0	4078971.3	49667.4
0	12231	12654	1047978.8	836444.3	98691.1	891688.2	79911.4
0	4589	4526	404182.8	396028.2	9702.2	405198.4	0.0

2018 年规上工业法人单位研发情况（一）

	代码	一、企业基本情况 I. Basic Status of Enterprise		
		单位数（个）Number of units	有 R&D 活动单位数（个）Number of units engaged in R&D activities	有研发机构单位数（个）Number of units possessing R&D organizations
甲	乙	1	2	3
烟草制品业	Tobacco processing	1	0	0
纺织业	Textile industry	5	0	0
纺织服装、服饰业	Textile and garment、Clothing industry	11	0	0
皮革、毛皮、羽毛（绒）及其制品业	Leather furs down and related products	1	0	0
木材加工及木、竹、藤、棕、草制品业	Timber，bamboo，cane，palm and straw products	25	1	0
家具制造业	Furniture	30	2	0
造纸及纸制品业	Paper making and paper products	11	1	0
印刷业和记录媒介的复制	Printing and record medium reproduction	17	1	0
文教、工美、体育和娱乐用品制造业	Culture and education、industrial art、sports and entertainment products manufacturing	9	0	0
石油加工、炼焦及核燃料加工业	Petroleum processing coking and nuclear rocessing	11	0	0
化学原料及化学制品制造业	Raw chemical material and chemical products	61	7	1
医药制造业	Medical and pharmacutical products	61	22	7
化学纤维制造业	Chemical fiber manufacturing	2	1	1
橡胶和塑料制品业	Rubber and Plastic products	50	7	1
非金属矿物制品业	Nonmetal mineral products	93	5	2
黑色金属冶炼及压延加工业	Smelting and pressing of ferrous metals	8	0	0
有色金属冶炼及压延加工业	Smelting and pressing of non-ferrous metals	4	0	0
金属制品业	Metal products	67	1	0
通用设备制造业	Ordinary machinery	61	7	6
专用设备制造业	Special purpose equipment	51	8	1
汽车制造业	Automobile industry	317	45	14
铁路、船舶、航空航天和其他运输设备制造业	Railway、Ship、aerospace and other Transportation Equipment Manufacturing	38	8	3
电气机械及器材制造业	Electric equipment and machinery	46	5	3
计算机、通信及其他电子设备制业	Computer and Telecommunication equipment and other electronic equipment	24	12	3
仪器仪表制造业	Instruments， meters	17	5	1
其他制造业	Others	6	1	0
废弃资源综合利用业	Comperehensive untilization of waste resources	6	0	0
电力、热力、燃气及水生产和供应业	Electric power, Heating power, fuel gas, water production and supply industry	50	1	0
电力、热力的生产和供应业	Production and supply of electric power and heat power	40	1	0
燃气生产和供应业	Production and supply of gas	7	0	0
水的生产和供应业	Production and supply of water	3	0	0
公有经济	Public economy	116	25	11
非公有经济	Non-public economy	1347	125	47
国有控股	State-owned holding	94	23	11
集体控股	Collective holding	22	2	0
私人控股	Private holding	1100	83	35
港澳台商控股	Share held by Hong Kong, Macao and Taiwanese Businessmen	22	7	1
外商控股	Foreign holding	87	10	2
其他	Others	138	25	9

Research and Development Situations of Industrial Legal Entities Above Designated Scale for the Year 2018 (VI)

一、企业基本情况 I. Basic Status of Enterprise							
其中：享受研究开发费用加计扣除的企业数（个）Therein: Number of enterprise awarded R&D expenses plus reduction	从业人员期末人数（人）Number of employees at end of period (Persons)	从业人员平均人数(人) Average of employees (Persons)	资产总计（万元）Total of assets (Unit: 10 thousand Yuan)	主营业务收入（万元）Income from main business (unit: 10 thousand Yuan)	利润总额（万元）Total of profits (unit: 10 thousand Yuan)	工业总产值（万元）Total industrial output value (unit: 10 thousand Yuan)	出口交货值（万元）Export delivery value (unit: 10 thousand Yuan)
4	5	6	7	8	9	10	11
0	1340	1340	504690.5	428909.7	8206.0	295424.7	0.0
0	1110	1146	98656.8	49695.2	2483.9	57321.1	0.0
0	3161	3123	216072.7	121687.3	-1069.9	114804.4	14354.6
0	40	40	6131.6	2543.0	351.0	2613.2	0.0
0	1977	1951	118056.6	145884.1	6709.6	122803.5	47767.2
0	2830	2749	186733.8	69297.9	2565.4	64074.6	658.8
0	900	914	61524.2	65912.4	1765.0	63640.1	0.0
1	1791	1764	145616.4	104284.5	2993.2	109799.0	2217.8
0	1528	1536	40431.3	49484.3	3622.0	35163.9	16071.8
0	1718	1717	213585.5	437001.3	1666.0	418161.3	0.0
1	4885	4831	795631.0	810732.8	44621.0	837850.4	20878.6
11	15408	15084	2439563.1	1222585.5	336097.8	1479786.4	97305.5
0	129	133	65329.0	9130.9	-205.4	9659.2	326.2
2	7216	6841	763034.1	770323.0	27705.0	701918.4	9960.8
2	8064	7862	1768325.1	833929.7	44902.5	849033.0	9507.1
0	708	731	137802.1	260904.2	8094.5	273750.4	0.0
0	193	191	38137.0	60497.7	-494.7	60709.8	0.0
1	5895	5781	493364.3	717676.2	8420.0	604661.1	324.0
1	7222	7008	650977.4	463739.2	33382.8	506368.5	6533.5
3	6321	6257	438213.5	282025.4	16594.3	278701.3	8167.6
13	225505	224511	54450906.8	68276655.7	6053938.2	61026379.2	605024.4
4	22836	22944	6583302.4	4163223.9	338132.6	4049529.7	232164.7
0	3905	3872	818433.0	374065.3	27717.7	359365.1	0.0
7	5623	5396	522416.0	394919.5	55479.4	384049.8	22207.3
4	2760	2702	293298.3	102317.4	23733.3	103559.4	7575.4
0	377	377	45389.0	41513.3	810.7	26589.6	0.0
0	662	667	69515.5	118091.1	5324.3	119858.6	0.0
0	51616	52169	10129720.0	5911524.9	-22185.6	5923175.1	0.0
0	45324	45816	9006166.1	5559573.0	-43983.9	5529786.1	0.0
0	2840	2847	742849.2	243998.2	20883.0	277782.6	0.0
0	3452	3506	380704.7	107953.7	915.3	115606.4	0.0
13	223161	225091	63123207.1	66833753.7	5216013.4	59825771.8	635449.3
38	215881	212119	24629320.6	24901576.0	1897744.1	24627066.2	595174.8
13	216225	218249	61881737.4	65879891.0	5147067.4	58904837.8	620194.9
0	6936	6842	1241469.7	953862.7	68946.0	920934.0	15254.4
22	114484	112968	10252537.5	9024575.5	603855.1	8807432.6	126658.5
1	9686	9597	2197737.3	1308867.2	-133173.9	1379152.7	10090.9
3	36211	35200	5381044.0	7457894.1	678060.9	7011401.8	400306.4
12	55500	54354	6798001.8	7110239.2	749002.0	7429079.1	58119.0

2018 年规上工业法人单位研发情况（二）

	代码	二、R&D 人员情况 II. R&D personnel		
		1. R&D 人员合计（人）1. Total of R&D personnel (persons)	项目研究开发人员（人）Personnel for R&D of project (persons)	管理和服务人员（人）Personnel for management and services (persons)
甲	乙	12	13	14
总　计	Total	12566	11522	1044
大型	Large-sized	8454	7821	633
中型	Medium-sized	2011	1794	217
小型	Small-sized	816	743	73
微型	Micro-sized	1285	1164	121
中央	Central	6186	5718	468
地方	Local	533	481	52
其他	Others	5847	5323	524
内资企业	Domestic funds	9912	9133	779
国有企业	State-owned	86	83	3
集体企业	Collective-owned	17	16	1
股份合作企业	Share holding cooperative	0	0	0
有限责任公司	Limited company	6636	6032	604
国有独资公司	State-owned	4965	4529	436
其他有限责任公司	Others	1671	1503	168
股份有限公司	Share holding	1809	1745	64
私营企业	Private	1364	1257	107
私营独资企业	Solely Owned	0	0	0
私营合作企业	Private partnership	0	0	0
私营有限责任公司	Limited company	1049	967	82
私营股份有限公司	Private	315	290	25
其他企业	Others	0	0	0
港、澳、台商投资企业	Funded from Hongkong, Macao and Taiwan	601	521	80
合资经营企业（港或澳、台资）	Funded from Hongkong, Macao and Taiwan	359	292	67
合作经营企业（港或澳、台资）	Cooperative	0	0	0
港澳台商独资经营企业	Solely owned	217	204	13
港澳台商投资股份有限公司	Funded from Hongkong, Macao and Taiwan	25	25	0
其他港澳台商投资企业	Others	0	0	0
外商投资企业	Foreign funded	2053	1868	185
中外合资经营企业	Joint Venture	1120	1002	118
中外合作经营企业	Cooperative	0	0	0
外资企业	Foreign funded	774	713	61
外商投资股份有限公司	Share holding	0	0	0
其他外商投资企业	Others	159	153	6
采矿业	Mining industry	0	0	0
煤炭开采和洗选业	Coal mining and dressing	0	0	0
非金属矿采选业	Mining and dressing of nonmetal mineralproducts	0	0	0
开采辅助活动	Mining auxiliary activities	0	0	0
制造业	Manufacturing Industry	11915	10885	1030
农副食品加工业	Food processing	222	207	15
食品制造业	Food manufacturing	46	42	4
酒、饮料和精制茶制造业	Wine、Drinks and refined tea industry	0	0	0
烟草制品业	Tobacco processing	0	0	0
纺织业	Textile industry	0	0	0
纺织服装、服饰业	Textile and garment、Clothing industry	0	0	0
皮革、毛皮、羽毛（绒）及其制品业	Leather furs down and related products	0	0	0
木材加工及木、竹、藤、棕、草制品业	Timber, bamboo, cane, palm and straw products	3	3	0
家具制造业	Furniture	25	20	5
造纸及纸制品业	Paper making and paper products	16	15	1
印刷业和记录媒介的复制	Printing and record medium reproduction	24	23	1

Research and Development Situations of Industrial Legal Entities Above Designated Scale for the Year 2018 (VI)

二、R&D 人员情况 II. R&D personnel								
其中：女性（人） Including: Female (persons)	其中：研究人员（人） Including: research personnel (persons)	其中：①全时人员（人） Including: ① full-time personnel (persons)	②非全时人员（人） ② Part-time personnel (persons)	2. R&D 人员折合全时当量合计（人年） 2. R&D personnel converted to total full time equivalent (man-year)	其中：研究人员（人年） Including: research personnel (man-year)	其中：①基础研究人员（人年） Including: ① Basic research personnel (man-year)	②应用研究人员（人年） ② Applied research personnel (man-year)	③试验发展人员（人年） ③ Test development personnel (man-year)
15	16	17	18	19	20	21	22	23
2741	4266	10724	1842	7773	2681	1	688	7085
1712	2643	7402	1052	5615	1854	0	592	5023
494	862	1635	376	909	370	0	48	861
216	288	654	162	470	171	0	26	444
319	473	1033	252	780	286	1	22	757
1263	1580	5379	807	3790	958	0	595	3196
117	211	458	75	380	144	0	2	378
1361	2475	4887	960	3603	1579	1	92	3511
2235	2890	8359	1553	5965	1735	1	643	5322
16	48	77	9	11	6	0	0	11
6	9	15	2	12	7	0	0	12
0	0	0	0	0	0	0	0	0
1379	1437	5590	1046	3897	772	0	560	3337
962	866	4280	685	2868	409	0	485	2383
417	571	1310	361	1029	363	0	75	954
458	914	1590	219	1265	665	0	70	1194
376	482	1087	277	780	285	1	12	767
0	0	0	0	0	0	0	0	0
0	0	0	0	0	0	0	0	0
228	352	806	243	508	172	1	12	496
148	130	281	34	271	113	0	0	271
0	0	0	0	0	0	0	0	0
125	285	518	83	198	92	0	38	160
56	167	315	44	38	20	0	0	38
0	0	0	0	0	0	0	0	0
60	108	180	37	136	62	0	38	97
9	10	23	2	25	10	0	0	25
0	0	0	0	0	0	0	0	0
381	1091	1847	206	1609	854	0	7	1602
271	603	1007	113	829	441	0	7	822
0	0	0	0	0	0	0	0	0
74	423	697	77	669	367	0	0	669
0	0	0	0	0	0	0	0	0
36	65	143	16	111	45	0	0	111
0	0	0	0	0	0	0	0	0
0	0	0	0	0	0	0	0	0
0	0	0	0	0	0	0	0	0
0	0	0	0	0	0	0	0	0
2549	3931	10300	1615	7632	2608	1	662	6970
64	99	181	41	149	63	0	38	111
27	9	41	5	41	8	0	0	41
0	0	0	0	0	0	0	0	0
0	0	0	0	0	0	0	0	0
0	0	0	0	0	0	0	0	0
0	0	0	0	0	0	0	0	0
0	0	0	0	0	0	0	0	0
1	1	1	2	2	1	0	0	2
1	0	20	5	6	0	0	0	6
4	3	14	2	12	2	0	0	12
10	7	22	2	24	7	0	24	0

2018年规上工业法人单位研发情况（二）

	代码	二、R&D人员情况 II. R&D personnel		
		1.R&D人员合计（人） 1. Total of R&D personnel (persons)	项目研究开发人员（人） Personnel for R&D of project (persons)	管理和服务人员（人） Personnel for management and services (persons)
甲	乙	12	13	14
文教、工美、体育和娱乐用品制造业	Culture and education、industrial art、sports and entertainment products manufacturing	0	0	0
石油加工、炼焦及核燃料加工业	Petroleum processing coking and nuclear processing	0	0	0
化学原料及化学制品制造业	Raw chemical material and chemical products	138	110	28
医药制造业	Medical and pharmacutical products	1076	1000	76
化学纤维制造业	Chemical fiber manufacturing	21	21	0
橡胶和塑料制品业	Rubber and Plastic products	151	128	23
非金属矿物制品业	Nonmetal mineral products	240	218	22
黑色金属冶炼及压延加工业	Smelting and pressing of ferrous metals	0	0	0
有色金属冶炼及压延加工业	Smelting and pressing of non-ferrous metals	0	0	0
金属制品业	Metal products	17	16	1
通用设备制造业	Ordinary machinery	185	176	9
专用设备制造业	Special purpose equipment	240	220	20
汽车制造业	Automobile industry	7561	6813	748
铁路、船舶、航空航天和其他运输设备制造业	Railway、Ship、aerospace and other Transportation Equipment Manufacturing	1279	1246	33
电气机械及器材制造业	Electric equipment and machinery	44	41	3
计算机、通信及其他电子设备制业	Computer and Telecommunication equipment and other electronic equipment	429	397	32
仪器仪表制造业	Instruments, meters	188	181	7
其他制造业	Others	10	8	2
废弃资源综合利用业	Comperehensive untilization of waste resources	0	0	0
电力、热力、燃气及水生产和供应业	Electric power, Heating power, fuel gas, water production and supply industry	651	637	14
电力、热力的生产和供应业	Production and supply of electric power and heat power	651	637	14
燃气生产和供应业	Production and supply of gas	0	0	0
水的生产和供应业	Production and supply of water	0	0	0
公有经济	Public economy	6917	6400	517
非公有经济	Non-public economy	5649	5122	527
国有控股	State-owned holding	6895	6379	516
集体控股	Collective holding	22	21	1
私人控股	Private holding	2214	2039	175
港澳台商控股	Share held by Hong Kong, Macao and Taiwanese Businessmen	416	396	20
外商控股	Foreign holding	1296	1124	172
其他	Others	1723	1563	160

Research and Development Situations of Industrial Legal Entities Above Designated Scale for the Year 2018 (VI)

二、R&D 人员情况 II. R&D personnel								
其中：女性（人） Including: Female (persons)	其中：研究人员（人） Including: research personnel (persons)	其中：①全时人员（人） Including: ① full-time personnel (persons)	②非全时人员（人） ② Part-time personnel (persons)	2.R&D 人员折合全时当量合计（人年） 2. R&D personnel converted to total full time equivalent (man-year)	其中：研究人员（人年） Including: research personnel (man-year)	其中：①基础研究人员（人年） Including: ① Basic research personnel (man-year)	②应用研究人员（人年） ② Applied research personnel (man-year)	③试验发展人员（人年） ③ Test development personnel (man-year)
15	16	17	18	19	20	21	22	23
0	0	0	0	0	0	0	0	0
0	0	0	0	0	0	0	0	0
28	50	119	19	43	17	0	0	43
409	461	803	273	736	317	1	7	728
8	9	19	2	7	3	0	3	5
26	63	134	17	104	44	0	0	104
53	96	214	26	118	48	0	2	117
0	0	0	0	0	0	0	0	0
0	0	0	0	0	0	0	0	0
3	1	15	2	4	0	0	0	4
40	99	158	27	79	41	0	0	79
30	85	177	63	157	59	0	2	155
1365	1967	6670	891	4779	1297	0	464	4315
282	699	1111	168	960	529	0	69	891
10	15	38	6	23	7	0	0	23
139	179	385	44	291	122	0	53	237
46	82	169	19	89	38	0	0	89
3	6	9	1	9	5	0	0	9
0	0	0	0	0	0	0	0	0
192	335	424	227	141	72	0	26	115
192	335	424	227	141	72	0	26	115
0	0	0	0	0	0	0	0	0
0	0	0	0	0	0	0	0	0
1452	1900	6034	883	4207	1136	0	596	3611
1289	2366	4690	959	3566	1545	1	92	3474
1445	1888	6014	881	4190	1127	0	596	3594
7	12	20	2	17	9	0	0	17
559	763	1670	544	1270	456	1	17	1252
118	191	352	64	286	125	0	38	248
218	606	1166	130	924	443	0	7	917
394	806	1502	221	1085	520	0	29	1056

2018年规上工业法人单位研发情况（三）

	代码	三、R&D经费支出情况 III. R&D Expenditures				
		1.R&D经费内部支出合计（万元）1. Total of internal R&D expenditure (Unit: 10 thousand Yuan)	其中：①经常费支出（万元）Including: ① Overheads expenditure (Unit: 10 thousand Yuan)	其中：人员劳务费（万元）Including: Personnel labor expense (Unit: 10 thousand Yuan)	②资产性支出（万元）② Asset expenditure (Unit: 10 thousand Yuan)	其中：土建工程（万元）Including: Civil engineering (Unit: 10 thousand Yuan)
甲	乙	24	25	26	27	28
总　计	Total	390258.1	353512.1	159056.7	36746.0	7556.0
大型	Large-sized	290805.4	269441.5	129793.8	21363.9	7453.8
中型	Medium-sized	56981.8	44358.8	16034.0	12623.0	97.6
小型	Small-sized	21988.0	21124.8	5691.3	863.2	1.4
微型	Micro-sized	20482.9	18587.0	7537.6	1895.9	3.2
中央	Center	196904.9	184391.6	84920.1	12513.3	7498.3
地方	Local	11806.3	10797.8	4245.0	1008.5	0.0
其他	Others	181546.9	158322.7	69891.6	23224.2	57.7
内资企业	Domestic funds	277945.7	255667.9	113334.7	22277.8	7513.8
国有企业	State-owned	3484.2	3261.7	1025.9	222.5	57.1
集体企业	Collective-owned	124.4	124.4	52.6	0.0	0.0
股份合作企业	Share holding cooperative	0.0	0.0	0.0	0.0	0.0
有限责任公司	Limited company	201825.0	183016.2	82818.3	18808.8	7441.4
国有独资公司	State-owned	160511.1	148967.6	70051.2	11543.5	7441.1
其他有限责任公司	Others	41313.9	34048.6	12767.1	7265.3	0.3
股份有限公司	Share holding	49619.8	47609.5	20511.5	2010.3	0.0
私营企业	Private	22892.3	21656.1	8926.4	1236.2	15.3
私营独资企业	Solely Owned	0.0	0.0	0.0	0.0	0.0
私营合作企业	Private partnership	0.0	0.0	0.0	0.0	0.0
私营有限责任公司	Limited company	15646.6	14902.6	5313.6	744.0	4.4
私营股份有限公司	Private	7245.7	6753.5	3612.8	492.2	10.9
其他企业	Others	0.0	0.0	0.0	0.0	0.0
港、澳、台商投资企业	Funded from Hongkong, Macao and Taiwan	31865.4	21137.4	5081.8	10728.0	42.2
合资经营企业（港或澳、台资）	Funded from Hongkong, Macao and Taiwan	22959.9	12353.7	3710.7	10606.2	40.4
合作经营企业（港或澳、台资）	Cooperative	0.0	0.0	0.0	0.0	0.0
港澳台商独资经营企业	Solely owned	5811.0	5689.2	1088.3	121.8	1.8
港澳台商投资股份有限公司	Funded from Hongkong, Macao and Taiwan	3094.5	3094.5	282.8	0.0	0.0
其他港澳台商投资企业	Others	0.0	0.0	0.0	0.0	0.0
外商投资企业	Foreign funded	80447.0	76706.8	40640.2	3740.2	0.0
中外合资经营企业	Joint Venture	38049.0	36153.3	18700.9	1895.7	0.0
中外合作经营企业	Cooperative	0.0	0.0	0.0	0.0	0.0
外资企业	Foreign funded	37003.0	35158.5	20274.8	1844.5	0.0
外商投资股份有限公司	Share holding	0.0	0.0	0.0	0.0	0.0
其他外商投资企业	Others	5395.0	5395.0	1664.5	0.0	0.0
采矿业	Mining industry	0.0	0.0	0.0	0.0	0.0
煤炭开采和洗选业	Coal mining and dressing	0.0	0.0	0.0	0.0	0.0
非金属矿采选业	Mining and dressing of nonmetal mineralproducts	0.0	0.0	0.0	0.0	0.0
开采辅助活动	Mining auxiliary activities	0.0	0.0	0.0	0.0	0.0
制造业	Manufacturing Industry	389975.3	353229.3	158974.0	36746.0	7556.0
农副食品加工业	Food processing	5452.3	5308.9	899.5	143.4	3.1
食品制造业	Food manufacturing	202.6	202.6	88.4	0.0	0.0
酒、饮料和精制茶制造业	Wine, Drinks and refined tea industry	0.0	0.0	0.0	0.0	0.0
烟草制品业	Tobacco processing	0.0	0.0	0.0	0.0	0.0
纺织业	Textile industry	0.0	0.0	0.0	0.0	0.0
纺织服装、服饰业	Textile and garment, Clothing industry	0.0	0.0	0.0	0.0	0.0
皮革、毛皮、羽毛（绒）及其制品业	Leather furs down and related products	0.0	0.0	0.0	0.0	0.0

Research and Development Situations of Industrial Legal Entities Above Designated Scale for the Year 2018 (VI)

三、R&D 经费支出情况 III. R&D Expenditures												
仪器和设备（万元）Instruments and equipment (Unit: 10 thousand Yuan)	其中：①基础研究支出（万元）Including: ① Basic study expenditure (Unit: 10 thousand Yuan)	②应用研究支出（万元）② Applied research expenditure (Unit: 10 thousand Yuan)	③试验发展支出（万元）③ Test development expenditure (Unit: 10 thousand Yuan)	其中：①政府资金（万元）Including: ① Government funds (Unit: 10 thousand Yuan)	②企业资金（万元）② Enterprise funds (Unit: 10 thousand Yuan)	③境外资金（万元）③ Overseas funds (Unit: 10 thousand Yuan)	④其他资金（万元）④ Other funds (Unit: 10 thousand Yuan)	2. R&D 经费外部支出合计（万元）2. Total external R&D expenditure (Unit: 10 thousand Yuan)	其中：对境内研究机构支出（万元）Including: Expenditure to domestic research institute (Unit: 10 thousand Yuan)	对境内高等学校支出（万元）Expenditure to domestic institutions of higher education (Unit: 10 thousand Yuan)	对境内企业支出（万元）Expenditure to domestic enterprises (Unit: 10 thousand Yuan)	对境外支出（万元）Overseas expenditure (Unit: 10 thousand Yuan)
29	30	31	32	33	34	35	36	37	38	39	40	41
29190.0	9.0	18021.9	372227.2	10908.3	378108.4	344.5	896.9	115051.6	8294.0	2402.0	97214.9	7140.7
13910.1	0.0	16047.4	274758.0	4894.0	285911.4	0.0	0.0	109192.7	7754.8	2302.7	94013.9	5121.3
12525.4	0.0	496.9	56484.9	3506.9	53474.9	0.0	0.0	3741.3	400.5	32.2	1308.6	2000.0
861.8	0.0	595.8	21392.2	1477.9	19413.4	344.5	752.2	936.1	138.7	36.9	760.5	0.0
1892.7	9.0	881.8	19592.1	1029.5	19308.7	0.0	144.7	1181.5	0.0	30.2	1131.9	19.4
5015.0	0.0	15275.3	181629.6	4718.8	192186.1	0.0	0.0	49191.4	3155.5	2236.0	38678.6	5121.3
1008.5	0.0	35.7	11770.6	593.0	10724.1	344.5	144.7	109.8	93.9	13.6	2.3	0.0
23166.5	9.0	2710.9	178827.0	5596.5	175198.2	0.0	752.2	65750.4	5044.6	152.4	58534.0	2019.4
14764.0	9.0	16752.9	261183.8	10400.8	266303.5	344.5	896.9	55143.5	6300.9	2363.8	41357.5	5121.3
165.4	0.0	0.0	3484.2	200.0	3284.2	0.0	0.0	0.0	0.0	0.0	0.0	0.0
0.0	0.0	0.0	124.4	0.0	124.4	0.0	0.0	0.0	0.0	0.0	0.0	0.0
0.0	0.0	0.0	0.0	0.0	0.0	0.0	0.0	0.0	0.0	0.0	0.0	0.0
11367.4	0.0	15043.8	186781.2	3295.0	197633.1	0.0	896.9	37264.9	184.9	376.2	32534.5	4169.3
4102.4	0.0	13803.6	146707.5	172.6	160338.5	0.0	0.0	36571.9	184.9	361.1	31856.6	4169.3
7265.0	0.0	1240.2	40073.7	3122.4	37294.6	0.0	896.9	693.0	0.0	15.1	677.9	0.0
2010.3	0.0	1116.1	48503.7	5708.3	43567.0	344.5	0.0	17142.3	6071.2	1921.5	8197.6	952.0
1220.9	9.0	593.0	22290.3	1197.5	21694.8	0.0	0.0	736.3	44.8	66.1	625.4	0.0
0.0	0.0	0.0	0.0	0.0	0.0	0.0	0.0	0.0	0.0	0.0	0.0	0.0
0.0	0.0	0.0	0.0	0.0	0.0	0.0	0.0	0.0	0.0	0.0	0.0	0.0
739.6	9.0	593.0	15044.6	922.9	14723.7	0.0	0.0	226.5	27.8	66.1	132.6	0.0
481.3	0.0	0.0	7245.7	274.6	6971.1	0.0	0.0	509.8	17.0	0.0	492.8	0.0
0.0	0.0	0.0	0.0	0.0	0.0	0.0	0.0	0.0	0.0	0.0	0.0	0.0
10685.8	0.0	1163.4	30702.0	462.5	31402.9	0.0	0.0	119.6	85.0	25.0	9.6	0.0
10565.8	0.0	0.0	22959.9	60.0	22899.9	0.0	0.0	0.0	0.0	0.0	0.0	0.0
0.0	0.0	0.0	0.0	0.0	0.0	0.0	0.0	0.0	0.0	0.0	0.0	0.0
120.0	0.0	1163.4	4647.6	402.5	5408.5	0.0	0.0	119.6	85.0	25.0	9.6	0.0
0.0	0.0	0.0	3094.5	0.0	3094.5	0.0	0.0	0.0	0.0	0.0	0.0	0.0
0.0	0.0	0.0	0.0	0.0	0.0	0.0	0.0	0.0	0.0	0.0	0.0	0.0
3740.2	0.0	105.6	80341.4	45.0	80402.0	0.0	0.0	59788.5	1908.1	13.2	55847.8	2019.4
1895.7	0.0	105.6	37943.4	40.0	38009.0	0.0	0.0	1020.4	567.0	13.2	440.2	0.0
0.0	0.0	0.0	0.0	0.0	0.0	0.0	0.0	0.0	0.0	0.0	0.0	0.0
1844.5	0.0	0.0	37003.0	0.0	37003.0	0.0	0.0	58768.1	1341.1	0.0	55407.6	2019.4
0.0	0.0	0.0	0.0	0.0	0.0	0.0	0.0	0.0	0.0	0.0	0.0	0.0
0.0	0.0	0.0	5395.0	5.0	5390.0	0.0	0.0	0.0	0.0	0.0	0.0	0.0
0.0	0.0	0.0	0.0	0.0	0.0	0.0	0.0	0.0	0.0	0.0	0.0	0.0
0.0	0.0	0.0	0.0	0.0	0.0	0.0	0.0	0.0	0.0	0.0	0.0	0.0
0.0	0.0	0.0	0.0	0.0	0.0	0.0	0.0	0.0	0.0	0.0	0.0	0.0
0.0	0.0	0.0	0.0	0.0	0.0	0.0	0.0	0.0	0.0	0.0	0.0	0.0
29190.0	9.0	17962.8	372003.5	10908.3	377825.6	344.5	896.9	114903.3	8274.2	2332.8	97155.6	7140.7
140.3	0.0	1163.4	4288.9	402.5	5049.8	0.0	0.0	115.0	85.0	30.0	0.0	0.0
0.0	0.0	0.0	202.6	0.0	202.6	0.0	0.0	461.7	17.0	0.0	444.7	0.0
0.0	0.0	0.0	0.0	0.0	0.0	0.0	0.0	0.0	0.0	0.0	0.0	0.0
0.0	0.0	0.0	0.0	0.0	0.0	0.0	0.0	0.0	0.0	0.0	0.0	0.0
0.0	0.0	0.0	0.0	0.0	0.0	0.0	0.0	0.0	0.0	0.0	0.0	0.0
0.0	0.0	0.0	0.0	0.0	0.0	0.0	0.0	0.0	0.0	0.0	0.0	0.0
0.0	0.0	0.0	0.0	0.0	0.0	0.0	0.0	0.0	0.0	0.0	0.0	0.0

2018年规上工业法人单位研发情况（三）

	代码	三、R&D经费支出情况 III. R&D Expenditures				
		1. R&D经费内部支出合计（万元） 1. Total of internal R&D expenditure (Unit: 10 thousand Yuan)	其中：①经常费支出（万元） Including: ① Overheads expenditure (Unit: 10 thousand Yuan)	其中：人员劳务费（万元） Including: Personnel labor expense (Unit: 10 thousand Yuan)	②资产性支出（万元） ② Asset expenditure (Unit: 10 thousand Yuan)	其中：土建工程（万元） Including: Civil engineering (Unit: 10 thousand Yuan)
甲	乙	24	25	26	27	28
木材加工及木、竹、藤、棕、草制品业	Timber, bamboo, cane, palm and straw products	101.0	101.0	34.2	0.0	0.0
家具制造业	Furniture	341.2	341.2	88.4	0.0	0.0
造纸及纸制品业	Paper making and paper products	178.3	150.9	69.6	27.4	0.0
印刷业和记录媒介的复制	Printing and record medium reproduction	560.1	560.1	178.0	0.0	0.0
文教、工美、体育和娱乐用品制造业	Culture and education、industrial art、sports and entertainment products manufacturing	0.0	0.0	0.0	0.0	0.0
石油加工、炼焦及核燃料加工业	Petroleum processing coking and nuclear processing	0.0	0.0	0.0	0.0	0.0
化学原料及化学制品制造业	Raw chemical material and chemical products	5727.3	5719.8	1249.6	7.5	0.0
医药制造业	Medical and pharmacutical products	28598.5	25784.0	10624.5	2814.5	12.2
化学纤维制造业	Chemical fiber manufacturing	391.1	334.5	87.5	56.6	0.0
橡胶和塑料制品业	Rubber and Plastic products	6483.1	6280.3	1770.7	202.8	0.0
非金属矿物制品业	Nonmetal mineral products	4619.3	4375.9	1035.2	243.4	0.0
黑色金属冶炼及压延加工业	Smelting and pressing of ferrous metals	0.0	0.0	0.0	0.0	0.0
有色金属冶炼及压延加工业	Smelting and pressing of non-ferrous metals	0.0	0.0	0.0	0.0	0.0
金属制品业	Metal products	137.7	137.7	51.8	0.0	0.0
通用设备制造业	Ordinary machinery	5313.6	5050.6	1521.9	263.0	57.1
专用设备制造业	Special purpose equipment	2491.3	2491.3	1694.4	0.0	0.0
汽车制造业	Automobile industry	285023.7	253343.0	120053.1	31680.7	7481.7
铁路、船舶、航空航天和其他运输设备制造业	Railway、Ship、aerospace and other Transportation Equipment Manufacturing	32443.5	32291.6	15000.3	151.9	0.0
电气机械及器材制造业	Electric equipment and machinery	1669.1	1541.1	202.9	128.0	1.9
计算机、通信及其他电子设备制业	Computer and Telecommunication equipment and other electronic equipment	8013.9	6987.1	3188.0	1026.8	0.0
仪器仪表制造业	Instruments, meters	2005.5	2005.5	1059.9	0.0	0.0
其他制造业	Others	222.2	222.2	76.1	0.0	0.0
废弃资源综合利用业	Comperehensive untilization of waste resources	0.0	0.0	0.0	0.0	0.0
电力、热力、燃气及水生产和供应业	Electric power, Heating power, fuel gas, water production and supply industry	282.8	282.8	82.7	0.0	0.0
电力、热力的生产和供应业	Production and supply of electric power and heat power	282.8	282.8	82.7	0.0	0.0
燃气生产和供应业	Production and supply of gas	0.0	0.0	0.0	0.0	0.0
水的生产和供应业	Production and supply of water	0.0	0.0	0.0	0.0	0.0
公有经济	Public economy	218308.1	203423.3	92750.2	14884.8	7498.3
非公有经济	Non-public economy	171950.0	150088.8	66306.5	21861.2	57.7
国有控股	State-owned holding	218021.7	203136.9	92633.9	14884.8	7498.3
集体控股	Collective holding	286.4	286.4	116.3	0.0	0.0
私人控股	Private holding	36479.1	33742.3	13751.3	2736.8	15.3
港澳台商控股	Share held by Hong Kong, Macao and Taiwanese Businessmen	14453.4	14331.6	3062.7	121.8	1.8
外商控股	Foreign holding	54584.8	48105.0	24228.3	6479.8	0.0
其他	Others	66432.7	53909.9	25264.2	12522.8	40.6

Research and Development Situations of Industrial Legal Entities Above Designated Scale for the Year 2018 (VI)

三、R&D经费支出情况 III. R&D Expenditures												
仪器和设备（万元） Instruments and equipment (Unit: 10 thousand Yuan)	其中：①基础研究支出（万元） Including: ① Basic study expenditure (Unit: 10 thousand Yuan)	②应用研究支出（万元） ② Applied research expenditure (Unit: 10 thousand Yuan)	③试验发展支出（万元） ③ Test development expenditure (Unit: 10 thousand Yuan)	其中：①政府资金（万元） Including: ① Government funds (Unit: 10 thousand Yuan)	②企业资金（万元） ② Enterprise funds (Unit: 10 thousand Yuan)	③境外资金（万元） ③ Overseas funds (Unit: 10 thousand Yuan)	④其他资金（万元） ④ Other funds (Unit: 10 thousand Yuan)	2.R&D经费外部支出合计（万元） 2. Total external R&D expenditure (Unit: 10 thousand Yuan)	其中：对境内研究机构支出（万元） Including: Expenditure to domestic research institute (Unit: 10 thousand Yuan)	对境内高等学校支出（万元） Expenditure to domestic institutions of higher education (Unit: 10 thousand Yuan)	对境内企业支出（万元） Expenditure to domestic enterprises (Unit: 10 thousand Yuan)	对境外支出（万元） Overseas expenditure (Unit: 10 thousand Yuan)
29	30	31	32	33	34	35	36	37	38	39	40	41
0.0	0.0	0.0	101.0	0.0	101.0	0.0	0.0	0.0	0.0	0.0	0.0	0.0
0.0	0.0	0.0	341.2	0.0	341.2	0.0	0.0	0.0	0.0	0.0	0.0	0.0
27.4	0.0	0.0	178.3	0.0	178.3	0.0	0.0	0.0	0.0	0.0	0.0	0.0
0.0	0.0	560.1	0.0	0.0	560.1	0.0	0.0	16.8	0.0	0.0	16.8	0.0
0.0	0.0	0.0	0.0	0.0	0.0	0.0	0.0	0.0	0.0	0.0	0.0	0.0
0.0	0.0	0.0	0.0	0.0	0.0	0.0	0.0	0.0	0.0	0.0	0.0	0.0
7.5	0.0	0.0	5727.3	17.5	5709.8	0.0	0.0	70.7	0.0	0.0	70.7	0.0
2802.3	9.0	105.6	28483.9	2463.4	26135.1	0.0	0.0	3992.0	2970.7	29.1	992.2	0.0
56.6	0.0	269.1	122.0	12.7	378.4	0.0	0.0	0.0	0.0	0.0	0.0	0.0
202.8	0.0	0.0	6483.1	51.1	6432.0	0.0	0.0	11.9	0.0	8.1	3.8	0.0
243.4	0.0	35.7	4583.6	65.6	4209.2	344.5	0.0	109.5	93.9	13.3	2.3	0.0
0.0	0.0	0.0	0.0	0.0	0.0	0.0	0.0	0.0	0.0	0.0	0.0	0.0
0.0	0.0	0.0	0.0	0.0	0.0	0.0	0.0	0.0	0.0	0.0	0.0	0.0
0.0	0.0	0.0	137.7	0.0	137.7	0.0	0.0	0.0	0.0	0.0	0.0	0.0
205.9	0.0	0.0	5313.6	265.7	5047.9	0.0	0.0	0.2	0.0	0.2	0.0	0.0
0.0	0.0	14.8	2476.5	70.1	2421.2	0.0	0.0	488.6	0.0	0.0	488.6	0.0
24199.0	0.0	13749.4	271274.3	524.1	283747.4	0.0	752.2	96263.7	2073.2	311.4	87690.4	6188.7
151.9	0.0	1080.4	31363.1	3563.7	28879.8	0.0	0.0	12680.8	2970.6	1888.1	6870.1	952.0
126.1	0.0	0.0	1669.1	100.0	1569.1	0.0	0.0	10.0	0.0	10.0	0.0	0.0
1026.8	0.0	984.3	7029.6	2305.2	5564.0	0.0	144.7	137.9	63.8	42.6	31.5	0.0
0.0	0.0	0.0	2005.5	1066.7	938.8	0.0	0.0	544.5	0.0	0.0	544.5	0.0
0.0	0.0	0.0	222.2	0.0	222.2	0.0	0.0	0.0	0.0	0.0	0.0	0.0
0.0	0.0	0.0	0.0	0.0	0.0	0.0	0.0	0.0	0.0	0.0	0.0	0.0
0.0	0.0	59.1	223.7	0.0	282.8	0.0	0.0	148.3	19.8	69.2	59.3	0.0
0.0	0.0	59.1	223.7	0.0	282.8	0.0	0.0	148.3	19.8	69.2	59.3	0.0
0.0	0.0	0.0	0.0	0.0	0.0	0.0	0.0	0.0	0.0	0.0	0.0	0.0
0.0	0.0	0.0	0.0	0.0	0.0	0.0	0.0	0.0	0.0	0.0	0.0	0.0
7386.5	0.0	15311.0	202997.1	7353.4	210610.2	344.5	0.0	52541.3	5855.6	2290.9	39273.5	5121.3
21803.5	9.0	2710.9	169230.1	3554.9	167498.2	0.0	896.9	62510.3	2438.4	111.1	57941.4	2019.4
7386.5	0.0	15311.0	202710.7	7353.4	210323.8	344.5	0.0	52541.3	5855.6	2290.9	39273.5	5121.3
0.0	0.0	0.0	286.4	0.0	286.4	0.0	0.0	0.0	0.0	0.0	0.0	0.0
2721.5	9.0	876.9	35593.2	1907.3	34571.8	0.0	0.0	1497.0	44.8	79.7	1372.5	0.0
120.0	0.0	1163.4	13290.0	467.5	13985.9	0.0	0.0	119.6	85.0	25.0	9.6	0.0
6479.8	0.0	105.6	54479.2	0.0	53832.6	0.0	752.2	59160.2	1341.1	0.0	55799.7	2019.4
12482.2	0.0	565.0	65867.7	1180.1	65107.9	0.0	144.7	1733.5	967.5	6.4	759.6	0.0

2018 年规上工业法人单位研发情况（四）

	代码	四、企业办研发机构情况 IV R&D institutions established by enterprise	
		1. 机构数（个）1. Number of institutions	2. 企业在境外设立的研究开发机构数（个）2. Number of R&D institutions established overseas by enterprise
甲	乙	42	43
总 计	Total	67	4
大型	Large-sized	14	1
中型	Medium-sized	12	2
小型	Small-sized	14	0
微型	Micro-sized	27	1
中央	Center	9	0
地方	Local	6	0
其他	Others	52	4
内资企业	Domestic funds	61	1
国有企业	State-owned	2	0
集体企业	Collective-owned	0	0
股份合作企业	Share holding cooperative	0	0
有限责任公司	Limited company	22	0
国有独资公司	State-owned	3	0
其他有限责任公司	Others	19	0
股份有限公司	Share holding	10	0
私营企业	Private	27	1
私营独资企业	Solely Owned	0	0
私营合作企业	Private partnership	0	0
私营有限责任公司	Limited company	26	1
私营股份有限公司	Private	1	0
其他企业	Others	0	0
港、澳、台商投资企业	Funded from Hongkong, Macao and Taiwan	4	0
合资经营企业（港或澳、台资）	Funded from Hongkong, Macao and Taiwan	1	0
合作经营企业（港或澳、台资）	Cooperative	0	0
港澳台商独资经营企业	Solely owned	3	0
港澳台商投资股份有限公司	Funded from Hongkong, Macao and Taiwan	0	0
其他港澳台商投资企业	Others	0	0
外商投资企业	Foreign funded	2	3
中外合资经营企业	Joint Venture	2	3
中外合作经营企业	Cooperative	0	0
外资企业	Foreign funded	0	0
外商投资股份有限公司	Share holding	0	0
其他外商投资企业	Others	0	0
采矿业	Mining industry	0	0
煤炭开采和洗选业	Coal mining and dressing	0	0
非金属矿采选业	Mining and dressing of nonmetal mineralproducts	0	0
开采辅助活动	Mining auxiliary activities	0	0
制造业	Manufacturing Industry	67	4
农副食品加工业	Food processing	17	0
食品制造业	Food manufacturing	0	0
酒、饮料和精制茶制造业	Wine、Drinks and refined tea industry	0	0
烟草制品业	Tobacco processing	0	0
纺织业	Textile industry	0	0
纺织服装、服饰业	Textile and garment、Clothing industry	0	0
皮革、毛皮、羽毛（绒）及其制品业	Leather furs down and related products	0	0
木材加工及木、竹、藤、棕、草制品业	Timber, bamboo, cane, palm and straw products	0	0
家具制造业	Furniture	0	0
造纸及纸制品业	Paper making and paper products	0	0
印刷业和记录媒介的复制	Printing and record medium reproduction	0	0
文教、工美、体育和娱乐用品制造业	Culture and education、industrial art、sports and entertainment products manufacturing	0	0

Research and Development Situations of Industrial Legal Entities Above Designated Scale for the Year 2018 (VI)

四 、企业办研发机构情况 IV R&D institutions established by enterprise					
3. 机构人员合计（人） 3. Total of institutional personnel (Persons)	其中：博士毕业（人） Including: Doctor degree (Persons)	硕士毕业（人） Master degree (Persons)	4. 机构经费支出（万元） 4. Institutional expenditure (Unit: 10 thousand Yuan)	5. 仪器和设备原价（万元） 5. Original price of instrument and equipment	其中：进口（万元） Including: Import (Unit: 10 thousand Yuan)
44	45	46	47	48	49
5598.0	115.0	1507.0	346217.4	224018.3	14559.2
4000.0	72.0	1309.0	305294.9	176328.9	13001.4
781.0	25.0	116.0	24711.0	37523.4	679.0
373.0	8.0	35.0	9841.8	5081.3	457.2
444.0	10.0	47.0	6369.7	5084.7	421.6
2743.0	67.0	1074.0	263110.8	117490.2	36.0
460.0	1.0	45.0	8687.4	7217.4	50.0
2395.0	47.0	388.0	74419.2	99310.7	14473.2
4908.0	109.0	1391.0	313456.9	190300.2	3749.9
110.0	0.0	9.0	3648.2	185.0	36.0
0.0	0.0	0.0	0.0	0.0	0.0
0.0	0.0	0.0	0.0	0.0	0.0
2489.0	46.0	495.0	140202.7	107247.5	878.8
1742.0	26.0	408.0	123855.9	72735.2	0.0
747.0	20.0	87.0	16346.8	34512.3	878.8
1450.0	48.0	710.0	151449.3	73195.9	1653.9
859.0	15.0	177.0	18156.7	9671.8	1181.2
0.0	0.0	0.0	0.0	0.0	0.0
0.0	0.0	0.0	0.0	0.0	0.0
426.0	11.0	46.0	6984.3	5187.0	0.0
433.0	4.0	131.0	11172.4	4484.8	1181.2
0.0	0.0	0.0	0.0	0.0	0.0
331.0	1.0	39.0	8335.9	13157.3	0.0
144.0	0.0	11.0	6835.9	10157.3	0.0
0.0	0.0	0.0	0.0	0.0	0.0
187.0	1.0	28.0	1500.0	3000.0	0.0
0.0	0.0	0.0	0.0	0.0	0.0
0.0	0.0	0.0	0.0	0.0	0.0
359.0	5.0	77.0	24424.6	20560.8	10809.3
359.0	5.0	77.0	24424.6	20560.8	10809.3
0.0	0.0	0.0	0.0	0.0	0.0
0.0	0.0	0.0	0.0	0.0	0.0
0.0	0.0	0.0	0.0	0.0	0.0
0.0	0.0	0.0	0.0	0.0	0.0
0.0	0.0	0.0	0.0	0.0	0.0
0.0	0.0	0.0	0.0	0.0	0.0
0.0	0.0	0.0	0.0	0.0	0.0
0.0	0.0	0.0	0.0	0.0	0.0
5598.0	115.0	1507.0	346217.4	224018.3	14559.2
256.0	8.0	31.0	2460.0	3995.1	0.0
0.0	0.0	0.0	0.0	0.0	0.0
0.0	0.0	0.0	0.0	0.0	0.0
0.0	0.0	0.0	0.0	0.0	0.0
0.0	0.0	0.0	0.0	0.0	0.0
0.0	0.0	0.0	0.0	0.0	0.0
0.0	0.0	0.0	0.0	0.0	0.0
0.0	0.0	0.0	0.0	0.0	0.0
0.0	0.0	0.0	0.0	0.0	0.0
0.0	0.0	0.0	0.0	0.0	0.0
0.0	0.0	0.0	0.0	0.0	0.0
0.0	0.0	0.0	0.0	0.0	0.0

2018 年规上工业法人单位研发情况（四）

	代码	四、企业办研发机构情况 IV R&D institutions established by enterprise	
		1. 机构数（个） 1. Number of institutions	2. 企业在境外设立的研究开发机构数（个） 2. Number of R&D institutions established overseas by enterprise
甲	乙	42	43
石油加工、炼焦及核燃料加工业	Petroleum processing coking and nuclear processing	0	0
化学原料及化学制品制造业	Raw chemical material and chemical products	1	0
医药制造业	Medical and pharmacutical products	7	0
化学纤维制造业	Chemical fiber manufacturing	2	0
橡胶和塑料制品业	Rubber and Plastic products	1	0
非金属矿物制品业	Nonmetal mineral products	3	0
黑色金属冶炼及压延加工业	Smelting and pressing of ferrous metals	0	0
有色金属冶炼及压延加工业	Smelting and pressing of non-ferrous metals	0	0
金属制品业	Metal products	0	0
通用设备制造业	Ordinary machinery	7	1
专用设备制造业	Special purpose equipment	1	0
汽车制造业	Automobile industry	14	3
铁路、船舶、航空航天和其他运输设备制造业	Railway、Ship、aerospace and other Transportation Equipment Manufacturing	6	0
电气机械及器材制造业	Electric equipment and machinery	3	0
计算机、通信及其他电子设备制业	Computer and Telecommunication equipment and other electronic equipment	4	0
仪器仪表制造业	Instruments， meters	1	0
其他制造业	Others	0	0
废弃资源综合利用业	Comperehensive untilization of waste resources	0	0
电力、热力、燃气及水生产和供应业	Electric power, Heating power, fuel gas, water production and supply industry	0	0
电力、热力的生产和供应业	Production and supply of electric power and heat power	0	0
燃气生产和供应业	Production and supply of gas	0	0
水的生产和供应业	Production and supply of water	0	0
公有经济	Public economy	16	1
非公有经济	Non-public economy	51	3
国有控股	State-owned holding	16	1
集体控股	Collective holding	0	0
私人控股	Private holding	37	1
港澳台商控股	Share held by Hong Kong, Macao and Taiwanese Businessmen	3	0
外商控股	Foreign holding	2	0
其他	Others	9	2

Research and Development Situations of Industrial Legal Entities Above Designated Scale for the Year 2018 (VI)

四、企业办研发机构情况 IV R&D institutions established by enterprise					
3. 机构人员合计（人） 3. Total of institutional personnel (Persons)	其中：博士毕业（人） Including: Doctor degree (Persons)	硕士毕业（人） Master degree (Persons)	4. 机构经费支出（万元） 4. Institutional expenditure (Unit: 10 thousand Yuan)	5. 仪器和设备原价（万元） 5. Original price of instrument and equipment	其中：进口（万元） Including: Import (Unit: 10 thousand Yuan)
44	45	46	47	48	49
0.0	0.0	0.0	0.0	0.0	0.0
34.0	1.0	2.0	286.0	312.0	0.0
722.0	25.0	198.0	21242.2	25063.1	1638.4
21.0	0.0	1.0	423.9	1250.0	340.0
22.0	2.0	6.0	361.0	112.0	0.0
175.0	0.0	7.0	4579.8	2594.5	0.0
0.0	0.0	0.0	0.0	0.0	0.0
0.0	0.0	0.0	0.0	0.0	0.0
0.0	0.0	0.0	0.0	0.0	0.0
230.0	1.0	14.0	4823.1	394.3	36.0
30.0	4.0	0.0	483.1	644.7	0.0
2698.0	31.0	531.0	166655.7	137949.0	11820.2
1171.0	36.0	650.0	139110.6	50052.0	643.0
63.0	0.0	5.0	2085.8	501.9	50.0
150.0	6.0	58.0	3400.2	974.1	0.0
26.0	1.0	4.0	306.0	175.6	31.6
0.0	0.0	0.0	0.0	0.0	0.0
0.0	0.0	0.0	0.0	0.0	0.0
0.0	0.0	0.0	0.0	0.0	0.0
0.0	0.0	0.0	0.0	0.0	0.0
0.0	0.0	0.0	0.0	0.0	0.0
0.0	0.0	0.0	0.0	0.0	0.0
3229.0	69.0	1123.0	272104.2	124883.2	117.6
2369.0	46.0	384.0	74113.2	99135.1	14441.6
3229.0	69.0	1123.0	272104.2	124883.2	117.6
0.0	0.0	0.0	0.0	0.0	0.0
1100.0	22.0	193.0	22563.3	16472.3	2164.2
187.0	1.0	28.0	1500.0	3000.0	0.0
303.0	0.0	10.0	29521.2	29278.8	1524.9
779.0	23.0	153.0	20528.7	50384.0	10752.5

2018 年规上工业法人单位研发情况（五）

	代码	五、研发产出及相关情况 V. Research and Development Output and Relevant Situations		
		1. 专利申请数（件） 1. Number of parent application (Piece)	其中：发明专利（件） Including: patent for invention (Piece)	其中：PCT 专利（件） Including: PCT patent (Piece)
甲	乙	50	51	52
总　计	Total	2575	936	82
大型	Large-sized	1518	555	6
中型	Medium-sized	348	103	35
小型	Small-sized	256	99	20
微型	Micro-sized	453	179	21
中央	Center	1326	464	8
地方	Local	135	75	0
其他	Others	1114	397	74
内资企业	Domestic funds	2322	893	77
国有企业	State-owned	19	4	0
集体企业	Collective-owned	0	0	0
股份合作企业	Share holding cooperative	0	0	0
有限责任公司	Limited company	1313	380	45
国有独资公司	State-owned	917	230	1
其他有限责任公司	Others	396	150	44
股份有限公司	Share holding	478	289	15
私营企业	Private	512	220	17
私营独资企业	Solely Owned	0	0	0
私营合作企业	Private partnership	0	0	0
私营有限责任公司	Limited company	351	125	3
私营股份有限公司	Private	161	95	14
其他企业	Others	0	0	0
港、澳、台商投资企业	Funded from Hongkong, Macao and Taiwan	50	11	0
合资经营企业（港或澳、台资）	Funded from Hongkong, Macao and Taiwan	32	4	0
合作经营企业（港或澳、台资）	Cooperative	0	0	0
港澳台商独资经营企业	Solely owned	12	1	0
港澳台商投资股份有限公司	Funded from Hongkong, Macao and Taiwan	6	6	0
其他港澳台商投资企业	Others	0	0	0
外商投资企业	Foreign funded	203	32	5
中外合资经营企业	Joint Venture	145	26	0
中外合作经营企业	Cooperative	0	0	0
外资企业	Foreign funded	49	6	5
外商投资股份有限公司	Share holding	0	0	0
其他外商投资企业	Others	9	0	0
采矿业	Mining industry	0	0	0
煤炭开采和洗选业	Coal mining and dressing	0	0	0
非金属矿采选业	Mining and dressing of nonmetal mineralproducts	0	0	0
开采辅助活动	Mining auxiliary activities	0	0	0
制造业	Manufacturing Industry	2450	839	81
农副食品加工业	Food processing	25	2	0
食品制造业	Food manufacturing	25	7	0
酒、饮料和精制茶制造业	Wine、Drinks and refined tea industry	0	0	0
烟草制品业	Tobacco processing	0	0	0
纺织业	Textile industry	0	0	0
纺织服装、服饰业	Textile and garment、Clothing industry	0	0	0
皮革、毛皮、羽毛（绒）及其制品业	Leather furs down and related products	0	0	0
木材加工及木、竹、藤、棕、草制品业	Timber, bamboo, cane, palm and straw products	8	1	0
家具制造业	Furniture	15	5	0
造纸及纸制品业	Paper making and paper products	0	0	0

Research and Development Situations of Industrial Legal Entities Above Designated Scale for the Year 2018 (VI)

五、研发产出及相关情况 V. Research and Development Output and Relevant Situations												
1. 专利申请数（件） 1. Number of parent application (Piece)	其中：发明专利（件） Including: patent for invention (Piece)	其中：PCT专利（件） Including: PCT patent (Piece)	1. 新产品开发项目数（项） 1. Number new product development items (Item)	2. 新产品开发经费支出（万元） 2. New product development expenditure (Unit: 10 thousand Yuan)	3. 新产品产值（万元） 3. Production value of new products (Unit: 10 thousand Yuan)	4. 新产品销售收入（万元） Sale income of new products (Unit: 10 thousand Yuan)	其中：出口（万元） Including: Export (Unit: 10 thousand Yuan)	1. 拥有注册商标（件） 1. Registered trademark possessed (Piece)	其中：境外注册（件） Including: the one registered overseas (Piece)	2. 发表科技论文（篇） 2. Sci-tech paper published (Piece)	3. 形成国家或行业标准（项） 3. National or industrial standards formed (Item)	4. 软件著作权（项） 4. Copyright of software (Item)
53	54	55	56	57	58	59	60	61	62	63	64	65
3150	2110	35	1693	767767.7	9648886.9	10317633.5	216836.1	862	27	248	55	318
1840	1531	21	484	615037.8	8259052.6	8755968.3	191294.8	372	20	138	28	131
413	171	6	509	81182.2	1014874	1158178.7	17324.1	239	2	50	1	44
369	131	5	312	38726.5	237651.8	253889.6	7633.5	98	4	37	14	30
528	277	3	388	32821.2	137308.5	149596.9	583.7	153	1	23	12	113
1645	1453	26	398	502148.3	7455162.6	7738163.1	186152	201	0	189	28	22
81	72	0	125	17724	149301.3	157639.5	220	50	0	27	1	51
1424	585	9	1170	247895.4	2044423	2421830.9	30464.1	611	27	32	26	245
2686	1958	35	1347	633888.6	8301917.3	8582670.4	200103.8	859	27	243	51	294
5	5	0	13	3939.7	49291	49291	0	8	0	28	0	0
8	0	0	5	124.4	415	321	0	0	0	0	0	0
0	0	0	0	0	0	0	0	0	0	0	0	0
1715	1531	10	684	456196.3	5155172.7	5307447.7	10375.3	343	3	98	11	54
1256	1256	2	184	384825.5	4629004.8	4766418.5	0	131	0	69	0	0
459	275	8	500	71370.8	526167.9	541029.2	10375.3	212	3	29	11	54
513	171	25	310	137060.8	2867738.2	2991667	186095.3	300	21	115	29	209
445	251	0	335	36567.4	229300.4	233943.7	3633.2	208	3	2	11	31
0	0	0	0	0	0	0	0	0	0	0	0	0
0	0	0	0	0	0	0	0	0	0	0	0	0
374	182	0	293	22675.5	190027.8	195004.8	790	161	0	2	3	27
71	69	0	42	13891.9	39272.6	38938.9	2843.2	47	3	0	8	4
0	0	0	0	0	0	0	0	0	0	0	0	0
57	41	0	31	15993.3	207168.3	253889.7	2399.6	0	0	1	2	0
30	30	0	14	10295.6	177038.7	176760.1	2399.6	0	0	1	2	0
0	0	0	0	0	0	0	0	0	0	0	0	0
16	0	0	7	2603.2	30129.6	77129.6	0	0	0	0	0	0
11	11	0	10	3094.5	0	0	0	0	0	0	0	0
0	0	0	0	0	0	0	0	0	0	0	0	0
407	111	0	315	117885.8	1139801.3	1481073.4	14332.7	3	0	4	2	24
218	80	0	271	70603.8	1113106.1	1350070.5	12966.4	3	0	4	2	24
0	0	0	0	0	0	0	0	0	0	0	0	0
180	22	0	43	41887	14399.8	112096.7	1366.3	0	0	0	0	0
0	0	0	0	0	0	0	0	0	0	0	0	0
9	9	0	1	5395	12295.4	18906.2	0	0	0	0	0	0
0	0	0	0	0	0	0	0	0	0	0	0	0
0	0	0	0	0	0	0	0	0	0	0	0	0
0	0	0	0	0	0	0	0	0	0	0	0	0
0	0	0	0	0	0	0	0	0	0	0	0	0
2988	1948	34	1693	767767.7	9648886.9	10317633.5	216836.1	862	27	180	55	318
24	7	0	23	3116.7	39013.5	92591.8	790	62	0	3	1	3
3	3	0	2	202.6	6625	6606.7	0	0	0	0	0	0
0	0	0	0	0	0	0	0	0	0	0	0	0
0	0	0	0	0	0	0	0	0	0	0	0	0
0	0	0	0	0	0	0	0	0	0	0	0	0
0	0	0	0	0	0	0	0	0	0	0	0	0
0	0	0	0	0	0	0	0	0	0	0	0	0
7	7	0	1	101	62	51	0	4	1	0	0	0
8	8	0	1	130	0	0	0	2	0	0	0	0
0	0	0	2	129.3	2366.3	3457.1	0	0	0	0	0	0

2018年规上工业法人单位研发情况（五）

	代码	五、研发产出及相关情况 V. Research and Development Output and Relevant Situations		
		1. 专利申请数（件） 1. Number of parent application (Piece)	其中：发明专利（件） Including: patent for invention (Piece)	其中：PCT专利（件） Including: PCT patent (Piece)
甲	乙	50	51	52
印刷业和记录媒介的复制	Printing and record medium reproduction	9	4	5
文教、工美、体育和娱乐用品制造业	Culture and education、industrial art、sports and entertainment products manufacturing	0	0	0
石油加工、炼焦及核燃料加工业	Petroleum processing coking and nuclear processing	0	0	0
化学原料及化学制品制造业	Raw chemical material and chemical products	23	16	0
医药制造业	Medical and pharmaceutical products	156	123	0
化学纤维制造业	Chemical fiber manufacturing	2	2	0
橡胶和塑料制品业	Rubber and Plastic products	56	13	0
非金属矿物制品业	Nonmetal mineral products	57	13	0
黑色金属冶炼及压延加工业	Smelting and pressing of ferrous metals	0	0	0
有色金属冶炼及压延加工业	Smelting and pressing of non-ferrous metals	0	0	0
金属制品业	Metal products	17	2	14
通用设备制造业	Ordinary machinery	121	41	0
专用设备制造业	Special purpose equipment	36	8	8
汽车制造业	Automobile industry	1269	230	36
铁路、船舶、航空航天和其他运输设备制造业	Railway、Ship、aerospace and other Transportation Equipment Manufacturing	435	275	0
电气机械及器材制造业	Electric equipment and machinery	21	8	0
计算机、通信及其他电子设备制业	Computer and Telecommunication equipment and other electronic equipment	119	63	11
仪器仪表制造业	Instruments, meters	54	26	7
其他制造业	Others	2	0	0
废弃资源综合利用业	Comperehensive untilization of waste resources	0	0	0
电力、热力、燃气及水生产和供应业	Electric power, Heating power, fuel gas, water production and supply industry	125	97	1
电力、热力的生产和供应业	Production and supply of electric power and heat power	125	97	1
燃气生产和供应业	Production and supply of gas	0	0	0
水的生产和供应业	Production and supply of water	0	0	0
公有经济	Public economy	1467	509	40
非公有经济	Non-public economy	1108	427	42
国有控股	State-owned holding	1451	508	27
集体控股	Collective holding	16	1	13
私人控股	Private holding	668	288	25
港澳台商控股	Share held by Hong Kong, Macao and Taiwanese Businessmen	28	7	0
外商控股	Foreign holding	71	7	5
其他	Others	341	125	12

Research and Development Situations of Industrial Legal Entities Above Designated Scale for the Year 2018 (VI)

五、研发产出及相关情况 V. Research and Development Output and Relevant Situations												
1. 专利申请数（件） 1. Number of parent application (Piece)	其中：发明专利（件） Including: patent for invention (Piece)	其中：PCT专利（件） Including: PCT patent (Piece)	1. 新产品开发项目数（项） 1. Number new product development items (Item)	2. 新产品开发经费支出（万元） 2. New product development expenditure (Unit: 10 thousand Yuan)	3. 新产品产值（万元） 3. Production value of new products (Unit: 10 thousand Yuan)	4. 新产品销售收入（万元） Sale income of new products (Unit: 10 thousand Yuan)	其中：出口（万元） Including: Export (Unit: 10 thousand Yuan)	1. 拥有注册商标（件） 1. Registered trademark possessed (Piece)	其中：境外注册（件） Including: the one registered overseas (Piece)	2. 发表科技论文（篇） 2. Sci-tech paper published (Piece)	3. 形成国家或行业标准（项） 3. National or industrial standards formed (Item)	4. 软件著作权（项） 4. Copyright of software (Item)
53	54	55	56	57	58	59	60	61	62	63	64	65
0	0	0	0	0	0	0	0	0	0	0	0	0
0	0	0	0	0	0	0	0	0	0	0	0	0
0	0	0	0	0	0	0	0	0	0	0	0	0
46	26	0	15	5175.3	20005.6	17302.1	0	5	0	0	0	0
235	162	5	200	55956.6	32733.8	48087.1	3043.2	430	4	44	10	4
10	10	3	7	122	2615.7	2636.8	326.2	23	1	0	3	0
32	32	0	63	8004.5	28905	32699.3	0	2	0	0	3	0
104	19	0	34	3202.8	29927.1	27485.4	0	11	0	22	1	10
0	0	0	0	0	0	0	0	0	0	0	0	0
0	0	0	0	0	0	0	0	0	0	0	0	0
2	0	0	1	19.6	18.5	10.5	0	0	0	0	0	0
96	18	0	80	10241	121343.2	110865.4	9103.7	10	0	26	0	7
26	2	0	34	2647.6	11340.1	18387.9	194.2	3	0	0	0	6
1851	1407	1	841	550112.3	6355543.7	6806339.2	4219	224	17	6	3	47
198	133	19	166	107290	2911680.8	3068446.9	198371.1	37	0	68	20	57
22	12	0	17	2838.6	22356.3	21752.3	0	2	0	4	0	5
242	72	6	118	13653.7	34483.8	34187.5	788.7	28	4	1	0	172
82	30	0	86	4601.9	26503.7	23924.2	0	19	0	6	14	7
0	0	0	2	222.2	3362.8	2802.3	0	0	0	0	0	0
0	0	0	0	0	0	0	0	0	0	0	0	0
162	162	1	0	0	0	0	0	0	0	68	0	0
162	162	1	0	0	0	0	0	0	0	68	0	0
0	0	0	0	0	0	0	0	0	0	0	0	0
0	0	0	0	0	0	0	0	0	0	0	0	0
1875	1590	26	659	546103.8	7742619.7	8033490	199149	397	2	216	36	145
1275	520	9	1034	221663.9	1906267.2	2284143.5	17687.1	465	25	32	19	173
1857	1580	26	633	544174.7	7740685.5	8029701.4	198954.8	397	2	216	36	145
18	10	0	26	1929.1	1934.2	3788.6	194.2	0	0	0	0	0
686	296	8	560	62929.3	409992.6	411190.1	7396.1	326	7	5	14	60
36	20	0	21	11379.3	42425	89425	0	0	0	1	0	0
243	26	0	126	82323.9	355242	686432.7	1366.3	0	0	0	0	22
310	178	1	327	65031.4	1098607.6	1097095.7	8924.7	139	18	26	5	91

2018年规上工业法人单位研发情况（六）

	代码	六、其他情况 VI. Other Situations 1. 来自政府部门的研发资金 R&D funds from government dept
甲	乙	66
总　计	Total	10525.0
大型	Large-sized	4491.5
中型	Medium-sized	3202.3
小型	Small-sized	1633.3
微型	Micro-sized	1197.9
中央	Center	4099.9
地方	Local	289.3
其他	Others	6135.8
内资企业	Domestic funds	9745.0
国有企业	State-owned	200.0
集体企业	Collective-owned	0.0
股份合作企业	Share holding cooperative	0.0
有限责任公司	Limited company	2332.3
国有独资公司	State-owned	172.6
其他有限责任公司	Others	2159.7
股份有限公司	Share holding	5982.4
私营企业	Private	1230.3
私营独资企业	Solely Owned	0.0
私营合作企业	Private partnership	0.0
私营有限责任公司	Limited company	925.7
私营股份有限公司	Private	304.6
其他企业	Others	0.0
港、澳、台商投资企业	Funded from Hongkong, Macao and Taiwan	0.0
合资经营企业（港或澳、台资）	Funded from Hongkong, Macao and Taiwan	0.0
合作经营企业（港或澳、台资）	Cooperative	0.0
港澳台商独资经营企业	Solely owned	0.0
港澳台商投资股份有限公司	Funded from Hongkong, Macao and Taiwan	0.0
其他港澳台商投资企业	Others	0.0
外商投资企业	Foreign funded	780.0
中外合资经营企业	Joint Venture	700.0
中外合作经营企业	Cooperative	0.0
外资企业	Foreign funded	75.0
外商投资股份有限公司	Share holding	0.0
其他外商投资企业	Others	5.0
采矿业	Mining industry	0.0
煤炭开采和洗选业	Coal mining and dressing	0.0
非金属矿采选业	Mining and dressing of nonmetal mineralproducts	0.0
开采辅助活动	Mining auxiliary activities	0.0
制造业	Manufacturing Industry	10525.0
农副食品加工业	Food processing	25.4
食品制造业	Food manufacturing	0.0
酒、饮料和精制茶制造业	Wine、Drinks and refined tea industry	0.0

Research and Development Situations of Industrial Legal Entities Above Designated Scale for the Year 2018 (VI)

六、其他情况 VI. Other Situations					
2. 研究开发费用加计扣除减免税（万元） 2. R&D expenses plus exemption of tax (Unit: 10 thousand Yuan)	3. 高新技术企业减免税（万元） 3. Exemption of taxes for hi-tech enterprises (Unit: 10 thousand Yuan)	1. 技术改造经费支出（万元） 1. Technical transformation expenditure (Unit: 10 thousand Yuan)	2. 购买境内技术经费支出（万元） 2. Expenditure for purchase of domestic technology (Unit: 10 thousand Yuan)	3. 引进境外技术经费支出（万元） 3. Expenditure for introducing overseas technology (Unit: 10 thousand Yuan)	4. 引进境外技术的消化吸收经费支出（万元） 4. Expenditure for digestion and absorption of overseas introduced
67	68	69	70	71	72
31061.4	62578.6	140068.0	44404.2	4336.9	0.0
24887.1	45696.0	132191.3	44169.2	4336.9	0.0
3022.0	5866.3	3552.7	0.0	0.0	0.0
1805.0	9108.1	3824.9	235.0	0.0	0.0
1347.3	1908.2	499.1	0.0	0.0	0.0
18239.5	29792.2	135681.5	44169.2	4336.9	0.0
183.0	1907.9	1007.8	0.0	0.0	0.0
12638.9	30878.5	3378.7	235.0	0.0	0.0
28752.1	57037.2	140048.0	44184.2	4336.9	0.0
0.0	0.0	3532.7	0.0	0.0	0.0
0.0	0.0	0.0	0.0	0.0	0.0
0.0	0.0	0.0	0.0	0.0	0.0
7506.4	9174.2	110762.5	0.0	0.0	0.0
4251.4	0.0	107925.6	0.0	0.0	0.0
3255.0	9174.2	2836.9	0.0	0.0	0.0
19303.9	45234.0	24995.9	44169.2	4336.9	0.0
1941.8	2629.0	756.9	15.0	0.0	0.0
0.0	0.0	0.0	0.0	0.0	0.0
0.0	0.0	0.0	0.0	0.0	0.0
1739.1	1101.9	504.4	15.0	0.0	0.0
202.7	1527.1	252.5	0.0	0.0	0.0
0.0	0.0	0.0	0.0	0.0	0.0
0.0	774.9	0.0	220.0	0.0	0.0
0.0	709.9	0.0	220.0	0.0	0.0
0.0	0.0	0.0	0.0	0.0	0.0
0.0	65.0	0.0	0.0	0.0	0.0
0.0	0.0	0.0	0.0	0.0	0.0
0.0	0.0	0.0	0.0	0.0	0.0
2309.3	4766.5	20.0	0.0	0.0	0.0
1791.4	3272.3	20.0	0.0	0.0	0.0
0.0	0.0	0.0	0.0	0.0	0.0
88.5	1494.2	0.0	0.0	0.0	0.0
0.0	0.0	0.0	0.0	0.0	0.0
429.4	0.0	0.0	0.0	0.0	0.0
0.0	0.0	0.0	0.0	0.0	0.0
0.0	0.0	0.0	0.0	0.0	0.0
0.0	0.0	0.0	0.0	0.0	0.0
0.0	0.0	0.0	0.0	0.0	0.0
31061.4	62578.6	133808.1	44404.2	4336.9	0.0
2.2	325.7	299.5	5.0	0.0	0.0
0.0	0.0	0.0	0.0	0.0	0.0
0.0	0.0	0.0	0.0	0.0	0.0

2018年规上工业法人单位研发情况（六）

	代码	六、其他情况 VI. Other Situations 1. 来自政府部门的研发资金 R&D funds from government dept
甲	乙	66
烟草制品业	Tobacco processing	0.0
纺织业	Textile industry	0.0
纺织服装、服饰业	Textile and garment、Clothing industry	0.0
皮革、毛皮、羽毛（绒）及其制品业	Leather furs down and related products	0.0
木材加工及木、竹、藤、棕、草制品业	Timber, bamboo, cane, palm and straw products	0.0
家具制造业	Furniture	0.0
造纸及纸制品业	Paper making and paper products	0.0
印刷业和记录媒介的复制	Printing and record medium reproduction	0.0
文教、工美、体育和娱乐用品制造业	Culture and education、industrial art、sports and entertainment products manufacturing	0.0
石油加工、炼焦及核燃料加工业	Petroleum processing coking and nuclear processing	0.0
化学原料及化学制品制造业	Raw chemical material and chemical products	15.5
医药制造业	Medical and pharmacutical products	2914.4
化学纤维制造业	Chemical fiber manufacturing	12.7
橡胶和塑料制品业	Rubber and Plastic products	51.1
非金属矿物制品业	Nonmetal mineral products	30.0
黑色金属冶炼及压延加工业	Smelting and pressing of ferrous metals	0.0
有色金属冶炼及压延加工业	Smelting and pressing of non-ferrous metals	0.0
金属制品业	Metal products	30.0
通用设备制造业	Ordinary machinery	265.7
专用设备制造业	Special purpose equipment	64.0
汽车制造业	Automobile industry	494.1
铁路、船舶、航空航天和其他运输设备制造业	Railway、Ship、aerospace and other Transportation Equipment Manufacturing	3180.7
电气机械及器材制造业	Electric equipment and machinery	100.0
计算机、通信及其他电子设备制业	Computer and Telecommunication equipment and other electronic equipment	2274.7
仪器仪表制造业	Instruments, meters	1066.7
其他制造业	Others	0.0
废弃资源综合利用业	Comperehensive untilization of waste resources	0.0
电力、热力、燃气及水生产和供应业	Electric power, Heating power, fuel gas, water production and supply industry	0.0
电力、热力的生产和供应业	Production and supply of electric power and heat power	0.0
燃气生产和供应业	Production and supply of gas	0.0
水的生产和供应业	Production and supply of water	0.0
公有经济	Public economy	6913.8
非公有经济	Non-public economy	3611.2
国有控股	State-owned holding	6913.8
集体控股	Collective holding	0.0
私人控股	Private holding	2060.0
港澳台商控股	Share held by Hong Kong, Macao and Taiwanese Businessmen	5.0
外商控股	Foreign holding	75.0
其他	Others	1471.2

Research and Development Situations of Industrial Legal Entities Above Designated Scale for the Year 2018 (VI)

六、其他情况 VI. Other Situations					
2. 研究开发费用加计扣除减免税（万元） 2. R&D expenses plus exemption of tax (Unit: 10 thousand Yuan)	3. 高新技术企业减免税（万元） 3. Exemption of taxes for hi-tech enterprises (Unit: 10 thousand Yuan)	1. 技术改造经费支出（万元） 1. Technical transformation expenditure (Unit: 10 thousand Yuan)	2. 购买境内技术经费支出（万元） 2. Expenditure for purchase of domestic technology (Unit: 10 thousand Yuan)	3. 引进境外技术经费支出（万元） 3. Expenditure for introducing overseas technology (Unit: 10 thousand Yuan)	4. 引进境外技术的消化吸收经费支出（万元） 4. Expenditure for digestion and absorption of overseas introduced
67	68	69	70	71	72
0.0	0.0	0.0	0.0	0.0	0.0
0.0	0.0	0.0	0.0	0.0	0.0
0.0	0.0	0.0	0.0	0.0	0.0
0.0	0.0	0.0	0.0	0.0	0.0
0.0	0.0	0.0	0.0	0.0	0.0
0.0	0.0	0.0	0.0	0.0	0.0
0.0	0.0	239.6	0.0	0.0	0.0
66.8	457.7	0.0	0.0	0.0	0.0
0.0	0.0	0.0	0.0	0.0	0.0
0.0	0.0	0.0	0.0	0.0	0.0
58.3	65.0	12.0	0.0	0.0	0.0
3658.8	22030.4	309.0	0.0	0.0	0.0
0.0	0.0	0.0	0.0	0.0	0.0
1041.4	329.6	0.0	220.0	0.0	0.0
168.2	1421.7	1007.8	0.0	0.0	0.0
0.0	0.0	0.0	0.0	0.0	0.0
0.0	0.0	0.0	0.0	0.0	0.0
91.3	19.8	0.0	0.0	0.0	0.0
223.5	195.9	0.0	0.0	0.0	0.0
60.3	64.0	0.0	0.0	0.0	0.0
7471.2	8485.5	107754.4	0.0	0.0	0.0
14143.7	26640.0	21693.7	44169.2	4336.9	0.0
0.0	0.0	0.0	10.0	0.0	0.0
2790.9	1395.5	2492.1	0.0	0.0	0.0
1284.8	1147.8	0.0	0.0	0.0	0.0
0.0	0.0	0.0	0.0	0.0	0.0
0.0	0.0	0.0	0.0	0.0	0.0
0.0	0.0	6259.9	0.0	0.0	0.0
0.0	0.0	6259.9	0.0	0.0	0.0
0.0	0.0	0.0	0.0	0.0	0.0
0.0	0.0	0.0	0.0	0.0	0.0
23544.6	45811.9	136709.3	44169.2	4336.9	0.0
7516.8	16766.7	3358.7	235.0	0.0	0.0
23544.6	45757.4	136709.3	44169.2	4336.9	0.0
0.0	54.5	0.0	0.0	0.0	0.0
3355.9	3433.3	3338.3	15.0	0.0	0.0
429.4	65.0	0.0	0.0	0.0	0.0
2388.2	4412.2	0.0	0.0	0.0	0.0
1343.3	8856.2	20.4	220.0	0.0	0.0

2018年规上工业法人单位研发情况（七）

	代码	七、R&D投入产出效率情况 VII. R&D Input and Output Efficiencies	
		R&D经费内部支出合计与主营收入之比（%） Proportion of total internal R&D expenditure to main business income (%)	基础研究占R&D经费内部支出的比重（%） Proportion of basic research to internal R&D expenditure (%)
甲	乙	73	74
总　计	Total	0.43	0.00
大型	Large-sized	0.40	0.00
中型	Medium-sized	0.71	0.00
小型	Small-sized	0.36	0.00
微型	Micro-sized	0.44	0.04
中央	Center	0.30	0.00
地方	Local	0.35	0.00
其他	Others	0.76	0.00
内资企业	Domestic funds	0.36	0.00
国有企业	State-owned	1.08	0.00
集体企业	Collective-owned	1.54	0.00
股份合作企业	Share holding cooperative	0.00	0.00
有限责任公司	Limited company	0.31	0.00
国有独资公司	State-owned	0.28	0.00
其他有限责任公司	Others	0.56	0.00
股份有限公司	Share holding	0.68	0.00
私营企业	Private	0.43	0.04
私营独资企业	Solely Owned	0.00	0.00
私营合作企业	Private partnership	0.00	0.00
私营有限责任公司	Limited company	0.32	0.06
私营股份有限公司	Private	2.23	0.00
其他企业	Others	0.00	0.00
港、澳、台商投资企业	Funded from Hongkong, Macao and Taiwan	1.77	0.00
合资经营企业（港或澳、台资）	Funded from Hongkong, Macao and Taiwan	3.43	0.00
合作经营企业（港或澳、台资）	Cooperative	0.00	0.00
港澳台商独资经营企业	Solely owned	0.60	0.00
港澳台商投资股份有限公司	Funded from Hongkong, Macao and Taiwan	2.04	0.00
其他港澳台商投资企业	Others	0.00	0.00
外商投资企业	Foreign funded	0.68	0.00
中外合资经营企业	Joint Venture	0.45	0.00
中外合作经营企业	Cooperative	0.00	0.00
外资企业	Foreign funded	1.24	0.00
外商投资股份有限公司	Share holding	0.00	0.00
其他外商投资企业	Others	2.05	0.00
采矿业	Mining industry	0.00	0.00
煤炭开采和洗选业	Coal mining and dressing	0.00	0.00
非金属矿采选业	Mining and dressing of nonmetal mineralproducts	0.00	0.00
开采辅助活动	Mining auxiliary activities	0.00	0.00
制造业	Manufacturing Industry	0.46	0.00
农副食品加工业	Food processing	0.13	0.00
食品制造业	Food manufacturing	0.02	0.00
酒、饮料和精制茶制造业	Wine、Drinks and refined tea industry	0.00	0.00
烟草制品业	Tobacco processing	0.00	0.00
纺织业	Textile industry	0.00	0.00
纺织服装、服饰业	Textile and garment、Clothing industry	0.00	0.00
皮革、毛皮、羽毛（绒）及其制品业	Leather furs down and related products	0.00	0.00
木材加工及木、竹、藤、棕、草制品业	Timber, bamboo, cane, palm and straw products	0.07	0.00
家具制造业	Furniture	0.49	0.00

Research and Development Situations of Industrial Legal Entities Above Designated Scale for the Year 2018 (VI)

七、R&D 投入产出效率情况 VII. R&D Input and Output Efficiencies									
应用研究占R&D经费内部支出的比重(%) Proportion of applied research to internal R&D expenditure (%)	政府资金占R&D经费内部支出的比重(%) Proportion of government funds to internal R&D expenditure (%)	R&D 项目经费内部支出占R&D经费内部支出比重(%) Proportion of internal R&D items expenditure to internal R&D expenditures (%)	R&D 人员合计与从业人员平均人数之比(%) Proportion of total R&D personnel to average number of employees (%)	研究人员占R&D人员比重(%) Proportion of research personnel to R&D personnel (%)	机构中博士硕士占机构人员比重(%) Proportion of doctors and masters in the institution to total institutional personnel	发明专利占专利申请比重(%) Proportion of invention patent to parent application (%)	新产品销售收入占主营业务收入比重(%) Percentage of new product sales income in the main business income	利润总额与主营业务收入之比(%) Proportion of total profits to main business income	工业总产值与从业人员平均人数之比(万元/人) Proportion of gross industrial production value to average number of employees
75	76	77	78	79	80	81	82	83	84
4.62	2.80	67.93	2.87	33.95	28.97	36.35	11.25	7.75	193.16
5.52	1.68	59.43	3.33	31.26	34.53	36.56	12.02	7.80	258.12
0.87	6.15	96.88	2.58	42.86	18.05	29.60	14.42	8.92	108.58
2.71	6.72	85.15	2.05	35.29	11.53	38.67	4.13	7.30	144.36
4.31	5.03	89.50	1.96	36.81	12.84	39.51	3.18	5.72	72.04
7.76	2.40	40.76	3.25	25.54	41.60	34.99	11.97	8.00	303.24
0.30	5.02	94.78	1.77	39.59	10.00	55.56	4.72	4.97	101.25
1.49	3.08	95.65	2.70	42.33	18.16	35.64	10.20	7.47	109.36
6.03	3.74	55.94	2.71	29.16	30.56	38.46	10.98	7.89	194.24
0.00	5.74	98.36	1.42	55.81	8.18	21.05	15.26	-1.89	54.82
0.00	0.00	79.74	7.91	52.94	0.00	0.00	3.97	6.00	37.53
0.00	0.00	0.00	0.00	0.00	0.00	0.00	0.00	9.34	24.58
7.45	1.63	40.98	2.75	21.65	21.74	28.94	8.13	8.00	240.71
8.60	0.11	27.70	3.02	17.44	24.91	25.08	8.23	8.04	309.68
3.00	7.56	92.57	2.18	34.17	14.32	37.88	7.37	7.68	92.34
2.25	11.50	96.86	3.92	50.53	52.28	60.46	41.07	8.13	165.21
2.59	5.23	92.50	1.88	35.34	22.35	42.97	4.40	6.78	70.49
0.00	0.00	0.00	0.00	0.00	0.00	0.00	0.00	5.13	74.91
0.00	0.00	0.00	0.00	0.00	0.00	0.00	0.00	0.00	0.00
3.79	5.90	90.37	1.64	33.56	13.38	35.61	3.95	6.29	73.24
0.00	3.79	97.10	4.13	41.27	31.18	59.01	12.01	14.49	46.93
0.00	0.00	0.00	0.00	0.00	0.00	0.00	0.00	0.00	0.00
3.65	1.45	93.28	4.08	47.42	12.08	22.00	14.10	-7.23	125.36
0.00	0.26	99.06	6.45	46.52	7.64	12.50	26.38	2.31	115.21
0.00	0.00	0.00	0.00	0.00	0.00	0.00	0.00	7.03	17.84
20.02	6.93	66.85	2.61	49.77	15.51	8.33	7.95	-16.37	124.29
0.00	0.00	100.00	8.56	40.00	0.00	100.00	0.00	8.19	557.29
0.00	0.00	0.00	0.00	0.00	0.00	0.00	0.00	0.00	0.00
0.13	0.06	99.31	3.64	53.14	22.84	15.76	12.60	9.17	203.91
0.28	0.11	99.98	3.10	53.84	22.84	17.93	16.06	8.93	227.32
0.00	0.00	0.00	0.00	0.00	0.00	0.00	0.00	11.95	3815.98
0.00	0.00	98.53	4.37	54.65	0.00	12.24	3.76	10.21	164.72
0.00	0.00	0.00	0.00	0.00	0.00	0.00	0.00	14.75	136.54
0.00	0.09	100.00	7.36	40.88	0.00	0.00	7.18	3.25	122.83
0.00	0.00	0.00	0.00	0.00	0.00	0.00	0.00	6.29	25.38
0.00	0.00	0.00	0.00	0.00	0.00	0.00	0.00	7.92	23.40
0.00	0.00	0.00	0.00	0.00	0.00	0.00	0.00	5.03	66.02
0.00	0.00	0.00	0.00	0.00	0.00	0.00	0.00	-117.68	26.94
4.61	2.80	67.90	3.16	32.99	28.97	34.24	12.05	8.32	207.65
21.34	7.38	60.43	0.78	44.59	15.23	8.00	2.29	-0.91	142.70
0.00	0.00	100.00	0.36	19.57	0.00	28.00	0.79	11.80	70.47
0.00	0.00	0.00	0.00	0.00	0.00	0.00	0.00	2.45	89.53
0.00	0.00	0.00	0.00	0.00	0.00	0.00	0.00	1.91	220.47
0.00	0.00	0.00	0.00	0.00	0.00	0.00	0.00	5.00	50.02
0.00	0.00	0.00	0.00	0.00	0.00	0.00	0.00	-0.88	36.76
0.00	0.00	0.00	0.00	0.00	0.00	0.00	0.00	13.80	65.33
0.00	0.00	100.00	0.15	33.33	0.00	12.50	0.03	4.60	62.94
0.00	0.00	9.11	0.91	0.00	0.00	33.33	0.00	3.70	23.31

2018 年规上工业法人单位研发情况（七）

	代码	七、R&D 投入产出效率情况 VII. R&D Input and Output Efficiencies	
		R&D 经费内部支出合计与主营收入之比（%） Proportion of total internal R&D expenditure to main business income (%)	基础研究占 R&D 经费内部支出的比重（%） Proportion of basic research to internal R&D expenditure (%)
甲	乙	73	74
造纸及纸制品业	Paper making and paper products	0.27	0.00
印刷业和记录媒介的复制	Printing and record medium reproduction	0.54	0.00
文教、工美、体育和娱乐用品制造业	Culture and education、industrial art、sports and entertainment products manufacturing	0.00	0.00
石油加工、炼焦及核燃料加工业	Petroleum processing coking and nuclear processing	0.00	0.00
化学原料及化学制品制造业	Raw chemical material and chemical products	0.71	0.00
医药制造业	Medical and pharmacutical products	2.34	0.03
化学纤维制造业	Chemical fiber manufacturing	4.28	0.00
橡胶和塑料制品业	Rubber and Plastic products	0.84	0.00
非金属矿物制品业	Nonmetal mineral products	0.55	0.00
黑色金属冶炼及压延加工业	Smelting and pressing of ferrous metals	0.00	0.00
有色金属冶炼及压延加工业	Smelting and pressing of non-ferrous metals	0.00	0.00
金属制品业	Metal products	0.02	0.00
通用设备制造业	Ordinary machinery	1.15	0.00
专用设备制造业	Special purpose equipment	0.88	0.00
汽车制造业	Automobile industry	0.42	0.00
铁路、船舶、航空航天和其他运输设备制造业	Railway、Ship、aerospace and other Transportation Equipment Manufacturing	0.78	0.00
电气机械及器材制造业	Electric equipment and machinery	0.45	0.00
计算机、通信及其他电子设备制业	Computer and Telecommunication equipment and other electronic equipment	2.03	0.00
仪器仪表制造业	Instruments, meters	1.96	0.00
其他制造业	Others	0.54	0.00
废弃资源综合利用业	Comperehensive untilization of waste resources	0.00	0.00
电力、热力、燃气及水生产和供应业	Electric power, Heating power, fuel gas, water production and supply industry	0.00	0.00
电力、热力的生产和供应业	Production and supply of electric power and heat power	0.01	0.00
燃气生产和供应业	Production and supply of gas	0.00	0.00
水的生产和供应业	Production and supply of water	0.00	0.00
公有经济	Public economy	0.33	0.00
非公有经济	Non-public economy	0.69	0.01
国有控股	State-owned holding	0.33	0.00
集体控股	Collective holding	0.03	0.00
私人控股	Private holding	0.40	0.02
港澳台商控股	Share held by Hong Kong, Macao and Taiwanese Businessmen	1.10	0.00
外商控股	Foreign holding	0.73	0.00
其他	Others	0.93	0.00

Research and Development Situations of Industrial Legal Entities Above Designated Scale for the Year 2018 (VI)

七、R&D投入产出效率情况 VII. R&D Input and Output Efficiencies									
应用研究占R&D经费内部支出的比重(%) Proportion of applied research to internal R&D expenditure (%)	政府资金占R&D经费内部支出的比重(%) Proportion of government funds to internal R&D expenditure (%)	R&D项目经费内部支出占R&D经费内部支出比重(%) Proportion of internal R&D items expenditure to internal R&D expenditures (%)	R&D人员合计与从业人员平均人数之比(%) Proportion of total R&D personnel to average number of employees (%)	研究人员占R&D人员比重(%) Proportion of research personnel to R&D personnel (%)	机构中博士硕士占机构人员比重(%) Proportion of doctors and masters in the institution to total institutional personnel	发明专利占专利申请比重(%) Proportion of invention patent to parent application (%)	新产品销售收入占主营业务收入比重(%) Percentage of new product sales income in the main business income	利润总额与主营业务收入之比(%) Proportion of total profits to main business income	工业总产值与从业人员平均人数之比(万元/人) Proportion of gross industrial production value to average number of employees
75	76	77	78	79	80	81	82	83	84
0.00	0.00	100.00	1.75	18.75	0.00	0.00	5.24	2.68	69.63
100.00	0.00	100.00	1.36	29.17	0.00	44.44	0.00	2.87	62.24
0.00	0.00	0.00	0.00	0.00	0.00	0.00	0.00	7.32	22.89
0.00	0.00	0.00	0.00	0.00	0.00	0.00	0.00	0.38	243.54
0.00	0.31	89.80	2.86	36.23	8.82	69.57	2.13	5.50	173.43
0.37	8.61	96.76	7.13	42.84	30.89	78.85	3.93	27.49	98.10
68.81	3.25	100.00	15.79	42.86	4.76	100.00	28.88	-2.25	72.63
0.00	0.79	98.56	2.21	41.72	36.36	23.21	4.24	3.60	102.60
0.77	1.42	86.58	3.05	40.00	4.00	22.81	3.30	5.38	107.99
0.00	0.00	0.00	0.00	0.00	0.00	0.00	0.00	3.10	374.49
0.00	0.00	0.00	0.00	0.00	0.00	0.00	0.00	-0.82	317.85
0.00	0.00	99.93	0.29	5.88	0.00	11.76	0.00	1.17	104.59
0.00	5.00	98.45	2.64	53.51	6.52	33.88	23.91	7.20	72.26
0.59	2.81	87.42	3.84	35.42	13.33	22.22	6.52	5.88	44.54
4.82	0.18	58.60	3.37	26.02	20.83	18.12	9.97	8.87	271.82
3.33	10.98	99.97	5.57	54.65	58.58	63.22	73.70	8.12	176.50
0.00	5.99	92.78	1.14	34.09	7.94	38.10	5.82	7.41	92.81
12.28	28.77	84.91	7.95	41.72	42.67	52.94	8.66	14.05	71.17
0.00	53.19	63.41	6.96	43.62	19.23	48.15	23.38	23.20	38.33
0.00	0.00	100.00	2.65	60.00	0.00	0.00	6.75	1.95	70.53
0.00	0.00	0.00	0.00	0.00	0.00	0.00	0.00	4.51	179.70
20.90	0.00	100.04	1.25	51.46	0.00	77.60	0.00	-0.38	113.54
20.90	0.00	100.04	1.42	51.46	0.00	77.60	0.00	-0.79	120.70
0.00	0.00	0.00	0.00	0.00	0.00	0.00	0.00	8.56	97.57
0.00	0.00	0.00	0.00	0.00	0.00	0.00	0.00	0.85	32.97
7.01	3.37	45.87	3.07	27.47	36.92	34.70	12.02	7.80	265.78
1.58	2.07	95.93	2.66	41.88	18.15	38.54	9.17	7.62	116.10
7.02	3.37	45.81	3.16	27.38	36.92	35.01	12.19	7.81	269.90
0.00	0.00	91.20	0.32	54.55	0.00	6.25	0.40	7.23	134.60
2.40	5.23	89.08	1.96	34.46	19.55	43.11	4.56	6.69	77.96
8.05	3.23	86.15	4.33	45.91	15.51	25.00	6.83	-10.17	143.71
0.19	0.00	98.48	3.68	46.76	3.30	9.86	9.20	9.09	199.19
0.85	1.78	99.72	3.17	46.78	22.59	36.66	15.43	10.53	136.68

统计资料

STATISTICS

▶体育、卫生及其他事业

SPORTS, PUBLIC HEALTH AND OTHERS

2019

长春统计年鉴

CHANGCHUN STATISTICAL YEARBOOK

第十八篇　体育、卫生及其他事业

2018 年末，全市共有卫生医疗机构 5167 个，比上年增长 18.0%。其中，医院、卫生院 320 所，比上年增长 8.1%。拥有医疗床位 5.3 万张，比上年增长 6.6%。卫生技术人员为 5.7 万人，比上年增长 14.0%。每千人拥有执业医师和执业助理医师 3.3 人。

2018 年末，市辖区建成社区卫生服务中心 96 家，城区人口覆盖率达到 100%。339.8 万农民参加了新型合作医疗，常住人口参合率达到 98.3%，共筹集资金 24.6 亿元，已有 210 万参合农民受益，支付补偿金 24.6 亿元，占筹资总额的 99.8%。

全年成功承办了瓦萨国际越野滑雪赛等国际国内大型体育赛事 50 余项次。大力开展全民健身活动，完善健身场地设施，改善健身条件，开展各级各类健身活动 1280 余项次，近百万人次参与活动。

在第 23 届冬季奥林匹克运动会上，我市共 10 名运动员代表国家参赛，共夺得 1 银、2 个第五名、1 个第六名、2 个第七名、2 个第八名的好成绩。其中：短道速滑男子 5000 米接力夺得银牌。

全年销售体育彩票 15.9 亿元，占全省销售的比例为 35.2%。

18-1 公共体育场(2018 年)
STADIUMS AND GYMNASIUMS IN 2018

	实际数(个) Number		实际数(个) Number		实际数(个) Number
体育场 stadium	59	体育馆 Gymnasiums	32	室内游泳池 Swimming pool	30
室外游泳池 Outdoor swimming pools	3	运动场 Stadiums	1592	足球场 Football court	262
室内游泳馆 Swimming pools	30	室内网球场 Indoor tennis court	8	保龄球房 Bowling ball room	5

18-2 卫生机构床位、人员数(2018 年)
BEDS AND PERSONNEL IN HEALTH INSTITUTIONS IN 2018

机构分类 Institutions		机构数(个) Institutions	床位数(张) beds	人员数(人) Personnel				
				合计 Total	#卫生技术员 Medical technical personnel			注册护士 Registered nurses
					合计 Total	执业医师 Certified doctors	执业助理医师 Assistant doctors	
总计	Total	5137	53154	74289	56552	22238	2232	23682
一. 医院	Hospitals	186	48228	48550	39171	14722	802	18377
二. 社区卫生服务中心(站)	Community health ceve canters	94	789	3573	2833	965	137	1096
三、卫生院	Clinics	134	3417	4105	2947	870	380	743
四. 门诊部	Policlinic	557	103	4489	4249	2036	422	1637
五. 诊所、卫生所、医务室	Clinique meadical institute infirmary	1924		4187	4160	2401	141	1282
六. 急救中心(站)	First-aid centre	1		337	161	64		96
七. 村卫生室	Village clinic	2124		5299	524	247	214	63
八. 采供血机构	Blood bank	1		116	78	20		28
九. 妇幼保健院(所站)	Maternity and child care centers	13	317	1093	787	410	45	182
十. 专科疾病防治院(所站)	Specialized prevention & treatment centers or station	7	300	397	240	95	19	68
十一. 疾病预防控制中心	Sanitation and antiepidemic agencies	14		1138	864	360	69	81
十二. 卫生监督所(中心)	Health care centre	12		513	361			
十三. 健康教育所(站中心)	Health training centre	2		54	33	5		
十四. 计划生育技术服务机构	Technical service institution of family planning	64		263	33	14	3	8
十五. 其他卫生机构	Other institutions	4		175	111	29		21

18-3 计划生育情况（2018年）
BASIC STATISTICS ON BIRTH CONTROL IN 2018

	育龄妇女人数（人）Birth-aged women (person)	其中：已婚 Married	20周岁以前结婚人数（人）Married before 20 years old	23周岁以后结婚人数（人）Married after 23 years old	晚婚率(%) Rate of married at mature age (%)	晚育率(%) Rate of late child birth (%)	计划内出生（人）Plan birth (person)	计划生育率(%) Birthcontrolrate (%)	领证率(%) Link card rate (%)
总计 Total	1733882	1138072	652				34688	99.38	
南关区 Nanguan	109626	69605					3150	100	
宽城区 Kuancheng	130536	89336	3				4070	99.9	
朝阳区 Chaoyang	146508	87272	8				3033	99.8	
二道区 Erdao	79211	52350	2				2532	100	
绿园区 Lvyuan	119278	79317					2557	100	
榆树市 Yushu	282066	182854	263				3563	98.26	
农安县 Nong′an	245204	163938	89				3214	98.23	
德惠市 Dehui	215803	126058	125				2854	99.03	
九台区 Jiutai	155467	107024	109				2731	98.77	
双阳区 Shuangyang	80542	56304	43				1532	98.84	
经开区 Developing area	72391	54881					2971	99.93	
净月区 Tourism area	43098	31719	2				1067	100	
高新区 High-technical area									
汽开区 Motor vehicle development zone	44652	31642	8				1342	99.85	
莲花山区 Lianhua mountain area	9500	5772					72	100	

18–4 节育情况（2018 年）
BASIC CONDITION OF CONTRACEPTION IN 2018

		避孕人数（人）Persons of contraception (person)	避孕率（%）Rate of contraception(%)	手术例数（个）Number of operation
总计	Total	43757	88.96	
南关区	Nanguan	1440	86.77	
宽城区	Kuancheng	6148	89.21	
朝阳区	Chaoyang	4661	89.46	
二道区	Erdao	6969	91.38	
绿园区	Lvyuan	4044	90.65	
榆树市	Yushu	2506	84.48	
农安县	Nong′ an	4439	90.85	
德惠市	Dehui	4306	91.49	
九台区	Jiutai	3690	91.46	
双阳区	Shuangyang	2154	90.57	
经开区	Developing area	1328	84.64	
净月区	Tourism area	1539	90.06	
高新区	High-technical area			
汽开区	Motor vehicles development zone	436	84.69	
莲花山区	Lianhua mountain area	97	88.39	

18–5 火灾基本情况（2018 年）
BASIC STATISTICS ON FIRES IN 2018

		全市 Total
次数（次）	Cases	2169
死人（人）	Deaths(person)	2
伤人（人）	Injuries(person)	
直接损失（元）	Direct losses (yuan)	14851094

18-6 交通事故情况（2018 年）
BASIC STATISTICS ON TRAFFIC ACCIDENTS IN 2018

		次数 Times	死亡（人）Death (person)	伤人（人）Injuries (person)	直接折款（元）Loss(yuan)
总计	Total	3292	485	3826	18566520
市区合计	Total district	2044	281	2354	12969338
南关交警大队	Nanguan traffic police department	186	23	167	723311
宽城交警大队	Kuancheng traffic police department	256	20	263	1439410
朝阳交警大队	Chao yang traffic police department	236	16	269	4569410
二道交警大队	Erdao traffic police department	197	24	213	360965
汽车厂交警大队	Automobile factory traffic police department	100	9	117	184312
双阳交警大队	Shuangyang traffic police department	160	36	188	668503
绿园交警大队	Lvyuan traffic police department	171	20	177	1049801
经济开发区交警大队	Econmic development zone traffic police department	360	53	504	932502
净月开发区交警大队	Jing yue development zone traffic police department	159	11	180	1537423
高新交警大队	High-tech traffic police department	128	23	182	1132001
公路治安巡逻大队	Road peace and patrol department	156	22	189	947120
站前治安管理分局	Zhanqian public security and management office				
榆树交警大队	Yushu traffic police department	267	56	287	617592
农安交警大队	Nong'an traffic police department	647	76	811	3115380
九台交警大队	Jiutai traffic police department	55	39	38	177500
德惠交警大队	Dehui traffic police department	178	50	185	917090

18-7 刑事案件情况（2018 年）
BASIC STATISTICS ON PUBLIC ORDER IN 2018

<table>
<tr><td>立案
Put on record</td><td>合计（起）
Total(case)</td><td>26938</td><td>破案
Break cases</td><td>合计（件）
Total(case)</td><td>7869</td></tr>
<tr><td rowspan="5">发案地域
Put on recordArea of Cases happened</td><td>城区 City zone</td><td>20722</td><td colspan="2">破获年前案件
Break cases before the year</td><td>2599</td></tr>
<tr><td>郊区 Suburb</td><td>923</td><td colspan="2">破获外省、区市案件
Break cases in other provinces and cities</td><td></td></tr>
<tr><td rowspan="2">镇 Town</td><td rowspan="2">4132</td><td rowspan="3">直接受害人
Direct victims</td><td>死亡（人）Death (person)</td><td></td></tr>
<tr><td>受伤（人）Injury (person)</td><td></td></tr>
<tr><td>其他 Others</td><td>1161</td><td>其他（人）Others (person)</td><td>11553</td></tr>
<tr><td colspan="2">补立年前案件
Makeup case before the year</td><td>2195</td><td colspan="2">财物、损失总价值（万元）
Total value of property and loss(10000yuan)</td><td>72982.6</td></tr>
</table>

主要统计指标解释

2019

长春统计年鉴

CHANGCHUN STATISTICAL YEARBOOK

主要统计指标解释

行政区划　指国家对行政区域的划分。根据宪法规定，我国的行政区域划分如下：(1) 全国分为省、自治区、直辖市；(2) 省、自治区分为自治州、县、自治县、市；(3) 自治州分为县、自治县、市；(4) 县、自治县分为乡、民族乡、镇；(5) 直辖市和较大的市分为区、县；(6) 国家在必要时设立的特别行政区。

气候　指地球与大气之间长期能量交换与质量交换所形成的一种自然环境状态，它是多种因素综合作用的结果。气候既是人类生活和生产的环境要素之一，又是供给人类生活和生产的重要资源。气温、降水、湿度等气象要素的多年平均值是用来描述一个地区气候状况的主要参数，而各种气象要素某年、某月的平均值（或总量）则可以反映出该时期天气气候状况的重要特征。

自然资源　指人类可以直接从自然界获得，并用于生产和生活的物质资源。自然资源一般可以分成可再生资源和非再生资源两大类。可再生资源指在较短时间内可以再生、可以循环利用的资源，包括土地资源、水资源、气候资源、生物资源和海洋资源等。非再生资源指在使用后不能再生的资源，包括矿产资源和地热能源。

土地资源　土地指陆地的表层部分，它主要由岩石、岩石的风化物和土壤构成。土地资源按利用类型可以分为农用地、建筑用地和未利用地。农用地包括耕地、园地、林地、牧草地和水面。建筑用地包括居民点及工矿用地、交通用地和水利设施用地。未利用地指农用地和建筑用地以外的土地，包括滩涂、荒漠、戈壁、冰川和石山等。

耕地面积　指经过开垦用以种植农作物并经常进行耕耘的土地面积。包括种有作物的土地面积、休闲地、新开荒地和抛荒未满三年的土地面积。

林业用地面积　指生长乔木、竹类、灌木、沿海红树林等林木的土地面积，包括有林地、灌木林、疏林地、未成林造林地、迹地、苗圃等。

草地面积　指牧区和农区用于放牧牲畜或割草，植被盖度在 5% 以上的草原、草坡、草山等面积。包括天然的和人工种植或改良的草地面积。

森林资源　指森林、林木、林地以及依托森林、林木、林地生存的野生动物、植物和微生物。林木指树木和竹子。森林指以乔木为主体的植物群落，是集生的乔木及与共同作用的植物、动物、微生物和土壤、气候等的总体。

活立木总蓄积量　指一定范围内土地上全部树木蓄积的总量，包括森林蓄积、疏林蓄积、散生木蓄积和四旁树蓄积。

森林面积　指由乔木树种构成，郁闭度 0.2 以上（含 0.2）的林地或冠幅宽度 10 米以上的林带的面积，即有林地面积。森林面积包括天然起源和人工起源的针叶林面积、阔叶林面积、针阔混交林面积和竹林面积，不包括灌木林地面积和疏林地面积。

森林蓄积量　指一定森林面积上存在着的林木树干部分的总材积。它是反映一个国家或地区森林资源总规模和水平的基本指标之一，也是反映森林资源的丰富程度、衡量森林生态环境优劣的重要依据。

森林覆盖率　指一个国家或地区森林面积占土地总面积的百分比。森林覆盖率是反映森林资源的丰富程度和生态平衡状况的重要指标。在计算森林覆盖率时，森林面积包括郁闭度 0.2 以上的乔木林地面积和竹林地面积，国家特别规定的灌木林地面积、农田林网以及四旁（村旁、路旁、水旁、宅旁）林木的覆盖面积。计算公式为：

森林覆盖率（%）= 森林面积 / 土地总面积 ×100%

水资源　水在自然界中以固体、液体和气态三种聚集状态存在，分布于海洋、陆地（包括土壤）以及大气之中，通过水循环形成水资源。水资源包括经人类控制并直接可供灌溉、发电、给水、航运、养殖等用途的地表水和地下水，以及江河、湖泊、井、泉、潮汐、港湾和养殖水域等。水资源是发展国民经济不可缺少的重要自然资源。

地表水和地下水　陆地上的水因空间分布不同，分为地表水和地下水。地表水指分别存在于河流、湖泊、沼泽、冰川和冰盖等水体中水分的总称，又称陆地水。地下水指储存在地面以下饱和岩土孔隙、裂隙及溶洞中的水。

径流　指陆地上接受降水后扣除损耗外，从地表和地下向流域出口断面汇集的水流。径流可分为地表径流、地下径流和壤中流。地表径流指沿地表向河流、湖泊、沼泽、海洋等汇集的水流；地下径流指沿潜水层或隔水层间的含水层，向河流、湖泊、沼泽、海洋等汇集的地下水水流。

径流量　指在一定时段内通过河流某一过水断面的水量，用以反映一个国家或地区水资源的丰歉程度。计算公式为：

径流量 = 降水量 – 蒸发量

矿产资源　矿产指由地质作用形成，富集于地壳中或出露于地表达到工农业利用要求的有用矿物。矿产是一种重要的自然资源，是社会发展的重要物质基础。

矿产基础储量　基础储量是查明矿产资源的一部分。它能满足现行采矿和生产所需的指标要求，是控制的、探明的并通过可行性或预可行性研究认为属于经济的、边界经济的部分，用未扣除设计、采矿损失的数量表示。

流域　每条河流都有自己的干流和支流，干支流共同组成这条河流的水系。每条河流都有自己的集水区域，这个集水区域就称为该河流的流域。

气温　指空气的温度，我国一般以摄氏度 (℃) 为单位表示。气象观测的温度表是放在离地面约 1.5 米处通风良好的百叶箱里测量的，因此，通常说的气温指的是离地面 1.5 米处百叶箱中的温度。其统计计算方法为：

月平均气温是将全月各日的平均气温相加，除以该月的天数而得。年平均气温是将 12 个月的月平均气温累加后除以 12 而得。

相对湿度　指空气中实际所含水蒸气密度和同温度下饱和水蒸气密度的百分比值。其统计方法与气温相同。

降水量　指从天空降落到地面的液态或固态 (经融化后) 水，未经蒸发、渗透、流失而在地面上积聚的深度。其统计计算方法为：

月降水量是将全月各日的降水量累加而得。年降水量是将 12 个月的月降水量累加而得。

日照时数　指太阳实际照射地面的时间。其统计方法与降水量相同

水资源总量　一定区域内的水资源总量指当地降水形成的地表和地下产水量，即地表径流量与降水入渗补给量之和，不包括过境水量。

地表水资源量　指河流、湖泊、冰川等地表水体中由当地降水形成的、可以逐年更新的动态水量，即天然河川径流量。

地下水资源量　指当地降水和地表水对饱水岩土层的补给量。

地表水与地下水资源重复计算量　指地表水和地下水相互转化的部分，即在河川径流量中包括一部分地下水排泄量，地下水补给量中包括一部分来源于地表水的入渗量。

可比价格　指计算各种总量指标所采用的扣除了价格变动因素的价格，可进行不同时期总量指标的对比。按可比价格计算总量指标有两种方法：一种是直接用产品产量乘某一年的不变价格计算；另一种是用价格指数进行缩减。

不变价格　指以同类产品某年的平均价格作为固定价格，用于计算各年的产品价值。按不变价格计算的产品价值消除了价格变动因素，不同时期对比可以反映生产的发展速度。新中国成立后，随着工农业产品价格水平的变化，国家统计局先后五次制定了全国统一的工业产品不变价格和农业产品不变价格。从 1952 年到 1957 年使用 1952 年工 (农) 业产品不变价格，从 1957 年到 1970 年使用 1957 年不变价格，从 1971 年到 1980 年使用 1970 年不变价格，从 1981 年到 1990 年使用 1980 年不变价格，从 1991 年开始使用 1990 年不变价格。

平均增长速度　我国计算平均增长速度有两种方法：一种是习惯上经常使用的“水平法”，又称几何平均法，是以间隔期最后一年的水平同基期水平对比来计算平均每年增长 (或下降) 速度；另一种是“累计法”，又称代数平均法或方程法，是以间隔期内各年水平的总和同基期水平对比来计算平均每年增长 (或下降) 速度。在一般正常情况下，两种方法计算的平均每年增长速度比较接近；但在经济发展不平衡、出现大起大落时，两种方法计算的结果差别较大。

国民经济行业分类　自 2003 年定期报表开始使用新的《国民经济行业分类》(GB/T4754–2002) 该分类是由国家统计局组织修订，经国家质量监督检验检疫总局批准，于 2002 年 5 月 10 日发布实施。这次修订是在 1994 年分类标准的基础上，参照联合国《全部经济活动的国际标准产业分类》(ISIC/Rev.3) 进行的。修订后的《国民经济行业分类》(GB/T4754–2002) 共有门类 20 个，大类 95 个，中类 396 个，小类 913 个。新增门类 4 个，大类增加 3 个，中类增加 28 个，小类增加 67 个。

企业 (单位) 登记注册类型　是以在工商行政管理机关登记注册的各类企业为划分对象，以工商行政管理部门对企业登记注册的类型为依据，将企业登记注册类型分为内资企业、港澳台商投资企业和外商投资企业三大类。内资企业包括国有企业、集体企业、股份合作企业、联营企业、有限责任公司、股份有限公司、私营公司和其他企业；港澳台商投资企业和外商投资企业分别包括合资经营企业、合作经营企业、独资经营企业和股份有限公司。对不在工商行政管理部门进行登记注册的行政机关、事业单位和社会团体，主要按其经费来源和管理方式进行划分。

国有企业 指企业全部资产归国家所有，并按《中华人民共和国企业法人登记管理条例》规定登记注册的非公司制的经济组织。不包括有限责任公司中的国有独资公司。

集体企业 指企业资产归集体所有，并按《中华人民共和国企业法人登记管理条例》规定登记注册的经济组织。

股份合作企业 指以合作制为基础，由企业职工共同出资入股，吸收一定比例的社会资产投资组建，实行自主经营，自负盈亏，共同劳动，民主管理，按劳分配与按股分红相结合的一种集体经济组织。

联营企业 指两个及两个以上相同或不同所有制性质的企业法人或事业单位法人，按自愿、平等、互利的原则，共同投资组成的经济组织。联营企业包括国有联营企业、集体联营企业、国有与集体联营企业和其他联营企业。

有限责任公司 指根据《中华人民共和国公司登记管理条例》规定登记注册，由两个以上、五十个以下的股东共同出资，每个股东以其所认缴的出资额对公司承担有限责任，公司以其全部资产对其债务承担责任的经济组织。有限责任公司包括国有独资公司以及其他有限责任公司。

股份有限公司 指根据《中华人民共和国公司登记管理条例》规定登记注册，其全部注册资本由等额股份构成并通过发行股票筹集资本，股东以其认购的股份对公司承担有限责任，公司以其全部资产对其债务承担责任的经济组织。

私营企业 指由自然人投资设立或由自然人控股，以雇佣劳动为基础的营利性经济组织。包括按照《公司法》、《合伙企业法》、《私营企业暂行条例》规定登记注册的私营有限责任公司、私营股份有限公司、私营合伙企业和私营独资企业。

其他企业 指上述企业之外的其他内资经济组织。

与港澳台商合资经营企业 指港澳台地区投资者与内地企业依照《中华人民共和国中外合资经营企业法》及有关法律的规定，按合同规定的比例投资设立、分享利润和分担风险的企业。

与港澳台商合作经营企业 指港澳台地区投资者与内地企业依照《中华人民共和国中外合作经营企业法》及有关法律的规定，依照合作合同的约定进行投资或提供条件设立、分配利润和分担风险的企业。

港澳台商独资经营企业 指依照《中华人民共和国外资企业法》及有关法律的规定，在内地由港澳台地区投资者全额投资设立的企业。

港澳台商投资股份有限公司 指根据国家有关规定，经原外经贸部依法批准设立，其中港、澳、台商的股本占公司注册资本的比例达 25% 以上的股份有限公司。凡其中港、澳、台商的股本占公司注册资本的比例小于 25% 的，属于内资企业中的股份有限公司。

中外合资经营企业 指外国企业或外国人与中国内地企业依照《中华人民共和国中外合资经营企业法》及有关法律的规定，按合同规定的比例投资设立、分享利润和分担风险的企业。

中外合作经营企业 指外国企业或外国人与中国内地企业依照《中华人民共和国中外合作经营企业法》及有关法律的规定，依照合作合同的约定进行投资或提供条件设立、分配利润和分担风险的企业。

外资企业 指依照《中华人民共和国外资企业法》及有关法律的规定,在中国内地由外国投资者全额投资设立的企业。

外商投资股份有限公司 指根据国家有关规定，经原外经贸部依法批准设立，其中外资的股本占公司注册资本的比例达 25% 以上的股份有限公司。凡其中外资股本占公司注册资本的比例小于 25% 的，属于内资企业中的股份有限公司。

行政机关、事业单位和社会团体 参照企业登记注册类型，主要按其经费来源和管理方式划分。具体规定如下：

⑴行政机关：包括国家机关和政党机关，原则上均列为“国有”。但有特殊规定的，如供销社等，则列为“集体”。⑵事业单位：包括经国家机构编制部门和有关业务主管部门批准成立的各类事业单位，不包括实行企业化管理的事业单位。事业单位的划分办法如下：①由国家财政预算拨款或列入财政预算外资金管理以及经费主要来源于国有主管部门或国有上级单位的事业单位，列为“国有”。②经费主要来源于集体单位的事业单位，列为“集体”。③公民个人(或个人合伙)开办的事业单位，列为“私营”。④上述以外的其他事业单位，如果其经费来源不明确，按管理方式进行归类。⑶社会团体：包括经民政部门批准成立以及未纳入社会团体管理条例范围的工会、妇联等各类社会团体。社会团体的划分办法如下：①未纳入民政部社会团体管理条例范围的工会、妇联、共青团、青联、工商联、科协、侨联等社会团体，国家拨款设立的基金会或基金管理组织以及经费主要来源于国有业务主管部门或国有上级单位的社会团体，列为“国有”。②经费主要来源于集体单位的社会团体，列为“集体”。③公民个人(或个人合伙)开办的社会团体，划为“私营”。④上述以外的其他社会团体，如果其经费来源不明确，改按管理方式进行归类。

地区生产总值(GDP) 指按市场价格计算的一个国家(或地区)所有常住单位在一定时期内生产活动的最终成果。地区生产总值有三种表现形态，即价值形态、收入形态和产品形态。

从价值形态看，它是所有常住单位在一定时期内生产的全部货物和服务价值超过同期投入的全部非固定资产货物和服务价值的差额，即所有常住单位的增加值之和；从收入形态看，它是所有常住单位在一定时期内创造并分配给常住单位和非常住单位的初次收入之和；从产品形态看，它是所有常住单位在一定时期内最终使用的货物和服务价值减去货物和服务进口价值。在实际核算中，地区生产总值有三种计算方法，即生产法、收入法和支出法。三种方法分别从不同的方面反映地区生产总值及其构成。

三次产业　三产业的划分是世界上较为常用的产业结构分类，但各国的划分不尽一致。我国的三次产业划分是：

第一产业是指农、林、牧、渔业。第二产业是指采矿业，制造业，电力、煤气及水的生产和供应业，建筑业。第三产业是指除第一、二产业以外的其他行业。

支出法地区生产总值　是从最终使用的角度反映一个国家（或地区）一定时期内生产活动最终成果的一种方法，包括最终消费、资本形成总额及货物和服务净出口三部分。计算公式为：

支出法地区生产总值＝最终消费＋资本形成总额＋货物和服务净出口

最终消费　指常住单位为满足物质、文化和精神生活的需要，从本国经济领土和国外购买的货物和服务的支出。它不包括非常住单位在本国经济领土内的消费支出。最终消费分为居民消费和政府消费。

居民消费　指常住住户在一定时期内对于货物和服务的全部最终消费支出。居民消费除了直接以货币形式购买的货物和服务的消费支出外，还包括以其他方式获得的货物和服务的消费支出，即所谓的虚拟消费支出。居民虚拟消费支出包括如下几种类型：单位以实物报酬及实物转移的形式提供给劳动者的货物和服务；住户生产并由本住户消费了的货物和服务，其中的服务仅指住户的自有住房服务和付酬的家庭雇员提供的家庭和个人服务；金融机构提供的金融媒介服务；保险公司提供的保险服务。

政府消费　指政府部门为全社会提供的公共服务的消费支出和免费或以较低的价格向居民住户提供的货物和服务的净支出，前者等于政府服务的产出价值减去政府单位所获得的经营收入的价值，后者等于政府部门免费或以较低价格向居民住户提供的货物和服务的市场价值减去向住户收取的价值。

资本形成总额　指常住单位在一定时期内获得减去处置的固定资产和存货的净额，包括固定资本形成总额和存货增加两部分。

固定资本形成总额　指生产者在一定时期内获得的固定资产减处置的固定资产的价值总额。固定资产是通过生产活动生产出来的，且其使用年限在一年以上、单位价值在规定标准以上的资产，不包括自然资产。可分为有形固定资本形成总额和无形固定资本形成总额。有形固定资本形成总额包括一定时期内完成的建筑工程、安装工程和设备工器具购置（减处置）价值，以及土地改良、新增役、种、奶、毛、娱乐用牲畜和新增经济林木价值。无形固定资本形成总额包括矿藏的勘探、计算机软件等获得减处置。

存货增加　指常住单位在一定时期内存货实物量变动的市场价值，即期末价值减期初价值的差额，再扣除当期由于价格变动而产生的持有收益。存货增加可以是正值，也可以是负值，正值表示存货上升，负值表示存货下降。存货包括生产单位购进的原材料、燃料和储备物资等存货，以及生产单位生产的产成品、在制品和半成品等存货。

货物和服务净出口　指货物和服务出口减货物和服务进口的差额。出口包括常住单位向非常住单位出售或无偿转让的各种货物和服务的价值；进口包括常住单位从非常住单位购买或无偿得到的各种货物和服务的价值。由于服务活动的提供与使用同时发生，一般把常住单位从非常住单位得到的服务作为进口，非常住单位从常住单位得到的服务作为出口。货物的出口和进口都按离岸价格计算。

人口数　指一定时点、一定地区范围内有生命的个人总和。

城镇人口和乡村人口的划分　城镇人口是指居住在城镇范围内的全部人口；乡村人口是除上述人口以外的全部人口。

历年城乡人口数据是按照当时国家《关于统计上划分城乡的规定》计算的。三次普查之间年份的城乡人口根据 1990 年和 2000 年人口普查数据进行了调整。

出生率（又称粗出生率）　指在一定时期内（通常为一年）一定地区的出生人数与同期内平均人数（或期中人数）之比，用千分率表示。本资料中的出生率指年出生率，其计算公式为：

出生率＝年出生人数 / 年平均人数 ×1000‰

式中：出生人数指活产婴儿，即胎儿脱离母体时（不管怀孕月数），有过呼吸或其他生命现象。年平均人数指年初、年底人口数的平均数，也可用年中人口数代替。

死亡率(又称粗死亡率) 指在一定时期内(通常为一年)一定地区的死亡人数与同期内平均人数(或期中人数)之比，用千分率表示。本资料中的死亡率指年死亡率，其计算公式为：

死亡率 = 年死亡人数 / 年平均人数 ×1000‰

人口自然增长率 指在一定时期内(通常为一年)人口自然增加数(出生人数减死亡人数)与该时期内平均人数(或期中人数)之比，用千分率表示。计算公式为：

人口自然增长率 =(本年出生人数 – 本年死亡人数)/ 年平均人数 ×1000‰ = 人口出生率 – 人口死亡率

总负担系数 指人口总体中非劳动年龄人口数与劳动年龄人口数之比。通常用百分比表示。说明每 100 名劳动年龄人口大致要负担多少名非劳动年龄人口。用于从人口角度反映人口与经济发展的基本关系。计算公式为：

GDR=(P0 ~ 14+P65+)/P15 ~ 64×100%

其中：GDP 为总抚养比；

P0 ~ 14 为 0 ~ 14 岁少年儿童人口数；

P65+ 为 65 岁及 65 岁以上的老年人口数；

P15 ~ 64 为 15 ~ 64 岁劳动年龄人口数。

老年人口抚养比 也称老年人口抚养系数。指某一人口中老年人口数与劳动年龄人口数之比。通常用百分比表示。用以表明每 100 名劳动年龄人口要负担多少名老年人。老年人口抚养比是从经济角度反映人口老化社会后果的指标之一。计算公式为：

ODR=P65+/P15 ~ 64×100%

其中：ODR 为老年人口抚养比；

P65+ 为 65 岁及 65 岁以上的老年人口数；

P15 ~ 64 为 15 ~ 64 岁的劳动年龄人口数。

少年儿童抚养比 也称少年儿童抚养系数。指某一人口中少年儿童人口数与劳动年龄人口数之比。通常用百分比表示。以反映每 100 名劳动年龄人口要负担多少名少年儿童。计算公式为：

CDR=P0 ~ 14/P15 ~ 64×100%

其中：CDR 为少年儿童抚养比；

P0 ~ 14 为 0 ~ 14 岁少年儿童人口数；

P15 ~ 64 为 15 ~ 64 岁劳动年龄人口数。

经济活动人口 指在 16 岁以上，有劳动能力，参加或要求参加社会经济活动的人口。包括就业人员和失业人员。

就业人员 指从事一定社会劳动并取得劳动报酬或经营收入的人员，包括在岗职工、再就业的离退休人员、私营业主、个体户主、私营和个体就业人员、乡镇企业就业人员、农村就业人员、其他就业人员(包括民办教师、宗教职业者、现役军人等)。这一指标反映了一定时期内全部劳动力资源的实际利用情况，是研究我国基本国情国力的重要指标。

各单位的就业人员 指在各级国家机关、政党机关、社会团体及企业、事业单位中工作，取得工资或其他形式的劳动报酬的全部人员。包括在岗职工、再就业的离退休人员、民办教师以及在各单位中工作的外方人员和港澳台方人员、兼职人员、借用的外单位人员和第二职业者。不包括离开本单位仍保留劳动关系的职工。各单位的就业人员反映了各单位实际参加生产或工作的全部劳动力。

城镇私营和个体就业人员 城镇私营就业人员指在工商管理部门注册登记，其经营地址设在县城关镇(含县城关镇)以上的私营企业就业人员，包括私营企业投资者和雇工。城镇个体就业人员指在工商管理部门注册登记，并持有城镇户口或在城镇长期居住，经批准从事个体工商经营的就业人员，包括个体经营者和在个体工商户劳动的家庭帮工和雇工。

城镇登记失业人员 指有非农业户口，在一定的劳动年龄内 (16 岁以上及男 50 岁以下、女 45 岁以下)，有劳动能力，无业而要求就业，并在当地就业服务机构进行求职登记的人员。

城镇登记失业率 城镇登记失业人员与城镇单位就业人员(扣除使用的农村劳动力、聘用的离退休人员、港澳台及外方人员)、城镇单位中的不在岗职工、城镇私营业主、个体户主、城镇私营企业和个体就业人员、城镇登记失业人员之和的比。计算公式为：

城镇登记失业率 = 城镇登记失业人数 / [(城镇单位就业人员 – 使用的农村劳动力 – 聘用的离退休人员 – 聘用的港澳台及外方人员) + 不在岗职工 + 城镇私营业主 + 城镇个体户主 + 城镇私营企业及个体就业人员 + 城镇登记失业人数]

×100%

职工 指在国有、城镇集体、联营、股份制、外商和港、澳、台投资、其他单位及其附属机构工作，并由其支付工资的各类人员。不包括下列人员：(1) 乡镇企业就业人员；(2) 私营企业就业人员；(3) 城镇个体劳动者；(4) 离休、退休、退职人员；(5) 再就业的离、退休人员；(6) 民办教师；(7) 在城镇单位中工作的外方及港、澳、台人员；(8) 其他按有关规定不列入职工统计范围的人员。(1998 年及以后的数据均为在岗职工数据，其他相关指标如职工工资总额，职工平均工资等指标也从 1998 年按此口径进行了相应调整)。

国有单位 指资产归国家所有的经济组织。包括按《中华人民共和国企业法人登记管理条例》规定登记注册的非公司制的经济组织，以及中央、地方各级国家机关、事业单位和社会团体。

集体单位 指生产资料归集体所有，并按《中华人民共和国企业法人登记管理条例》规定登记注册的经济组织。

其他单位 包括股份合作单位、联营单位、有限责任公司、股份有限公司、港澳台商投资单位以及外商投资单位等其他登记注册类型单位。

在岗职工 指在本单位工作并由单位支付工资的人员，以及有工作岗位，但由于学习、病伤产假等原因暂未工作，仍由单位支付工资的人员。

工资总额 指各单位在一定时期内直接支付给本单位全部职工的劳动报酬总额。工资总额的计算原则应以直接支付给职工的全部劳动报酬为根据。各单位支付给职工的劳动报酬以及其他根据有关规定支付的工资，不论是计入成本的还是不计入成本的，不论是按国家规定列入计征奖金税项目的，还是未列入计征奖金税项目的，不论是以货币形式支付的还是以实物形式支付的，均包括在工资总额内。

平均工资 指企业、事业、机关单位的职工在一定时期内平均每人所得的货币工资额。它表明一定时期职工工资收入的高低程度，是反映职工工资水平的主要指标。计算公式为：

平均工资 = 报告期实际支付的全部职工工资总额 / 报告期全部职工平均人数

平均工资指数 指报告期职工平均工资与基期职工平均工资的比率，是反映不同时期职工货币工资水平变动情况的相对数。计算公式为：

平均工资指数 = 报告期职工平均工资 / 基期职工平均工资 ×100%

平均实际工资指数 职工平均实际工资指扣除物价变动因素后的职工平均工资。职工平均实际工资指数是反映实际工资变动情况的相对数，表明职工实际工资水平提高或降低的程度。计算公式为：

平均实际工资指数 = 报告期职工平均工资指数 / 报告期城镇居民消费价格指数 ×100%

全社会固定资产投资 以货币形式表现的在一定时期内全社会建造和购置固定资产的工作量以及与此有关的费用的总称。该指标是反映固定资产投资规模、结构和发展速度的综合性指标，又是观察工程进度和考核投资效果的重要依据。全社会固定资产投资按登记注册类型可分为国有、集体、个体、联营、股份制、外商、港澳台商、其他等。

房地产开发投资 指各种登记注册类型的房地产开发公司、商品房建设公司及其他房地产开发法人单位和附属于其他法人单位实际从事房地产开发或经营活动的单位统一开发的包括统代建、拆迁还建的住宅、厂房、仓库、饭店、宾馆、度假村、写字楼、办公楼等房屋建筑物和配套的服务设施，土地开发工程（如道路、给水、排水、供电、供热、通讯、平整场地等基础设施工程）的投资；不包括单纯的土地交易活动。

其他固定资产投资 指全社会固定资产投资中未列入基本建设、更新改造和房地产开发投资的总投资在 50 万元以上的城镇范围内建造和购置固定资产的活动，以及城镇私人建房和农村企业、事业、行政单位和农村个人固定资产投资活动。具体包括：

(1) 国有单位未纳入基本建设计划和更新改造计划管理，计划总投资（或实际需要总投资）在 50 万元以上的以下工程：①用油田维护费和石油开发基金进行的油田维护和开发工程；②煤炭、铁矿、森工等采掘采伐业用维简费进行的开拓延伸工程；③交通部门用公路养路费对原有公路、桥梁进行改建的工程；④商业部门用简易建筑费建造的仓库工程。(2) 城镇集体固定资产投资：指所有隶属直辖市、省辖市、县级市和县城所在地城关镇区域范围内的集体经济单位（乡镇企业局管理的除外）建造和购置固定资产其计划总投资（或实际需要总投资）在 50 万元及 50 万元以上，未列入基本建设和更新改造计划的单位 (项目) 投资。(3) 除上述以外的其他各种登记注册类型的企、事业单位 (包括城镇私营企、事业单位和个体户) 建造和购置固定资产总投资在 50 万元及 50 万元以上、未列入基本建设计划和更新改造计划的单位 (项目)。其中个体经营户只统计 50 万元以上非建房投资。(4) 城镇和工矿区私人建房投资：包括市、县城、城关镇、工矿区所辖范围内的全部私人建房，不论其房主是否系本地的常住户口均应包括。(5) 农村投资：包括农村区域范围内进行固定资产投资活动的企业、事业、行政单位及农村个人投资。

固定资产投资的资金来源 根据固定资产投资的资金来源不同，分为国家预算内资金、国内贷款、利用外资、自筹资金和其他资金来源。

(1) 国家预算内资金：分为财政拨款和财政安排的贷款两部分。包括中央财政的基本建设基金 (分经营性基金和非经营性基金两部分)、专项支出 (如煤代油专项等)、收回再贷、贴息资金，财政安排的挖潜改造和新产品试制支出、城建支出、商业部门简易建筑支出、不发达地区发展基金等资金中用于固定资产投资的资金；地方财政中由国家统筹安排的资金等。(2) 国内贷款：指报告期固定资产投资单位向银行及非银行金融机构借入的用于固定资产投资的各种国内借款，包括银行利用自有资金及吸收的存款发放的贷款、上级主管部门拨入的国内贷款、国家专项贷款 (包括煤代油贷款、劳改煤矿专项贷款等)、地方财政专项资金安排的贷款、国内储备贷款、周转贷款等。(3) 利用外资：指报告期收到的用于固定资产建造和购置的国外资金 (包括设备、材料、技术在内)。包括对外借款 (外国政府、国际金融组织贷款、出口信贷、外国银行商业贷款、对外发行债券和股票)、外商直接投资及外商其他投资。不包括我国自有外汇资金 (国家外汇、地方外汇、留成外汇、调剂外汇和中国银行自有资金发行的外汇贷款等)。计算利用外资时，需要折算成人民币，折算中所使用的外汇汇率按现汇计算，即按使用外汇时的汇率计算。(4) 自筹资金：指固定资产投资单位报告期收到的，由各地区、各部门及企、事业单位筹集用于固定资产投资的预算外资金，包括中央各部门、各级地方和企、事业单位的自筹资金。(5) 其他资金来源：指在报告期收到的除以上各种资金之外其他用于固定资产投资的资金，包括企业或金融机构通过发行各种债券筹集到的资金、群众集资、个人资金、无偿捐赠的资金及其他单位拨入的资金等。

固定资产投资按国民经济行业分 建设项目归哪个行业，按其建成投产后的主要产品或主要用途及社会经济活动性质来确定。基本建设按建设项目划分国民经济行业，更新改造、其他固定资产投资根据整个企业、事业单位所属的行业来划分。一般情况下，一个建设项目或一个企业、事业单位只能属于一种国民经济行业。为了更准确地反映国民经济各行业之间的比例关系，联合企业 (总厂) 所属分厂属于不同行业的，原则上按分厂划分行业。

固定资产投资按建设性质分 建设项目的性质一般分为新建、扩建、改建、迁建、恢复。房地产开发单位、农村投资、城镇工矿区私人建房投资不划分建设性质。基本建设按建设项目划分建设性质，更新改造、国有经济中其他固定资产投资及城镇集体投资等按整个企业、事业单位的建设情况确定建设性质。

(1) 新建：一般指从无到有“平地起家”开始建设的企业、事业和行政单位或独立的工程。现有企业、事业、行政单位一般不属于新建。但如有的单位原有基础很小，经过建设后新增的固定资产价值超过该企、事业、行政单位原有固定资产价值 (原值) 三倍以上的也应作为新建。(2) 扩建：指在厂内或其他地点，为扩大原有产品的生产能力 (或效益) 或增加新的产品生产能力，而增建主要的生产车间 (或主要工程)、分厂、独立的生产线。行政、事业单位在原单位增建业务用房 (如学校增建教学用房、医院增建门诊部、病房等) 也作为扩建。现有企、事业单位为扩大原有主要产品生产能力或增加新的产品生产能力，增建一个或几个主要生产车间 (或主要工程)、分厂，同时进行一些更新改造工程的，也应作为扩建。(3) 改建：指对原有设施进行技术改造或更新 (包括相应配套的辅助性生产、生活福利设施)，没有增建主要生产车间、分厂等。现有企、事业单位为适应市场变化的需要，而改变企业的主要产品种类 (如军工企业转产民品等)，或原有产品生产作业线由于各工序 (车间) 之间能力不平衡，为填平补齐充分发挥原有生产能力而增建不增加本企业主要产品设计能力的车间，也应作为改建。

固定资产投资按构成分 固定资产投资活动按其工作内容和实现方式分为建筑安装工程，设备、工具、器具购置，其他费用三个部分。

(1) 建筑安装工程 (建筑安装工作量)：指各种房屋、建筑物的建造工程和各种设备、装置的安装工程。包括各种房屋建造工程，各种用途设备基础和各种工业窑炉的砌筑工程及金属结构工程；为施工而进行的各种准备工作和临时工程以及完工后的清理工作等；铁路、道路的铺设，矿井的开凿及石油管道的架设等；水利工程；防空地下建筑等特殊工程；列入房屋工程预算内的暖气、卫生、通风、照明、煤气等设备的价值及装设油饰工程；列入建筑工程预算内的各种管道 (蒸汽、压缩空气、石油、给排水等管道)、电力、电讯电缆导线等的敷设工程；以及各种机械设备的安装工程；为测定安装工程质量，对设备进行的试运工作；房地产开发单位进行的商品房屋开发建设工程、土地开发工程。在安装工程中，不包括被安装设备本身的价值。(2) 设备、工具、器具购置：指建设单位或企、事业单位购置或自制的，达到固定资产标准的设备、工具、器具的价值。新建单位及扩建单位的新建车间，按照设计或计划要求购置或自制的全部设备、工具、器具，不论是否达到固定资产标准均计入“设备、工具、器具购置”中。(3) 其他费用：指在固定资产建造和购置过程中发生的，除上述几项内容以外的各种应分摊计入固定资产的费用。

基本建设项目按大中小型划分 基本建设划分大中小型项目原则上应按照上级批准的设计任务书或初步设计所确定的总规模或总投资划分，没有正式批准设计任务书或初步设计的，按国家或省、自治区、直辖市年度基本建设投资计划中所列的总规模或总投资划分。上述两条均不具备的，按本年计划施工工程的建设总规模或总投资划分。生产单一产品的工业项目，按产品的设计能力划分；生产多种产品的工业项目，按其主要产品的设计能力划分。品种繁多，难以按生产能力划分的，按全部计划总投资划分。划分标准以国家颁发的《大中小型建设项目划分标准》为依据。国家曾在 1953 年、1962 年、1972 年、1977 年和 1979 年先后五次修订《大中小型建设项目划分标准》，因此各历史时期的大中型项目数不完全可比。

施工项目 指报告期内进行过建筑或安装施工活动的项目。凡是报告期内施过工的建设项目，不论施工时间长短，均作为施工项目统计。施工项目个数可以反映一定时期固定资产投资的实际规模，与同期建成投产的建设项目个数相比，可以从建设速度的角度反映固定资产投资的效果。根据建设项目施工活动的不同性质，施工项目又分为：本年正式施工项目、本年收尾项目和以前年度全部停缓建项目。

全部建成投产项目 工业项目指设计文件规定形成生产能力的主体工程及其相应配套的辅助设施全部建成，经负荷试运转，证明具备生产设计规定合格产品的条件，并经过验收鉴定合格或达到竣工验收标准，与生产性工程配套的生活福利设施可以满足近期正常生产的需要，正式移交生产的建设项目。非工业项目指设计文件规定的主体工程和相应的配套工程全部建成，能够发挥设计规定的全部效益，经验收鉴定合格或达到竣工验收标准，正式移交使用的建设项目。

新增生产能力 (或工程效益) 指通过固定资产投资活动而增加的设计能力 (或工程效益)，该指标是以实物形态表现的反映固定资产投资成果的指标，也是考核投资经济效果的重要依据之一。

新增生产能力 (或工程效益) 一般有以下几种表现形式：(1) 用产品数量表示，以工程在单位时间内 (一般是一年) 所能生产的产品数量 (即年产量) 表示。如原煤开采用万吨 / 年表示，化学农药用吨 / 年表示，拖拉机制造用台 / 年表示等。某些化工产品由于含量差别较大，按其设计含量计算折合量表示，如硫酸、纯碱、烧碱等。(2) 用单位时间内所能处理的原料数量表示，以工程每天 (或小时) 所能处理原料的数量表示。如机制糖工程日处理原料吨，食用植物油日处理原料吨，城市污水处理能力用万吨 / 日表示等。(3) 用新增加的主要设备的数量或容量表示，如新增棉布织机、丝织机等台数，毛纺锭等锭数，发电厂新增发电机组容量用千瓦表示等。(4) 以节约的原材料、燃料、动力实物量表示，适用于反映更新改造节约项目的效益。(5) 用建筑物容积、容量、面积、长度表示，是非工业项目或工程新增效益的一种表现形式。如铁路里程、公路里程、水库容量、仓库容量、房屋建筑面积、学校学生席位、医院病床、灌区灌溉面积等。根据工程的特点，有时需要用两种或两种以上的复合计量单位表示新增生产能力 (或工程效益)，如新增内燃机生产能力同时用年产台数、千瓦数表示等。为了规范新增生产能力 (或工程效益) 的名称和计算单位，国家统计局制订了《新增生产能力 (或工程效益) 目录》和《节约原材料、燃料、动力目录》，各固定资产投资单位在统计新增生产能力 (或工程效益) 时，必须按目录中规定的名称和计量单位填报。

房屋建筑面积 指房屋建筑物勒脚以上外墙外围的水平截面面积，包括房屋建筑物的有效面积和结构面积。该指标是从实物形态上反映建设规模和建设成果的重要指标之一，也是检查工程形象进度、计算工程造价、分析投资效果、研究施工任务和建筑材料之间平衡情况的重要依据。

住宅建筑面积 指施工和竣工房屋建筑面积中供居住用的房屋建筑面积。

施工面积 指报告期内施工的全部房屋建筑面积。包括本期新开工的面积和上期开工跨入本期继续施工的房屋面积，以及上期已停建在本期恢复施工的房屋面积。本期竣工和本期施工后又停缓建的房屋，其建筑面积仍计入本期房屋施工面积中。

竣工面积 指在报告期内房屋建筑按照设计要求已经全部完工，达到住人和使用条件，经验收鉴定合格 (或达到竣工验收标准)，正式移交使用单位的各栋房屋建筑面积的总和。

房屋建筑面积竣工率 指一定时期内房屋竣工面积占同期房屋施工面积的比率。该指标从房屋建筑施工速度的角度反映投资效果的指标。

新增固定资产 指报告期内已经完成建造和购置过程，并已交付生产或使用单位的固定资产价值。该指标是表示固定资产投资成果的价值指标，也是反映建设进度，计算固定资产投资效果的重要指标。

建设项目投产率 指一定时期内全部建成投产项目个数与同期施工项目个数的比率。该指标是从建设单位建设速度的角度反映投资效果的指标。

固定资产交付使用率 指一定时期新增固定资产与同期完成投资额的比率。该指标是反映固定资产动用速度，衡量建设过程中宏观投资效果的综合指标。由于新增固定资产是较长时期内形成的结果，而投资额则是当年完成的，因此，该指标一般适宜于反映较长时期内固定资产的动用情况。

经济适用房 指根据国家经济适用房计划安排建设的政策性住宅。经济是指房屋建筑造价和销售价格低于一般商品住宅；适用是指适合中低收入家庭购买使用。经济适用房主要是由国家统一下达投资计划，房地产公司开发，对外销售；用地一般采用行政划拨或招标投标方式，免收土地出让金；对各种经批准的收费减半征收，开发利润不超过 3%；销售价格实行政府指导价。该指标可以分析房地产投资结构，反映中低收入家庭商品住宅的供求平衡情况。

能源生产总量 指一定时期内全国一次能源生产量的总和，是观察全国能源生产水平、规模、构成和发展速度的总量指标。一次能源生产量包括原煤，原油，天然气，水电、核能及其他动力能(如风能、地热能等)发电量，不包括低热值燃料生产量、生物质能、太阳能等的利用和由一次能源加工转换而成的二次能源产量。

能源消费总量 指一定时期内全国物质生产部门、非物质生产部门和生活消费的各种能源的总和，是观察能源消费水平、构成和增长速度的总量指标。能源消费总量包括原煤和原油及其制品、天然气、电力，不包括低热值燃料、生物质能和太阳能等的利用。能源消费总量分为终端能源消费量、能源加工转换损失量和损失量三部分。

⑴终端能源消费量：指一定时期内全国生产和生活消费的各种能源在扣除了用于加工转换二次能源消费量和损失量以后的数量。⑵能源加工转换损失量：指一定时期内全国投入加工转换的各种能源数量之和与产出各种能源产品之和的差额，是观察能源在加工转换过程中损失量变化的指标。⑶能源损失量：指一定时期内能源在输送、分配、储存过程中发生的损失和由客观原因造成的各种损失量，不包括各种气体能源放空、放散量。

能源生产弹性系数 是研究能源生产增长速度与国民经济增长速度之间关系的指标。计算公式为：

能源生产弹性系数 = 能源生产总量年平均增长速度 / 国民经济年平均增长速度

国民经济年平均增长速度，可根据不同的目的或需要，用国民生产总值、国内生产总值等指标来计算，本年鉴是采用国内生产总值指标计算的。

能源消费弹性系数 是反映能源消费增长速度与国民经济增长速度之间比例关系的指标。计算公式为：

能源消费弹性系数 = 能源消费量年平均增长速度 / 国民经济年平均增长速度

财政收入 指国家财政参与社会产品分配所取得的收入，是实现国家职能的财力保证。财政收入所包括的内容几经变化，目前主要包括：

(1) 各项税收：包括增值税、营业税、消费税、土地增值税、城市维护建设税、资源税、城市土地使用税、企业所得税、个人所得税、关税、证券交易印花税、车辆购置税、农牧业税和耕地占用税等。(2) 专项收入：包括排污费收入、城市水资源费收入、矿产资源补偿费收入、教育费附加收入等。(3) 其他收入：包括利息收入、基本建设贷款归还收入、基本建设收入、捐赠收入等。(4) 国有企业亏损补贴：此项为负收入，冲减财政收入。主要包括对工业企业、商业企业、粮食企业的补贴。

财政支出 国家财政将筹集起来的资金进行分配使用，以满足经济建设和各项事业的需要，主要包括：

(1) 基本建设支出：指按国家有关规定，属于基本建设范围内的基本建设有偿使用、拨款、资本金支出以及经国家批准对专项和政策性基建投资贷款，在部门的基建投资额中统筹支付的贴息支出。(2) 企业挖潜改造资金：指国家预算内拨给的用于企业挖潜、革新和改造方面的资金。包括各部门企业挖潜改造资金和企业挖潜改造贷款资金，为农业服务的县办“五小”企业技术改造补助，挖潜改造贷款贴息资金。(3) 地质勘探费用：指国家预算用于地质勘探单位的勘探工作费用，包括地质勘探管理机构及其事业单位经费、地质勘探经费。(4) 科技三项费用:指国家预算用于科技支出的费用，包括新产品试制费、中间试验费、重要科学研究补助费。(5) 支援农村生产支出：指国家财政支援农村集体(户)各项生产的支出。包括对农村举办的小型农田水利和打井、喷灌等的补助费，对农村水土保持措施的补助费，对农村举办的小水电站的补助费，特大抗旱的补助费，农村开荒补助费，扶持乡镇企业资金，支援农村合作生产组织资金、农村农技推广和植保补助费，农村草场和畜禽保护补助费，农村造林和林木保护补助费，农村水产补助费，发展粮食生产专项资金。(6) 农林水利气象等部门的事业费用：指国家财政用于农垦、农场、农业、畜牧、农机、林业、森工、水利、水产、气象、乡镇企业的技术推广、良种推广(示范)、动植物(畜禽、森林)保护、水质监测、勘探设计、资源调查、干部训练等项费用，园艺特产场补助费，中等专业学校经费，飞播牧草试验补助费，营林机构、气象机构经费，渔政费以及农业管理事业费等。(7) 工业交通商业等部门的事业费：指国家预算支付给工交商各部门用于事业发展的人员和公用经费支出，包括勘探设计费、中等专业学校经费、技术学校经费、干部训练费。(8) 文教科学卫生事业费：指国家预算用于文化、出版、文物、教育、卫生、中医、公费医疗、体育、档案、地震、海洋、通讯、电影电视、计划生育、党政群干部训练、自然科学、社会科学、科协等项事业的人员和公用经费支出以及高技术研究专项经费。主要包括工资、补助工资、福利费、离退休费、助学金、公务费、设备购置费、修缮费、业务费、差额补助费。(9) 抚恤和社会福利救济费：指国家预算用于抚恤和社会福利救济事业的经费。包括由民政部门开支的烈士家属和牺牲病残人员家属的一次性、定期抚恤金，革命伤残人员的抚恤金，各种伤残补助费，烈军属、复员退伍军人生活补助费，退伍军人安置费，优抚事业单位经费，烈士纪念建筑物管理、维修费，自然灾害救济事业费和特大自然灾害灾后重建补助费等。(10) 行政事业单位离退休支出：指实行归口管理的行政事业单位离退休经费。(11) 社会保障补助支出：指国家预算用于社会保障的补助支出，包括对社会保险基金的补助、促进就业补助、国有企业下岗职工补助、补充全国社会保障基金等。(12) 国防支出：指国家预算用于国防建设和保卫国家安全的支出，包括国防费、国防科研事业费、民兵建设以及专项工程支出等。(13) 行政管理费：包括行政管理支出，党派团体补助支出，外交支出，公安安全支出，司法支出，法院支出，检察院支出和公检法办案费用补助。(14) 政策性补贴支出：指经国家批准，由国家财政拨给用于粮棉油等产品的价格补贴支出。主要包括粮、棉、油差价补贴，平抑物价和储备糖补贴，农业生产资料价差补贴，粮食风险基金，副食品风险基金，地方煤炭风险基金等。(15) 债务利息支出：指国家预算中用于偿还国内外债务利息的支出。

中央财政收入和地方财政收入 指按现行分税制财政体制划分的中央本级收入和地方本级收入。1994 年实行分税制财政体制以后，属于中央财政的收入包括关税、海关代征消费税和增值税，消费税，中央企业所得税，地方银行和外资银行及非银行金融企业所得税，铁道部门、各银行总行、各保险总公司等集中缴纳的营业税、利润和城市维护建设税，车辆购置税，船舶吨税，增值税的 75% 部分，证券交易税 (印花税)94% 部分，个人所得税中的利息所得税，利息所得税之外的个人所得税中央分享的部分，海洋石油资源税。属于地方财政的收入包括营业税，地方企业所得税，利息所得税之外的个人所得税地方分享的部分，城镇土地使用税，固定资产投资方向调节税，城镇维护建设税，房产税，车船使用税，印花税，屠宰税，农牧业税，农业特产税，耕地占用税，契税，土地增值税、国有土地有偿使用收入，增值税 25% 部分，证券交易税 (印花税)6% 部分和除海洋石油资源税以外的其他资源税。

中央财政支出和地方财政支出 指根据政府在经济和社会活动中的不同职责，划分中央和地方政府的责权，按照政府的责权划分确定的支出。中央财政支出包括国防支出，武装警察部队支出，中央级行政管理费和各项事业费，重点建设支出以及中央政府调整国民经济结构、协调地区发展、实施宏观调控的支出。地方财政支出主要包括地方行政管理和各项事业费，地方统筹的基本建设、技术改造支出，支援农村生产支出，城市维护和建设经费，价格补贴支出等。

预算外资金收支 预算外资金指国家机关、事业单位和社会团体为履行或代行政府职能，依据国家法律、法规和具有法律效力的规章而收取、提取和安排使用的未纳入国家预算管理的各种财政性资金。其范围主要包括：法律、法规规定的行政事业性收费、政府性基金和附加收入等；国务院或省级人民政府及其财政、计划（物价）部门审批的行政事业性收费；国务院及财政部审批建立的政府性基金、附加收入等；主管部门所属单位集中上缴资金；用于乡镇政府开支的乡自筹和乡统筹资金；其他未纳入预算管理的财政性资金。社会保障基金在国家财政尚未建立社会保障预算制度以前，先按预算外资金管理制度进行管理，专款专用。财政部门在银行开设统一的专户，用于预算外资金收入和支出管理。部门和单位的预算外收入必须上缴同级财政专户，支出由同级财政按预算外资金收支计划和单位财务收支计划统筹安排，从财政专户中拨付，实行收支两条线管理。

信贷资金 指金融机构以信用方式积聚和分配的货币资金。金融机构信贷资金的来源有各项存款、金融债券发行、应付及暂收款、对国际金融机构负债、流通中货币、各项准备、所有者权益和其他项目等；信贷资金的运用有各项贷款、有价证券及投资、应收及预付款、委托投资、金银占款、外汇占款、库存现金、财政借款及在国际金融机构中的资产等。

存款 指企业、机关、团体或居民根据资金必须收回的原则，把货币资金存入银行或其他信贷机构保管并取得一定利息的一种信用活动形式。根据存款对象或性质的不同可划分为企业存款、财政存款、机关团体存款、基本建设存款、储蓄存款、农村存款、委托存款、其他存款等科目。它是银行信贷资金的主要来源。

贷款 指银行或其他信贷机构根据资金必须归还的原则，按一定利率，为企业、个人等提供资金的一种信用活动形式。我国银行贷款分为短期贷款、中期流动资金贷款、中长期贷款、信托贷款、融资租赁、委托贷款、票据融资、各项垫款等。

保险公司 在中国境内的、经过保险监督管理部门批准设立，并依法登记注册的各类商业保险公司。

保险金额 指保险人承担赔偿或者给付保险金责任的最高限额。

保费 指投保人为取得保险人在约定范围内所承担赔偿责任而支付给保险人的费用。

赔款 指保险人根据保险合同的规定，向被保险人支付的赔偿保险责任损失的金额。

给付 包括死伤医疗给付和满期给付。死伤医疗给付是指保险人根据人寿保险及长期健康保险合同的规定，因被保险人在保险期内发生保险责任范围内的保险事故支付给被保险人（或受益人）的金额。满期给付是指被保险人生存期满，保险人按人寿保险合同规定支付给被保险人的满期保险金额。

居民消费价格指数 是反映一定时期内城乡居民所购买的生活消费品价格和服务项目价格变动趋势和程度的相对数，是对城市居民消费价格指数和农村居民消费价格指数进行综合汇总计算的结果。该指数可以观察和分析消费品的零售价格和服务价格变动对城乡居民实际生活费支出的影响程度。

城市居民消费价格指数 是反映一定时期内城市居民家庭所购买的生活消费品价格和服务项目价格变动趋势和程度的相对数。该指数可以观察和分析消费品的零售价格和服务项目价格变动对职工货币工资的影响，作为研究职工生活和确定工资政策的依据。

农村居民消费价格指数 是反映一定时期内农村居民家庭所购买的生活消费品价格和服务项目价格变动趋势和程度的相对数。该指数可以观察农村消费品的零售价格和服务项目价格变动对农村居民生活消费支出的影响，直接反映农民生活水平的实际变化情况，为分析和研究农村居民生活问题提供依据。

商品零售价格指数 是反映一定时期内城乡商品零售价格变动趋势和程度的相对数。商品零售物价的变动直接影响到城乡居民的生活支出和国家的财政收入，影响居民购买力和市场供需的平衡，影响到消费与积累的比例关系。因此，该指数可以从一个侧面对上述经济活动进行观察和分析。

农业生产资料价格指数 指反映一定时期内农业生产资料价格变动趋势和程度的相对数。农业生产资料价格指数分为小农具、饲料、幼禽家畜、半机械化农具、机械化农具、化学肥料、农药及农药械、农机用油等八大类。其编制目的是了解农业生产中物质资料投入价格的变动状况，服务于国民经济核算。1994 年以前，农业生产资料价格指数仅仅是商品零售价格指数的一个类别，此后，从商品零售价格指数中分离出来，单独编制。

农产品生产价格指数 是反映一定时期内，农产品生产者出售农产品价格水平变动趋势及幅度的相对数。该指数可以客观反映全国农产品生产价格水平和结构变动情况，满足农业与国民经济核算需要。其中某代表品生产价格指数是通过对全部有出售该产品行为的调查单位的个体指数进行几何平均求得的，类价格指数是通过对其所属的类（或代表品）的价格指数进行加权平均求得的。季度累计价格指数的计算方法与分季指数的计算方法相同。

工业品出厂价格指数 是反映一定时期内全部工业产品出厂价格总水平的变动趋势和程度的相对数，包括工业企业售给本企业以外所有单位的各种产品和直接售给居民用于生活消费的产品。该指数可以观察出厂价格变动对工业总产值及增加值的影响。

原材料、燃料和动力购进价格指数 是反映工业企业作为生产投入，而从物资交易市场和能源、原材料生产企业购买原材料、燃料和动力产品时，所支付的价格水平变动趋势和程度的统计指标，是扣除工业企业物质消耗成本中的价格变动影响的重要依据。

目前，我国编制的原材料、燃料和动力购进价格指数所调查的产品包括燃料动力、黑色金属、有色金属、化工、建材等九大类的 900 多种产品。

固定资产投资价格指数 是反映一定时期内固定资产投资品及项目的价格变动趋势和程度的相对数。固定资产投资额是由建筑安装工程投资完成额、设备工器具购置投资完成额和其他费用投资完成额三部分组成的。编制固定资产投资价格指数应首先分别编制上述三部分投资的价格指数，然后采用加权算术平均法求出固定资产投资价格总指数。

该指数可以准确地反映固定资产投资中涉及的各类投资品和取费项目价格变动趋势和变动幅度，消除按现价计算的固定资产投资指标中的价格变动因素，真实地反映固定资产投资的规模、速度、结构和效益，为国家科学地制定、检查固定资产投资计划并提高宏观调控水平，为完善国民经济核算体系提供科学的、可靠的依据。

城镇家庭人口 指居住在一起，经济上合在一起共同生活的家庭成员。凡计算为家庭人口的成员其全部收支都包括在本家庭中。

城镇就业面 指就业人口占家庭人口的百分比。

城镇就业者负担人数 指家庭人口与就业人口之比。

城市居民家庭总收入 指调查户中生活在一起的所有家庭成员在调查期得到的工薪收入、经营净收入、财产性收入、转移性收入的总和，不包括出售财物和借贷收入。收入的统计标准以实际发生的数额为准，无论收入是补发还是预发，只要是调查期得到的都应如实计算，不作分摊。

城市居民家庭可支配收入 指调查户可用于最终消费支出和其它非义务性支出以及储蓄的总和，即居民家庭可以用来自由支配的收入。它是家庭总收入扣除个人所得税、个人交纳的社会保障费以及调查户的记帐补贴后的收入。计算公式为：

可支配收入 = 家庭总收入 – 个人所得税 – 个人交纳的社会保障支出 – 记帐补贴

城市居民家庭总支出 指家庭除借贷支出以外的全部实际支出。包括消费性支出、购房建房支出、转移性支出、财产性支出、社会保障支出。支出统计是以实际购得的商品或服务的总价值填报，不论其付款方式是一次付清、分期付款，还是赊购，只要商品或服务已被消费就要按其总价值计量。如果采用分期付款或赊购形式，则要在借贷收入类相应的项目填入实付款与总的应付款的差额。

城市居民家庭消费支出 指调查户用于本家庭日常生活的全部支出，包括食品、衣着、家庭设备用品及服务、医疗保健、交通和通讯、娱乐教育文化服务、居住、杂项商品和服务八大类等。不包括用于赠送的商品或服务。消费支出按商品（服务）的用途分类。

城镇家庭服务性消费支出 指家庭用于支付社会提供的各种非商品性服务费用。

城镇家庭收入分组方法 将所有调查户依户人均可支配收入由低到高排队，按 10%，10%，20%，20%，20%，10%，10% 的比例依次分成：最低收入户、低收入户、中等偏下收入户、中等收入户、中等偏上收入户、高收入户、最高收入户等七组。总体中最低 5% 的户为困难户。

恩格尔系数 指食物支出金额在生活消费总支出金额中所占的比例。计算公式为：

恩格尔系数 = 食品支出金额 / 生活消费总支出金额 ×100%

农村住户 指农村常住户。农村常住户指长期（一年以上）居住在乡镇（不包括城关镇）行政管理区域内的住户，以及长期居住在城关镇所辖行政村范围内的农村住户。户口不在本地而在本地居住一年及以上的住户也包括在本地农村常住户范围内；有本地户口，但举家外出谋生一年以上的住户，无论是否保留承包耕地都不包括在本地农村住户范围内。

常住人口 指全年经常在家或在家居住 6 个月以上，而且经济和生活与本户连成一体的人口。外出从业人员在外居住时间虽然在 6 个月以上，但收入主要带回家中，经济与本户连为一体，仍视为家庭常住人口；在家居住，生活和本户连成一体的国家职工、退休人员也为家庭常住人口。但是现役军人、中专及以上（走读生除外）的在校学生、以及常年在外（不包括探亲、看病等）且已有稳定的职业与居住场所的外出从业人员，不算家庭常住人口。家庭常住人口主要作为计算农村住户平均每人收入、消费和积累水平及分析家庭人口状况的依据。

整、半劳动力 整劳动力指男子 18 周岁到 50 周岁，女子 18 周岁到 45 周岁；半劳动力指男子 16 周岁到 17 周岁，51 周岁到 60 周岁；女子 16 周岁到 17 周岁，46 周岁到 55 周岁，同时具有劳动能力的人。虽然在劳动年龄之内，但已丧失劳动能力的人，不应算为劳动力；超过劳动年龄，但能经常参加劳动，计入半劳动力数内。常住人口中的职工，若这些职工为劳动力，就包括在本户的整半劳动力中。

总收入 指调查期内农村住户和住户成员从各种来源渠道得到的收入总和。按收入的性质划分为工资性收入、家庭经营收入、财产性收入和转移性收入。

工资性收入 指农村住户成员受雇于单位或个人，靠出卖劳动而获得的收入。家庭经营收入 指农村住户以家庭为生产经营单位进行生产筹划和管理而获得的收入。农村住户家庭经营活动按行业划分为农业、林业、牧业、渔业、工业、建筑业、交通运输业邮电业、批发和零售贸易餐饮业、社会服务业、文教卫生业和其他家庭经营。

财产性收入 指金融资产或有形非生产性资产的所有者向其他机构单位提供资金或将有形非生产性资产供其支配，作为回报而从中获得的收入。

转移性收入 指农村住户和住户成员无须付出任何对应物而获得的货物、服务、资金或资产所有权等，不包括无偿提供的用于固定资本形成的资金。一般情况下，是指农村住户在二次分配中的所有收入。

现金收入 指农村住户和住户成员在调查期内得到以现金形态表现的收入。按来源分成工资性收入、家庭经营现金收入、财产性收入、转移性收入。

纯收入 指农村住户当年从各个来源得到的总收入相应地扣除所发生的费用后的收入总和。计算方法：

纯收入 = 总收入 – 税费支出 – 家庭经营费用支出 – 生产性固定资产折旧 – 调查补贴 – 赠送农村外部亲友支出纯收入主要用于再生产投入和当年生活消费支出，也可用于储蓄和各种非义务性支出。“农民人均纯收入”按人口平均的纯收入水平，反映的是一个地区或一个农户农村居民的平均收入水平。

总支出 指农村住户用于生产、生活和再分配的全部支出。家庭经营费用支出、购置生产性固定资产支出、生产性固定资产折旧、税费支出、生活消费支出、财产性支出和转移性支出。

供水综合生产能力 指按供水设施取水、净化、送水、出厂输水干管等环节设计能力计算的综合生产能力。包括在原设计能力的基础上，经挖、革、改增加的生产能力。计算时，以四个环节中最薄弱的环节为主确定能力。

年末供水管道长度 指从送水泵至用户水表之间所有管道的长度。不包括新安装尚未使用的管道。

全年供水总量 指报告期供水企业 (单位) 供出的全部水量。包括有效供水量和漏损水量。

生活用水量 包括公共服务用水和居民家庭用水。公共服务用水指为城市社会公共生活服务的用水。包括行政事业单位、部队营区和公共设施服务、社会服务业、批发零售贸易业、旅馆饮食业以及其他公共服务业等单位的用水。居民家庭用水指城市范围内所有居民家庭的日常生活用水。包括城市居民、农民家庭、公共供水站用水。

用水普及率 指城市用水人口数与城市人口总数的比率。计算公式：

用水普及率 = 城市用水人口数 / 城市人口总数 × 100%

人工煤气生产能力 指报告期末人工煤气生产厂制气、净化、输送等环节的综合生产能力，不包括备用设备能力。一般按设计能力计算，如果实际生产能力大于设计能力时，应按实际测定的生产能力计算。测定时应以制气、净化、输送三个环节中最薄弱的环节为主。

供气管道长度 指报告期末从气源厂压缩机的出口或门站出口至各类用户引入管之间的全部已经通气投入使用的管道长度。不包括煤气生产厂、输配站、液化气储存站、灌瓶站、储配站、气化站、混气站、供应站等厂 (站) 内的管道。

全年供气总量 指全年燃气企业 (单位) 向用户供应的燃气数量。包括销售量和损失量。

用气普及率 指报告期末使用燃气的城市人口数与城市人口总数的比率。计算公式为：

用气普及率 = 城市用气人口数 / 城市人口总数 × 100%

城市供热能力 指供热企业 (单位) 向城市热用户输送热能的设计能力。

城市供热总量 指在报告期供热企业 (单位) 向城市热用户输送全部蒸汽和热水的总热量。

城市供热管道长度 指从各类热源到热用户建筑物接入口之间的全部蒸汽和热水的管道长度。不包括各类热源厂内部的管道长度。

年末道路长度 指年末道路长度和与道路相通的广场、桥梁、隧道的长度，按车行道中心线计算。在统计时只统计路面宽度在 3.5 米 (含 3.5 米) 以上的各种铺装道路，包括开放型工业区和住宅区道路在内。

城市桥梁 指为跨越天然或人工障碍物而修建的构筑物。包括跨河桥、立交桥、人行天桥以及人行地下通道等。包括永久性桥和半永久性桥。

城市排水管道长度 指所有排水总管、干管、支管、检查井及连接井进出口等长度之和。

城市污水日处理能力 指污水处理厂 (或处理装置) 每昼夜处理污水量的设计能力。

年末运营车数 指年末公交企业 (单位) 用于运营业务的全部车辆数。以企业 (单位) 固定资产台帐中已投入运营的车辆数为准。

城市园林绿地面积 指报告期末用作园林和绿化的各种绿地面积。包括公共绿地、居住区绿地、单位附属绿地、防护绿地、生产绿地、道路绿地和风景林地面积。

不包括：1. 屋顶绿化、垂直绿化、阳台绿化和室内绿化。2. 以物质生产为主的林地、耕地、牧草地、果园和竹园等。3. 城市总体规划中不列入绿地的水域。

公共绿地 指向公众开放的市级、区级、居住区级各类公园、街旁游园，包括其范围内的水域。其中居住区级公园应不小于 1 万平方米，街旁游园的宽度不小于 8 米，面积不小于 400 平方米。

农林牧渔业总产值 指以货币表现的农、林、牧、渔业全部产品和对农林牧渔业生产活动进行的各种支持性服务活动的价值总量，它反映一定时期内农林牧渔业生产总规模和总成果。1957 年以前的农林牧渔业总产值中包括了厩肥和农民自给性手工业 (如农民自制衣服、鞋、袜，自己从事粮食初步加工等)。1958 年及以后，林业中增加了村及村以下竹木采伐产值；牧业中取消了厩肥产值；副业中取消了农民自给性手工业产值，增加了村及村以下办的工业产值；渔业中增加了海洋捕捞水产品产值。1980 年及以后，在副业中增加了农民家庭兼营工业商品部分的产值。从 1984 年起村及村以下工业产值划归工业。从 1993 年起取消副业，将野生动物的捕猎划入牧业、野生植物采集和农民家庭兼营商品性工业划归农业。从 2003 年起，执行新的国民经济行业分类标准，农林牧渔业总产值中包括了农林牧渔服务业产值。林业中增加了森林采运业产值。农业中取消了家庭兼营商品性工业产值，将野生林产品的采集划归林业。第一次农业普查以后，由于畜牧业产品年报数据与普查数据之间存在一定的差距，国家统计局农调总队对畜牧业年报数据与普查数据进行衔接，相应的畜牧业产值进行调整。

农林牧渔业总产值的计算方法通常是按农、林、牧、渔业产品及其副产品的产量分别乘以各自单位产品价格求得；少数生产周期较长，当年没有产品或产品产量不易统计的，则采用间接方法匡算其产值；然后将四业产品产值相加即为农林牧渔业总产值。

粮食产量 指全社会的产量。包括国有经济经营的、集体统一经营的和农民家庭经营的粮食产量，还包括工矿企业办的农场和其他生产单位的产量。粮食除包括稻谷、小麦、玉米、高粱、谷子及其他杂粮外，还包括薯类和豆类。其产量计算方法，豆类按去豆荚后的干豆计算；薯类(包括甘薯和马铃薯，不包括芋头和木薯)1963 年以前按每 4 公斤鲜薯折 1 公斤粮食计算，从 1964 年开始改为按 5 公斤鲜薯折 1 公斤粮食计算。城市郊区作为蔬菜的薯类(如马铃薯等)按鲜品计算，并且不作粮食统计。其他粮食一律按脱粒后的原粮计算。棉花产量 指全社会的产量。包括春播棉和夏播棉。产量按皮棉计算。3 公斤籽棉折 1 公斤皮棉，不包括木棉。

油料产量 指全部油料作物的生产量。包括花生、油菜籽、芝麻、向日葵籽、胡麻籽(亚麻籽)和其他油料。不包括大豆、木本油料和野生油料。花生以带壳干花生计算。

水产品产量 指人工养殖的水产品和天然生长的水产品的捕捞量。包括海水的鱼类、虾蟹类、贝类和藻类以及内陆水域的鱼类、虾蟹类和贝类，不包括淡水生植物。

猪、牛、羊肉产量 指当年出栏并已屠宰、除去头蹄下水后带骨肉(即胴体重)的重量。期初(末)畜禽存栏头(只)数 指报告期初(末)农村各种合作经济组织和国营农场、农民个人、机关、团体、学校、工矿企业、部队等单位以及城镇居民饲养的大牲畜、猪、羊、家禽等畜禽的存栏数。数据上报方式及数据调整情况同猪、牛、羊肉产量。

常用耕地 是指耕地总资源中专门种植农作物并经常进行耕种、能够正常收获的土地。包括当年实际耕种的熟地；弃耕、休闲不满三年，随时可以复耕的地；开荒利用三年以上的土地。在统计口径上包括南方小于 1 米、北方小于 2 米宽的沟、渠、路和田埸。不包括临时种植农作物的坡度在 25 度以上的陡坡地；在河套、湖畔、库区临时开发的成片或零星土地；也不包括已列为国家和省（区、市）退耕计划但临时耕种的土地。常用耕地是国家需要重点保护的耕地，是反映我国农业综合生产能力的一个重要指标。

农作物播种面积 指实际播种或移植有农作物面积。凡是实际种植有农作物的面积，不论种植在耕地上还是种植在非耕地上，均包括在农作物播种面积中。在播种季节基本结束后，因遭灾而重新改种和补种的农作物面积，也包括在内。

有效灌溉面积 指具有一定的水源，地块比较平整，灌溉工程或设备已经配套，在一般年景下当年能够进行正常灌溉的耕地面积。在一般情况下，有效灌溉面积应等于灌溉工程或设备已经配备，能够进行正常灌溉的水田和水浇地面积之和。它是反映我国耕地抗旱能力的一个重要指标。

农用化肥施用量 指本年内实际用于农业生产的化肥数量，包括氮肥、磷肥、钾肥和复合肥。化肥施用量要求按折纯量计算数量。折纯量是指把氮肥、磷肥、钾肥分别按含氮、含五氧化二磷、含氧化钾的百分之百成份进行折算后的数量。复合肥按其所含主要成分折算。公式为：

折纯量 = 实物量 × 某种化肥有效成份含量的百分比

农业机械总动力 指主要用于农、林、牧、渔业的各种动力机械的动力总和。包括耕作机械、排灌机械、收获机械、农用运输机械、植物保护机械、牧业机械、林业机械、渔业机械和其他农业机械〔内燃机按引擎马力折成瓦(特)计算、电动机按功率折成瓦(特)计算〕。不包括专门用于乡、镇、村、组办工业、基本建设、非农业运输、科学试验和教学等非农业生产方面用的动力机械与作业机械。这个指标的统计数据主要来源于农机部门。

乡村从业人员 指乡村人口中劳动年龄在 16 周岁以上实际参加生产经营活动并取得实物或货币收入的人员，包括劳动年龄内经常参加劳动的人员，也包括超过劳动年龄但经常参加劳动的人员，但不包括户口在家的在外学生、现役军人和丧失劳动能力的人，也不包括待业人员和家务劳动者。从业人员按从事主业时间最长（时间相同按收入）分为农业从业人员、工业从业人员、建筑业从业人员、交运仓储及邮电业从业人员、批零贸易及餐饮业从业人员、其它从业人员。

工业 指从事自然资源的开采，对采掘品和农产品进行加工和再加工的物质生产部门。具体包括：(1) 对自然资源的开采，如采矿、晒盐等 (但不包括禽兽捕猎和水产捕捞);(2) 对农副产品的加工、再加工，如粮油加工、食品加工、缫丝、纺织、制革等;(3) 对采掘品的加工、再加工，如炼铁、炼钢、化工生产、石油加工、机器制造、木材加工等，以及电力、自来水、煤气的生产和供应等；(4) 对工业品的修理、翻新，如机器设备的修理、交通运输工具 (包括小卧车) 的修理等。

1984 年以前农村的村及村以下办工业归属农业,1984 年以后划归工业。工业统计调查单位为独立核算法人工业企业。独立核算法人工业企业指从事工业生产经营活动的单位。独立核算法人工业企业应同时具备以下条件：①依法成立，有自己的名称、组织机构和场所，能够承担民事责任；②独立拥有和使用资产，承担负债，有权与其他单位签订合同；③独立核算盈亏，并能够编制资产负债表。本年鉴中涉及的企业登记注册类型：

国有及国有控股企业 指国有企业加上国有控股企业。国有企业 (即原全民所有制工业或国营工业) 指企业全部资产归国家所有，并按《中华人民共和国企业法人登记管理条例》规定登记注册的非公司制的经济组织。包括国有企业、国有独资公司和国有联营企业。1957 年以前的公私合营和私营工业，后均改造为国营工业，1992 年改为国有工业，这部分工业的资料不单独分列时,均包括在国有企业内。国有控股企业是对混合所有制经济的企业进行的“国有控股”分类。它是指这些企业的全部资产中国有资产 (股份) 相对其他所有者中的任何一个所有者占资 (股) 最多的企业。该分组反映了国有经济控股情况。

集体企业 指企业资产归集体所有，并按《中华人民共和国企业法人登记管理条例》规定登记注册的经济组织。是社会主义公有制经济的组成部分。包括城乡所有使用集体投资举办的企业，以及部分个人通过集资自愿放弃所有权并依法经工商行政管理机关认定为集体所有制的企业。

股份合作企业 指以合作制为基础，由企业职工共同出资入股，吸收一定比例的社会资产投资组建，实行自主经营，自负盈亏，共同劳动，民主管理，按劳分配与按股分红相结合的一种集体经济组织。

联营企业 指两个及两个以上相同或不同所有制性质的企业法人或事业单位法人，按自愿、平等、互利的原则，共同投资组成的经济组织。联营企业包括：

国有联营企业指国有企业与国有企业间的联营；集体联营企业指集体企业与集体企业间的联营；国有与集体联营企业指国有企业与集体企业间的联营。

有限责任公司 指根据《中华人民共和国公司登记管理条例》规定登记注册，由两个以上，五十个以下的股东共同出资，每个股东以其所认缴的出资额对公司承担有限责任，公司以其全部资产对其债务承担责任的经济组织。

有限责任公司包括国有独资公司以及其他有限责任公司。

股份有限公司 指根据《中华人民共和国企业法人登记管理条例》规定登记注册，其全部注册资本由等额股份构成并通过发行股票筹集资本，股东以其认购的股份对公司承担有限责任，公司以其全部资产对其债务承担责任的经济组织。

私营企业 指由自然人投资设立或由自然人控股，以雇佣劳动为基础的营利性经济组织。包括按照《公司法》、《合伙企业法》、《私营企业暂行条例》规定登记注册的私营有限责任公司、私营股份有限公司、私营合伙企业和私营独资企业。

港、澳、台商投资企业 指企业注册登记类型中的港、澳、台资合资、合作、独资经营企业和股份有限公司之和。

外商投资企业 指企业注册登记类型中的中外合资、合作经营企业、外资企业和外商投资股份有限公司之和。

“三资”企业系指港、澳、台商投资企业和外资企业的简称。

轻工业 指主要提供生活消费品和制作手工工具的工业。按其所使用的原料不同，可分为两大类：(1) 以农产品为原料的轻工业，是指直接或间接以农产品为基本原料的轻工业。主要包括食品制造、饮料制造、烟草加工、纺织、缝纫、皮革和毛皮制作、造纸以及印刷等工业；(2) 以非农产品为原料的轻工业，是指以工业品为原料的轻工业。主要包括文教体育用品、化学药品制造、合成纤维制造、日用化学制品、日用玻璃制品、日用金属制品、手工工具制造、医疗器械制造、文化和办公用机械制造等工业。

重工业 指为国民经济各部门提供物质技术基础的主要生产资料的工业。按其生产性质和产品用途，可以分为下列三类：(1) 采掘 (伐) 工业，是指对自然资源的开采，包括石油开采、煤炭开采、金属矿开采、非金属矿开采等工业；(2) 原材料工业，指向国民经济各部门提供基本材料、动力和燃料的工业。包括金属冶炼及加工、炼焦及焦炭、化学、化工原料、水泥、人造板以及电力、石油和煤炭加工等工业；(3) 加工工业，是指对工业原材料进行再加工制造的工业。包括装备国民经济各部门的机械设备制造工业、金属结构、水泥制品等工业，以及为农业提供的生产资料如化肥、农药等工业。

根据上述划分原则，修理业中以重工业产品为修理作业对象的划为重工业，反之划为轻工业。

工业总产值

(1) 定义：工业总产值是以货币形式表现的，工业企业在一定时期内生产的工业最终产品或提供工业性劳务活动的总价值量。它反映一定时间内工业生产的总规模和总水平。(2) 计算原则：工业生产的原则，即凡是企业在报告期生产的经检验合格的产品，不管是否在报告期销售，均包括在内。最终产品的原则，即凡是计入工业总产值的产品，必须是本企业生产的经检验合格的，不需要再进行任何加工的最终产品。如果企业有中间产品(半成品)对外销售，则对外销售的中间产品应视为企业的最终产品。工厂法原则，即工业总产值是以工业企业作为基本计算(核算)单位，即按企业的最终产品计算工业总产值。按这种方法计算的工业总产值，不允许同一产品价值在企业内部重复计算，不能把企业内部各个车间(分厂)生产的成果相加，但允许企业间的重复计算。(3) 内容及计算方法：1995 年全国工业普查对工业总产值(原规定)的内容及计算原则和方法做了某些修订，修订后的工业总产值(新规定)包括三项内容：即本期生产成品价值、对外加工费收入、在制品半成品期末期初差额价值三部分。本期生产成品价值：指企业本期生产，并在报告期内不再进行加工，经检验、包装入库的全部工业成品(半产品)价值合计，包括企业生产的自制设备及提供给本企业在建工程、其他非工业部门和福利部门等单位使用的成品价值。本期生产成品价值为按自备原材料生产的产品的数量乘以本期不含增值税(销项税额)的产品实际销售平均单价计算；会计核算中按成本价格转帐的自制设备和自产自用的成品，按成本价格计算生产成品价值。生产成品价值中不包括用定货者来料加工的成品(半产品)价值。 对外加工费收入：指企业在报告期内完成的对外承接的工业品加工(包括用定货者来料加工产品)的加工费收入和对外工业修理作业所取得的加工费收入。对外加工费收入按不含增值税(销项税额)的价格计算，可根据会计“产品销售收入”科目的有关资料取得。对于本企业对内非工业部门提供的加工修理、设备安装的劳务收入，如果企业会计核算基础较好，能取得这部分资料，而且这部分价值所占比重较大，应包括在对外加工费收入中。自制半成品在制品期末期初差额价值：指企业报告期在制品期末减期初的差额价值，本指标一般可以从会计核算资料中取得。如果会计产品成本核算中不计算半成品、在制品的成本，则总产值中也不包括这部分价值，反之则包括。(4) 工业总产值统计范围变化和计算方法修订情况：1984 年以前工业总产值不包括村办工业，村办工业总产值划归农业。1984 年以后工业总产值包括村办工业。1995 年工业普查对工业总产值计算方法做了修订，即从 1995 年始按新修订(新规定)方法计算工业总产值。新规定与原规定的区别如下：全价与加工费的计算原则不同：新规定为凡自备原材料，不论其生产繁简程度如何，一律按全价计算工业总产值；凡来料加工，允许按加工费计算工业总产值。原规定则视生产加工的繁简程度不同，规定哪些行业按全价，哪些行业按加工费计算工业总产值。自制半成品、在产品期末期初差额价值的计算原则不同：新规定要求，凡会计产品成本核算时计算了成本的差额价值，总产值中就应包括，否则可不包括；原规定则按生产周期六个月的界限区分，凡生产周期六个月以上的企业，总产值计算中应包括这部分差额价值，否则可不包括。计算价格不同：新规定按不含增值税(销项税额)的价格计算；原规定则按含增值税(销项税额)的价格计算。

工业增加值 指工业企业在报告期内以货币表现的工业生产活动的最终成果。工业增加值有两种计算方法：一是生产法，即工业总产出减去工业中间投入加上应交增值税；二是收入法，即从收入的角度出发，根据生产要素在生产过程中应得到的收入份额计算，具体构成项目有固定资产折旧、劳动者报酬、生产税净额、营业盈余，这种方法也称要素分配法。本年鉴中的工业增加值是以生产法计算的。

生产法工业增加值的计算方法为：工业增加值 = 工业总产出 − 工业中间投入 + 应交增值税 (1) 工业总产出：指工业企业在一定时期内工业生产活动的总成果。工业总产出包括：成品生产价值，对外加工费收入，自制半成品、在产品期末期初差额价值。1995 年后用新规定计算的工业总产值代替。(2) 工业中间投入：指工业企业在工业生产活动中消耗的外购物质产品和对外支付的服务费用。服务费用包括支付给物质生产部门(工业、农业、批发零售贸易业、建筑业、运输邮电业)的服务费用和支付给非物质生产部门(如保险、金融、文化教育、科学研究、医疗卫生、行政管理等)的服务费用。工业中间投入的确定须遵循以下原则：必须从外部购入的，并已计入工业总产出的产品和服务价值；必须是本期投入生产，并一次性消耗掉(包括本期摊销的低值易耗品等)的产品和服务价值。工业中间投入包括直接材料费用、制造费用中的工业中间投入、管理费用中的工业中间投入、销售费用中的工业中间投入和利息支出五部分。实收资本 指企业实际收到投资者的可作为长期周转使用的经营资金。根据现行会计制度规定，实收资本按投资主体分为：国家资本、集体资本、法人资本、个人资本、港澳台资本和外商资本。国家资本：指有权代表国家投资的政府部门或者机构以国有资产投入企业形成的资本。集体资本：指有权代表国家投资的集体部门或者机构以国有资产投入企业形成的资本。法人资本：指其他法人单位以其依法可以支配的资产投入企业形成的资本。个人资本：指社会个人或者本企业内部职工以个人合法财产投放到企业形成的资本。港澳台资本：指我国香港、澳门和台湾地区投资者以各种形式的资产进行投资形成的资本。外商资本：指外国投资者对企业投资形成的资本。

资产总计 指企业拥有或控制的能以货币计量的经济资源，包括各种财产、债权和其他权利。资产按流动性分为流动资产、长期投资、固定资产、无形资产、递延资产和其他资产。该指标根据企业会计“资产负债表”中“资产总计”项目的期末数增列。

流动资产合计 指可以在一年或者超过一年的一个营业周期内变现或者耗用的资产，包括现金及各种存款、短期投资、应收及预付货款、存款等。

流动资产平均余额 指企业在报告期内全部流动资产的平均余额。

固定资产原价 指企业在建造、购置、安装、改建、扩建、技术改造某项固定资产时所支出的全部货币总额。它一般包括买价、包装费、运杂费和安装费等。

固定资产净值年平均余额 指固定资产净值在报告期内余额的平均数。计算公式为：

固定资产净值年平均余额 =1 至 12 月各月月初、月末固定资产净值之和 /24

该指标根据“资产负债表”中“固定资产原价”、“累计折旧”指标的期初、期末数计算填列。固定资产净值指固定资产原价减去历年已提折旧额后的净额。计算公式为：

固定资产净值 = 固定资产原价 – 累计折旧

流动负债合计 指将在一年或超过一年的一个营业周期内偿还的债务。流动负债包括短期负债、应付票据、应付帐款、预收帐款、应付工资、应付福利费、应交税金、应付利润、其他应付款、预提费用等。

流动负债具有偿还期限短，在债权人提出要求时即期偿付，或在一年内必须偿还的特点。

长期负债合计 指偿还期在一年或超过一年的一个营业周期以上的债务，它是除了投资人投入企业的资本以外，企业向债权人筹集、可供企业长期使用的资金，是企业必须以资产或劳务偿还的经济责任，包括长期借款、应付债款、长期应付款、其他长期负债等。与流动负债相比，长期负债具有为数较大、偿还期限较长的特点，且对投资者来说可带来更大的利益。

所有者权益 指企业投资人对企业净资产的所有权。企业净资产等于企业全部资产减去全部负债后的余额，包括企业投资人对企业的最初投入的实际到位的资产及资本公积金、盈余公积金和未分配利润。所有者权益合计数小于零，表示企业资不抵债。

产品销售收入 指企业在报告期内生产的成品、自制半成品和工业性劳务取得的收入。

产品销售成本 指企业在报告期内销售本企业生产的成品、自制半成品和工业性劳务等的实际成本。

产品销售税金及附加 指企业在报告期内销售产品、提供的劳务等主要经营业务应负担的城市维护建设税、消费税、资源税和教育费附加等。

利润总额 指企业生产经营活动的最终成果，是企业在一定时期内实现的盈亏相抵后的利润总额（亏损以“–”号表示），它等于营业利润加上补贴收入加上投资收益加上营业外净收入再加上以前年度损益调整。

本年应交增值税 指企业在报告期内应交纳的增值税额。它等于本年销项税额加上出口退税加上进项税额转出数减去本年进项税额。小规模纳税企业直接按全年计税销售额乘以征收率计算取得。

年末从业人员平均人数 从业人员是指在企业工作并取得劳动报酬的全部人员数。包括在岗职工、再就业的离退休人员、民办教师及在企业工作的外方人员和港澳台方人员、兼职人员、借用的外单位人员和第二职业者。不包括离开本单位但仍保留劳动关系的职工。

从业人员平均人数是指报告期内每天拥有的从业人员人数。其计算公式为：

月平均人数 = 报告月内每天实有人数之和 / 报告月日历日数

季平均人数 = 季内各月平均人数之和 /3

年平均人数 = 年内各月平均人数之和 /12

总资产贡献率 反映企业全部资产的获利能力，是企业经营业绩和管理水平的集中体现，是评价和考核企业盈利能力的核心指标。计算公式为：

总资产贡献率（%）= 利润总额 + 税金总额 + 利息支出 / 平均资金总额 ×100%

公式中：税金总额为产品销售税金及附加与应交增值税之和；平均资产总额为期初期末资产之和的算术平均值。

资产负债率 该指标既反映企业经营风险的大小，也反映企业利用债权人提供的资金从事经营活动的能力。计算公式为：

资产负债率（%）= 负债总额 / 资产总额 ×100%

资产与负债均为报告期期末数。

流动资产周转次数 指一定时期内流动资产完成的周转次数，反映投入工业企业流动资金的周转速度。计算公式为：

流动资产周转次数 = 产品销售收入 / 全部流动资产平均余额

公式中：全部流动资产平均余额为期初和期末的流动资产之和的算术平均值。

成本费用利润率 反映企业投入的生产成本及费用的经济效益，同时也反映企业降低成本所取得的经济效益。计算公式为：

成本费用利润（%）= 利润总额 / 成本费用总额 ×100%

公式中：成本费用总额为产品销售成本、销售费用、管理费用、财务费用之和。

全员劳动生产率 该指标反映企业的生产效率和劳动投入的经济效益。计算公式为：

全员劳动生产率（元 / 人）= 工业增加值 / 全部从业人员平均人数

产品销售率 该指标反映工业产品已实现销售的程度，是分析工业产销衔接情况、研究工业产品满足社会需求的指标。计算公式为：

产品销售率（%）= 工业销售产值 / 工业总产值（现价）×100%

建筑业统计单位 指从事房屋、构筑物建造和设备安装活动的法人企业。建筑业法人企业应具有建筑业资质并能够独立核算；同时应具备以下条件：①依法成立，有自己的名称、组织机构和场所，能够承担民事责任；②独立拥有和使用资产，承担负债，有权与其他单位签订合同；③独立核算盈亏，能够编制资产负债表。

建筑业总产值 是以货币形式表现的建筑业企业在一定时期内生产的建筑业产品和提供的服务的总和。建筑业总产值包括：

⑴建筑工程产值：指列入建筑工程预算内的各种工程价值。⑵安装工程产值：指设备安装工程价值，不包括被安装设备本身的价值。⑶其他产值：建筑业总产值中除建筑工程、安装工程以外的产值。包括房屋构筑物修理产值、非标准设备制造产值、总包企业向分包企业收取的管理费以及不能明确划分的施工活动所完成的产值。a. 房屋构筑物修理产值：指房屋和构筑物修理所完成的产值，但不包括被修理房屋、构筑物本身价值和生产设备的修理产值。b. 非标准设备制造产值：指加工制造没有定型的非标准生产设备的加工费和原材料价值（如化工厂、炼油厂用的各种罐、槽，矿井生产统一使用的各种漏斗、三角槽、阀门等）以及附属加工厂为本企业承建工程制作的非标准设备的价值。建筑业增加值 指建筑业企业在报告期内以货币形式表现的建筑业生产经营活动的最终成果。目前建筑业增加值采用分配法（收入法）计算，即从收入的角度出发，根据生产要素在生产过程中应得的收入份额计算。具体计算公式为：建筑业增加值 = 本年提取的固定资产折旧 + 应付工资 + 应付福利费 + 管理费用中的劳动待业保险费、税金 + 工程结算税金及附加 + 营业利润

房屋建筑施工面积 指在报告期内施过工的全部房屋建筑面积，包括本期新开工的房屋面积、上期施工跨入本期继续施工的房屋面积、上期停缓建在本期恢复施工的房屋面积、本期竣工的房屋面积及本期施工后又停缓建的房屋面积。

房屋建筑竣工面积 指在报告期内房屋建筑按照设计要求全部完工，达到了使用条件，经验收鉴定合格，正式移交使用单位的房屋建筑面积。

自有机械设备年末总台数 指归本企业所有，属于本企业固定资产的生产性机械设备年末总台数。包括施工机械、生产设备、运输设备以及其他设备。

自有机械设备年末总功率 指本企业自有施工机械、生产设备、运输设备以及其他设备等列为在册固定资产的生产性机械设备年末总功率，按设定能力或查定能力计算。包括机械本身的动力和为该机械服务的单独动力设备，如电动机等。计算单位用千瓦，动力换算可按 1 马力 = 0.735 千瓦折合成千瓦数。电焊机、变压器、锅炉不计算动力。

工程结算收入 指企业承包工程实现的工程价款结算收入，以及向发包单位收取的除工程价款以外的按规定列作营业收入的各种款项，如临时设施费、劳动保险费、施工机械调迁费等以及向发包单位收取的各种索赔款。

工程结算利润 指已结算工程实现的利润，如亏损以“–”号表示。计算公式为：

工程结算利润 = 工程结算收入 - 工程结算成本 - 工税结算税金及附加

企业总收入 指与企业生产经营直接有关的各项收入，包括工程结算收入和其他业务收入。计算公式为：

企业总收入 = 工程结算收入 + 其他业务收入

铁路营业里程 又称营业长度（包括正式营业和临时营业里程），指办理客货运输业务的铁路正线总长度。凡是全线或部分建成双线及以上的线路，以第一线的实际长度计算；复线、站线、段管线、岔线和特殊用途线以及不计算运费的联络线都不计算营业里程。该指标可以反映铁路运输业基础设施的发展水平，也是计算客货周转量、运输密度和机车车辆运用效率等指标的基础资料。

铁路电气化里程 指在全部铁路营业里程中已安装了供电线路及设备，可以供电力机车牵引列车运行的区段的总里程。

铁路自动、半自动闭塞里程 指装有列车自动或人工完成闭塞状态的铁路设备里程。为保证列车安全运行，在一个区间、同一时间内，一般只允许一列列车运行，这种保证列车在这个区间安全间隔运行的技术方法称为“闭塞”。自动或半自动闭塞里程占铁路营业里程的比重是反映铁路现代化的重要标志之一。

公路里程 指在一定时期内实际达到《公路工程 [WTBZ] 技术标准 JTJ01-88》规定的等级公路，并经公路主管部门正式验收交付使用的公路里程数。包括大中城市的郊区公路以及通过小城镇街道部分的公路里程和桥梁、渡口的长度，不包括大中城市的街道、厂矿、林区生产用道和农业生产用道的里程。两条或多条公路共同经由同一路段，只计算一次，不得重复计算里程长度。该指标可以反映公路建设的发展规模，也是计算运输网密度等指标的基础资料。

内河航道里程 也称内河通航里程，指在一定时期内，能通航运输船舶及排筏的天然河流、

湖泊水库、运河及通航渠道的长度。包括全年季节性通航累计三个月以上的航道，不包括仅供零散流放竹、木排的河道。该指标可以反映内河水运网的规模、水平和发展情况。

民用航空航线里程 指民航运输定期班机飞行的航线长度的总和。航线长度按机场之间的距离计算，通常有两种计算方法：一是将每条航线长度相加称为重复计算航线里程；一是将两线或两条以上航线经过同一区段里程，只计算一次航线长度称为不重复计算航线里程。一般常用的是后者，该指标可以确切反映民航运输网的规模，是表明民航事业为国民经济服务和方便人民生活程度的主要指标。

输油（气）管道长度 也称输油（气）里程，指油品（或天然气）的实际输送距离，一般按输油（气）管道的单线长度计算。若包括复线和备用线长度则称为输油（气）管道延展长度，是指管道铺设的实际长度。我们通常使用的是不包括复线的“输油（气）管道里程”，该指标可以反映管道运输的发展规模和水平。

货（客）运量 指在一定时期内，各种运输工具实际运送的货物（旅客）数量。该指标是反映运输业为国民经济和人民生活服务的数量指标，也是制定和检查运输生产计划、研究运输发展规模和速度的重要指标。货运按吨计算，客运按人计算。货物不论运输距离长短、货物类别，均按实际重量统计。旅客不论行程远近或票价多少，均按一人一次客运量统计；半价票、小孩票也按一人统计。

货（客）运密度 指在一定时期内某种运输方式在营运线路的某一区段平均每公里线路通过的货物（旅客）运输周转量。计算公式为：

货（客）运密度 = 货物（旅客）周转量 / 营业线路长度

该指标可以反映交通运输线路上的货物（旅客）运输量运输繁忙程度，是平衡运输线路运输能力和通过能力，规划线路建设及改造、配备技术设备，研究运输网布局的重要依据。

货物（旅客）周转量 指在一定时期内，由各种运输工具运送的货物（旅客）数量与其相应运输距离的乘积之总和。该指标可以反映运输业生产的总成果，也是编制和检查运输生产计划，计算运输效率、劳动生产率以及核算运输单位成本的主要基础资料。计算货物周转量通常按发出站与到达站之间的最短距离，也就是计费距离计算。计算公式为：

货物（旅客）周转量 = ∑货物（旅客）运输量 × 运输距离

铁路货车平均静载重 指铁路货车在始发站静止状态下平均每车装载的货物重量，用以分析货车完成装车时车辆载重力的利用情况。计算公式为：

货车平均静载量 = 货物发送吨数 / 装车数

静载重的多少取决于运送货物的性质、种类、车辆的类型和装载技术的高低。根据货车的平均标记载重与静载重进行对比，可以反映货车载重能力的利用程度。计算公式为：

货车载重力利用率（%）= 货车平均静载重 / 货车平均标记载重 ×100%

铁路货运机车日产量 指在一定时期内，平均每台货运机车在一昼夜内所完成的总重吨公里数，包括载运货物的重量和车辆本身的自重。该指标从时间和牵引能力两方面反映了机车运用效率。计算公式为：

货运机车平均日产量 = 货运总重吨公里数 / 货运机车台日数

沿海主要港口货物吞吐量 指经水运进出沿海主要港区范围，并经过装卸的货物数量，包括邮件及办理托运手续的行李、包裹以及补给运输船舶的燃、物料和淡水。货物吞吐量按货物流向分为进口、出口吞吐量，按货物交流性质分为外贸货物吞吐量和国内贸易货物吞吐量。货物吞吐量的货类构成及其流向，是衡量港口生产能力大小的重要指标。

民用汽车拥有量 指报告期末，在公安交通管理部门按照《机动车注册登记工作规范》，已注册登记领有民用车辆牌照的全部汽车数量。汽车拥有量统计的主要分类：根据汽车结构分为载客汽车、载货汽车及其他汽车；根据汽车所有者不同分为个人(私人)汽车、单位汽车；根据汽车的使用性质分为营运汽车、非营运汽车和特种汽车；根据汽车大小规格不同载客汽车分为大型、中型、小型和微型，载货汽车分为重型、中型、轻型和微型。

邮电业务总量 指以价值量形式表现的邮电通信企业为社会提供各类邮电通信服务的总数量。邮电业务量按专业分类包括函件、包件、汇票、报刊发行、邮政快件、特快专递、邮政储蓄、集邮、公众电报、用户电报、传真、长途电话、出租电路、无线寻呼、移动电话、分组交换数据通信、出租代维等。计算方法为各类产品乘以相应的平均单价(不变价)之和，再加上出租电路和设备、代用户维护电话交换机和线路等的服务收入。该指标综合反映了一定时期邮电业务发展的总成果，是研究邮电业务量构成和发展趋势的重要指标。计算公式为：

邮电业务总量 = Σ（各类邮电业务量 × 不变单价）+ 出租代维及其他业务收入 = 邮电业务总量 + 电信业务总量

无线寻呼用户 无线寻呼是指电话用户通过无线寻呼中心，在规定范围内向携带小型寻呼机的用户发出声音、数字或文字显示信息。在寻呼台办理登记手续携带小型寻呼机的用户，称为无线寻呼用户。

移动电话用户 指通过移动电话交换机进入移动电话网、占用移动电话号码的各类电话用户。包括签约用户和智能网预付费用户。一个移动电话号码统计为一户。

互联网上网人数 指平均每周使用互联网至少 1 小时的中国公民人数。

本地电话用户 指接入本地电信运营商固定电话网上的电话用户。包括：住宅用户、单位用户、公用电话用户等。按电话用户位置又分为市内电话用户和农村电话用户。1997 年以前，“市内电话用户”是指接入县城及县以上城市的电话网上的电话用户；“农村电话用户”是指接入县邮电局农话台及县以下农村电话交换点，以县城为中心(除市话用户外)联通县、乡(镇)、行政村、村民小组的用户。从 1997 年起，电话用户数分组调整为以用户所在区域划分为“城市电话用户”和“乡村电话用户”，与过去的按市内电话和农村电话划分方法不同。而电话用户总数、电话机总部数统计范围不变。

城市电话用户 指直辖市、省辖市、地级市、县级市的市区、市郊区及县城(包括县人民政府所在地的县城关区或行政建制相当于县人民政府所在地的镇)范围内接入局用交换机的电话用户数，包括分布在农村地区的独立工矿区、林区、驻军等电话用户数。

乡村电话用户 指按行政区划属于城市范围以外的乡(镇)、村的电话用户数。

住宅电话用户 指安装在居民住宅或农民家里并按照住宅电话用户登记注册和收费的电话用户。包括私人付费、单位付费和按规定免费安装的住宅电话用户。

长途电话交换机容量 指用于接入长途电话网的电话交换机设备的额定容量，包括国际电话交换机容量。

局用交换机容量 指安装在电信运营企业内用于接续本地固定电话的电话交换机容量，包括现用和备用的人工或自动交换机的全部容量。不包括用户交换机容量。

移动电话交换机容量 指移动电话交换机根据一定话务模型和交换机处理能力计算出来的最大同时服务用户的数量。

社会消费品零售总额 批发和零售业、餐饮业、新闻出版业、邮政业和其他服务业等，售予城乡居民用于生活消费的商品和社会集团用于公共消费的商品之总量。社会消费品零售总额包括：

一、批发和零售业企业（单位）：1. 售予城乡居民的各种生活消费品；2. 售予入境旅游的外国人、华侨、港澳台同胞的各类商品；3. 售予行政事业单位、社会团体、军队和武警等机构的商品，以及以零售方式售予各类企业的商品。具体包括：用于非生产和社会交往的办公用品，如通讯设备、计算器具和设备、电讯网络设备、文印设备、音像视听器材和设备、纸张、本册、文具及装订文印材料、家具、日用电器、针纺织品、清洁卫生用品、文体用品、奖品、纪念品、礼品等；供内部人员乘坐的交通工具和燃料；用于办公设施修缮的各类配件、材料、工具等；用于取暖和防暑降温的设备、燃料、材料及食品等；专用于教学的用品和设备；非营利医疗机构的中、西药品、中药材和医疗设备器材；非专用的劳动保护用品；不对外营业的内部食堂用的餐具、炊具、设备、清洁卫生工具和食品、燃料等；军队、武警用于其人员生活的衣着品和个人用品；其他各类非生产性设备和用品。二、餐饮业出售的主食、菜肴、烟酒饮料和其他商品。三、新闻出版业、邮政业售予城乡居民、企事业单位、军队和武警等机构的书报杂志、音像制品、邮品等。四、其他服务业出售的食品、烟酒饮料、服装鞋帽、日常生活用品、医药保健用品、艺术品、工艺美术品、玩具、殡葬用品以及其他消费品。

批发零售贸易业商品购、销、存总额 指各种登记注册类型的批发、零售业企业（单位）以本企业（单位）为总体的，从国内、国外市场购进的商品总量，销售和出口的商品总量、库存商品总量等情况。该指标可以反映商品流转过程中商品的购进、销售、库存之间的比例关系和存在的问题。

商品购进总额 指从本企业（单位）以外的单位和个人购进（包括从境外直接进口）作为转卖或加工后转卖的商品总额。它反映批发零售贸易业从国内、国外市场上购进商品的总量。商品购进总额包括：(1) 从工农业生产者购进的商品；(2) 从出版社、报社的出版发行部门购进的图书、杂志和报纸；(3) 从各种登记注册类型的批发零售贸易企业（单位）购进的商品；(4) 从其他单位购进的商品，如从机关、团体、企业等单位购进的剩余物资，从餐饮业、服务业购进的商品，从海关、市场管理部门购进的缉私和没收的商品，从居民手中收购的废旧商品等；(5) 从国（境）外直接进口的商品。不包括企业（单位）为自身经营用和未通过买卖行为而收入的商品以及销售退回、商品升溢等。

商品销售总额 指对本企业（单位）以外的单位和个人出售（包括对境外直接出口）的商品总额。它反映批发零售贸易业在国内市场上销售商品以及出口商品的总量。商品销售总额包括：(1) 售给城乡居民和社会集团消费用的商品；(2) 售给工业、农业、建筑业、运输邮电业、批发零售贸易业、餐饮业、服务业等作为生产、经营使用的商品；(3) 售给批发零售贸易业作为转卖或加工后转卖的商品；(4) 对国（境）外直接出口的商品。不包括出售本企业（单位）自用的废旧包装用品；未通过买卖行为付出的商品；经本单位介绍，由买卖双方直接结算，本单位只收取手续费的业务；购货退出的商品以及商品损耗和损失等。

批发零售贸易业库存 指报告期末各种登记注册类型的批发零售贸易企业（单位）已取得所有权的商品。它反映批发零售贸易企业（单位）的商品库存情况和对市场商品供应的保证程度。期末库存包括：(1) 存放在批发零售贸易业经营单位（如门市部、批发站、经营处）仓库、货场、货柜和货架中的商品；(2) 挑选、整理、包装中的商品；(3) 已记入购进而尚未运到本单位的商品，即发货单或银行承兑凭证已到而货未到的部分；(4) 寄放他处的商品，如因购货方拒绝承付而暂时存放在购货方的商品和已办完加工成品收回手续而未提回的商品；(5) 委托其他单位代销（未作销售或调出）尚未售出的商品；(6) 代其他单位购进尚未交付的商品。不包括所有权不属于本单位的商品、拨付除批发零售贸易业以外的其他行业所属独立核算加工厂等加工生产尚未收回成品的商品、代国家物资储备部门保管的商品等。

库存总额采用的计算价格是：农副产品采购单位按购进价计算；批发单位按进货价计算；零售单位按核算价格计算，即按什么价格核算就按什么价格计算。

餐饮业营业收入 指餐饮企业、产业活动单位或个体户的全部营业额，包括商品零售额和其他服务性收入。其主要反映餐饮企业、活动单位或个体户的经营情况及发展变化趋势。

餐饮业商品零售额 指餐饮企业、产业活动单位或个体户直接对居民和社会集团零售的各种商品。包括：(1) 经烹饪、调制加工后出售的各种食品，如主食、炒菜、凉拌菜等；(2) 不经加工直接转卖的各种外购商品，如卷烟、酒、饮料、熟食、水果等；(3) 附设非独立核算的专门销售商品的小卖部出售的各种食品及其他商品。

消费品市场成交额 指在全国消费品交易市场成交的全部商品金额。消费品市场包括农副产品市场和工业消费品市场。

亿元商品交易市场成交额 指年销售额达到亿元以上，经工商部门批准、专门从事商品批发、零售业务活动的市场。其市场所有摊位销售总额称为商品交易市场成交额。

连锁企业（或称连锁店、连锁公司） 指在核心企业或总店的领导下，由分散的、经营同类商品或服务的企业或活动单位，采取共同方针，实行集中采购和分散销售的有机结合，通过规范化经营，实现规模效益的经济联合组织形式。一般连锁店应由若干个分店组成。其经营特征：（1）经营同类商品；（2）使用统一商号；（3）统一采购配送，采购与销售相分离（部分商品可根据物流合理和保质保鲜原则，由供应商直接送货到门店，其余均由总部统一配送）。

连锁门店包括下列两种形式：直营连锁：指正规连锁。连锁门店均由总部独资或控股开设，在总部的直接领导下统一经营。加盟连锁：指特许连锁。各连锁门店（被特许人）通过合同形式，取得使用总部（特许人）商标、商号、经营技术和销售总部开发的商品的特许权，各加盟连锁门店为独立法人，在总部指导下统一经营。

进出口总额 指实际进出我国国境的货物总金额。包括对外贸易实际进出口货物，来料加工装配进出口货物，国家间、联合国及国际组织无偿援助物资和赠送品，华侨、港澳台同胞和外籍华人捐赠品，租赁期满归承租人所有的租赁货物，进料加工进出口货物，边境地方贸易及边境地区小额贸易进出口货物(边民互市贸易除外)，中外合资企业、中外合作经营企业、外商独资经营企业进出口货物和公用物品，到、离岸价格在规定限额以上的进出口货样和广告品(无商业价值、无使用价值和免费提供出口的除外)，从保税仓库提取在中国境内销售的进口货物，以及其他进出口货物。该指标可以观察一个国家在对外贸易方面的总规模。我国规定出口货物按离岸价格统计，进口货物按到岸价格统计。

商品经营单位所在地进、出口额 指所在地海关注册登记的有进出口经营权的企业实际进、出口额。

商品目的地进口额和商品货源地出口额 目的地进口额指进口货物的消费、使用或最终抵运地的实际进口额，货源地出口额指出口货物的产地或原始发货地的实际出口额。

利用外资 指我国各级政府、部门、企业和其他经济组织通过对外借款、吸收外商直接投资以及用其他方式筹措的境外现汇、设备、技术等。

对外借款 指通过对外正式签订借款协议，从境外筹措的资金，包括外国政府贷款、国际金融组织贷款、外国银行商业贷款、出口信贷以及对外发行债券等。1996年及以前还包括对外发行股票。该指标是我国利用外资的重要部分。

外商直接投资 指外国企业和经济组织或个人(包括华侨、港澳台胞以及我国在境外注册的企业)按我国有关政策、法规，用现汇、实物、技术等在我国境内开办外商独资企业、与我国境内的企业或经济组织共同举办中外合资经营企业、合作经营企业或合作开发资源的投资(包括外商投资收益的再投资)，以及经政府有关部门批准的项目投资总额内企业从境外借入的资金。

外商其他投资 指除对外借款和外商直接投资以外的各种利用外资的形式。包括企业在境内外股票市场公开发行的以外币计价的股票（目前主要是在香港证券市场发行的H股和在境内证券市场发行的B股）发行价总额，国际租赁进口设备的应付款，补偿贸易中外商提供的进口设备、技术、物料的价款，加工装配贸易中外商提供的进口设备、物料的价款。

对外承包工程 指各对外承包公司以招标议标承包方式承揽的下列业务：(1) 承包国外工程建设项目；(2) 承包我国对外经援项目；(3) 承包我国驻外机构的工程建设项目；(4) 承包我国境内利用外资进行建设的工程项目；(5) 与外国承包公司合营或联合承包工程项目时我国公司分包部分；(6) 对外承包兼营的房屋开发业务。对外承包工程的营业额是以货币表现的本期内完成的对外承包工程的工作量，包括以前年度签订的合同和本年度新签订的合同在报告期内完成的工作量。

对外劳务合作 指以收取工资的形式向业主或承包商提供技术和劳动服务的活动。我国对外承包公司在境外开办的合营企业，中国公司同时又提供劳务的，其劳务部分也纳入劳务合作统计。劳务合作营业额按报告期内向雇主提交的结算数(包括工资、加班费和奖金等)统计。

对外设计咨询 指以服务成果向业主收费的技术服务项目。包括承担地形地貌测绘，地质资源勘探与普查，建设区域规划，提供设计文件、图纸、生产工艺技术资料和工程技术经济咨询，工程项目的可行性考察、研究和评估，进行技术指导和培训人员等；也包括承担国(境)内利用外资建设工程项目中的设计咨询项目内收取外币部分。

旅游者人数

(1) 入境国际旅游者人数：指来中国参观、访问、旅行、探亲、访友、休养、考察、参加会议和从事经济、科技、文化、教育、宗教等活动的外国人、华侨、港澳同胞和台湾同胞的人数。不包括外国在我国的常驻机构，如使领馆、通讯社、企业办事处的工作人员；来我国常住的外国专家、留学生以及在岸逗留不过夜人员。(2) 出境居民人数：指大陆居民因公务活动或私人事务短期出境的人数。公务活动出境居民人数包括在国际交通工具上的中国服务员工，因私出境居民人数不包括在国际交通工具上的中国服务员工。(3) 国内旅游者人数：指我国大陆居民和在我国常住1年以上的外国人、华侨、港澳台同胞离开常住地在境内其他地方的旅游设施内至少停留一夜，最长不超过6个月的人数。

国际旅游(外汇)收入 指入境旅游的外国人、华侨、港澳同胞和台湾同胞在中国大陆旅游过程中发生的一切旅游支出，对于国家来说就是国际旅游(外汇)收入。

国际旅行社 指经营对外招徕并接待外国人、华侨、港澳同胞和台湾同胞来中国、归国或回内地旅游业务的旅行社。

国内旅行社 指负责经营招徕、组团、接待国内旅客的旅游业务，以及不对外招徕，负责经营接待国际旅行社或其它涉外部门组织的外国人、华侨、港澳同胞和台湾同胞来中国、归国或回内地的旅游业务的旅行社。

星级饭店 指已评定星级的饭店。

普通高等学校 指按照国家规定的设置标准和审批程序批准举办的，通过全国普通高等学校统一招生考试，招收高中毕业生为主要培养对象，实施高等教育的全日制大学、独立设置的学院和高等专科学校、高等职业学校和其他机构。

大学、独立设置的学院主要实施本科层次以上教育，高等专科学校、高等职业学校实施专科层次教育，其他机构是承担国家普通招生计划任务不计校数的机构。包括普通高等学校分校和批准筹建的普通高等学校等。

成人高等学校 指按照国家规定的设置标准和审批程序批准举办的，通过全国成人高等学校统一招生考试，招收具有高中毕业或同等学历的在职从业人员为主要培养对象，利用函授、业余、脱产等多种形式对其实施高等学历教育的学校。包括职工高等学校、农民高等学校、管理干部学院、教育学院、独立函授学院、广播电视大学、其他机构等。其他机构是承担国家成人招生计划任务不计校数的机构。

小学学龄儿童入学率 指调查范围内已入小学学习的学龄儿童占校内外学龄儿童总数(包括弱智儿童，不包括盲聋哑儿童)的比重。计算公式为：

小学学龄儿童入学率 = 已入学的小学学龄儿童数 / 校内外小学学龄儿童总数 ×100%

科技活动 指在自然科学、农业科学、医药科学、工程与技术科学、人文与社会科学领域(简称科学技术领域)中，与科技知识的产生、发展、传播和应用密切相关的有组织的活动。

可分为研究与试验发展 (R&D)、研究与试验发展成果应用及相关的科技服务三类活动。该定义是联合国教科文组织考虑成员国特别是发展中国家开展科技统计工作的需要，而对科技活动所作的统计界定。

科技活动人员 指直接从事科技活动、以及专门从事科技活动管理和为科技活动提供直接服务，累计的实际工作时间占全年制度工作时间 10% 及以上的人员。(1) 直接从事科技活动的人员包括：在独立核算的科学研究与技术开发机构、高等学校、各类企业及其他事业单位内设的研究室、实验室、技术开发中心及中试车间(基地)等机构中从事科技活动的研究人员、工程技术人员、技术工人及其它人员；虽不在上述机构工作，但编入科技活动项目(课题)组的人员；科技信息与文献机构中的专业技术人员；从事论文设计的研究生等。(2) 专门从事科技活动管理和为科技活动提供直接服务的人员，包括：独立核算的科学研究与技术开发机构、科技信息与文献机构、高等学校、各类企业及其他事业单位主管科技工作的负责人，专门从事科技活动的计划、行政、人事、财务、物资供应、设备维护、图书资料管理等工作的各类人员，但不包括保卫、医疗保健人员、司机、食堂人员、茶炉工、水暖工、清洁工等为科技活动提供间接服务的人员。该指标用来反映投入科技活动人力的规模。

科学家与工程师 指科技活动人员中具有高、中级技术职称(职务)的人员和不具有高、中级技术职称(职务)的大学本科及以上学历人员。该指标用来反映投入科技活动人力的素质。

研究与试验发展 (R&D) 指在科学技术领域，为增加知识总量、以及运用这些知识去创造新的应用进行的系统的创造性的活动，包括基础研究、应用研究、试验发展三类活动。国际上通常采用 R&D 活动的规模和强度指标反映一国的科技实力和核心竞争力。

基础研究 指为了获得关于现象和可观察事实的基本原理的新知识(揭示客观事物的本质、运动规律，获得新发现、新学说)而进行的实验性或理论性研究，它不以任何专门或特定的应用或使用为目的。其成果以科学论文和科学著作为主要形式。用来反映知识的原始创新能力。

应用研究 指为获得新知识而进行的创造性研究，主要针对某一特定的目的或目标。应用研究是为了确定基础研究成果可能的用途，或是为达到预定的目标探索应采取的新方法(原理性)或新途径。其成果形式以科学论文、专著、原理性模型或发明专利为主。用来反映对基础研究成果应用途径的探索。

试验发展 指利用从基础研究、应用研究和实际经验所获得的现有知识，为产生新的产品、材料和装置，建立新的工艺、系统和服务，以及对已产生和建立的上述各项作实质性的改进而进行的系统性工作。其成果形式主要是专利、专有技术、具有新产品基本特征的产品原型或具有新装置基本特征的原始样机等。在社会科学领域，试验发展是指把通过基础研究、应用研究获得的知识转变成可以实施的计划(包括为进行检验和评估实施示范项目)的过程。人文科学领域没有对应的试验发展活动。主要反映将科研成果转化为技术和产品的能力，是科技推动经济社会发展的物化成果。

研究与试验发展人员 指参与研究与试验发展项目研究、管理和辅助工作的人员，包括项目(课题)组人员，企业科技行政管理人员和直接为项目(课题)活动提供服务的辅助人员。反映投入从事拥有自主知识产权的研究开发活动的人力规模。

专业技术人员 指从事专业技术工作和专业技术管理工作的人员，即企事业单位中已经聘任专业技术职务从事专业技术工作和专业技术管理工作的人员，以及未聘任专业技术职务，现在专业技术岗位上工作的人员。包括工程技术人员，农业技术人员，科学研究人员，卫生技术人员，教学人员，经济人员，会计人员，统计人员，翻译人员，图书资料、档案、文博人员，新闻出版人员，律师、公证人员，广播电视播音人员，工艺美术人员，体育人员，艺术人员及企业政治思想工作人员，共十七个专业技术职务类别。用来反映科技人力资源情况。

科技活动经费筹集指从各种渠道筹集到的计划用于科技活动的经费，包括政府资金、企业资金、事业单位资金、金融机构贷款、国外资金和其他资金等。反映各社会经济主体对促进科技进步所做的努力。

政府资金 指从各级政府部门获得的计划用于科技活动的经费，包括科学事业费、科技三项费、科研基建费、科学基金、教育等部门事业费中计划用于科技活动的经费以及政府部门预算外资金中计划用于科技活动的经费等。

企业资金 指从自有资金中提取或接受其他企业委托的、科研院所和高校等事业单位接受企业委托获得的，计划用于科研和技术开发的经费。不包括来自政府、金融机构及国外的计划用于科技活动的资金。

金融机构贷款 指从各类金融机构获得的用于科技活动的贷款。

科技活动经费内部支出 指报告年内用于科技活动的实际支出，包括劳务费、科研业务费、科研管理费，非基建投资购建的固定资产、科研基建支出以及其他用于科技活动的支出。不包括生产性活动支出、归还贷款支出及转拨外单位支出。反映科技投入实际完成情况。

劳务费 指以货币或实物形式直接或间接支付给从事科技活动人员的劳动报酬及各种费用。包括各种形式的工资、津贴、奖金、福利、离退休人员费用、人民助学金等。反映改善科技人员待遇情况。

固定资产购建费 指报告年内使用非基建投资购建的固定资产和用于科研基建投资的实际支出额，即固定资产实际支出和科研基建投资实际完成额之和。固定资产是指长期使用而不改变原有实物形态的主要物资设备、图书资料、实验材料和标本以及其他设备和家具、房屋、建筑物。反映用于改善科研条件和科研手段方面的投入情况。

新产品 指采用新技术原理、新设计构思研制、生产的全新产品，或在结构、材质、工艺等某一方面比原有产品有明显改进，从而显著提高了产品性能或扩大了使用功能的产品。既包括政府有关部门认定并在有效期内的新产品，也包括企业自行研制开发，未经政府有关部门认定，从投产之日起一年之内的新产品。用来反映科技产出及对经济增长的直接贡献。

专利 是专利权的简称，是对发明人的发明创造经审查合格后，由专利局依据专利法授予发明人和设计人对该项发明创造享有的专有权。包括发明、实用新型和外观设计。反映拥有自主知识产权的科技和设计成果情况。

发明 指对产品、方法或者其改进所提出的新的技术方案。是国际通行的反映拥有自主知识产权技术的核心指标。

实用新型 指对产品的形状、构造或者其结合所提出的适于实用的新的技术方案。反映具有一定技术含量的技术成果情况。

外观设计 指对产品的形状、图案、色彩或者其结合所作出的富有美感并适于工业上应用的新设计。反映拥有自主知识产权的外观设计成果情况。

文化事业机构 指从事专业文化工作和为专业文化工作服务的独立建制的单位。不包括这些单位另外举办独立核算的其他机构和各部门的业余文化组织。该指标主要反映文化事业机构发展规模水平。

艺术表演团体 指从事戏曲、音乐、舞蹈、杂技等专业艺术表演，有独立帐户的单位，不包括半工半艺、半农半艺和民间职业剧团。

艺术表演观众人数（人次） 指售票、包场演出或民族地区免费演出的艺术表演观众人次数，不包括彩排审查和内部观摩演出的观看人次数。

等级运动员人数 指经考核正式批准授予等级运动员称号的人数。运动员等级分为国际级运动健将、运动健将、一级运动员、二级运动员、三级运动员、少年级运动员。该指标主要反映运动员队伍的技术质量水平。

等级裁判员人数 指经考核正式批准授予等级裁判员称号的人数。裁判员等级分为国际裁判、国家级裁判、一级裁判、二级裁判、三级裁判。该指标主要反映裁判员队伍的技术质量水平。

体育场 指有400米跑道（中心含足球场），有固定道牙，跑道6条以上，并有固定看台的室外田径场地。体育场按看台容纳观众人数分为：甲级25000人以上，乙级15000–25000人，丙级5000–15000人，丁级5000人以下。该指标主要反映大中型体育场数量水平。

体育馆　指有固定看台，可供篮球、排球、羽毛球、乒乓球、体操等项目训练比赛活动用的室内运动场地。体育馆按看台容纳观众人数分为：甲级6000人以上，乙级4000-6000人，丙级2000-4000人，丁级2000人以下。该指标主要反映大中型体育馆数量水平。

卫生机构　包括医疗机构、疾病预防控制中心（防疫站）、采供血机构、卫生监督及监测（检验）机构、医学科研和在职培训机构、健康教育所等。

医疗机构　包括医院、社区卫生服务中心（站）、疗养院、卫生院、门诊部、诊所（卫生所、医务室）、妇幼保健院（所、站）、专科疾病防治院（所、站）、急救中心（站）和临床检验中心。医疗机构分为非赢利性医疗机构和赢利性医疗机构。

医院　包括综合医院、中医医院、中西医结合医院、民族医院、各类专科医院和护理院。

卫生技术人员　指卫生机构中医生、护理人员、药剂人员、检验人员等卫生技术人员。

医生　指在医疗、预防保健机构工作且取得《执业医师证书》的执业医师和执业助理医师。

社会福利事业单位　指集中收养社会孤老、残、幼的机构，包括由民政部门管理的社会福利院、儿童福利院、精神病人福利院和城镇集体举办的福利院及农村集体举办的敬老院以及优抚医院和具有收养能力的社区服务中心等。该指标主要反映我国在社会福利性单位投入的水平。

社会福利事业单位收养人数　包括民政部门管理和城镇、农村集体举办的社会福利事业单位中收养的老人、少年儿童、缺乏生活自理能力的残疾人员和精神病人。该指标主要反映收养性社会福利单位的收养能力。

社会福利企业单位　指以安置城镇有一定劳动能力的盲、聋、哑和肢体残疾人员就业为目的，享受国家减免税待遇的国有或集体企业。包括福利工厂、福利商业和服务业、假肢厂和安置农场等单位。该指标主要反映我国对残疾人照顾的特殊政策。

农村五保户　指农村中既无劳动能力，又无经济来源的老、弱、孤、残的农民，其生活由集体供养，实行保吃、保穿、保住、保医、保葬（孤儿保教），简称"五保"，享受五保待遇的家庭叫五保户。该指标主要反映农村弱势群体的人员数量。

律师　指依法取得律师执业证书，担任法律顾问，民事（刑事、行政）案件代理人、刑事案件辩护人、办理非诉讼业务，解答法律询问，代写法律事务文书等，为社会提供法律服务的人员。

公证人员　指在公证处工作的人员总称，包括公证处主任、副主任、公证员、公证员助理（助理公证员）和其他从事辅助性工作的人员。

公证文书　指公证处根据当事人申请，依照事实和法律，按照法定程序制作的，具有法律效力的司法证明文书。根据公证书用途和使用地，公证书分为国内公证书、国内经济公证书、涉外民事公证书、涉外经济公证书四类。

调解员　指在人民调解委员会担负调解民间纠纷工作的人员，包括调解委员会的委员和调解小组的调解员。该指标主要反映从事人民调解工作的人员数量。

调解民间纠纷　指调解委员会按照法律规定，根据自愿原则，用说服教育的方法调解民间发生的有关民事权利和义务争执的件数，包括调解成功数和调解未成功数。该指标主要反映人民调解委员会的工作量。

受理劳动争议案件数　指劳动争议仲裁委员会根据国家有关规定，对劳动争议当事人的申请予以审查，符合受理条件而正式立案、准备处理的劳动争议案件数。

基本养老保险

1.参加保险人数：指报告期末按照国家法律、法规和有关政策规定参加基本养老保险的职工人数。包括不能正常缴费、已中断缴费但未终止保险关系的职工人数。2.社会统筹基金收入：指根据国家规定，由纳入基本养老保险范围的单位，按照国家规定的缴费基数和缴费比例缴纳的社会统筹基金，以及通过其他方式取得的形成基金来源的收入，包括：单位缴纳的社会统筹基金收入、财政补贴收入、利息收入、其他收入。3.社会统筹基金支出：指按照国家政策规定的开支范围和开支标准从社会统筹基金中支付给参加基本养老保险的离休、退休、退职人员个人的养老金、丧葬抚恤补助，以及由于保险关系转移、上下级之间调剂资金等原因而发生的支出。包括：基础性养老金、过渡性养老金、离休金、退休金、退职金、补贴、丧葬抚恤补助、其他支出。4.社会统筹基金结余：指截止报告期末基本养老保险的社会统筹基金结余金额。包括银行存款、财政专户、债券投资和其他。

离休、退休、退职人员　指正式办理了离休、退休、退职手续，并享受相应的离休、退休、退职待遇的人员。

保险福利费用总额　指各单位在工资以外支付给职工和离休、退休、退职人员个人和用于集体的保险福利费用，不包括用于职工的劳动保护费用，由保险福利费用开支的医务人员工资，集体福利机构工作人员和病伤休息期满 6 个月以上人员的工资。

离休、退休、退职人员保险福利费用包括：

1. 离休金：指发给离休干部的工资和按 1982 年国务院《关于老干部离职休养制度的几项规定的通知》发给符合规定的离休干部相当于一至两个月标准工资的生活补贴及 1988 年增发的生活补贴。2. 退休金：指按照国家有关规定发给退休职工的退休费和 1988 年增发的生活补贴。3. 退职生活费：指按照 1978 年国务院《关于工人退休、退职的暂行办法》发给退职人员的生活费用和 1988 年增发的生活补贴。以上离退休、退职人员的离退休金、退职生活费还应包括发给离退休、退职人员的生活补贴和物价补贴。4. 医疗卫生费：指离休、退休、退职人员的医疗费、住院费以及住院伙食补助等费用。5. 其他：指上述费用以外的其他保险福利费用，如丧葬抚恤救济费、交通费补贴、冬季取暖补贴等。

工业废水排放量 指经过企业厂区所有排放口排到企业外部的工业废水量。包括生产废水、外排的直接冷却水、超标排放的矿井地下水和与工业废水混排的厂区生活污水，不包括外排的间接冷却水 (清污不分流的间接冷却水应计算在内)。

工业废水排放达标量 指报告期内废水中各项污染物指标都达到国家或地方排放标准的外排工业废水量，包括未经处理外排达标的，经废水处理设施处理后达标排放的，以及经污水处理厂处理后达标排放的。

工业废水排放达标率 指工业废水排放达标量占工业废水排放量的百分率，计算公式为：

工业废水排放达标率 = 工业废水排放达标量 / 工业废水排放量 ×100%

工业废气排放量 指报告期内企业厂区内燃料燃烧和生产工艺过程中产生的各种排入大气的含有污染物的气体的总量，以标准状态 (273K，101325Pa) 计算。测算公式为：

工业废气排放量 = 燃料燃烧过程中废气排放量 + 生产工艺过程中废气排放量

工业 SO2 排放量 指报告期内企业在燃料燃烧和生产工艺过程中排入大气的 SO2 总量，计算公式为：

工业 SO2 排放量 = 燃料燃烧过程中 SO2 排放量 + 生产工艺过程中 SO2 排放量

工业烟尘排放量 指企业厂区内燃料燃烧过程中产生的烟气中夹带的颗粒物排放量。

工业粉尘排放量 指企业在生产工艺过程中排放的能在空气中悬浮一定时间的固体颗粒物排放量。如钢铁企业的耐火材料粉尘、焦化企业的筛焦系统粉尘、烧结机的粉尘、石灰窑的粉尘、建材企业的水泥粉尘等。不包括电厂排入大气的烟尘。

工业固体废物产生量 指报告期内企业在生产过程中产生的固体状、半固体状和高浓度液体状废弃物的总量，包括危险废物、冶炼废渣、粉煤灰、炉渣、煤矸石、尾矿、放射性废物和其他废物等；不包括矿山开采的剥离废石和掘进废石 (煤矸石和呈酸性或碱性的废石除外)。酸性或碱性废石指采掘的废石其流经水、雨淋水的 pH 值小于 4 或 pH 值大于 10.5 者。

工业固体废物综合利用量 指报告期内企业通过回收、加工、循环、交换等方式，从固体废物中提取或者使其转化为可以利用的资源、能源和其他原材料的固体废物量 (包括当年利用往年的工业固体废物贮存量)，如用作农业肥料、生产建筑材料、筑路等。综合利用量由原产生固体废物的单位统计。

工业固体废物综合利用率 指工业固体废物综合利用量占工业固体废物产生量 (包括综合利用往年贮存量) 的百分率。计算公式为：

工业固体废物综合利用率 = 工业固体废物综合利用量 / 工业固体废物产生量 + 综合利用往年贮存量 ×100%

工业固体废物贮存量 指报告期内企业以综合利用或处置为目的，将固体废物暂时贮存或堆存在专设的贮存设施或专设的集中堆存场所内的数量。专设的固体废物贮存场所或贮存设施必须有防扩散、防流失、防渗漏、防止污染大气、水体的措施。

工业固体废物处置量 指报告期内企业将固体废物焚烧或者最终置于符合环境保护规定要求的场所，并不再回取的工业固体废物量 (包括当年处置往年的工业固体废物贮存量)。处置方式有填埋 (其中危险废物应安全填埋)、焚烧、专业贮存场 (库) 封场处理、深层灌注、回填矿井及海洋处置 (经海洋管理部门同意投海处置) 等。

工业固体废物排放量 指报告期内企业将所产生的固体废物排到固体废物污染防治设施、场所以外的数量，不包括矿山开采的剥离废石和掘进废石 (煤矸石和呈酸性或碱性的废石除外)。

“三废”综合利用产品产值 指报告期内利用“三废”作为主要原料生产的产品价值 (现行价)；已经销售或准备销

售的应计算产品价值，留作生产自用的不应计算产品价值。

边境经济合作区 经省政府或国务院批准设立的，在边境地区一定范围内集中建设并享有一定优惠政策和配套设施的开发区。边境经济合作区以与毗邻国家对外贸易、经济技术合作为主。经省政府批准的即为省级开发区，经国务院批准设立的为国家级开发区。

经济技术开发区 经省政府或国务院批准设立的，设在内陆地区依托中心城市集中在一定地域建设，享有一定优惠政策和配套设施的开发区。经济技术开发区以招商引资、建立出口加工基地为主，成为本地招商引资，扩大开放的窗口和基地。

高新技术产业开发区 经省政府或国务院批准设立的，依托具有一定经济实力和科技力量的中心城市，享有一定优惠政策和配套设施，通过招商引资，扩大开放，发展高新技术产业开发区。

EXPLANATORY NOTES ON MAIN STATISTICAL INDICATORS

Administrative Division refers to the division of a dministr ative areas by the state. The Constitution of the People's Republic of China stipulates that the ad ministrative areas in China are divided as: 1) The whole country is divided into provinces, autonomous regions and municipalities directly under the central gov ernment; 2) Provinces and autonomous regions are divided into autonomous prefect ures, counties, autonomous counties and cities; 3) Autonomous prefectures are di vided into counties, autonomous counties and cities; 4) Counties and autonomous counties are divided into townships, nationality townships and towns; 5) Municip alities and large cities are divided into districts and counties, 6) The state s hall, when necessary, establish special administrative regions.

Climate refers to the natural environmental status formed by the long–term exc hange of energy and mass between the earth and the air, and is the results of in teraction of many factors. Climate is both one of the environment factors and t he important resources for the living and production activities of the human bei ng. The average values across several years of meteorological factors such as te mperature, rainfall and humidity are used as important parameters to describe th e climate of a region, while the average values (or total values) of a given yea r or month of meteorological factors reflect the key characteristics of climate for that period of time.

Natural Resources refer to material resources that could be obtained from the nature by human being and used for production and living. Natural resources in g eneral can be classified as renewable resources and non–renewable resources. Ren ewable resources refer to resources that could be renewed and recycled during a relatively short period of time, including land resource, water resource, climat e resource, biology resource and marine resource. Non–renewable resources includ e resources that could not be renewed, such as minerals and geothermal resource. Land Resource Land refers to the surface of the earth, consisting of mainly rock s and its whethering and earth. Land resource can be classified, by its utilizat ion, as land for agriculture, land for construction and unused land. Land for ag riculture includes cultivated land, plantation land, forestland, grassland and w aters. Land for construction includes land for residential purpose, for manufact uring and mining, for transportation and for water–conservancy projects. Unused land refers to land other than land for agriculture and construction, including beaches, deserts, Gobi, glaciers and rock mountains.

Area of Cultivated Land refers to area of land recl aimed for the regular cult ivation of various farm crops, including crop–cover land, fallow, newly reclaime d land and land laid idle for less than 3 years.

Area of Afforested Land refer to land for trees bam boo, bushes and mangrove, i ncluding forest–cover land, bush–covered land, sparse forest land, land planned for afforestation and nurseries of young trees.

Area of Grassland refers to areas of grassland, gra ss–slopes and grass–covered hills with a vegetation–covering rate of over 5% that are used for animal husba ndry or harvesting of grass. It includes natural, cultivated and improved grassl and areas.

Forest Resource refers to forests, trees, forestlan d and wild animals, plants and microorganism that live on forest and trees. Trees include trees and bamboo. Forest refers to the population of clusters of trees and other plants, animals and microorganism as well as the earth and climate that have interactions with t he trees.

Total Standing Stock Volume refers to the total sto ck volume of trees growing in land, including trees in forest, tress in sparse forest, scattered trees and trees planted by the side of villages, farm houses and along roads and rivers. Forest Area refers to the area of forest where trees and bamboo grow with cano py density above 0.2, including land of natural woods and planted woods, but exc luding bush land and thin forest land. It reflects the total areas of afforestat ion.

Stock Volume of Forest refers to total stock volume of wood growing in forest ar ea, which shows the total size and level of forest resources of a country or a r egion. It is also an important indicator illustrating the richness of forest res ource and the status of forest ecological environment.

Forest Coverage Rate refers to the ratio of area of afforested land to total land area. It is a very important indicator that reflects the status of abundanc e of forest resource and ecosystem balance. Forest area includes the area of tre es and bamboo grow with canopy density above 0.2, the area of shrubby tree accor ding to regulations of the government, the area of forest land inside farm land and the area of trees planted by the side of villages, farm houses and along roa ds and rivers. The formula for calculating forest coverage rate is as follows:

Forestry coverage rate (%)= (Area of Afforested Land/Area of Total Land) x 100%

Water Resource Water exists in the nature in solid, liquid and gaseous states, is distributed in the ocean, land (including earth) and air, and constitutes th e water resource through the circulation of water. Water resource includes the s urface water and underground water that is controlled by the human being for irr igation, power-generation, water supply, navigation and cultivation. It also inc ludes rivers, lakes, wells, springs, tides, gulf and water area for cultivation. Water resource as an important natural resource is indispensable for the develo pment of the national economy.

Surface Water and Underground Water Water on earth can be divided into surface water and underground water according to its distribution. Surface water refers to moisture exists in rivers, lakes, swamps, glaciers, icecaps and so on. It is also called land water. The underground water refers to water deposited undergr ound in the cranny and the hole of saturated rock soil and in the water-eroded c ave.

Runoff refers to the water gathered at the way out of t he cross section of drai nage area either from the surface or underground after deducting the wastage of the precipitation on the land. Runoff can be divided into surface runoff, under ground runoff and within soil runoff. Surface runoff refers to water flow to the rivers, lakes, swamps, and seas on the surface of the earth. Underground runoff refers to water flow to rivers, lakes, swamps, and seas through the water-beari ng stratum of confined layer or unconfined layer.

Volume of Runoff refers to the total volume of water ru nning through a certain cross section of a river during a certain period of time, reflecting the water resource condition in a country or a region. The formula for calculating volume or runoff is as follows:

Runoff =Precipitation-Evaporation

Mineral Resources refer to useful minerals that can be used for industrial or agricultural purposes enriched in lithosphere or on earth due to the geological process. Minerals are important natural resources, and important material base f or social development.

Ensured Mineral Reserves refer to the actual mineral re serves, which equal to the proven mineral reserves (including industrial reserves and prospective reser ves) minus extracted parts and underground losses.

Drainage Area Each river has its own main stream and branches to form the water system of the river. Each river has its own catchment area, which is also calle d as the drainage area of the river.

Temperature refers to the air temperature. China uses c entigrade as the unit.

The thermometry used for weather observation is put in a breezy shutter, which i s 1.5 meters high from the ground. Therefore, the commonly used temperature refe rs to the temperature in the breezy shutter 1.5 meters away from the ground. The calculation method is as follows: Monthly average temperature is the summation of average daily temperature of one month divided by the actual days of that particular month. Annual average temperature is the summation of monthly average of a year divided by 12 months.

Relative Humidity refers to the ratio of actual water v apor pressure to the sa turation water vapor density under the current temperature. The statistical meth od is the same as that of temperature.

Volume of Precipitation refers to the deepness of liqu id state or solid state (thawed) water falling from the sky to the ground that has not been evaporated, infiltrated or run off. The calculation method is as follows:

Monthly precipitation is the summation of daily precipitation of a month. Annual precipitation is the summation of 12 months precipitation of a year.

Sunshine Hours refer to the actual hours of sun irradia ting the earth. The calculation method is the same as that of the precipitation.

Total Water Resources refers to total volume of water resourc es measured as run– off for surface water from rainfall and recharge for groundwater in a given area , excluding transit water.

Surface Water Resources refers to total renewable resources w hich exist in river s, lakes, glaciers and other collectors from rainfall and are measured as run–of f of rivers.

Groundwater Resources refers to replenishment of aquifers with rainfall and surface water.

Duplicated Measurement Between Surface Water and Groundwater re fers to mutual exchange between surface water and groundwater, i.e. run–off of rivers includes so me depletion with groundwater while groundwater includes some replenishment with surface water.

Comparable Prices refer to pr ices that are used to remove the factors of price change in calculating economic aggregates, so as to facilitate comparison of aggregates over time. Two methods are used for calculating economic aggregates at comparable prices: 1) Multiplyi ng the output of products by their constant prices of certain year; 2) Deflating data at current prices by relevant price indices.

Constant Price refers to the average price of a given p roduct in certain year, which is used for comparison of output value over time. As the output value at constant prices removes the factor of price changes, it reflects the trend of pr oduction development over time. Since 1949, with the changes in general price le vel, National Bureau of Statistics has issued nationally unified constant prices five times: the 1952 constant prices for 1949–1957; the 1957 constant prices fo r 1957–1971; the 1970 constant prices for 1971–1981; the 1980 constant prices fo r 1981–1990; and the 1990 constant prices have been used since 1991.

Average Annual Growth Rate Two methods for calculating average annual growth r ate are applied in China, one is often called level approach, or the method of c alculating geometric average, which is derived by comparing the level of the las t year of the interval with that of the beginning year; the other is called accu mulative approach or algebraic average or equation method, which is derived by t he summation of the actual figure of each year in the interval divided by the fi gure in the base year.

Usually the results calculated by the two methods are fairly close, but they dif fered sharply when uneven economic development occurred with striking fluctuatio ns in growth.

Industrial Classification of the National Economy The new Indu strial Classifica tion of the National Economy (GB/T 4754–2002) is introduced starting from the co mpilation of 2003 annual statistics. The revision of the 1994 classification was organized by the National Bureau of Statistics taking into consideration of the International Standards of the Industrial Classification of All Economic Activi ties (ISIC/Rev.3) of the United Nations, and the new Classification was promulga ted by the National Administration of Quality Supervision, Inspection and Quaran tine on May 10, 2002. The revised version of the Industrial Classification of th e National Economy (GB/T 4754–2002) is composed of 20 major divisions, 95 divisi ons, 396 major groups and 913 groups, including 4 new major divisions, 3 new div isions, 28 major groups and 67 groups.

Registration Status of Enterprises Enterprises are clas sified into 3 categori es, namely domestic–funded enterprises, enterprises with investment from Hong Ko ng, Macau and Taiwan, and enterprises with foreign investment, in the light of t he registration status of an enterprise in industrial and commercial administrat ion agencies. Domestic–funded enterprises include state–owned enterprises, colle ctive–owned enterprises, cooperative enterprises, joint ownership enterprises, limited liability corporations, share–holding corporations Ltd., private enterpr ises and other enterprises. Included in the enterprises with investment from Hon g Kong, Macau and Taiwan and enterprises with foreign investment are joint–ventu re enterprises, cooperative enterprises, sole investment enterprises and share–h olding corporations Ltd. For government agencies, institutions and social organi zations which are not requested to be registered in industrial and commercial ad ministration agencies, they are classified mainly by their sources of funds and way of management.

State-owned Enterprises refer to non-corporation econom ic units where the enti re assets are owned by the state and which have registered in accordance with th e Regulation of the People's Republic of China on the Management of Registration of Corporate Enterprises. Excluded from this category are sole state-funded cor porations in the limited liability corporations.

Collective-owned Enterprises refer to economic units where the assets are owne d collectively and which have registered in accordance with the Regulation of th e People's Republic of China on the Management of Registration of Corporate Ente rprises.

Cooperative Enterprises refer to a form of collective e conomic units (enterpri ses) where capitals come mainly from employees as their shares, with certain pro portion of capital from the outside, where production is organized on the basis of independent operation, independent accounting for profits and losses, joint w ork, democratic management, and a distribution system that integrates remunerati on according to work with dividend according to capital share.

Joint Ownership Enterprises refer to economic units est ablished by two or more corporate enterprises or corporate institutions of the same or different owners hip, through joint investment on the basis of equality, voluntary participation and mutual benefits. They include state joint ownership enterprises, collective joint ownership enterprises, joint state-collective enterprises, other joint own ership enterprises.

Limited Liability Corporations refer to economic units established with invest ment from 2-50 investors and registered in accordance with the Regulation of the People's Republic of China on the Management of Registration of Corporations, e ach investor bearing limited liability to the corporation depending on its share of investment, and the corporation bearing liability to its debt to the maximum of its total assets. Limited liability corporations include exclusive state-fun ded limited liability corporations and other limited liability corporations.

Share-holding Corporations Ltd. refer to economic units registered in a ccordanc e with the Regulation of the People's Republic of China on the Management of Reg istration of Corporations, with total registered capitals divided into equal sha res and raised through issuing stocks. Each investor bears limited liability to the corporation depending on the holding of shares, and the corporation bears li ability to its debt to the maximum of its total assets.

Private Enterprises refer to profit-making economic uni ts invested and establis hed by natural persons, or controlled by natural persons using employed labour. Included in this category are private limited liability corporations, private sh are-holding corporations Ltd., private partnership enterprises and private-funde d enterprises registered in accordance with the Corporation Law, Partnership Ent erprises Law and Interim Regulations on Private Enterprises .

Other Domestic-funded Enterprises refer to domestic-fun ded economic units other than those mentioned above.

Cooperative Enterprises with Funds from Hong Kong Macau and Taiwan established by investors from Hong Kong, Macau and Taiwan with enterprises in the mainland of China in accordance with the Law of the People's Republic of China on Sino-fo reign Cooperative Enterprises and other relevant laws, where the investment or p rovision of facilities, and the share of profits and risks is stipulated in the cooperative contract.

Enterprises with Sole (exclusive) Investment from Hong Kong, Mac au and Taiwan refer to enterprises established in the mainland of China with exclusive investm ent from investors from Hong Kong, Macau and Taiwan in accordance with the Law o f the People's Republic of China on Foreign-Funded Enterprises and other relevan t laws.

Share-holding Corporations Ltd. with Investment from Hong Kong, Macau an d Taiwan refer to share-holding corporations Ltd. established with the approval from t he former Ministry of Foreign Trade and Economic Relations in line with relevant state regulations, where the share of investment from Hong Kong, Macau or Taiwa n businessmen exceeds 25% of the total registered capital of the corporation. In case the share of investment from Hong Kong, Macau or Taiwan is less than 25% o f the total registered capital, the enterprise is to be classified as domestic-f unded share-holding corporation Ltd.

Joint-venture Enterprises with Foreign Investment refer to enterprises jointly established by foreign enterprises or foreigners with enterprises in the mainla nd of China in accordance with the Law of the People's Republic of China on Sin o-foreign Joint Venture Enterprises and other relevant laws, where the share of investment, profits and risks is stipulated in the contract.

Cooperation Enterprises with Foreign Investment refer t o enterprises jointly e stablished by foreign enterprises or foreigners with enterprises in the mainland of China in accordance with the Law of the People's Republic of China on Sino–f oreign Cooperative Enterprises and other relevant laws, where the investment or provision of facilities, and the share of profits and risks is stipulated in the cooperative contract.

Enterprises with Sole (exclusive) Foreign Investment refer to enterprises esta blished in the mainland of China with exclusive investment from foreign investor s in accordance with the Law of the People's Republic of China on Foreign–Funded Enterprises and other relevant laws.

Share–holding Corporations Ltd. with Foreign Investment refer t o share–holding corporations Ltd. established with the approval from the Ministry of Foreign Tra de and Economic Relations in line with relevant state regulations, where the sha re of investment from foreign investors exceeds 25% of the total registered capi tal of the corporation. In case the share of foreign investment is less than 25% of the total registered capital, the enterprise is to be classified as domestic –funded share–holding corporation Ltd.

Government Agencies, Institutions and Social Organizations are classified into following categories by source of funds and way of management taking reference o f the registration status of enterprises:

(1) Government agencies: include state and party agencies, classified in princip le as state–owned. There are exceptions, such as supply and marketing cooperativ es which are classified as collective–owned. (2) Institutions: include institutions of various types established with the app roval by organization and staffing departments of the government, but exclude in stitutions where enterprise management system is introduced. Institutions are fu rther classified as follows: (a) Institutions whose main budget is listed in the government budget appropriat ions or extra–budget funds, or allocated from the budget of their competent gove rnment agencies. Such institutions are classified as state–owned. (b) Institutions whose budget mainly comes from collective units. Such instituti ons are classified as collective–owned. (c) Institutions other than those mentioned above whose source of budget is not clear. Such institutions are classified by way of management. (3) Social organizations: include social organizations established with the appr oval from the Ministry of Civil Affairs, and organizations that are not covered by social organization management regulations such as trade unions, womens feder ations etc.. Social organizations are further classified as follows: (a) Social organizations that are not covered by social organization management regulations of the Ministry of Civil Affairs such as trade unions, womens federa tions, communist youth leagues, youth associations, industrial and commerce asso ciations, scientists associations, overseas Chinese associations, etc., foundati ons and fund management organizations established with funds from the state, and social organizations whose funds mainly come from the budget of their competent government agencies. Such institutions are classified as state–owned. (b) Social organizations whose budget mainly comes from collective units. Such i nstitutions are classified as collective–owned. (c) Social organizations established by individual or a group of citizens, which are classified as private. (d) Social organizations other than those mentioned above whose source of budget is not clear. Such organizations are classified by way of management

Gross Domestic Product (GDP) refers to the final products at ma rket prices produced by a ll resident units in a country (or a region) during a certain period of time. Gr oss domestic product is expressed in three different forms, i.e. value , income, and products respectively. GDP in its value form refers to the total v alue of all goods and services produced by all resident units during a certain p eriod of time, minus the total value of input of goods and services of the natur e of non–fixed assets; in order term, it is the sum of the value–added of all re sident units. GDP in the form of income includes the income created by all resid ent units and distributed to resident and non–resident units. GDP in the form of products refers to the value of all goods and services for final consumption by all resident units minus the net exports of goods and services during a given p eriod of time. In the practice of national accounting, gross domestic product is calculated with three approaches, i.e. production approach, income approach and expenditure approach, which reflect gross domestic product and its composition from different aspects.

Three Industries Classification of economic activities into three branches of industries is a common practice in the world, although the grouping varies to so me extent form country to country. In China economic activities are categorized into following industries:

Primary industry: refers to agriculture, forestry, animal husbandry and fishery. Secondary industry: refers to mining and quarrying, manufacturing, production an d supply of electricity, water and gas, and construction. Tertiary industry: refers to all other economic activities not included in prima ry or secondary industry.

GDP by Expenditure Approach refers to the method of mea suring the final result s of production activities of a country (region) during a given period from the perspective of final use. It includes final consumption, total capital formation and net export of goods and services, i.e.:GDP by expenditure approach = final consumption + total capital formation + net export of goods and services Final Consumption refers to the total expenditure of resident units for purcha ses of goods and services from domestic economic territory and abroad to meet th e requirements of material, cultural and spiritual life. It excludes the expendi ture of non–resident units on consumption in the economic territory of the count ry. The final consumption is broken down into household consumption and governme nt consumption.

Households Consumption refers to the total expenditure of resident households on the final consumption of goods and services. In addition to the consumption o f goods and services bought by the households directly with money, the household s consumption also includes expenditure on goods and services obtained by the ho useholds in other ways, i.e. the so–called imputed consumption expenditure, whic h includes the following: (a) the goods and services provided to the households by the employer in the form of payment in kind and transfer in kind; (b) goods a nd services produced and consumed by the households themselves, in which the ser vices refer only to the owner–occupied housing and domestic and individual servi ces provided by the paid household workers; (c) financial intermediate services provided by financial institutions; (d) insurance services provided by insurance companies.

Government Consumption refers to the expenditure on the consumption of the pub lic services provided by the government to the whole society and the net expendi ture on the goods and services provided by the government to the households free of charge or at low prices. The former equals to the output value of the govern ment services minus the value of operating income obtained by the government dep artments. The latter equals to the market value of the goods and services provid ed by the government free of charge or at low prices to the households minus the value received by the government from the households.

Total Capital Formation refers to the fixed assets acqu ired minus those dispos ed of and the net value of inventory, including the total fixed capital formatio n and the increase in inventory.

Total Fixed Capital Formation refers to the value of fi xed assets acquired min us those disposed of during a given period. Fixed assets are the assets produced through production activities with specified unit value which could be used for over one year, excluding natural assets. Total fixed capital formation can be categorized into total tangible capital formation and total intangible capital f ormation. The total tangible capital formation include the value of the construc tion projects, installation projects completed and the equipment, apparatus and instruments purchased as well as the value of land improved, the value of draugh t animals, breeding stock, animals for milk, wool and for recreational purpose, and the newly increased forest with economic value during a given period. The to tal intangible capital formation includes the prospecting of minerals, the acqui sition of computer software minus the disposal of them.

Increase in Inventory refers to the market value of the change in inventory of resident units during a given period, i.e. the difference of value between the beginning and the end of the period minus the current gains due to the change in prices. The increase in inventory can be positive or negative. A positive value indicates the increase in inventory while a negative value indicates the decrea se in stock. The inventory includes the raw materials, fuels and reserve materia ls purchased by the production units as well as the inventory of finished produc ts, semi–finished products, work–in–progress, etc.

Net Export of Goods and Services refers to the differen ce of the exports of go ods and services minus the imports of goods and services. The imports include t he value of various goods and services sold or gratuitously transferred by the r esident units to the non–resident units. The imports include the value of variou s goods and services purchased or gratuitously acquired by the resident units fr om the non–resident units. Because the provision of services and the use of them happen simultaneously, the acquisition of services by the resident units from a broad is usually treated as import while the acquisition of services by non–resi dent units in this country is usually treated as export. The export and import o f goods are calculated at FOB.

Total Population refers to the total number of peop le alive at a certain point of time within a given area.

Urban Population and Rural Population Urban population refer to all people resi ding in cities and towns, while rural population refer to population other than urban population.

Statistics on urban and rural population over the years are compiled in line wit h the regulations of statistical classification on urban and rural population st ipulated by the government, which were in effect at different times. Figures on urban/rural population for the years between the 3 censuses are adjusted in accordance with the 1990 and 2000 population census data.

Birth Rate or (Crude Birth Rate) refers to the ratio of the number of births to the average population (or mid–period population) during a certain period of tim e (usually a year), expressed in ‰ . Birth rate in the chapter refers to annual birth rate. The following formula is used:

Birth Rate = (Number of Births/Average Number of Population) × 1000‰

Number of births in the formula refers to live births, i.e. when a baby has brea thed or showed any vital phenomena regardless of the length of pregnancy. Annual average number of population is the average of the number of population a t the beginning of the year and that at the end of the year. Sometimes it is sub stituted by the mid–year population.

Death Rate (or Crude Death Rate) refers to the ratio of the number of deaths to the average population (or mid–period population) during a certain period of tim e (usually a year), expressed in ‰ . Death rate in the chapter refers to annual death rate. The following formula is used: Death Rate= (Number of Deaths/Annual Average Number of Population) × 1000‰

Natural Growth Rate of Population refers to the ratio o f natural increase in pop ulation (number of births minus number of deaths) in a certain period of time (u sually a year) to the average population (or mid–period population) of the same period, expressed in ‰ . The following formula is applied:

Natural Growth Rate of Population = [(Number of Births–Number of Deaths)/Average Number of Population] × 1000‰

Natural Growth Rate of Population = Birth Rate–Death Rate

Gross Dependency Ratio also called gross dependency c oefficient, refers to the ratio of non–working–age population to the working–age population, express in %. Describing in general the number of non–working–age population that every 100 p eople at working ages will take care of, this indicator reflects the basic relat ion between population and economic development from the demographic perspective . The gross dependency ratio is calculated with the following formula:

GDR= (P0–14+P65)/P15–64 × 100%

Where: GDR is the gross dependency ratio

P0–14 is the population of children aged 0–14

P65+ is the elderly population aged 65 and over,

and P15–64 is the working–age population aged 15–64

Old Dependency Ratio also called old dependency coeffic ient, refers to the rati o of the elderly population to the working–age population, express in %. It desc ribes the number of the elderly population that every 100 people at working ages will take care of. Old dependency ratio is one of the indicators reflecting the social implication of population aging from the economic perspective. The old d ependency ratio is calculated with the following formula:

ODR=P65+/P15–64 × 100%

Where: ODR is the old dependency ratio

P65+ is the elderly population aged 65 and over,

and P15–64 is the working–age population aged 15–64

Children Dependency Ratio also called children dependency coefficient, refers to the ratio of the children population to the working–age population, express in %. It describes the number of children population that every 100 people at worki ng ages will take care of. The children dependency ratio is calculated with the following formula:

CDR=P0–14/P15–64 × 100%

Where:CDR is the children dependency ratio

P0–14 is the children population aged 0–14,

and P15–64is the working–age population aged 15–64

Economically Active Population refers to the population aged 16 and over who ar e capable to work, are participating in or willing to participate in economic ac tivities, including employed persons and unemployed persons.

Employed Persons refer to the persons who are engaged i n social working and rece ive remuneration payment or earn business income, including total staff and work ers, re–employed retirees, employers of private enterprises, self–employed worke rs, employees in private enterprises and individual economy, employees in townsh ip enterprises, employed persons in the rural areas, and other employed persons (including teachers in the schools run by the local people, people engaged in re ligious profession and the servicemen, etc.). This indicator reflects the actual utilization of total labour force during a certain period of time and is often used for the research on China's economic situation and national power.

Persons Employed in Various Units refer to all the per sons working in governme nt agencies of various levels, political and party organizations, social organiz ations, enterprises and institutions, and receiving wages or other forms of paym ent. They include fully–employed staff and workers, re–employed retirees, teache rs in schools run by the local people, foreigners and Chinese compatriots from H ong Kong, Macao, and Taiwan working in various units, part–time employees, emplo yees of other units working temporarily at current posts, and employees holding the second job, but exclude staff and workers who have left their working units while keeping their labour contract (employment relation) unchanged. This indica tor reflects the total number of laborers actually engaged in production or othe r operations in various units.

Persons Employed in Private Enterprises and Self–Employed Individuals in Urban A reas Persons employed in private enterprises refer to the persons employed in the private enterprises which have been registered at the departments of industr ial and commercial administration and are situated at a county town (i.e. a town where the county government is located) for business operation or at urban area s with the level higher than a county town. The self–employed individuals in urb an areas refer to persons who hold the certificates of residence in urban areas or have resided in the urban areas for a long time and have been registered at t he departments of industrial and commercial administration and approved to be en gaged in individual industrial or commercial business, including self–employed p ersons as well as helpers and hired labourers who work in the individual househo lds engaged in industrial or commercial business.

Registered Urban Unemployed Persons refer to the person s with non–agricultural household registration at certain working ages (16–50 years for male and 16–45 years for females), who are capable of work, unemployed and willing to work, and have been registered at the local employment service agencies to apply for a jo b.

Registered Urban Unemployment Rate refers to the ratio of the number of the re gistered unemployed persons to the sum of the number of persons employed in vari ous units (minus the rural labour force, retirees, and Hong Kong, Macao, Taiwan or foreign employees they employ) laid–off workers in urban units, owners and em ployees in urban private enterprises, urban self–employed individuals and the re gistered urban unemployed persons. The formula is as follows:

Registered urban unemployment rate = number of registered urban unemployed perso ns ÷ (number of persons employed in urban units – rural labour force employed – r etirees employed – Hong Kong, Macao, Taiwan or foreign employees employ + laid–o ff workers + owners and employees in urban private enterprises + self–employed i ndividuals in urban areas + registered urban unemployed persons) × 100%.

Staff and Workers refer to persons working in, and rece ive payment from units o f state ownership, collective ownership, joint ownership, share holding ownershi p, foreign ownership, and ownership by entrepreneurs from Hong Kong, Macao, and Taiwan, and other types of ownership and their affiliated units. They do not inc lude 1) persons employed in township enterprises, 2) persons employed in private enterprises, 3) urban self–employed persons, 4) retirees, 5) re–employed retire es, 6) teachers in the schools run by the local people, 7) foreigners and person s from Hong Kong, Macao and Taiwan who work in urban units, and 8) other persons not to be included by relevant regulations. (Data of 1998 and afterward refer t o fully employed staff and workers. Other related statistics such as total wage bill and average wage are adjusted since 1998 accordingly).

State-owned Units refer to economic units whose assets are owne d by the state. Included are non-corporation units registered according to Regulation of the Peo ple's Republic of China on the Registration of Enterprises and Corporations, sta te organs, institutions and social organizations at the central and local levels .

Collective Units refer to economic units registered acc ording to Regulation of the People's Republic of China on the Registration of Enterprises and Corporatio ns where the means of production are collectively owned.

Units of Other Types of Ownership refer to units regist ered with other types of ownership, including cooperative units, joint ownership units, limited companie s, share holding corporations, units invested by entrepreneurs from Hong Kong, M acao, and Taiwan, and foreign-invested units.

Fully Employed Staff and Workers refer to persons who w ork in, and receive wag es from their working units, as well as persons who have their work posts, but a re temporarily absent from work for reasons of study or on sick, injury or mater nal leave and still receive wages from their working units.

Total Wages Bill refer to the total remuneration paymen t to staff and workers i n various units during a certain period of time. The calculation of total wages is based on the total remuneration payment to the staff and workers. Therefore, all the wages and salaries and other payments to staff and workers are included in the total wages regardless of their sources, category, and forms (in kind or cash). (Total wages of staff and workers in this yearbook include only total wag es of fully employed staff and workers, excluding the living allowances distribu ted to those who have left their working units while keeping their labour contra ct/employment relation unchanged).

Average Wage refers to the average wage in money terms per person during a cert ain period of time for staff and workers in enterprises, institutions, and gover nment agencies, which reflects the general level of wage income during a certain period of time and is calculated as follows:

Average Wage = Total Wages of Staff and Workers at Reference Time /Average Numbe r of Staff and Workers at Reference Time.

Average Wage Indices refers to the ratio of average wag e of staff and workers i n the report period to that in the base period, which reflects the change of wag e of staff and workers at the different period. It is calculated as follows:

Average Wage Indices = Average Wage of Staff and Workers at Reference Time / Average Wage of Staff and Workers at Base Period x 100%

Average Real Wage Indices average real wage of staff and workers refers to the average wage of staff and workers after removing the effects of the price change s and average real wage indices of staff and workers refers to the change of rea l wage, which reflects the relative increasing or decreasing level of real wage of staff and workers, which is calculated as follows:

Average Real Wage Indices = Average Wage Indices of Staff and Workers at the Ref erence Time / Urban Consumer Price Indices at Reference Time x 100%

Total Investment in Fixed Assets in the Whole Country refers to the volume of activities in construction and purchases of fixed assets and related fees, expre ssed in monetary terms. It is a comprehensive indicator which shows the size, st ructure and growth of the investment in fixed assets, providing basis for observ ing the progress of construction projects and evaluating results of investment. Total investment in fixed assets in the whole country includes, by type of owner ship, the investment by the state-owned units, collective units, individuals, jo int ownership units, share-holding units, as well as investment by businessmen f rom foreign countries and from Hong Kong, Macau and Taiwan, and by other units.

Investment in Real Estate Development It includes the investment by the real estate development companies, commercial buildings construction companies and othe r real estate development units of various types of ownership in the constructio n of house buildings, such as residential buildings, factory buildings, warehous es, hotels, guesthouses, holiday villages, office buildings, and the complementa ry service facilities and land development projects, such as roads, water supply , water drainage, power supply, heating, telecommunications, land leveling and o ther projects of infrastructure. It excludes the activities in simple land trans actions.

Other Investment in Fixed Assets refers to the construc tion and purchases of fi xed assets with an investment of over 500,000 yuan which are not listed in the i nvestment in capital construction, investment in innovation and investment in re al estate development, as well as urban private housing projects and investment in fixed assets by enterprises, institutions and individuals in rural areas. It includes:

1) The following projects of the state-owned units with the total planned (or ac tually needed) investment of over 500,000 yuan, which are not included in the pl an of capital construction and the plan of innovation: (1) projects of oil field s maintenance and exploitation with the oil fields maintenance funds and petrole um development funds; (2) opening and extending projects with the maintenance fu nds in coal, ore and other mining enterprises and logging enterprises; (3) proje ct of reconstruction of the original highways and bridges with the highway maint enance funds in the department of communication; (4) projects of construction of warehouses with the funds of simple construction in the commercial department. 2) The investment in fixed assets by urban collective units: refer to projects o f construction and purchases of fixed assets with the planned total investment o f 500,000 yuan and over by all collective units in areas under the jurisdiction of cities and county towns (excluding investment by collective units under towns hip enterprise administration offices). 3) The projects of construction and purchases of fixed assets by the enterprises , institutions (including urban private enterprises or institutions) or individu als other than those mentioned above with total investment of 500,000 yuan and o ver, which are not included in the plan of capital construction and the plan of innovation. For individual investment, only the investment in non-housing projec ts is to be included. 4) The private investment in housing construction in the urban areas and in indu strial and mining areas: including all private housing construction under the ju risdiction of cities, county towns and industrial and mining areas, no matter wh ether the owner of the house is registered as the permanent resident in the loca lity or not. 5) The investment in rural areas: including investment in fixed assets by enterp rises, institutions and individuals in the rural areas.

Sources of Funds for Investment in Fixed Assets include fund fr om state budget, domestic loans, foreign investment, self-raised funds, and others depending on the source of investment.

(1) Fund from state budget consists of budgetary appropriation and loans from st ate budget. More specifically, it includes, from the budget of the central gover nment, capital construction fund (operation fund and non-operational fund), spec ial expenses (e.g. expenses on substituting petroleum with coal), loans from rep ayment, discount fund, expenses on innovation and trial production of new produc ts, expenses on urban construction, expenses on temporary construction by trade departments, development fund for less developed areas, as well as local budgeta ry fund transferred from the central budget. (2) Domestic loans refer to loans of various forms borrowed by investing units f rom banks and non-bank financial institutions during the reference period for th e purpose of investment in fixed assets, including loans issued by banks from th eir self-owned funds and deposit, loans appropriated by higher responsible autho rities, special loans by government (including loan for substituting petroleum w ith coal, special loan for reform-through-labour coal mines), loans arranged by local government from special funds, domestic reserve loan, and working loan, et c.. (3) Foreign Investment refers to foreign funds received during the reference per iod for the construction and purchase of investment in fixed assets (covering eq uipment, materials and technology), including foreign borrowings (loans from for eign governments and international financial institutions, export credit, commer cial loans from foreign banks, issue of bonds and stocks overseas), foreign dirc ct investment and other foreign investment. Excluded in this category are capita ls in foreign exchanges owned by China (foreign exchanges owned by the central a nd local governments, foreign exchanges retained by enterprises, foreign exchang es by enterprises through regulating mechanism, loans in foreign exchanges issue d by the Bank of China with its own fund, etc.). In calculating the utilization of foreign capitals, foreign currencies are converted into Chinese Renminbi appl ying the current exchange rate when the foreign capitals are actually used. (4) Self-raised funds refer to extra-budgetary funds for investment in fixed ass ets received by investing units from central government ministries, local govern ments, enterprises and institutions, including their self-raised funds. (5) Others refer to funds for investment in fixed assets received from the sourc es other than those listed above, including capitals raised through issuing bond s by enterprises or financial institutions, funds raised from individuals and th rough donations, and funds transferred from other units.

Investment in Fixed Assets by Sector The classification of construction project s by sector is determined by the major products or the purpose of the projects w hen they are put into production or use, and by the nature of their social econo mic activities. The investment in capital construction is classified into differ ent sectors of the national economy by the nature of construction projects, whil e investment in innovation and other investment are classified according to the sector to which the whole enterprise or institution belongs. In general, one pro ject or one enterprise or institution can only be classified into one sector. In order to reflect more accurately the relation among various sectors, the branch factories of an integrated complex are classified into different sectors accord ing to the economic activities of the branch factories.

Investment in Fixed Assets by Type of Construction The construction projects in general can be classified, by the type of construction, into new construction, expansion, reconstruction, moving and restoration. However, investment by type o f construction is not applied to investment by real-estate development units, in vestment in rural areas and investment in housing by urban individuals. In capit al construction, the type of construction is determined by the nature of the pro ject. In investment in innovation, in other investment by state-owned units and investment by collective-owned units, the type of construction is determined by the condition of the whole enterprise or institutions.

(1) New construction in general refers to newly constructed enterprises, institu tions, administrative agencies or independent projects from scratch. Constructio n in the existing enterprises, institutions or agencies is not considered as new construction. In case the assets of the existing unit is quite small, and the v alue of newly added fixed assets exceeds the original value of assets by three t imes, the expansion will be considered as new construction. (2) Expansion refers to construction of new major production workshop, branch fa ctory or independent production line within a factory or in other locations, for the purpose of increasing the production capacity (or improving efficiency) of the original products. Newly constructed houses for the operation of institution s and administrative organizations (such as the newly constructed buildings for teaching in schools, buildings for clinics or wards in hospitals, etc.) are also classified as expansion. Also included in the expansion are investments by existing enterprises or instit utions in building major production line(s) or branch factory(ies) along with so me work on innovation, for the purpose of expending the production capacity of o riginal products or producing new products. (3) Reconstruction refers to innovation or technical transformation of the exist ing facilities (including auxiliary production equipment and welfare facilities) , without building major new workshops or branch factories. Also considered as reconstruction is the construction of new workshops by the existing enterprises or institutions for improving the existing production capacity (improving or cha nging the variety of products to meet the market demand), rather than increasing the designed capacity of the main products.

Investment in Fixed Assets by Structure By their contents investment activitie s are classified into 3 categories, i.e. construction and installation, purchase of equipment and instrument, and other expenses.

(1) Construction and installation (work volume of construction and installation) refers to the construction of various houses and buildings and installation of various kinds of equipment and instruments. They include construction of various houses; equipment foundations, industrial kilns and stoves, and metal structure work; preparation works for project construction, and clearing up works post pr oject construction; pavement of railways and roads, drilling of mines and puttin g up of oil pipes; construction of projects of water conservancy; construction o f underground air-raid shelters and construction of other special projects; valu e of equipment for heating, sanitation, ventilation, lighting, gas, painting, et c. that are covered by the budget of housing projects; laying out of various pip elines (for steam, compressed air, petroleum, tap water and sewage) and lines fo r electric power and for communications; installation of various machinery equip ment, testing operation for pre-testing the quality of installation projects, an d land and other development work conducted by real estate developers for commer cial housing. The value of equipment installed is not included in the value of i nstallation projects. (2) Purchase of equipment and instruments refers to the total value of equipment , tools, and instruments purchased or self-produced which come up to standards f or fixed assets by the construction units or investing enterprises or institutio ns. Equipment, tools and instruments purchased or self-produced for new workshop s by newly established or expanded units are categorized as "purchase of equipme nt and instruments" no matter whether they come up to the standards for fixed as sets. (3) Other expenses refer to expenses occurring during the construction or purcha se of fixed assets other than those mentioned above.

Capital Construction Projects by Size The classification of size of capital con struction projects should be determined according to the total scale or total in vestment set in the approved construction plan by higher responsible authorities or in the tentative design, otherwise according to the total scale or total inv estment set in the current capital construction plan of the state, provinces, au tonomous regions, and municipalities directly under central government. Industri al projects which produce unitary products are classified according to its desig n capacity of products; projects which produce multi-products are classified by the design capacity of the major product or by the total planned investment. Sta ndards for the Classification of Construction Projects into large, medium-sized and small ones issued by the government are the base for size division of constr uction projects, which was revised five times in 1958, 1962, 1972, 1977, and 197 9 respectively and therefore, data on projects by size are not entirely comparab le from year to year.

Projects under Construction refer to projects with construction and installation activities undertaken in the reference period. All projects that have construc tion activities undertaken during the reference period are reported as projects under construction irrespective of the length of construction work. The number o f projects under construction can reflect the actual size of investment in fixed assets during a given period, and when compared with the number of projects com pleted and put into use during the same period, it demonstrates the results of i nvestment in fixed assets. Depending on the nature of construction activities, p rojects under construction can also be classified into projects under constructi on in current year, winding-up projects in current year and stopped or suspended projects in previous years (with preservation work in current year).

Projects Completed and Put into Use Industrial projects refer to the major proj ects and accessory facilities completed which result in forming production capac ity and have been checked and accepted while the living and welfare facilities h ave been completed and can ensure normal production and formally put into produc tion. Non-industrial projects refer to the major projects and accessory faciliti es completed which possess the designed capacity and have been checked, accepted and formally put into production.

Newly Increased Production Capacity (or Project Efficiency) refers to the increa se of designed capacity (or project efficiency) through investment in fixed asse ts, which reflects the accomplishment of investment in fixed assets in kind and serves as important basis for evaluating the economic efficiency of investment. The newly increased production capacity (project efficiency) are usually express ed in one of the following forms:

(1) output of products, i.e. the output that the project can produce during a gi ven period (usually a year). For instance, the capacity in coal mining is expres sed in 10,000 tons/year, the capacity in producing chemical pesticides expressed in ton/year, the capacity in producing tractors in tractor/year, etc. For some chemical products where the effective contents differ significantly, the product ion capacity is expressed as the designed effective content equivalent, such as in the case of sulphuric acid, soda ash, caustic soda, etc; (2) raw materials processing capacity, i.e. the volume of raw materials that cou ld be processed by the project per day (or per hour), such as tons of materials processed per day by a sugar refining project or edible vegetable oil project, o r tons of urban sewage processed per day; (3) number or capacity of major equipment increased, such as number of cotton or silk looms increased, wool spindles increased, or capacity (in kilowatts) of po wer generators increased; (4) saved raw materials, fuels or power, which are mainly used for the efficienc y of innovation and transformation projects; and (5) physical measures (volume, capacity, area, and length) of construction, whic h is typical for non-industrial projects, for instance, the length of new railwa ys or highways, the capacity of reservoirs, the floor space of housing projects, capacity for new students in schools or beds in hospitals, areas under new irri gation project, etc. Features of projects sometimes call for combined use of two or more measurement to reflect the increased production capacity (or project efficiency), for instan ce, the new capacity for the production of internal combustion engines are expre ssed in sets per year and kilowatts per year simultaneously. To standardize the nomenclature and unit of measurement for new production capac ity (or project efficiency), the National Bureau of Statistics has developed Nom enclature for New Production Capacity (Project Efficiency) and Nomenclature for Saving Raw Materials, Fuels and Power. All reporting units with investment activ ities are required to follow these two nomenclatures in reporting statistics on new production capacity (project efficiency).

Floor Space of Buildings under Construction and Completed refers to total floor space of the horizontal section of outer walls above the plinth of the building , including the effective area and the area occupied by the structure. This indi cator is one of the important indicators in physical terms to reflect the scale and accomplishment of the construction industry, and important basis for monitor ing the progress, calculating the cost, analyzing the efficiency and studying th e supply of building materials in relation with the construction projects.

Floor Space of Residential Buildings refers to the floo r space of the residenti al buildings among the total space of buildings under construction or completed. Floor Space under Construction refers to total floor space of all buildings un der construction during the reference period, including floor space of newly sta rted buildings during the reference period, floor space of construction extended from the previous period to the current period, and floor space of construction suspended during the previous period and resumed in the current period. Floor s pace of construction completed in the current period, and floor space of constru ction started and then suspended in the current period are also included in the floor space under construction of the current year.

Floor Space of Buildings Completed refers to the floor space of all buildings c ompleted in the reference period, which have been appraised and accepted (or com e up to the designed standards) and have been transferred to the owners for use. Completion Rate of Floor Space of Buildings refers to the ratio of the floor sp ace of buildings completed in certain period of time to the floor space of build ings under construction in the same period. This indicator reflects the investme nt result from the perspective of the speed of construction.

Newly Increased Fixed Assets refer to the newly increas ed value of fixed assets , constructed or purchased, that have been transferred to the investors. This is an indicator that demonstrates the results of investment in fixed assets in mon etary terms, and an important indicator to reflect the speed of construction and to calculate the efficiency of investment.

Rate of Construction Projects Completed and Put into Use refers to the ratio of the number of construction projects completed and put into use in certain perio d of time to the number of projects under construction in the same period. This reflects the investment efficiency from the perspective of the speed of projects construction.

Rate of Projects of Fixed Assets Completed and Put into Operation refers to the ratio of the newly increased fixed assets to the total investment made in the s ame period. This is a comprehensive indicator reflecting the speed of the employ ment of fixed assets and the investment efficiency at the macro–level. As the ne wly increase fixed assets is the result of a long period while the investment is completed in the current year, this indicator is expected to be used to reflect the employment of fixed assets over a long period of time.

Economically Affordable Housing refers to housing const ructed according t o the state plan for economically affordable housing. Houses of this category fe atured in low cost in construction and low prices, and therefore are affordable to mid–income or low income households. Economically affordable housing projects are developed by real estate companies under the state investment plan, with th e land provided through government allocation or tendering procedures. Developer s are exempted from land utilization fees and enjoy another 50% exemption of all other legitimate fees, while their profits are limited to less than 3%, and the completed houses are sold under the government–guided prices. This indicator he lps to analyze the investment structure of the real estate industry and the dema nd and supply of housing for mid or low income households.

Total Energy Production refers to the total production of primary energ y by all energy producing enterprises in the country in a given period of time. It is a c omprehensive indicator to show the capacity, scale, composition and development of energy production of the country. The production of primary energy includes t hat of coal, crude oil, natural gas, hydropower and electricity generated by nuc lear energy and other means such as wind power and geothermal power. However, it excludes the production of fuels of low calorific value, bio–energy, solar ener gy and the secondary energy converted from the primary energy.

Total Domestic Energy Consumption refers to the total c onsumption of energy of v arious kinds by material production sectors, non–material production sectors and households in the country in a given period of time. It is a comprehensive indi cator to show the scale, composition and development of energy consumption. The total energy consumption includes that of coal, crude oil and their products, na tural gas and electricity. However, it excludes the consumption of fuel of low c alorific value, bio–

energy and solar energy. Total domestic energy consumption c an be divided into three parts:

(1)Final Energy Consumption: It refers to the total energy consumption by materi al production sectors, non-material production sectors and households in the cou ntry (region) in a given period of time, but excludes the consumption in convers ion of the primary energy into the secondary energy and the loss in the process of energy conversion. (2)Loss During the Process of Energy Conversion: It refers to the total input of various kinds of energy for conversion, minus the total output of various kinds of energy in the country in a given period of time. It is an indicator to show the loss that occurs during the process of energy conversion. (3)Loss: It refers to the total of the loss of energy during the course of energ y transport, distribution and storage and the loss caused by any objective reaso n in a given period of time. The loss of various kinds of gas due to gas dischar ges and stocktaking is excluded.

Elasticity Ratio of Energy Production is an indicator to show the relationship between the growth rate of energy production and the growth rate of the national economy. The formula is:

Elasticity Ratio of Energy Production = Average Annual Growth Rate of Energy Pro duction / Average Annual Growth Rate of National Economy The average annual growth rate of the national economy can be shown by the gross national product, gross domestic product and other indicators, depending upon t he purposes or needs. The gross domestic product is used in calculation of the r atio in this chapter.

Government Revenue refers to the revenue of the gov ernment finance by mea ns of participating in the distribution of the social products, which is the financial resources for ensuring the government to function. The contents of government r evenue have been changed several times. Now it includes the following main items :

(1) Various tax revenues, including value added tax, business tax, consumption t ax, land value added tax, tax on city maintenance and construction, resources ta x, tax on use of urban land, enterprise income tax, personal income tax, tariff, stamp tax on security transactions, tax on purchase of motor vehicles, tax on a griculture and animal husbandry and tax on occupancy of cultivated land, etc. (2) Special revenues, including revenues from the fee on sewage treatment, fee o n urban water resources, fee for the compensation of mineral resources and extra -charges for education, etc. (3) Other revenues, including revenue from interest, revenue from the repayment of capital construction loan, revenue from capital construction projects, and do nations and grants. (4) Subsidies for the losses of the state-owned enterprises. This is an item of negative revenue, consisting of subsidies to industrial, commercial and grain pu rchasing and supply enterprises.

Government Expenditure refers to the distribution and use of th e funds the gove rnment finance has raised, so as to meet the needs of economic construction and various causes. It includes the following main items:

(1) Expenditure for capital construction: It refers to the non-gratuitous use an d appropriation of funds for capital construction in the range of capital constr uction, outlay of capital as well as the loans on capital construction approved by the government for special purpose or policy purpose and the expenditure with discount paid in an overall way within the amount of the funds appropriated to the departments for capital construction. (2) Innovation funds of the enterprises: They refer to the funds appropriated fr om the government budget for the enterprises to tap the latent power, upgrade th e technology and carry out innovation, including the innovation fund of the depa rtments, loan of the enterprises for innovation, subsidies on the innovation of the small fertilizer plant, small cement plant, small coal mines, small machiner y plant and small steel plant, the expenditure of interest for the loan for inno vation. (3) Geological prospecting expenses: They refer to the expenses appropriated fro m the government budget to the geological prospecting units for the expenditure of the prospecting work, including the expenditures of the administrative agenci es for geological prospecting and their institutional units as well as the geolo gical prospecting expenditure. (4) expenditures for science and technology promotion: They refer to the expens es appropriated from the government budget for the scientific and technological expenditure, including new products development expenditure, expenditure for int ermediate trial and subsidies on important scientific researches. (5) Expenditure for supporting rural production: It refers to the expenditures a ppropriated from the government budget for supporting the various expenditures o f the rural collective units or households for production, including the subsidi es to the small water conservancy projects and well drilling, sprinkling irrigat ion projects run by the villages; subsidies on the rural water and soil conservi ng measures; subsidies to the small power stations

run by the villages; subsidie s to the expenditure for fighting against particularly severe draughts; subsidie s on the rural waste land exclamation; fund for supporting the township enterpri ses; fund for supporting rural cooperative production organizations, subsidies t o the expenditure for popularization of the agricultural technologies and plant protection in the rural areas; subsidies to the expenditure for the protection o f grasslands and cattle and fowls; subsidies on afforestation and forest protect ion in rural areas; subsidies on the rural aquatic products industry; special fu nd for developing grain production. (6) Operating expenses of the departments of farming, forestry, water conservanc y and meteorology etc.: They refer to the expenses appropriated from the governm ent budget for the expenditures of agricultural exclamation, farms, agriculture, animal husbandry, agricultural machinery, forestry, timber industry, water cons ervancy, aquatic products industry, meteorology, technology popularization in to wnship enterprises, popularization (demonstration) of improved varieties, plant (cattle and fowls, forest) protection, water quality monitoring, prospecting and designing, resources investigation, cadres training, subsidies to horticulture gardens, expenditure of specialized secondary schools, subsidies on the experime nts of sowing herbage seeds by flights, expenditures of afforestation agencies a nd meteorology agencies, expenses for fishery administration and operating expen ses for agricultural administration, etc. (7) Operating expenses of the departments of industry, transport and commerce: T hey refer to the expenses appropriated from the government budget to cover the e xpenditure on salaries and operational expenditure of the departments of industr y, transport and commerce for the expenditure of business development, including expenses for prospecting and designing, expenditures of specialized secondary s chools, expenditures of the technical training schools and expenditures for cadr es training, etc. (8) Operating expenses of the departments of culture, education, science and pu blic health: They refer to the expenses appropriated from the government budget for the expenditures on salaries and operational expenditure of the causes of cu lture, publication, cultural relics, education, public health, traditional Chine se medical science, free medical services, sports, archives, earthquake, ocean, communications, broadcasting, film and television, family planning; expenditure for training of cadres of government, party and mass organization; expenditures for natural sciences, social sciences, associations for science and technology a nd the special expenditure for the high-tech researches. They include mainly wag es, extra wages, welfare funds, pension for the retirees, stipend, expenses for official business, expenses for equipment purchases, expenses for repairs, busin ess expenses and subsidies to the units which are unable to support their expend itures by their own earnings. (9) Pension for the disabled or for the families of the bereaved and relief fund s for social welfare: They refer to the funds appropriated from the government b udget for the expenditures of pension for the disabled or for the families of th e bereaved and relief funds for social welfare, including the lump-sum or regula r pension paid by the departments of civil affairs to the members of martyrs fam ilies and families of those who died for the public interest, pension to the rev olutionary disabled, subsidies for permanent disability of various kinds, subsid ies to the military martyrs dependents and the demobilized servicemen, expenditu re for settling down the demobilized servicemen, operating expenses of the conso ling institutions, expenses for management and repair of the commemorative build ings for the martyrs, the expenses managed by the departments of civil affairs f or the retirees and those who have quitted their work, expenses for social relie f in rural and urban areas, operating expenses for providing relief to the areas of natural calamity and subsidies on the reconstruction after the particularly severe natural calamities, etc. (10) Expenditure on retirees: It refers to the expenditure on retirees of govern ment agencies and institutions that are covered by the state budget. (11) Expenses on subsidies to social security system: It refers to expenditure f rom the state budget for subsidies to social security system, including subsidie s to the social insurance fund, subsidies to promoting employment, subsidies to laid-off workers of state-owned enterprises, supplement to national social secur ity funds, etc. (12) Expenditures for national defence: They refer to the funds appropriated fro m the government budget for the expenditures for building up national defence an d safeguarding national security, including expenses of national defence, expens es of scientific researches on national defence, expenses for building up people s militia and expenditure for special projects, etc. (13) Administrative expenses: They include expenditure for administration, subsi dies to the parties and mass organizations, diplomatic expenditure, expenditure for public security, judicial expenditure, law court expenditure, procuratorial expenditure and subsidies to the expenses for treating the cases by the public s ecurity departments, procuratorial organs and law courts. (14) Expenditure on policy-related subsidies: It refers to the expenditure appro priated, with the approval of the government, from the state budget for price su bsidies on such products as grain, cotton and edible oil. More specifically, it includes subsidies to the difference between the selling prices and purchasing p rices of grains, cotton and edible oil, subsidies for curtaining prices and for sugar reserve, subsidies to the difference between the selling prices and purcha sing prices of means pf agricultural production, risk fund for grains, risk fund for non–staple food, risk fund for local production of coal, etc. (15) Expenditure on interest of debts: It refers to expenses from the state budg et on paying interest of domestic and foreign debts.

Revenue of the central government and revenue of the local gover nments: refers to the revenue of the central government and that of the local governments as de fined by the decentralized taxation system starting from 1994. In accordance wit h this system, the revenue of the central government includes tariff, consumptio n tax and value added tax levied by the customs, consumption tax, income tax of the enterprises subordinate to the central government, income taxes of the local banks, foreign–funded banks and non–bank financial institutions, business tax a nd profits of railways, head offices of banks, head office of insurance company , which are handed over to the government in a centralized way, tax on city main tenance and construction, tax on purchasing motor vehicles, tonnage tax of ships , 75% of the value added tax, 94% of the tax on stock dealing (stamp tax), inter est income tax in the personal income tax, proportion of the personal income tax (other that interest income tax) to be shared by the central government, and ta x on ocean petroleum resources,. The revenue of the local governments includes b usiness tax, income tax of the enterprises subordinate to the local government, proportion of the personal income tax (other that interest income tax) to be sha red by the central government, tax on the use of urban land, tax on the adjustme nt of the investment in fixed assets, tax on town maintenance and construction, tax on real estates, tax on the use of vehicles and ships, stamp tax, slaughter tax, tax on agriculture and animal husbandry, tax on special agricultural produc ts, tax on the occupancy of cultivated land, contract tax, value–added tax on la nd, income from charges on use of state–owned land, 25% of the value added tax, 6% of the tax on stock dealing (stamp tax) and tax on resources other than the o cean petroleum resources.

Expenditure of the central government and expenditure of the local governments: according to the different functions of the central g overnment and local govern ments in the economic and social activities, the rights of affairs administratio n are classified between the central government and local governments; and the c lassification of the expenditure between the central government and local govern ments are made on the basis of the classification of the rights of affairs admin istration between them. The expenditure of the central government includes the e xpenditure for national defence, expenditure for armed police forces, the admini strative expenses and various operating expenses at the level of central governm ent, expenditure for key projects and the expenditure of the central government for adjusting the national economic structure, coordinating the development amon g different regions and exercising the macro–economic regulation and control. Th e expenditure of the local governments includes mainly the administrative expens es and various operating expenses at the level of local governments, the expendi ture for capital construction and technological innovation with the funds raised by the local government, expenditure for supporting rural production, expenditu re for city maintenance and construction and expenditure for price subsidies, etc.

Extra–budgetary revenue and expenditure Extra–budgetary fund refers to financia l fund of various types not covered by the regular government budgetary manageme nt, which is collected, allocated or arranged by government agencies, institutio ns and social organizations while performing duties delegated to them or on beha lf of the government in accordance with laws, rules and regulations. It mainly c overs following items: administrative and institutional fees, governmental funds and extra charges that are stipulated by laws and regulations; administrative a nd institutional fees approved by the State Council and provincial governments a nd their financial and planning (price management) departments; governmental fun ds and extra charges established by the State Council and the Ministry of Financ e; funds turned over to competent departments by their subordinate institutions; self–raised and collected funds by township governments for their own expenditu re; and other financial funds that are not covered in budgetary management. Soci al security funds are treated as extra–budget fund and managed for its exclusive use, given the circumstance that separate government budgetary system for socia l security is yet to be designed. Special accounts are opened by the financial d epartments in banks for the management of revenue and expenditure of extra–budge tary fund. Extra–budgetary revenue and expenditure is managed separately, namely , revenue of institutions and departments must enter into the special accounts o f the financial departments at the same administrative level, and their extra–bu dgetary expenditure is arranged in line with the extra-budget plans and appropri ated from these accounts.

Credit Funds refer to the funds issued as loans by bank ing institutions. The sources of credit funds of the banking institutions included deposits, issue of financial bonds, account-payable and temporary gathering, liabilities to int ernational financial institutions, currency in circulation, various reserves, ow ners' rights and interests and other items. The credit funds can be used in form s of loans, securities and investment, account receivable and advance payment, e ntrusted investment, gold, foreign exchange, cash on hand, government debt and a ssets in the international financial institutions.

Deposit is a form of credit by which enterprises, insti tutions, organizations or households can put money into banks and other credit institutions for safekee ping and interest earning under the principle of free withdrawal. According to d ifferent depositors, deposits are divided into enterprise deposits, treasury dep osits, deposits of government agencies and organizations, capital construction d eposits, savings deposits, rural saving deposits, entrusted deposits and other d eposits. Deposits are major sources of the credit funds of banks.

Loan is a form of credit by which banks and other credi t institutions provide funds at certain interest rate to enterprises and individuals in the light of th e principle of unconditional repayment. Loans from Chinese banks include circula ting capital loans, fixed assets loans, loans to urban and rural individuals eng aged in industrial and commercial business and agricultural loans.

Insurance Companies refer to commercial insurance compa nies of various forms re gistered by law and established in China with the approval of insurance regulato ry agencies.

Amount Insured refers to the maximum that the insurant will get for the claim of the case insured.

Premium is the fee paid by the insurant to the insurer to obta in the obligation of compensation from the insurance within the agreed terms. Settled Claim is the compensation paid by the insurer to the insurant in accor dance with the insurance contract.

Payment includes payment for death, injury or medical t reatment and mature pay ment. Payment for death, injury or medical treatment refers to the money paid to the insurant (or the beneficiary) in accordance with the life or health insuran ce contract when the insurant encounters accidents within the insured period cov ered in the contract. Mature payment refers to the mature payment to the insuran t in accordance with the life insurance contract at the end of the insured period.

Consumer Price Indices reflect the trend and degr ee of changes in prices of con sumer goods and services purchased by urban and rural residents, and is a compos ite indices derived from the urban consumer price indices and the rural consumer price indices. Consumer price indices can be used to analyze the impact of cons umer price change on actual expenditure for living cost of urban and rural residents.

Urban Consumer Price Indices reflect the trend and degr ee of changes in prices of consumer goods and services purchased by urban households during a given peri od. It can be used to observe and analyze the impact of price changes in consume r goods and services on wages (in monetary terms) of staff and workers, and prov ide basis for policy-making concerning the living cost and wages of staff and workers.

Rural Consumer Price Indices reflect the trend and degr ee of changes in prices of consumer goods and services purchased by rural households during a given peri od. It can be used to observe the impact of change in retail prices of consumer goods and service prices in rural areas on living expenditure of rural household s, and to show the changes in the living standard of peasants. It provides basis for analysis and research on condition of life in rural areas.

Retail Price Indices reflect the trend and degree o f change in retail p rices of commodities during a given period. The change in retail prices of commodities d irectly affect the living expenditure of urban and rural residents, government r evenue, purchasing power of residents and the equilibrium of market supply and d emand, and the ratio of consumption to accumulation. Therefore, the retail price indices are useful to analyze the changes of the above economic activities.

Price Indices of Means of Agricultural Production reflect the trend and degree of changes in prices of means of agricultural production during a given period. Price indices of means of agricultural production are composed of 8 categories i ncluding small farm tools, feeds, young domestic animals and poultries, semi-mec hanized farm machinery, mechanized farm machinery, chemical fertilizers, pestici des and spraying machinery, fuels for farm machinery. Compilation of these indic es help to understand the changes in prices of input into agricultural productio n and facilitate the compilation of national account statistics. Before 1994, pr ice indices of means of agricultural production was a sub–category in the in the retail price indices of commodities, and it has been compiled separately since 1994.

Indices of Producers' Prices for Farm Products reflect the trend and degree of changes in producers' prices received by farmers when they sell farm products du ring a given period. These indices depict the change in the level and structure of producers' prices of farm products of the country and meet the needs of agric ulture statistics and national account statistics. The producers' price index of a given product is calculated through geometrical mean of individual indices of all surveyed units who sell such product, and the indices of a product category is obtained through weighted mean of price indices of all products in the categ ory. Method for calculating accumulative quarterly indices is the same as for ca lculating the distinctive quarterly indices.

Ex–factory Price Indices of Industrial Products reflect the trend and degree of changes in general ex–factory prices of all industrial products during a given period, including sales of industrial products by an industrial enterprise to al l units outside the enterprise, as well as sales of consumer goods to residents. It can be used to analyze the impact of ex–factory prices on gross output value and value–added of the industrial sector.

Indices of Purchasing Prices of Raw Materials, Fuels and Power reflect changes in the level and degree of prices paid by industrial enterprises when they purch ase production input such as raw materials, fuels and power from the market or f rom other energy or raw materials producing enterprises. These indices provide i mportant basis for measuring the material consumption of industrial enterprises after removing influence of price changes.

At present, over 900 products in 9 categories, including fuels a nd power, ferrou s metals, non–ferrous metals, chemicals, building materials, are covered in Chin a for the survey to produce indices of purchasing prices of raw materials, fuels and power.

Price Indices of Investment in Fixed Assets reflect the trend and degree of cha nges in prices of investment goods and projects in fixed assets during a given p eriod. The investment in fixed assets consists of three components, namely the i nvestment in construction and installation, the investment in purchases of equip ment and instrument, and the investment in other items. Price indices of investm ent in fixed assets are calculated as the weighted arithmetic mean of the price indices of the three components of investment in fixed assets.

Removing the factor of price change in the aggregates of investment at current p rices, this indicator shows the changes in the prices of commodities and fees in volved in the investment of fixed assets, and can be used to observe the actual size, growth, structure, and efficiency of investment in fixed assets and provid es reliable and scientific data for government planning, management, decision–ma king, and further improving the current national accounting system.

I. Urban Households

Population of urban households refer to members of the household living and sh aring economically together. All income and expenditure of the population of the household are included in the income and expenditure of the household.

Proportion of urban employment refer to the proportion of employed population to the population of urban households.

Number of dependents per urban employee refers to the ratio between number of p ersons in urban households and the number of dependents.

Total Income of Urban Households refers to the sum of w age and salary, net busi ness income, income from properties, and income from transfers of members of the households, excluding income from selling of properties and income from borrowings.

Disposable Income of Urban Households refers to the act ual income at the dispos al of members of the households which can be used for final consumption, other non–compulsory expenditure and savings. This equals to total income minus income tax, personal contribution to social security and sample household subsidy for k eeping dairies. Following formula is used:

Disposable income = total household income – income tax – personal contribution to social security – sample household subsidy for keeping dairies

Total expenditure of Urban Households refer to all expe nditure of the household s except expenditure on leading. It includes expenditure on consumption, on purc hasing or building houses, on transfers, on properties and on social security.

Consumption Expenditure of Urban Households refers to t otal expenditure of the sample households for consumption in daily life, including expenditure on eight categories such as food, clothing, household appliances and services, health ca re and medical services, transport and communications, recreation, education and cultural services, housing, miscellaneous goods and services.

Expenditure of Urban Households on Consumption of Services refers to expenditure of households on services of various kinds provided by the society.

Urban Households by Income Group All households in the sample are grouped, by per capita disposable income of the household, into groups of lowest income, low income, lower middle income, middle income, upper middle income, high income and highest income, each group consisting of 10%, 10%, 20%, 20%, 20%, 10% and 10% o f all households respectively. The lowest 5% of households are also referred to as poor households.

Engel Coefficient refers to the percentage of expenditu re on food in the total consumption expenditure, using the following formula:

Engel Coefficient = (expenditure on food / total consumption expenditure) x 100%

II. Rural Households

Rural Households refer to resident households in rural areas. Resident househol ds in rural areas are the households residing for more than one year in the area s under the jurisdiction of administration of township governments (excluding co unty towns), and in the areas under the jurisdiction of administration of villag es in county towns. Migrated households residing in the current addresses for ov er one year with their household registration in other places are included in th e resident households of their current addresses. For households with their hous ehold registration in one place but all members of the households moving away fo r living in another place for over one year, they will not be included in the ru ral households of the area where they are registered, irrespective of whether th ey still keep their contracted land.

Resident Population refers to population staying at hom e permanently or for ove r 6 months during a year and sharing life economically with the household. Membe rs of the household staying away from the household for over 6 months but keepin g a close economic relation with the household by sending the majority of income to the household are regarded as resident population of the household. Governme nt staff and workers or retirees living as close members of the household are al so considered as resident population. However, servicemen, students of secondary technical schools or schools of higher education and persons with stable jobs a nd residence outside the household (excluding those visiting relatives or seekin g medical service) are not included as resident population of the household. Res ident population is used in calculating income, consumption, accumulation on per capita basis of rural households and in analyzing composition of rural households.

Full/Semi Labour Force Full labour force refers to pers ons capable of work, age d 18–50 for males and 18–45 for females. Semi labour force refers to persons cap able of work, aged 16–17 and 51–60 for males and 16–17 and 46–55 for females. Pe rsons at their working ages but not capable of work are not to be included as la bour force. Persons not at working ages but participating regularly in work are included in semi labour force. For staff and workers as resident population of t he household, they are included as full or semi labour force of the household if they are in the labour force.

Total Income refers to the sum of income earned from various so urces by the rur al households and their members during the reference period, and is classified a s income from wages and salaries, income from household operations, income from properties and income from transfers.

Income from Wages and Salaries refers to income from la bour ear ned by the members of rural households employed by other units or individuals.

Income from Household Operations refers to income by the rural househol ds as un its of production and operations. Operations by rural households are classified by economic activities as agriculture, forestry, animal husbandry, fishery, manu facturing, construction, transportation, post and telecommunications, wholesale, retail and catering, social service, culture, education, health, and other hous ehold operations.

Income from Properties refers to the income received as returns by owners of fi nancial assets or tangible non-productive assets by providing capitals or tangib le non-productive assets to other institutional units.

Income from Transfers refers to the receipt by rural ho useholds and their membe rs of goods, services, capitals or rights of assets without giving or repaying a ccordingly, excluding capitals provided to them for the formation of fixed asset s. In general, it refers to all income received by rural households through redi stribution.

Cash Income refers to income received by rural househol ds and their members in the form of cash during the reference period. It is classified, by source of inc ome, into income from wages and salaries, cash income from household operations , income from properties and income from transfers

Net Income refers to the total income of rural househol ds from all sources minu s all corresponding expenses. The formula for calculation is as follows:

Net income = total income – household operation expenses – taxes and fees – depr eciation of fixed assets for production – subsidy for participating in household survey – gifts to non-rural relatives Net income is mainly used as input for re production and as consumption expenditure of the year, and also used for savings and non-compulsory expenses of various forms. "Per capita net income of farmer s" is the level of net income averaged b y population which reflects the average income level of rural households in a gi ven area.

Production Capacity of Water Supply refers to the d esigned comprehensive produc tion capacity of water facilities, covering the 4 links of water collection, pur ification, conveyance, and outflow through trunk pipelines. Increase capacity th rough transformation and innovation projects are included as well. The capacity is determined mainly on the weakest of the above-mentioned 4 links.

Length of Water Supply Pipelines at the Year-end refers to the total length of all the pipelines between the water pumps and the user's water meters, excluding pipelines newly installed but not used yet.

Annual Volume of Water Supply refers to the total volum e of water supplied by w ater-works (units) during the reference period, including both the effective wat er supply and loss during the water supply.

Consumption of Water for Residential Use refers to the water consumption of hou seholds for daily life and the water consumption of public service facilities. T he latter refers to water consumption for urban public services, including the c onsumption of government agencies and public institutions, military barracks, pu blic facilities, wholesale and retail outlets, restaurants, hotels, and other un its providing public services. Household water consumption refers to consumption of water for daily life of all households in the boundary of cities, including households of urban residents and farmers, and public water supply stations.

Percentage of Urban Population with Access to Tap Water refers to the ratio of t he urban population with access to tap water to the total urban population. The formula is:

Percentage of population with access to tap water= (Urban population with access to tap water) / (Urban population) × 100%

Production Capacity of Gaswork Gas refers to the comprehensive production capac ity of the urban gasworks in gas generation, purification and delivery at the en d of the reference period, excluding capacity of the reserved facilities. In gen eral, it is determined by the designed capacity, and when actual production capa city is larger than the designed capacity, the capacity is determined by the act ual measurement on the weakest link in the production, purification and delivery .

Length of Gas Pipelines refers to the total length of p ipelines in use between the outlet of the compressor of gas-work or outlet of gas stations and the leadi ng pipe of users, excluding pipelines within gasworks, delivery stations, LPG st orage stations, refilling stations, gas-mixing stations and supply stations.

Volume of Gas Supply refers to the total volume of gas provided to users by gas -producing enterprises (units) in a year, including the volume sold and the volu me lost.

Percentage of Urban Population with Access to Gas refers to the ratio of the urban population with access to gas to the total urban population at the end of th e reference period. The formula is:

Percentage of population with access to gas = (Urban population with access to g as / Urban population) x 100%

Heating Capacity in Urban Area refers to the designed c apacity of heating enter prises (units) in supplying heating energy to urban users during the reference period.

Quantity of Heat Supplied in Urban Area refers to the t otal quantity of heat fr om steam and hot water supplied to urban users by heating enterprises (units) du ring the reference period.

Length of Heating Pipelines refers to the total length of steam or hot water pi pelines for sources of heat to the leading pipelines of the buildings of the use rs, excluding internal pipelines in heat generating enterprises.

Length of Paved Roads at the Year–end refers to the len gth of roads with paved surface including squares bridges and tunnels connected with roads by the end of the year. Length of the roads is measured by the central lines for vehicles fo r paved roads with a width of 3.5 meters and over, including roads in open–ended factory compounds and residential quarters.

Urban Bridges refer to bridges built to cross over natu ral or man–made barriers , including bridges over rivers, overpasses for traffic and for pedestrian, unde rpasses for pedestrian, etc. Both permanent and semi–permanent bridges are included.

Length of Urban Sewage Pipes refers to the total length of general drainage, tr unks. branch and inspection wells, connection wells, inlets and outlets, etc.

Daily Disposal Capacity of Urban Sewage refers to the d esigned 24 hour capacity of sewage disposal by the sewage treatment works or facilities.

Number of Vehicles under Operation at the Year–end refers to the total number o f vehicles under operation by public transport enterprises (units) at the end of the year, based on the records of operational vehicles by the enterprises (units).

Area of Urban Gardens and Green Areas refers to the tot al area occupied for gre en projects at the end of the reference period, including public green land, gre en land in residential quarters, green land attached to institutions, protection green land, production green land, roadside green land and forest in scenic spo ts. It does not include the following:

(1) Greenery and plants on roofs, balconies, indoors and vertical green areas; (2) Forest, cultivated land, grassland, orchards and bamboo grooves that are for production purpose; and (3) Water areas that are not included in urban master plan as green land.

Public Green Area refers to green areas open to the pub lic such as municipal, community and neighborhood parks and roadside parks, including waters within park s. Neighborhood parks should occupy an area larger than 10,000 square meters, an d the width of roadside parks should occupy an area larger than 400 square meter s, with a width of more that 8 meters.

Gross Output Value of Farming, Forestry, Animal Husbandry and Fishery refers to the total value of products of farming, forestry, animal husbandry and fishery, and total value of services rendered to support farming, forestry, animal husba ndry and fishery activities. It reflects the total scale and results of agricult ural production during a given period. Prior to 1957, Chinas gross agricultural output value included barnyard manure and handicraft products for self–consumpti on (clothes, shoes, stockings, and initial grain processing undertaken by peasan ts). Since 1958, cutting and felling of bamboo and trees by villages and other c ooperative organizations under villages have been included in forestry; value of barnyard manure has been excluded from animal husbandry; self consumed handicra fts has been excluded from sideline occupations, while the output value of indus tries run by villages and cooperative organizations under village had been incl uded in sideline occupations and the output value of fish catches by motor fishi ng boats has been added to fishery. Since 1980, the value of handicraft products made for sale by individuals in households had been added to sideline occupatio ns. Since 1984, industries run by villages and under villages have been included in the sector of industry. Since 1993, the subdivision of sideline occupations has been canceled, and the hunting of wild animals has been classified into anim al husbandry, and the gathering of wild plants and commodity industry run by rur al household have been included in farming. A new industrial classification of e conomic activities was introduced in 2003. Under the new classification, value o f services to farming, forestry, animal husbandry and fishery is included in the gross output value of agriculture, value of wood felling and transport is inclu ded in forestry, value of industrial output by rural households is not included in agriculture, and the collection of wild forest products is taken from agricul ture and included in the forestry. The first agriculture census of China reveale d some discrepancy between the production of animal products from the annual rep orts and that from the census. Efforts were made by the Rural Socio–economic Sur vey Organization of NBS to adjust the output value of animal husbandry to make t he figures from the annual reports consistent with the census data.

Gross output value of agriculture is obtained by first multiplying the output of each product or by product by its price, resulting in the output value of each single item. For a small number of products, annual output of which is not avail able or difficult to get due to the long production (growing) process involved, the output value is estimated through an indirect approach. The sum of output va lue of all products of farming, forestry, animal husbandry and fishery is then e qual to the gross output value of agriculture.

Grain Output refers to the total output in the whole coun try including grains p roduced by state farms, collective units, rural households, as well as by farms affiliated to industrial and mining enterprises and other production units. Grai n includes rice, wheat, corn, sorghum, millet and other miscellaneous grains as well as tubers and bean. Output of beans refers to dry beans without pods. The o utput of tubers (sweet potatoes and potatoes, not including taros and cassava) w as converted into that of grain at the ratio 4:1, i.e. 4 kilograms of fresh tube rs was equivalent to 1 kilogram of grain up to 1963. Since 1964 the ratio for co nversion has been 5:1. Tubers supplied as vegetables (such as potatoes) in citie s and suburbs are calculated as fresh vegetables and their output is not include d in the output of grain. Output of all other grains refers to husked grain.

Output of Oil–bearing Crops refers to the total product ion of oil–bearing crops of various kinds, including peanuts, (dry, in shell) rapeseeds, sesame, sunflow er seeds, flax seeds, and other oil–bearing crops. Soybeans, oil–bearing woody p lants, and wild oil–bearing crops are not included.

Output of Aquatic Products refers to catches of both ar tificially cultured and naturally grown aquatic products, including fish, shrimps, crabs and shellfish i n sea and inland water as well as seaweed. Freshwater plants are not included. Output of Pork, Beef, and Mutton refers to the meat of slaughtered hogs, cattl e, sheep and goats with head, feet, and offal taken away.

Number of Livestock or Poultry in Stock at Beginning (or End) refers to the tota l number of large animals, pigs, sheep, fowls, etc. raised by rural cooperative organizations, state farms, rural individuals, government agencies, schools, ind ustrial and mining enterprises, army, and urban residents at the beginning (or e nd) of the reference period. Data reporting system and data adjustment are the s ame as that in the output of pork, beef and mutton.

Regularly Cultivated Land refers to farmland among the total land resources, whi ch is exclusively used for farming and is under regular cultivation with harvest in normal years. Included are currently cultivated land, land that has been aba ndoned or put in idle for less than 3 years and could be re–used for cultivation at any time, and new–claimed land that has been put into cultivation for more t han 3 years. According to statistical coverage, it includes the gouges, dykes, r oads and ridges of field with 1 meter wide in Southern areas and 2 meters wide i n Northern areas. Excluded under this category are steep slope land over 25 degr ees under temporary cultivation, land (large or small plots) that is claimed alo ng river bends, lake sides or banks of reservoirs, as well as land that has been designated under the "Green for Grain" programmes of the state and provincial g overnments but is still temporarily under cultivation. The regularly cultivated land is the key protection land of the nation, an important indicator reflecting the comprehensive productivity of agriculture of China.

Sown Area of Crops refers to area of land sown or trans planted with crops regar dless of being in cultivated area or non–cultivated area. Area of land re–sown d ue to natural disasters is also included. This is an important indicator that ca n reflect the utilization condition of the cultivated land in China.

Irrigated Area refers to areas that are effectively irr igated, i.e. level land, which has water source and complete sets of irrigation facilities to lift and m ove adequate water for irrigation purpose under normal conditions. Under normal conditions, irrigated area is the sum of watered fields and irrigated fields whe re irrigation systems or equipment have been installed for regular irrigation pu rpose. This important indicator reflects drought resistance capacity of the cult ivated land in China.

Consumption of Chemical Fertilizers in Agriculture refers to the quantity of che mical fertilizers applied in agriculture in the year, including nitrogenous fert ilizer, phosphate fertilizer, potash fertilizer, and compound fertilizer. The co nsumption of chemical fertilizers is required in calculation to convert the gros s weight into weight containing 100% effective component (e.g. 100% nitrogen con tent in nitrogenous fertilizer, 100% phosphorous pent oxide contents in phosphat e fertilizer, 100% potassium oxide contents in potash fertilizer). Compound fert ilizer is converted with its major component. The formula is :

Volume of effective component= physical quantity x effective com ponent of certain chemical fertilizer (%)

Total Power of Farm Machinery refers to total mechanica l power of machinery us ed in farming, forestry, animal husbandry, and fishery, including ploughing, irr igation and drainage, harvesting, transport, plant protection, stock breeding, f orestry and fishery. The power of internal combustion engines is required to con vert horsepower into watts and the power of electric motors is required to be co nverted into watts. Machinery employed for non-agricultural purposes, such as th e machines used in township run and village-run industry, construction, non-agri cultural transport, scientific experiments and teaching, is excluded. Data are m ainly from agricultural machinery agencies.

Rural Employed Persons refer to rural labor forces aged over 16 years old who a re engaged in real production and management activities and receive payment in k ind or wages, including those covered within the age frame and regularly partici pating in production activities, and those who are out of the range of age frame and also participating in production activities regularly. Excluding students s tudying in other places with their permanent residence registered in local areas , servicemen and persons incapable of working; also excluding those who are wait ing for jobs and those engaged in household work. Persons employed are classifie d as rural employed persons; industrial employed persons; construction industry employed persons; transport, storage and telecommunications industries employed persons; whole sales and retail sales trade and catering industry employed perso ns and others according to the longest period of employment in major activities (or using income indicator when period of employment is the same).

Industry refers to the material production sector w hich is engaged in extraction of natural resources and processing and reprocessing of minerals and agricultur al products, including (1) extraction of natural resources, such as mining, salt production (but not including hunting and fishing); (2) processing and reproces sing of farm and sideline produces, such as rice husking, flour milling, wine ma king, oil pressing, silk reeling, spinning and weaving, and leather making; (3) manufacture of industrial products, such as steel making, iron smelting, chemica ls manufacturing, petroleum processing, machine building, timber processing; wat er and gas production and electricity generation and supply; (4)repairing of ind ustrial products such as the repairing of machinery and means of transport (incl uding cars).

Prior to 1984, the rural industry run by villages and cooperative organizations under village was classified into agriculture. Since 1984, it has been grouped i nto industry. Units of industrial statistics survey corporate industrial enterprises with inde pendent accounting system. Corporate industrial enterprises with independent accounting system refer to ent erprises engaging in industrial production activities, which meet the following requirements: ① They are established legally, having their own names, organizati ons, location, able to take civil liability; ② They possess and use their assets independently, assume liabilities, and are entitled to sign contracts with othe r units; ③ They are financially independent and compile their own balance sheets . Enterprises covered in the industrial statistics in the Yearbook include followi ng categories by their registration:

State-owned Enterprises refer to industrial enterprises where the means of produ ction or income are owned by the state. Joint state-private industries and priva te industries, which existed before 1957, have been transformed into state indus tries. Statistics on these enterprises has been included in the state-owned indu stries since 1957 when separation of data was no longer necessary.

Collective-owned Enterprises refer to industrial enterp rises where the means of production are owned collectively, including urban and rural enterprises investe d by collectives and some enterprises which were formerly owned privately but ha ve been registered in industrial and commercial administration agency as collect ive units through raising fund from the public.

Share-holding Cooperative Enterprises refer to economic units set up on co operative basis, with funding partly from members of the enterprise and partly f rom outside investment, where the operation and management is decided by the mem bers who also participate in the production, and the distribution of income is b ased both on work (labour input) and on shares (capital input).

Joint-operation enterprises refer to economic units that are established by join t investment by two or more corporate enterprises or institutions of the same or different types of ownership on voluntary, equal and mutual-beneficial basis. T hey include: a) state-owned joint-operation enterprises (joint operation between state- owned enterprises); b) collective joint-operation enterprises (joint operation between collect ive enterprises; and c) state-collective joint-operation enterprises (joint operation between s tate and collective enterprises).

Limited Liability Corporations refer to economic units registered in accordance with the Regulation of the People's Republic of China on the Management of Regis tration of Corporations, with capitals from 2 to 49 investors, each investor bea rs limited liability to the corporation depending on his/her holding of shares, and the corporation bears liability to its debt to the maximum of its total assets.

Share-holding Corporations Ltd. refer to economic units registered in accordance with the Regulation of the People's Republic of China on the Management of Regi stration of Corporate Enterprises, with total registered capitals divided into e qual shares and raised through issuing stocks. Each investor bears limited liabi lity to the corporation depending on the holding of shares, and the corporation bears liability to its debt to the maximum of its total assets.

Private Enterprises refer to economic units invested or controlled (by hol ding the majority of the shares) by natural persons who hire labours for profit- making activities. Included in this category are private limited liability corpo rations, private share-holding corporations Ltd., private partnership enterprise s and private sole investment enterprises registered in accordance with the Corp oration Law, Partnership Enterprise Law and Tentative Regulation on Private Ente rprises.

Enterprises with Funds form Hong Kong, Macao and Taiwan refers to all industrial enterprises registered as the joint-venture, cooperative, sole (exclusive) inve stment industrial enterprises and limited liability corporations with funds from Hong Kong, Macao and Taiwan.

Foreign Funded Enterprises refers to all industrial ent erprises registered as the joint-venture, cooperative, sole (exclusive) investment industrial enterpris es and limited liability corporations with foreign funds.

Light Industry refers to the industry that produces con sumer goods and hand too ls. It consists of two categories, depending on the materials used:

(1) Industries using farm products as raw materials. These are branches of light industry which directly or indirectly use farm products as basic raw materials, including the manufacture of food and beverages, tobacco processing, textile, c lothing, fur and leather manufacturing, paper making, printing, etc. (2) Industries using non farm products as raw materials. These are branches of l ight industry which use manufactured goods as raw materials, including the manuf acture of cultural, educational articles and sports goods, chemicals, synthetic fiber, chemical products for daily use, glass products for daily use, metal prod ucts for daily use, hand tools, medical apparatus and instruments, and the manuf acture of cultural and clerical machinery.

Heavy Industry refers to the industry which produces ca pital goods, and provide s various sectors of the national economy with necessary material and technical basis. It consists of the following three branches according to the purpose of p roduction or the use of products:

(1) Mining, quarrying and logging industry refers to the industry that extracts natural resources, including extraction of petroleum, coal, metal and non-metal ores. (2) Raw materials industry refers to the industry that provides various sectors of the national economy with raw materials, fuels and power. It includes smeltin g and processing of metals, coking and coke chemistry, chemical materials and bu ilding materials such as cement, plywood, and power, petroleum refining and coal dressing. (3) Manufacturing industry refers to the industry that processes raw materials. It includes machine building industry which equips sectors of the national econo my, industries of metal structure and cement products, industries producing mean s of agricultural production, such as chemical fertilizers and pesticides. Accor ding to the above principle of classification, the repairing trades which are en gaged primarily in repairing products of heavy industry are classified into heav y industry while these engaged in repairing products of light industry are class ified into light industry.

Gross Industrial Output Value

(1) Definition: Gross industrial output value is the total volume of final indus trial products produced and industrial services provided during a given period. It reflects the total achievements and overall scale of industrial production du ring a

given period. (2) Principles for calculation: Statistics on industrial production follow the principle that all products produ ced by the enterprises and accepted during the reference period are to be includ ed no matter whether they are sold or not during the reference period. Determination of final products follow the principle that all products that are included in the calculation of grow industrial output value are the final produc ts of the enterprise which have been accepted through quality check and require no further processing. If an enterprise has intermediate (semi–finished) product s to sell, these intermediate products are considered as the final products of t he enterprise. Gross industrial output value is calculated following the principle of factory a pproach, i.e. industrial enterprise is used as the basic accounting unit in calc ulating the gross industrial output value. By this approach, value of the same p roduct is not to be double counted, and the output value of different workshops (branch factories) should not be added. However, this approach does not exclude the possibility of double counting between enterprises. (3) Content and calculation method: The old definition of gross industrial outpu t value was modified during the national industrial census in 1995. The revised (new) definition of gross industrial output value consists of 3 components: valu e of the finished products during the reference period, income from external pro cessing, and value of change in semi–finished products at the end and at the beg inning of the reference period. Value of the finished products during the reference period: refers to the value of all finished (semi–finished) industrial products that are produced during the reference period without the need for further processing, checked for acceptanc e, packed and put into the warehouse of the enterprise, including the value of o wn–produced equipment and the value of products provided to the projects under c onstruction of the enterprise, and to other non–industrial or welfare units. Val ue of finished products during the reference period is calculated by the quantit y of products produced using own materials multiplied by the average unit prices at which products are sold (excluding value–added tax). Own–produced equipment and products produced for own use are value at cost prices as in the case of ent erprise accounting. Value of finished products does not include the value of fin ished products (semi–finished products) that are produced using the materials fr om the clients who make the orders. Income from external processing: refers to income from contracted external proce ssing of industrial products (including processing of industrial products using materials from the clients), and the income from industrial repairing work provi ded to other units. Income from external processing is calculated using informat ion from the item "products sales income" in the enterprise accounting at the pr ices excluding value–added tax. For income from services such as processing, repairing and installation of equip ment provided to non–industrial units within the enterprise, if the accounting w ork of the enterprise is good enough to separate it from other records, and the share of such services is significant, it should also be included in the income from external processing. Value of change in semi–finished products at the end and at the beginning of the reference period: refers to the value of change in semi–finished products at th e end and at the beginning of the reference period, which generally can be obtai ned from accounting records of enterprises. If the enterprise accounting exclude s the cost of semi–finished products, then it should not be included in the gros s industrial output value, and vice versa. (4) Changes in the coverage and method of calculation of gross industrial output value Prior to 1984, the value of rural industry run by villages was classified into a griculture instead of industry. Since 1984, it has been included in the gross in dustrial output value. Method of calculation for the gross industrial output value was modified in the industrial census in 1995. The difference in the new method as compared with the old one is outlined below: Principle in using full value vs. processing fee: The new method stipulates that all products produced using own materials are to be calculated with full value in reporting the gross industrial output value irrespective of sophistication of production, and for external processing, it allows calculation using processing fee. In the old method, however, the use of full value or processing fee was de termined by the degree of sophistication of production in different branches of industries. Principle in determining the value of change in semi–finished products: The new method requires that value of the change in semi–finished products should be inc luded in the gross industrial output value if it is included in the accounting r ecord of the enterprise, otherwise it should not be included. By the old method, it is determined by the type of enterprises in terms of production cycle. If th e production cycle is over 6 months, the value of change in semi–finished produc ts is included in the gross industrial output value, otherwise it is excluded. Difference in prices: The new method uses prices excluding value–added tax in th e calculation of gross industrial output value, while the old method used prices including value–added tax.

Value-added of Industry refers to the final results of industrial production of industrial enterprises in money terms during the reference period.

Industrial value-added can be calculated by two approaches: the production appro ach, i.e. gross industrial output value minus intermediate input plus value-adde d tax, and the income approach, i.e. income for various factors used in the cour se of production, including depreciation of fixed assets, remuneration of labour ers, net of production tax, and operating surplus. Value-added of industry in th e Yearbook is calculated by production approach as following: Value-added of industry = gross industrial output - industrial intermediate inpu t + value-added tax (1) Gross industrial output: refers to the total achievements of industrial prod uction during a given period. Gross industrial output includes value of finished products, income from external processing, and value of change in semi-finished products at the end and at the beginning of the reference period. Since 1995, i t was substituted by the gross industrial output value by new method. (2) Industrial intermediate input: refers to purchased goods and paid services c onsumed during the industrial production of enterprises. Fees paid for services include fees paid for the services provided by material production sectors (indu stry, agriculture, wholesale and retail trade, construction, transport, post and telecommunications) and by non-material production sectors (insurance, banking, culture, education, scientific research, health and medical care, public admini stration, etc.). The determination of industrial intermediate input follows the principle that the goods and services must be purchased from outside and include d in the gross industrial output, and that the goods and services are inputted i nto production and consumed (include low-value consumables) during the reference period. Industrial intermediate input includes 5 components, namely direct consumption o f materials, industrial intermediate input in manufacturing cost, industrial int ermediate input in management cost, industrial intermediate input in marketing c ost and expenditure on interest. Capitals Obtained refers to capital actually received b y the enterprise from in vestors that could be used as operational capitals for a long period. According to the current accounting system, capitals obtained can be classified by investo rs as state capital, collective capital, corporate capital, individual capital, capital from Hong Kong, Macau and Taiwan and foreign capital. State capital:refers to capital which is formed through state-o wned investment into the enterprise by government agencies or institutions that could represent the state in the investment. Collective capital: refers to capital which is formed through state-owned invest ment into the enterprise by collective institutions or units that could represen t the state in the investment. Corporate capital: refers to capital which is formed through investment by other corporate units using assets which is at their disposal by law. Individual capital: refers to capital which is formed through investment by indi viduals outside the enterprise or employees of the enterprise using their person al legal properties. Capital from Hong Kong, Macau and Taiwan: refers to cap ital which is formed thro ugh investment by investors from Hong Kong, Macau and Taiwan of China using thei r assets of various forms. Foreign capital: refers to capital which is formed through investment by foreign investors.

Total Assets refer to all economic resources, in moneta ry terms, that is owned or controlled by enterprises, including properties, creditors equity and other e conomic rights of all forms. Classified by the degree of equitability, total ass ets include circulating assets, long-term investment, fixed assets, intangible a ssets and deferred assets, and other assets. Data on this indicator can be obtai ned by the year-end figures of total assets in the Assets and Liability Table of accounting records of enterprises.

Total Working Capitals refer to capitals which can be cashed in or spent or consumed in an operating cycle of one year or over one year, including cash, all kinds of deposits, short term investment, receivable and payable payment for go ods or deposits.

Average Value of Working Capitals refers to the average value of all working capitals of the enterprise during the reference period. Original Value of Fixed Assets refers to the value of payment by the enterprise in building, purchasing installing reconstructing, expending or transforming a particular item of fixed assets. In general, it includes value of purchase, cost for packaging, transportation, installation, etc.

Annual Average of Net Value of Fixed Assets refer to av erage of the net value o f fixed assets during the reference period, calculated with the following formula:

Annual Average of Net Value of Fixed Assets = sum of net value of fixed assets at the beginning and at the end of each month from January to December / 24. Information on this indicator can be obtained from the beginning and ending figu res of the original value of fixed assets and cumulative depreciation from the A ssets and Liability Table of enterprises. Net value of fixed assets refers to the original value of fixed assets minus dep reciation over the years, i.e.: Net value of fixed assets = original value of fixed assets – cumulative deprecia tion

Total Liquid Liabilities refer to enterprises' total de bt payable within an op erating cycle of one year or over one year, including short–term loans, notes an d accounts payable, advance payments received, wages and welfare funds payable, taxes and profit payable, other payables, fees received by advance payment, etc. Liquid liabilities feature in the short term of payment, immediate payment at th e request of creditors, or payable within one year.

Total Long–term Liabilities refers to the debt payable within an operating cycl e of one year or over one year. It is the capital that enterprises raised from c reditors for the long–term use of enterprises in addition to capitals put into t he enterprise by investors, and constitutes the economic liabilities that enterp rises have to repay by assets or labour services, including long–term loans, pay able liabilities, long–term payable, other long–term liabilities, etc. Compared with the liquid liabilities, the long–term liabilities feature in large volume, longer term for repayment, and larger benefits for investors.

Creditors' Equity refers to investors ownership of net assets of the enterprise , which is equal to the total assets of the enterprise minus its total liabiliti es, including the primary input actually received at the enterprise from investo rs, capital accumulation fund, surplus accumulation fund and undistributed profi t. When the total of creditors' equity is less than zero, that indicates the lia bility of the enterprise is larger that its assets.

Sales Revenue of Industrial Products refers to the reve nue from the sales of fi nished and semi–finished products and from rendering of industrial services by industrial enterprises during the reference period.

Cost of Industrial Products Sold refers to the actual c ost of finished and semi– finished products sold and industrial services rendered by industrial enterprise s during the reference period.

Tax and Extra Charges on Sales of Products refer to the tax on city maintenance and construction, consumption tax, resources tax and extra charges for education, which should be borne by the enterprises in selling products and providing in dustrial services during the reference period.

Total Profits refer to the final achievements of produc tion and operation of th e enterprises, represented by the total profits after deducting losses (loss is expressed by the negative figure). It is the sum of profits from operation, inco me from subsidies, investment earnings, net income from activities other than op eration, and adjustment of profits and losses of previous years.

Value–added Tax Payable refers to the amount of the val ue–added tax which shoul d be paid by the enterprises during the reference period. It is the sum of tax o n sales, export rebate, and transferred tax on purchases of the current year, mi nus the tax on purchases of the current year. Value–added tax payable of small–s ize enterprises is determined by the taxable sales of the year multiplied by the tax rate.

Average Annual Number of Employed Persons Employed persons refer to all those who are employed in enterprises and receive remunerations therefrom, including c urrently working employees, retirees who are re–employed, teachers of local–run schools, as well as foreigners, staff from Hong Kong, Macau and Taiwan, part–tim e employees and persons with second job who are employed by the enterprise, and employees of other units temporarily working in the enterprises, but excluding f ormer employees who left the enterprise with their employment records still kept by the enterprises.

Average number of employed persons refers to the number of employees everyday du ring the reference period, calculated with the following fomula:

Monthly average number = sum of actual employees everyday in reference month/number of calendar dates in reference month

Quarterly average number = sum of monthly average number in reference quarter/3 Annual average number = sum of monthly average number in reference year/12

Ratio of Profits, Taxes and Interests to Average Assets reflects the profit–mak ing capability of all assets of the enterprise and is a key indicator manifestin g the performance and management and evaluating the profit–making potential of t he enterprise. It is calculated as follows:

Ratio of Profits, Taxes and Interests to Average Assets (%) = [(total profits + total taxes + interest payment) / average assets] × 100% In the above formula, total taxes is the sum of tax and extra charges on the sal es of products and value-added tax payable; and average assets is the arithmetic mean of the sum of beginning assets and ending assets.

Ratio of Debts to Assets reflect both the operation ris k and the capability of the enterprise in making use of the capital from the creditors. It is calculated as follows:

Ratio of Debts to Assets (%) = (total debts / total assets) × 100% Both assets and debts are figures at the end of the reference period.

Turnover of Working Capital refers to the number of tim es of turnover of workin g capital in a given period of time, which reflects the speed of the turnover of working capital of industrial enterprises, and is calculated as follows:

Turnover of Working Capital=(sales revenue of products) / (average balance of to tal working capital)

In the above formula, average balance of total working capital refers to the ari thmetic mean of the sum of working capital at the beginning and at the end of th e reference period.

Ratio of Profits to Total Industrial Costs refers to th e ratio of profits reali zed in a given period to the total costs in the same period, which reflects the economic efficiency of input cost and is calculated as follows:

Ratio of Profits to Total Industrial Cost(%)=(total profits/ total costs) × 100%

Total costs in the above formula is the sum of cost of products sold, marketing cost, management cost and financial cost.

Overall Labour Productivity of Industrial Enterprises reflects efficiency of pro duction and economic results of labour input of enterprises. The formula used is :

Overall Labour Productivity=(value added of industry) / (average number of staff and workers)

Ratio of Sales to Gross Output Value reflects the degre e at which industrial pr oducts are sold. It helps to analyze the linkage between production and sales an d the extent of the needs of the society that has been met by the supply of indu strial products. It is calculated as follows:

Ratio of Sales to Gross Output Value=(Industrial sales / Gross industrial output value at current prices) × 100%

Statistical Unit in Construction refers to corporat e enterprise engaged in the c onstruction of buildings and structures and in the installation of equipment. A corporate construction enterprise should have qualification certificates with in dependent accounting system, and should meet the following 3 requirements: ① be ing set up in line with relevant legal basis, having its full name, organization and location, and capable of taking civil liabilities; ② independently possess ing and using its assets and assuming its liabilities, and entitled to sign cont racts with other institutions; and ③ making independent accounts of its profits and losses, and capable of compiling its own balance sheet.

Gross Output Value of Construction refers to total of c onstruction products and services, expressed in money terms, produced or rendered by construction and ins tallation enterprises during a given period of time. It includes:

(1) Output value of construction projects, that is the value of projects covered by the project budgets; (2) Output value of installation projects, that is the value of the installation of equipment, (excluding the value of the equipment to be installed); (3) Output value of others, that is the output value of construction industry ex cluding that of construction projects and installation projects. It includes: ou tput value of repair of buildings and structures; output value of non-standard e quipment manufacturing; overhead expenses received by contracted enterprises to the sub-contracted enterprises and the completed output value of construction ac tivities that have no clear definition. a. Output value of repair of buildings and structures, that is the value created through the repairs of buildings or structures, but does not include the value of buildings or structures being repaired and the value of the repair of product ion equipment; b. Output value of manufactured non-standard equipment, that is the value of non -standard production equipment including raw materials and manufacturing cost ma de for the construction project (i.e., chemical plant; kettles or tanks used by refineries; various fillers, triangle tanks, valves used by mines), and the outp ut value of equipment manufactured by subsidiary workshops. Value-added of Construction refers to the final result of the activities of prod uction and management of construction industry in monetary terms in the referenc e period. At present, the value-added of construction is calculated with the inc ome approach, that is to say, it is the sum of income of various production fact ors in the

production process. The formula is as follows: Value-added of Construction=depreciation of fixed assets in the year + wages payable + welfare expenses payable + insurance premium and tax for waiting for empl oyment in the administrative expenses + taxes and surcharges on project settleme nt + profit.

Floor Space of Buildings Under Construction refers to f loor space of buildings u nder construction during the reference period, including newly started buildings , buildings started earlier and continued during the reference period, and build ings suspended earlier but restarted during the reference period, buildings comp leted during the reference period, and buildings under construction and then sus pended during the reference period.

Floor Space of Buildings Completed refers to the floor space of buildings that a re completed in the reference period in accordance with the requirements of the design, up to the standard for putting them into use, and have been checked and accepted by concerned departments as qualified ones.

Total Number of Machinery and Equipment Owned by the End of Year refers to the n umber of machines and equipment owned by the enterprises, and listed as the fixe d assets of the enterprises by the end of the year, including machinery and equi pment for construction, production and transportation and other equipment.

Total Power of Machinery and Equipment Owned by the End of Year refers to the to tal power of machinery and equipment owned by the enterprises, and listed as the fixed assets of the enterprises by the end of the year, including machinery and equipment for construction, production and transportation and other equipment.

The power of the machinery is calculated on basis of the designed or verified ca pacity, covering the power of the machinery/equipment and the separate power equ ipment serving the machinery/equipment (such as electric motors), but excluding welders, transformers and boilers. The unit used for the calculation of power is kilowatt, with horsepower converted to kilowatt by 1 horsepower=0.735 kilowatt.

Income from Settlement of Projects refers to the income receive d by the construc tion enterprise from the contracted project through settlement procedures, and o ther charges to the contractee as operational costs in addition to the value of the project, such as temporary facility fee, labour insurance premium, moving co st of construction equipment, as well as various types of claims to the contract ee.

Profit from Settlement of Projects refers to profit rea lized through settled projects. It is calculated with the following formula:

Profit from Settlement of Projects=Income from Settlement of Pro jects – Settled Cost – Settled Taxes and Other Cost

Total Revenue of Enterprises refers to the sum of incom e from production and operation of enterprises, including income from settlement of projects and other operational income, namely:

Total Revenue of Enterprises=Income from Settlement of Projects + Other Operatio nal Income

Length of Railways in Operation refers to the total length of the trunk line und er passenger and freight transportation (including both full operation and temp orary operation). The calculation is based on the actual length of the first lin e even if this line has a full or partial double track or more tracks, excluding double tracks, station sidings, tracks under the charge of stations, branch lin es, special-purpose lines and the non-payable connecting lines. The length of ra ilways in operation is an important indicator to show the development of the inf rastructure for the railway transport, and also the essential data to calculate volume of passenger freight transport, traffic density and utilization efficienc y of the locomotives and carriages.

Length of Electrified Railways refers to the length of the section of railways in operation in which the power supply lines and other equipment are installed fo r the running of electrified locomotives. The proportion of the length of electr ified railways to the total length of railways in operation is an important indicator to show the modernization of railways.

Automatic-blocking and Semi-automatic-blocking Length of Railways refer to length of railways installed with equipment to perform automatic or manual blocking o f trains. Blocking is a spacing technique by which a section of the railway only allows one train to pass at a time in the aim of ensuring the traffic safety. t he proportion of automatic/semi-automatic blocking length to the total length of railways in operation is an important indicator to show the modernization of railways.

Length of Highways refers to the length of highways whi ch are built in conformity with the grades specified by the highway engineering standard formulated by th e Ministry of Communications, and have been formally checked and accepted by the departments of highways and put into use. The length of highways includes th at of the suburb highways at large and medium-sized cities, highways passing thr ough streets at small cities and towns, and also the length of bridges and ferri es. It does not include the length of streets in big and medium-sized cities and highways built for the production purpose at factories, mines, forest areas and agricultural areas. If two or more highways go the same section of the way, the length of the section is only calculated for once and no duplication is allowed . The length of highways is an important indicator to show the development of th e highway construction and to provide essential information to calculate the tra nsport network density.

Length of Navigable Inland Waterways it is an indicator reflecting the size and development of inland water network, it refers to the length of the natural rive rs, lakes, reservoirs, canals, and ditches open to navigation during a given per iod, which enables the transport by ships and rafts. It includes the channels op en to navigation for over an accumulative 3 months in a year, yet this does not include the river courses, which are only used to float odd logs and bamboo raft s. This indicator can reflect the scale, level and development situation of the inland waterway network.

Length of Civil Aviation Routes refers to the length of all routes for regular civilaviation flights. There are usually two ways to calculate the distance betw een airports connected by the route length: One is to put the length of all air routes together, called duplicated calculation of the length of the routes; the other is not to allow the duplication in calculation when two or more routes pas sing the same section of aviation routes. The latter is usually used, as it can precisely show the size of the civil aviation network and indicate the extent of civil aviation serving the national economy and the people.

Length of Oil (Gas) Pipelines used as an indicator to show the development, scale and level of the pipeline transportation, it refers to the actual transport distance of oil (or gas) products, and is in general calculated in the length of single pipeline. If the length of the double pipelines and alternate pipeline a re included, it is called the extension length of the oil (gas) pipelines, which indicates the actual length of the pipelines built, excluding double pipelines. Freight (Passenger) Traffic refers to the volume of freight (passenger) transpor ted with various means. Freight transport is calculated in tons and passenger tr affic is calculated in the number of persons. Despite the type of freight and tr aveling distance, the freight transport is calculated in the actual weight of th e goods: and despite the traveling distance and ticket price, the passenger traf fic is calculated by the principle that one person can be counted only once in o ne travel. The passengers who travel with a half price ticket or a child ticket is also calculated as one person. The freight (passenger) traffic provides a qua ntitative measure to show how the transport industry serves the national economy and people, and is also an important indicator for planning the transport indus try and for studying the development scale and speed of the transport industry.

Freight (Passenger) Traffic Density refers to the freig ht (passenger) traffic vo lume carried by a particular means of transportation during a given period throu gh one kilometer of a specific section of transportation route. The formula is a s follows:

Freight (Passenger) traffic density= [freight ton-kilometers (passenger-kilomet ers)] / (length of route in operation)

Freight (passenger) traffic density reflects the degree of business of freight (passenger) traffic on transportation routes, and therefore provides important in formation for balancing transport capability, planning construction and upgradin g of transport routes and studying the distribution of transport network.

Freight Ton-kilometers (Passenger-kilometers) refer to the sum of the products o f the volume of transported cargo (passengers) multiplying by the transport dist ance. It is an important indicator to reflect the achievement of transportation industry. Normally, the shortest distance between the departure station and the destination station (i.e., the payable distance) is the basis to calculate the f reight ton-kilometers. This is an important indicator to show the total results of the transport industry, to prepare and examine the transport plan and to meas ure the efficiency, the labour productivity and the unit cost of transport.

The formula is as follows:

Freight ton-kilometers (passenger-kilometers) = Σ {freight (passenger) traffic x distance of transportation}

Static Load of Freight Cars refers to the average cargo weight as loaded by eac h freight car under the static condition at the departure station. It is used to show the utilization extent of the loading capacity of the freight cars. The fo rmula is:

Static load (ton) of freight car=(tonnage of goods dispatched) / (number of frei ght cars loaded)

The static load of freight cars is determined by the nature and type of goods lo aded, the type of vehicles, and the technique of loading. The difference between the average marked load and the static load of freight cars reflects the utiliz ation of loading capacity of freight cars. For its calculation the following for mula is applied:

Utilization rate of capacity of freight cars(%)= [(Average static load) / (Avera ge marked load)] × 100%

Average Daily Haul of Freight Locomotives refers to the average total ton–kilometers accomplished by each freight transport locomotive over day and night during a given period of time. It includes both the weight of the goods carried and th e dead weight of the train itself. It is a comprehensive indicator reflecting th e locomotive efficiency in terms of both time and the pulling force.

Average daily haul of freight transport locomotive (ton–kilometer)=(Total ton/ki lometers of freight) / (Daily number of freight transport locomotive)

Volume of Freight Handled in Major Coastal Ports refers to the volume of cargo p assing in and out the harbor area of the major coastal ports and having been loa ded and unloaded. The volume includes that of the postal matters, registered lug gage and fuels, materials and fresh water as supplies of the ships. The volume o f freight handled may be classified by direction of flow as freight for import a nd freight for export, or by nature of cargo as freight for domestic trade and f reight for foreign trade. As an important indicator, the volume of freight handl ed by type of cargo and by main flow direction reflects the production capacity of ports.

Possession of Civil Motor Vehicles: refer to the total numbers of vehicles that are registered and received vehicles' license tags according to the Work Standar d for Motor Vehicles Registration formulated by transport management office unde r department of public security at the end of reference period. They are divided into following categories according to the structure of motor vehicles: passeng er vehicles, trucks and others; and private vehicles and vehicles for units use according to ownerships; working vehicles, non–working vehicles and special moto r vehicles according to kind of usage; large passenger vehicles, medium passenge r vehicles and small passenger vehicles, heavy trucks, light–heavy trucks and li ght trucks according to sizes of vehicles.

Business Volume of Post and Telecommunications refers t o the total amount of pos t and telecommunication services, expressed in value terms, provided by the post and telecommunications departments for the society. Post and telecommunication services can be classified as letters, parcels, remittance, issue of newspapers and magazines, fast mail service, express mail service, savings deposits, stamps for collection, public and individual telegraph service, facsimiles, long–dista nce telephone service, leasing of telephone lines, urban paging service, mobile telephone service, data transfer and transmission, etc. The accounting approach is to multiply the service products of all types with their average unit price (constant price) to get sum of business value, plus income from other services su ch as leasing of telephone lines and equipment, maintenance of telephone switchb oards and lines on behalf of customers. This indicator reflects the overall resu lts of post and telecommunications service during a given period, and is importa nt to study the composition of business service and the development of post and telecommunications service.

The formula is as follows:

Business volume of post and telecommunications= Σ (Transaction of post and teleco mmunication service x constant price) + Income from leasing, maintenance and other services

Subscribers of Wireless Paging Services Wireless paging service refers the servi ce by which telephone users send audio, digital or character signals to persons carrying small–size pagers within the designated areas through wireless paging c enters. The page carriers who have registered in paging centers are counted as p aging subscribers.

Mobile Telephone Subscribers refer to the persons who o wn mobile telephone numbe rs and are connected with the mobile telephone communication network through the mobile telephone switchboards, including contracted subscribers and pre–paid su bscribers for intelligent network. One mobile telephone is taken as a subscriber .

Internet Users refer to the number of Chinese citizens who use Internet at least for one hour each week.

Local Telephone Subscribers refer to subscribers that a re connected to the local telecommunication service provider through fix line network, including househol d subscribers, institutional subscribers and public telephones. They are also cl assified as city subscribers and rural subscribers according to locations. Befor e 1997, city subscribers referred to those connected to city telephone networks in county towns and cities, while village subscribers referred to those connecte d to village telephone stations at and below counties. Since 1997, the classific ation of telephone subscribers was modified on the basis of physical location of the subscribers as urban telephone subscribers and rural telephone subscribers, which is different from the previous classification of categorizing local telep hones and rural telephones, while the definition of total subscribers and total number of telephones remain unchanged.

Urban Telephone Subscribers refer to number of telephon e subscribers, located at municipalities, cities under the jurisdiction of province, cities at prefecture level, downtown and suburb of city at county level town and county towns (inclu ding country towns where county government located, and towns of county level ac cording to the administrative organizational system), that are connected to the public line telephone network, including rural mineral area, forest area, military area.

Rural Telephone Subscribers refer to telephone subscrib ers, located at counties (towns) and villages outside the range of cities according to administrative jur isdiction.

Household Telephone Subscribers refer to telephone sets installed in the dwellin g units of urban or rural residents, and registered as residence subscribers for payment, including 3 types of payment for the service: private payment, public payment and free service.

Capacity of Long Distance Telephone Exchanges refers t o the rated capacity of t elephone exchanges to connect long distance telephone network, including capacity of international telephone exchanges.

Capacity of Office Telephone Exchanges refers to the ca pacity (measured in gate) of telephone exchanges installed in the offices of telecommunication service pr oviders for communication between fixed telephones. It includes the capacity of both manual and automatic exchanges in use and for stand-by purpose, excluding t he capacity of subscribers' exchanges.

Capacity of Mobile Telephone Exchanges: refers to the capacity of the maximum se rvices provided to subscribers at one time basing on a certain model and transacting capacity of the mobile telephone exchanges.

Total Retail Sales of Consumer Goods refer to the sum of retail sales of commod ities sold by wholesale, retail, catering, publishing, post and telecommunicatio ns and other service industries to urban and rural households for private consum ption and to social institutions for public consumption. Retail sales of consumer goods include:

A、Sales by wholesale and retail units: 1. of consumer goods sold to urban and rural households 2. of commodities sold to foreigners, overseas Chinese and Chinese compatriots f rom Hong Kong, Macau and Taiwan visiting in China 3. of commodities sold to government agencies, institutions, social organizatio n s, military and armed police units, and commodities sold to enterprises in the f orm of retail sales. More specifically, they include: office facilities and arti cles for non-production purposes such as communications equipment, computing equ ipment and instruments, TV and network equipment, printing and copying equipment , audio-visual equipment and instruments, paper, notebooks, stationeries, furnit ure, electric appliances, knitwear, sanitation and cleaning articles, cultural a nd sport articles, articles for prizes, souvenirs, etc.; transport vehicles and fuels for employees; materials, spare parts and tools for the maintenance of off ice facilities; equipment, fuels, materials and food for winter heating or summe r cooling purposes; articles and equipment for teaching purpose; Chinese and wes tern medicines and medical equipment and facilities purchased by non profit-maki ng medical institutes; non-specialized work safety articles; cooking utensils, t ableware, equipment, cleaning articles, food and fuels purchased by internal caf eterias; clothes and personal articles purchased by military or armed police uni ts for their officials and soldiers; and other equipment and articles for non-pr oduction purposes. B、Sales of stable food, cooked dishes, beverages, tobaccos and other articles by catering units. C、Sales of books, newspapers, magazines, audio-visual products and post produ ct s by publishing, post and telecommunications departments to urban and rural hous eholds and to enterprises, institutions, military and armed police units. D、Sales of food, beverages, tobaccos, clothing, hats, footwear, articles for da ily use, medicines, medical and health articles, work of art, handicrafts, toys, funeral articles and other articles by other service industries.

Purchase, Sales and Stock of Commodities by Wholesale and Retail Trades refer to the total volume of commodities purchased, total volume of sales and exports, a nd the stock of commodities by wholesale and retail enterprises (establishments) of different status of registration from domestic and overseas markets. This in dictor reflects the relationship among purchase, sales and stock of commodities in the circulation of goods and reveals the existing problems.

Total Purchases of Commodities refer to the total value of purchases of commodit ies by the enterprises (establishments) from other establishments or individuals (including direct import from abroad) for the purpose of re–selling, either wit h or without further processing of the commodities purchased. This indicator is used to show the total value of purchases of commodities by wholesale and retail establishments from domestic and overseas markets. The total purchases include: (1) agricultural and industrial products purchased from producers; (2) books, m agazines and newspapers purchased from distribution departments of the publisher s; (3) commodities purchased from wholesale and retail establishments of differe nt status of registration; (4) commodities purchased from other units, such as s urplus materials purchased from government agencies, enterprises or institutions , commodities purchased from catering and service establishments, confiscated go ods purchased from customs authorities or market management agencies, second–han d goods and wastes purchased from residents; and (5) commodities directly import ed from abroad. Excluded are commodities purchased by enterprises (establishment s) for use in their own business operation, commodities obtained without buying or selling procedures, rejected commodities, etc.

Total Sales of Commodities refer to value of commoditie s sold by the establishme nts to other establishments and individuals (including direct export). This indi cator is used to show the total value of sales of commodities at domestic market s and export. The total sales include: (1) commodities sold to urban and rural r esidents and social groups for their consumption; (2) commodities sold to establ ishments in industry, agriculture, construction, transportation, post and teleco mmunications, wholesale and retail trades, catering trade and public utility for their production and operation; (3) commodities sold to wholesale and retail es tablishments for re selling, with or without further processing; and (4)commodi ties for direct export to other countries. Excluded are selling of waste packagi ng materials used by the establishments (units) themselves, commodities transfer red without buying or selling procedures, commission income from brokerage in tr ansactions whose settlement is directly handled by buyers and sellers, rejected commodities in the purchase, loss in commodities, etc.

Commodity Stock of Wholesale and Retail Enterprises refers to total commodities possessed by wholesale and retail enterprises (units) of various types of regist ration status at the end of the reference period, which reflects the commodity s tock level of various wholesale and retail enterprises and the potential for mar ket supply. It includes: (1) commodities located in storage, garages, counters, and shelves of operating units (such as sale stores, wholesale centers, and oper ating offices) of wholesale and retail enterprises; (2) commodities in the proce ss of selecting, sorting, and packing; (3) commodities not arrived but recorded as purchase in the account, i.e. commodities not arrived but payment receipts fo r the commodities from the sellers or the banks arrived; (4) commodities deposit ed in other places rather than places mentioned above, for instance: commodities in the hold of purchasers temporarily due to the refusal of payment and commodi ties not taken back after going through the formalities; (5) commodities entrust ed to other units to sell but not sold yet; (6) commodities purchased for other units but not delivered yet. Commodities not included as stock are those not own ed by the enterprises (units), those allocated to financially independent factor ies rather than wholesale and retail enterprises for processing but not taken back yet, and finally those put in stock by wholesale and retail enterprises on be half of the state material reserves units.

For the calculation of the value of commodities stock, the value is calculated at purchasing prices in agricultural goods purchasing units and wholesale units, and at the accounting prices in retail units.

Business Income of Catering Industry: refer to the total turnover of catering bu sinesses, establishments or individuals, including retail sales and other servic es income. It reflects the operational and managerial conditions and development trend of catering businesses, establishments and individuals in this sector.

Retail Sales of Commodities in Catering Industry: refer to retail sales to resid ents and social groups by catering enterprises, establishments and individual, i ncluding: (1) various food sold after cooking and processing, such as: staple fo od, cooked dishes, cold and dressed dishes and so on. (2) re–selling commodities without further processing, such as beverages, tobaccos, cooked food, fruits an d so on. (3) food and other commodities sold in affiliated shops without indepen dent accounting system.

Volume of Transaction at Consumer Goods Markets refers to the value of transacti on of all goods at consumer goods markets in the country, including both markets for farm and sideline products and for industrial consumption goods.

Volume of Transaction at Large Commodity Markets (with transacti on value over 100 million yuan) refers to markets approved by the industrial and commer cial admi nistration departments, which specialize in wholesale and retail of commodities with an annual sales of over 100 million yuan. The sum of sales of all sellers i n the markets makes up the transaction value of the markets.

Chain Enterprises (also called chain stores or chain corporations) refer to a fo rm of joint economic entities under which scattered enterprises or establishment s engaged in providing homogeneous commodities or services, with the central lea dership of core enterprise or headquarters and guided by common policies, conduc t centralized purchase and distributed selling of commodities, in order to gain better efficiency through standardized operation. Consisting of a number of bran ch stores, the chain stores have in general following features: 1) homogeneous c ommodities, 2) unique name of stores, 3) centralized purchase and delivery which is separated from distributed selling operation (most commodities are delivered from the headquarters except some items which, from logistics, quality or fresh ness considerations, might be delivered by the suppliers directly).

Chain stores have two categories: a) Chain stores under direct management: These are formal chain stores invested or controlled by the headquarters. They operate under the direct and unified man agement from the headquarters. b) Chain stores through license arrangement: Through contracts, chain stores (th eir owners) obtain licenses from the headquarters to use designated trade marks, names, operation know–how, and to sell the commodity developed by the headquart ers. Under this arrangement, each store in the chain is an independent legal ent ity and operates under the guidance from the headquarters.

Total Imports and Exports at Customs refer to the r eal value of commodities impo rted into and exported from the boundary of China. They include the actual impor ts and exports through foreign trade, imported and exported goods under the proc essing and assembling trades and materials, supplies and gifts as aid given grat is between governments and by the United Nations and other international organiz ations, and contributions donated by overseas Chinese, compatriots in Hong Kong and Macao and Chinese with foreign citizenship, leasing commodities owned by ten ant at the expiration of leasing period, the imported and exported commodities p rocessed with imported materials, commodities trading in border areas (excluding mutual exchange goods), the imported and exported commodities and articles for public use of the Sino–foreign joint ventures, cooperative enterprises and ventu res exclusively with foreign own investment. Also included are import or export of samples and advertising goods for whose CIF or FOB value are beyond the permi tted ceiling (excluding goods of no trading or use value and free commodities fo r export), imported goods sold in China from bonded warehouses and other importe d or exported goods. The indicator of the total imports and exports at customs c an be used to observe the total size of external trade in a country. In accordan ce with the stipulation of the Chinese government, imports are calculated at CIF , while exports are calculated at FOB

Import Export Value by Location of Chinas Foreign Trade Managing Units refers to actual value of imports and exports carried out by corporations which have bee n registered by the local customhouse and are vested with right to run import ex port business.

Import Value of Commodities by the Places of their Destination and Export Value of Commodities by the Places of their Origin in China: The former indic ator ref ers to the value of import commodities of the places of their consumption, utili zation or the places of their final destination. The latter indicator refers to the value of export commodities of the places of their origin or the places of t he commodities dispatched.

Utilization of Foreign Capitals refers to remittance, e quipment and technology f inanced from abroad, by loans, foreign direct investment and other forms underta ken by the Chinese governments at all levels, by various departments, enterprise s and other economic units.

Foreign Borrowings refer to funds borrowed from abroad through formal signing of borrowing agreements with foreign institutions, including loans of foreign gove rnments, loans of international financial institutions, commercial loans of fore ign banks, export credit, and funds raised by Chinese bonds (and shares before 1 996) issued abroad. It is an important part of China's utilization of foreign ca pitals.

Foreign Direct Investment refers to the investments ins ide China by foreign ente rprises and economic organizations or individuals (including overseas Chinese, c ompatriots from Hong Kong, Macao and Taiwan, and Chinese enterprises registered abroad), following the relevant policies and laws of China, for the establishmen t of ventures exclusively with foreign own investment, Sino–foreign joint ventur es and cooperative enterprises or for co–operative exploration of resources with enterprises or economic organizations in China. It includes the re investment o f the foreign entrepreneurs with the profits gained from the investment and the funds that enterprises borrow from abroad in the total investment of projects which are approved by the relevant department of the government.

Other Investment by Foreign Entrepreneurs refers to all forms of utilization of foreign capitals other than foreign borrowings and foreign direct investment. It includes the total value of stock shares in foreign currencies issued by enterp rises at domestic or foreign stock exchanges (now mainly consisting of H shares issued at Hong Kong Security Market and B shares issued at domestic security mar kets), rent payable for the imported equipment through international leasing arr angement, cost of imported equipment, technology and materials provided by forei gn counterparts in compensation trade and processing and assembly trade.

Contracted Projects with Foreign Countries refer to projects undertaken by Chine se contractors (project contracting companies) through bidding process. They include: (1) overseas civil engineering construction projects financed by foreign investors; (2) overseas projects financed by the Chinese government through its foreign aid programs; (3) construction projects of Chinese diplomatic missions, trade offices and other institutions stationed abroad; (4)construction projects in China financed by foreign investment; (5) sub–contracted projects to be taken by Chinese contractors through a joint umbrella project with foreign contractor (s); (6) housing development projects. The business income from international co ntracted projects is the work volume of contracted projects completed during the reference period, expressed in monetary terms, including completed work on proj ects signed in previous years.

Service Cooperation with Foreign Countries refers to the activities of providin g technology and labour services to employers or contractors in the forms of receiving salaries and wages. Labour services providing by contractual joint ventur es of Chinese international contracting corporations should be included in the s tatistics of service co–operation with foreign countries. The business income of labour service cooperation is the income in the form of wages and salaries, ove rtime pay, bonuses and other remuneration received from the employers during the reference period.

Overseas Design and Consultation Service refers to projects with charges for tec hnical services from overseas operators. It includes geographic and topographic mapping, geological resource prospecting and survey, planning of construction ar eas, provision of design documents, blueprints, materials on production process and techniques, as well as engineering, technical and economic consultation, and feasibility study, research and evaluation of projects. Also included under thi s category are the above–mentioned services of foreign–financed projects in Chin a that are paid in foreign currencies.

Number of Tourists

(1) International tourists refer to foreigners, overseas Chinese, Chinese compat riots from Hong Kong, Macao and Taiwan coming to China for sight–seeing, visits, tours, family reunions, vacations, study tours, conferences and other activitie s of a business, scientific and technological, cultural, educational and religio us nature. It does not include representatives and employees of resident institu tions of foreign countries in China such as embassies, consulates, news agencies and offices of foreign companies and organizations, nor does it include long–te rm foreign experts or students residing in China, or persons in transition witho ut spending a night in China. (2) Chinese residents going abroad refer to Chinese residents going abroad for s hort terms for either public business or private purposes. Chinese employees wor king on international transport carriers are included in those going abroad for public business purpose, not in those for private purpose. (3) Domestic tourists refer to residents of the mainland of China who stay for o ne night at least but no more than 6 months at tourist facilities in other place s than their permanent residence within the territory of the mainland China, inc luding foreigners, overseas Chinese and Chinese compatriots from Hong Kong, Maca o and Taiwan who have resided in China for over one year.

Foreign Exchange Earnings from International Tourism refer to the total expend itures of foreigners, overseas Chinese, Chinese compatriots from Hong Kong, Maca o and Taiwan during their stay in the mainland of China, which are earnings of f oreign exchange from international tourism from the point of view from China.

International Travel Agencies refer to travel agencies engaged in the promotio n, solicitation, organization and reception of tours to the mainland of China by foreigners, overseas Chinese, Chinese compatriots from Hong Kong, Macao and Tai wan.

Domestic Travel Agencies refer to travel agencies engag ed in the promotion, so licitation, organization and reception of domestic tourists, and in the receptio n of foreigners, overseas Chinese, Chinese compatriots from Hong Kong, Macao and Taiwan organized by international travel agencies or other departments concerne d, without their own promotion and solicitation programmes.

Star–Hotels refer to hotels rated with stars

Regular Institutions of Higher Learning refer to educational establishments set up according to the government evaluation and approval procedures, enrolling gra duates from senior secondary schools and providing higher education courses and training for senior professionals. They include full–time universities, colleges , high professional schools, high professional vocational schools and others.

Universities and colleges are mainly providing undergraduate courses; those high professional schools and high professional vocational schools are mainly provid ing professional trainings; and others refer to educational establishments, whic h are responsible for enrolling students but not covered in the total number of schools, including: branch schools of universities and colleges, and universitie s and colleges that have been proved and prepared to construct.

Institutions of Higher Learning for Adults refer to edu cational establishments, set up in line with relevant rules approved by the government, enrolling staff a nd workers with senior secondary school or equivalent education, and providing h igher education courses in many forms of correspondence, spare time, or full tim e for adults. Professionals thus trained receive a qualification equivalent to g raduates studying regular courses at regular universities, colleges and professi onal colleges. Institutions of higher learning for adults include schools of hig h education for staff and workers, schools of high education for peasants, colle ges for management cadres, pedagogical colleges, independent correspondence coll eges, Radio and TV universities and other educational establishments. Other educ ational establishments are responsible for enrolling adult students but not cove red in the number of schools.

Enrollment Rate of Primary School Age Children refers t o the proportion of schoo l age children enrolled at schools to the total number of school age children bo th in and outside schools (including retarded children, but excluding blind, dea f and mute children). The formula is:

Enrollment Rate of Primary School–age Children = (Total Primary School–age Child ren at Schools)/(Total Primary School age Children Both at and Outside Schools) x 100%

Scientific and Technological Activities (S&T Activities) refer to organized acti vities which are closely related with the creation, development, dissemination a nd application of the scientific and technical knowledge in the fields of natura l sciences, agricultural science, medical science, engineering and technological science, humanities and social sciences (referred to as scientific and technolo gical fields). S&T activities can be classified in to 3 categories: research and development (R&D) activities, application of R&D results, and related S&T servi ces. This statistical definition is made by UNICHIEF for scientific and technolo gical activities to meet the need of carrying out statistical work in this field for its member countries in particular those developing countries.

Personnel Engaged in S&T Activities refer to personnel directly engaged in S&T a ctivities, in the management of S&T activities, and in providing direct service to S&T activities, who spend over 10% of the total working hours in a year in S& T activities. (1) Personnel directly engaged in S&T activities include researche rs, engineers, technicians and other related personnel engaged in S&T activities in independent–accounting R&D institutions, institutions of higher learning, an d in research institutes, laboratories, technology development centers and centr al experiment workshops under enterprises and institutions. Also included are pe ople working in S&T research project teams, professional and technical personnel working in S&T information archiving institutes, and graduate students working on the design of their thesis. (2) Personnel engaged in the management of S&T ac tivities and in providing direct service to S&T activities include senior manage ment people responsible for S&T activities in independent–accounting R&D institu tions, S&T information archiving institutes, institutions of higher learning, an d in enterprises and institutions where S&T activities are undertaken. Also incl uded are people responsible for the planning, administration, personnel manageme nt, financial management, logistics supply, equipment maintenance, information a nd library management that are related with S&T activities. People providing indirect services are excluded, such as security, medical service, drivers, plumber s, cleaners and those providing catering and related service. This indicator ref lects the size of personnel engaged in S&T activities.

Scientists and Engineers refer to persons engaged in S& T activities who have obt ained titles of senior and middle level professional positions, and those withou t such position but have completed university or higher education. This indicator reflects the quality of personnel engaged in S&T activities.

Research and Development (R&D) refers to systematic and creative activities in t he field of science and technology aiming at increasing the knowledge and using the knowledge for new application. R&D includes 3 categories of activities: basi c research, applied research and experiments and development. The scale and inte nsity of R&D are widely used internationally to reflect the strength of S&T and the core competitiveness of a country in the world.

Basic Research refers to empirical or theoretical researchaiming at obtaining new knowledge on the fundamental principles of phenomena of observable facts to r eveal the nature and law of movement of objects and to acquire new discoveries o r new theories. Basic research takes no specific or designated application as th e aim of the research. Results of basic research are mainly released or dissemin ated in the form of scientific papers or monographs. This indicator reflects the original innovation capacity of knowledge.

Applied Research refers to creative research aiming at obtaining new knowledge o n a specific objective or target. Purpose of the applied research is to identify the possible use of results from basic research, or to explore new (fundamental) methods or new approaches. Results of applied research are expressed in the fo rm of scientific papers, monographs, fundamental models or invention patents. Th is indicator reflects the exploration of ways to apply the results of basic research.

Experiments and Development refer to systematic activit ies aiming at using the k nowledge from basic and applied researches or from practical experience to devel op new products, materials and equipment, to establish new production process, s ystems and services, or to make substantial improvement on the existing products , process or services. Results of experiment and development activities are embo died in patents, exclusive technology, and monotype of new products or equipment . In social sciences, experiment and development activities refer to the process of converting the knowledge from basic or applied researches into feasible prog rammes (including conduct of demonstration projects for assessment and evaluatio n). There are no experiment and development activities in the science of humanit ies. This indicator reflects the capability of transferring the results of S&T into technique and products, which is the materialized measurement of S&T pushing forward the economic and social development.

R&D Personnel refer to persons engaged in research, man agement and supporting ac tivities of R&D, including persons in the project teams, persons engaged in the management of S&T activities of enterprises and supporting staff providing direc t service to the research projects. This indicator reflects the size of personne l engaged in R&D activities with independent intellectual property.

Professional and Technical Personnel refer to persons engaged in professional and technical work or in the management of professional and technical activities, i.e., people with professional or technical positions who are engaged in profess ional and technical work or in the management of professional and technical acti vities, and people without professional or technical positions but are working o n professional or technical posts. They include professionals and technicians wo rking in 17 categories of technical occupations including engineering, agricultu re, scientific researches, medical service, teaching, economic research and appl ication, accounting, statistics, translation, libraries, archives, cultural and museum service, journalism and publication, lawyers, notarization service, radio and television broadcasting, handicraft and fine arts, sports, performing art, and political workers in enterprises. This indicator reflects the condition of human resources in S&T.

Funding for S&T Activities refers to funds obtained fro m various sources for S&T activities, including government funds, self-raised funds by enterprises, self- raised funds by institutions, loans from financial institutions, foreign funds a nd other funds. This indicator reflects the efforts made by various social econo mic entities in promoting the development of S&T.

Government Funds refer to funds obtained from governmen t agencies at all levels to be used for S&T activities, including fund for scientific undertakings, 3 kin ds of fund for S&T activities, fund for capital construction for scientific rese arches, science fund, funds from education expenditures by education departments for S&T activities, and extra-budget fund from government agencies for S&T acti vities.

Self-raised Funds by Enterprises refers to self-raised funds by enterprises from their own expenditure or from other enterprises and funds received by universit ies or research institutions from enterprises for scientific research or technic al development projects. Excluded in this category are funds from government age ncies, financial institutions or from foreign institutions.

Loans from Financial Institutions refer to loans from v arious financial institutions for S&T activities.

Internal Expenditures on S&T activities refer to the actual expenditures on S&T activities during the reference year, including service fees, expenditure on research activities, expenditure on research management, purchase or construction o f fixed assets not included in the investment for capital construction, expendit ure on capital construction for scientific researches, and other expenditures on S&T activities. Not included are expenditure on production activities, repaymen t of loans and transfer expenditure. This indicator reflects the real accomplish ment of input in S&T.

Service Fees refer to direct or indirect payment, in ca sh or in kind, made to pe rsonnel engaged in S&T activities as remuneration and other fees. They include, in various forms, salaries, subsidies, bonus, benefits, retirement pension, stip end, etc. This indicator reflects the improvement of treatment toward S&T person nel.

Purchase or Construction of Fixed Assets refers to the fixed assets purchased or constructed using funds other than the investment in capital construction, and the actual expenditure on capital construction for scientific researches. In oth er words, it is the sum of the actual expenditure on fixed assets and the accomp lished investment in capital construction for scientific researches. Fixed asset s refer to main materials and equipment, literatures and documents in libraries, materials for experiments, specimen, instruments, furniture, buildings and cons tructions that can be used for a long time without changing the form and shape o f those articles or constructions. This indictor reflects the input in improving the condition of S&T and the means of scientific research.

New Products refer to new products produced with new tech nology and new design, or products that represent noticeable improvement in terms of structure, materia l, or production process so as to improve significantly the character or functio n of the older versions. They include new products certified by relevant governm ent agencies within the period of certification, as well as new products designe d and produced by enterprises within a year without certification by government agencies. This indictor reflects the direct contribution of S&T output to econom ic growth.

Patent is an abbreviation for the patent right and refers to the exclusive right of ownership by the inventors or designers for the creation or inventions, give n from the patent offices after due process of assessment and approval in accord ance with the Patent Law. Patents are granted for inventions, utility models and designs. This indicator reflects the achievements of S&T and design with indepe ndent intellectual property.

Inventions refer to the new technical proposals to the products or methods or th eir modifications. This is universal core indicator reflecting the technologies with independent intellectual property.

Utility Models refer to the practical and new technical proposals on the shape a nd structure of the product or the combination of both. This indicator reflects the condition of technological results with certain technical content.

Designs refer to the aesthetics and industrially applic able new designs for the shape, pattern and color of the product, or their combinations. This indicator reflects the appearance design achievements with independent intellectual property.

Cultural Institutions refer to units, which have their own organizational system and independent accounting system and specialize in or serve cultural developme nt. They exclude other establishments run by these cultural institutions and ama teur cultural groups established by various departments. This indicator reflects the development of cultural units.

Art Troupe refers to the troupe which is engaged in dra ma, opera, music, dance, acrobatics or other art performance, opens independent accounts with banks and h as self-supporting accounting system; excluding the troupes which are engaged pa rtly in industrial or agricultural activities, partly in art performance and the professional troupes organized by the people.

Number of Audience at Art Performance refers to the num ber of attendants at comm ercial shows, completely booked shows or free shows given in minority national a reas, and does not include the number of spectators at rehearsals for examinatio n and internal shows for study.

Number of Athletes in Grades refers to the number o f athletes who have been give n titles through examination. The titles of athletes include international maste rs of sports, masters of sports, first-grade, second-grade and third-grade sport smen and young athletes. This indicator reflects skill of the athletes.

Number of Referees in Grades refers to the number of re ferees who have been give n titles after examination. They are classified as international referees, natio nal referees and referees of the first, second and third grades. This indicator reflects the skill of referees.

Stadiums refer to stadiums for track and field events with six lane 400-meter tracks around soccer fields, permanent track marks and permanent bleachers. Stadiu ms are classified according to seating capacity. They include: Class A stadiums have the capacity of seating 25000 people each. Class B stadiums have the capaci ty of seating 15000 to 25000 people each. Class C stadiums have the capacity of seating 5000 to 15000 people each, and Class D stadiums have the capacity of sea ting fewer than 5000 people. This indicator reflects numbers of large and medium -sized stadiums.

Gymnasiums refer to indoor sports grounds with permanen t seats in which basketball, volleyball. badminton, table tennis and gymnastics competitions can be held. Gymnasiums are classified according to seating capacity. They include: Class A gymnasiums with seating over 6000 people. Class B gymnasiums with seating 4000 t o 6000 people. Class C gymnasiums with seating 2000 to 4000 people, and Class D gymnasiums with eating fewer than 2000 people. This indicator reflects the total number of large and medium-sized gymnasiums.

Health Care Institutions include: medical institutions, disease preven tion and c ontrol centers (epidemic prevention stations), blood gathering and supplying ins titutions, health supervision and inspection (check up) institutions, medicinal scientific research and on-job training institutions, health education and so on .

Medical Organizations include: hospitals, health service center s (stations) of c ommunities, nursing homes, health centers, clinics, clinics (health stations and infirmaries), maternity and child care agencies (centers and stations), special disease prevention and curing agencies (centers and stations), first aid center s (stations) and clinical inspection centers. Medical organizations are grouped by two types: profit-making and non-profit-making medical organizations.

Hospitals include: polyclinics, traditional Chinese medical hos pitals, hospitals integrated with traditional Chinese therapeutics and western therapeutics, ethi cal hospitals, various specialties hospitals and nursing hospitals.

Medical Technical Personnel refers to doctors, assistan t nurses, pharmacists, and laboratory technicians working in medical institutions.

Doctors refer to certified physicians and certified as sistant physicians with ce rtifications working in medical and health care and prevention agencies.

Social Welfare Institutions refer to institutions takin g care of old people with out children, handicapped people and orphans. They include social welfare instit utions run by civil affairs departments, children welfare institutions, social w elfare institutions for mental patients, collective-owned old peoples homes in r ural areas, convalescent homes and community service centers with the capacity o f receiving those people. This indicator reflects the input in social welfare in stitutions.

Number of People Taken in by Social Welfare Institutions refers to the number of old people, children, totally dependent handicapped people and mental patients taken in by social welfare institutions run by civil affairs departments and tho se run by collective units in urban and rural areas. This indicator reflects the capacity of social welfare institutions.

Social Welfare Enterprises are collective owned enterprises whi ch employ the bli nd, deaf-mute, and other handicapped people who are able to work in cities and t owns and enjoy exemption from state taxes, including welfare plants, welfare com mercial services, artificial limb plants and farms, etc. This indicator reflects the preferential policies toward disabled persons.

Rural Households with Livelihood Guaranteed in Five Aspects refer to the househo lds in which there are old people without child, orphans and handicapped people who are unable to work and without financial resources in rural areas. They are taken care of by the collective units and their food, clothing, housing, medical care, funeral expenses (or schooling for orphans) are guaranteed to be provided for. This indicator reflects the total number of disadvantageous groups of rura l population.

Lawyers are certified legal workers according to law, and who a re employed by le gal counseling firms to act as legal advisers, agents in criminal or civil lawsu its, or defenders in criminal lawsuits, or to handle non–litigious legal affairs , to advise on matters of law or to write legal papers for others, and provide s ervice to the public.

Notary Personnel refers to people working for notary of fices including: director s, deputy director, notaries, assistant notaries, and other people providing ass istance.

Notary Documents refer to the judicatory notary documen ts drawn up by the reques t of the party and are in accordance with facts and laws and following certain l egal proceedings. According to usage and locality, the notary documents are divi ded into following 4 types: domestic notary documents, domestic economic notary documents, foreign–related civil notary documents and foreign–related economic notary documents.

Mediators refer to workers on peoples mediation committ ees responsible for media ting in civil disputes and cases of slight infraction of the law. They include m embers of the mediation committees and mediators of mediation groups. This indic ator reflects the number of people engaged in meditation.

Mediation of Civil Disputes refers to number of cases m ade by mediation committe es in mediating in civil disputes concerning civil rights and duties through per suasion and education in accordance with the provisions of law on a voluntary ba sis, so as to solve disputes by helping the parties involved come to an agreemen t and understanding, including those unsuccessful ones. This indicator reflects the workload of the mediation committees.

Acceptance of Case refers to the decision made by the p eople's procuratorate off ice on reported cases, prosecution, impeachment, surrender, self–found criminal clues or suspects after initial investigation to confirm the act of crime and to start legal proceedings of the case as criminal case.

Number of Labour Dispute Cases Accepted refers to the n umber of cases of labour dispute submitted that, after being reviewed by the lab our dispute arbitration c ommittees in line with the relevant state regulations, are accepted and registered for treatment.

Retired or Resigned Personnel refers to people who have formally gone through th e formalities for their retirement or quitting work and enjoy the corresponding treatments.

Insurance and Welfare Funds refers to labour insurance and welfare fund paid by enterprises, organizations and institutions to their staff and workers as well a s retired and resigned persons in addition to their wages and salaries, excludi ng labour protection fees, wages paid to medical workers from insurance and welf are fund and wages paid to staff members working in collective welfare agencies and to people with over 6 months of sick–leave.

Insurance and Welfare Funds for Retired and Resigned Staff and W orkers covers:

1. Pensions for retired veteran cadres: They refer to pensions, other subsidies, and additional allowances paid to retired in line with relevant government docu ments. 2. Pensions for Retirement: They refer to living allowance; other subsidies and additional allowances paid to retired staff and workers in line with the relevan t government documents. 1. Resignation Allowances for Living Expenses: They refer to living allowance, a nd additional allowances subsidies paid to resigned staff and workers in line wi th relevant government instructions. It also includes living subsidies and prices subsidies paid to retired and resig ned staff and workers. 2. Medical Care Allowance: refer to fee–for–service, cost of medical care and pe r diem subsidies during hospitalizations of retired and resigned staff and worke rs. 3. Others: They refer to other expenses, including other types of insurance and welfare fund, fees for funerals, traveling subsidies and heating subsidies durin g the winter time.

Waste Water Discharged by Industry refers to the volume of waste water discharge d by industrial enterprises through all their outlets, including waste water fro m production process, directly cooled water, groundwater from mining wells which does not meet discharge standards and sewage from households mixed with waste w ater produced by industrial activities, but excluding indirectly cooled water di scharged (It should be included if the discharge is not separated with waste wat er). Industrial Waste Water Meeting Discharge Standards refers to volume of industria l waste water discharge which, with or without treatment, reaches national or lo cal standards.

Ratio of Industrial Waste Water Meeting Discharge Standards refers to percentage of industrial waste water meeting discharge standards over total industrial was te water discharge. Its calculation formula is:

Industrial Waste Air Emission refers to discharge into atmosphere of waste air c ontaining pollutants generated from fuel burning and production process in enter prises within a given period of time. It is converted into standard (273K, 10132 5Pa) with the following formula:

Industrial SO2 Emission refers to volume of sulphur dio xide emission from fuel b urning and production process in premises of enterprises for a given period of time.

Industrial Soot Emission refers to volume of soot in sm oke emitted in process of fuel burning in premises of enterprises.

Industrial Dust Emission refers to volume of dust emitt ed by production process of enterprises and suspended in the air for a given period of time, including du st from refractory material of iron and steel works, dust from coke–screening sy stems and sintering machines of coke plants, dust from lime kilns and dust from cement production in building material enterprises, but excluding soot and dust emitted from power plants.

Industrial Solid Wastes Produced refers to total volume of solid, semi–solid and high concentration liquid residues produced by industrial enterprises from prod uction process in a given period of time, including hazardous wastes, slag, coal ash, gangue, tailings, radioactive residues and other wastes, but excluding sto nes stripped or dug out in mining (gangue and acid or alkaline stones not includ ed). A stone is acid or alkaline depending on the pH value of the water below 4 or above 10.5 when the stone is in, or soaked by, the water.

Industrial Solid Wastes Utilized refers to volume of so lid wastes from which use ful materials can be extracted or which can be converted into usable resources, energy or other materials by means of reclamation, processing, recycling and exc hange (including utilizing in the year the stocks of industrial solid wastes of the previous year). Examples of such utilizations include fertilizers, building materials and road materials. The information shall be collected by the producing units of the wastes.

Ratio of Industrial Solid Wastes Utilized refers to the percentage of industrial solid wastes utilized over industrial solid wastes produced (including stocks o f the previous year). Its calculation formula is:

Stocks of Industrial Solid Wastes refers to volume of s olid wastes placed in spe cial facilities or special sites for purposes of utilization or disposal. The sites or facilities should take measures against dispersion, loss, seepage, and air and water contamination.

Industrial Solid Wastes Disposed refers to quantity of industrial solid wastes w hich are burnt or placed ultimately in the sites meeting the requirements for en vironmental protection and not salvaged or recycled (including disposition in th e year of those wastes of previous years). The disposition includes landfill (Sa fe landfills should be conducted for hazardous wastes), incineration, containmen t spaces, deep underground disposal, backfill in mining pits and disposal at sea .

Industrial Solid Wastes Discharged refers to volume of industrial solid wastes d ischarged by producing enterprises to disposal facilities or to other sites. The wastes exclude stones stripped or dug from mining (gangue and acid or alkaline waste stones not included).

Output Value of Products Made from Waste Gas, Waste Water and So lid Wastes refers current value of products with waste gas, waste water and solid wastes as main materials of production. Products sold and ready to sell shall be included whil e those produced for own use shall not be included.

Border Economic Cooperation Zone Border economic cooperation zone is authorized by provincial government or the State Council, being concentrating constructed o n the border, enjoying some preferential policies and corresponding establishment. Abutted countries are major foreign trade, economic and technology cooperati on partners of the Border Economic Cooperation Zone . A border economic cooperat ion zone authorized by provincial government is a province–level development zone, authorized by the State Council is a state-level development zone. New high technology industry development district.

Economic and Technology Cooperation Development Zone Economic and technology cooperation development zone is authorized by provincial government or the State C ouncil, locating in inland central city and being concentrating constructed, enj oying some preferential policies and corresponding establishment. The economic a nd technology cooperation development zone becomes local window and base of inve stment promotion & extended opening through promoting investment and establishin g export-processing bases.

New High Technology Industry Development Zone New high technology industry deve lopment zone is authorized by provincial government or the State Council, locating in central city possessing stronger economic and technological capability, en joying some preferential policies and corresponding establishment. New high tech nology industry development zone develop new high technology industry through in vestment promotion & extended opening.